신의 약속은 파기될 수 없다

창세기의 현대적 이해

김이곤 지음

한국신학연구소

신의 약속은 파기될 수 없다

제2판 4쇄 발행 · 2009년 8월 20일

저자 · 김이곤
발행인 · 김성재
발행처 · 한국신학연구소
등록 · 제 5-25(1973. 6. 28)

주소 · 서울 종로구 청운동 115-1
Tel. 02) 738-3265 · Fax. 02) 738-0167
E-mail. ktsi@chollian.net
홈페이지. http://ktsi.or.kr

값 12,000원

ISBN 89-487-0010-3 93230

머리말

　구약성서를 케리그마 증언의 텍스트로 삼는 일, 이른바 구약을 선교의 텍스트로 삼는 일이란 우리에게는 매우 생소하고 힘든 일로 알아왔다. 우리의 선교 강단은 일종 구약의 불모지대였다. 특히 성시비평학적 조명을 받으며 구약을 설교한다는 것은 우리에게는 하나의 <타부>처럼 여겨져왔던 것 같다. 필자는 당돌하나마, 구약의 케리그마를 한국 강단에서 외치는 전초 작업에 나서 보자고 마음먹고, 월간 『현존』에 투고를 하기 시작했다.

　이러한 작업의 직접적 동기는 대구시 파동에서 정기적으로 모였던 「밀알성서연구회」라는 조그만 집회를 통하여 계속 창세기 주석을 발표한 데서 비롯된다. 그 후 한국신학대학으로 복귀한 후 우선 창세기만을 대본으로 하고 이 작업에 손을 대기 시작하였다. 그러나 이 글은 『구약 고대사에 나타난 설교적 주제들』이라는 제하에 『현존』 47호부터 게재했던 것을 한국신학연구소의 특별한 배려에 의하여 편집되어 하나의 책으로 나오게 된 것이다. 그러나 이 중에서 「구약성서에 나타난 히브리인의 역사의식」만은 전주 중앙교회에서 전주 지구 대학생들을 위하여 행한 강연 내용(『복된말씀』 1978.3.4.호 게재)을 재수록한 것이다. 그리고 「죽음과 죽음 저편」과 「예언자와 오늘」은 각각 기장 교역자 선교대회(1977.8.16)와 서울 수도교회 젊은이 모임에서 행한 강연 원고를 옮겨 놓은 것이다. 비록 미약하나마 이 글들이 독자들에게 구약의 사상세계의 한 단면을 관찰하고 이해하는 데 도움을 주고, 더욱이 구약을 선교의 소재로 삼고 그것을 설교하려는 일선 목회자들에게 설교 주제를 발굴하는 데 도움을 줄 수 있었으면 더 이상 더 바랄 것이 없겠다.

이 책이 나올 수 있도록 배려해 주신 한국신학연구소의 안병무 박사님에게는 참으로 큰 은혜를 입었으며, 그분의 격려가 없었다면 결코 이런 작업이 이루어질 수는 없었을 것이다. 충심으로 감사를 드린다. 그리고 이러한 성서적 사고를 계속할 수 있도록 계속 자극를 해 주신 송기득 선생님의 수고는 잊을 수 없으며, 이 책을 만드느라 수고하신 연구소 편집실 여러분께 큰 빚을 진셈이다. 삼가 이 책을 구약의 세계를 열어보여 주신 은사 김정준 박사님에게 바친다.

1978. 8. 24
미국 유니온 신학교의 유학길에 오르면서

제2판 머리말

　무엇보다 먼저 저의 졸저 『신의 약속은 파기될 수 없다』가 제2판으로 다시 출간되고, 본래 한자가 많았던 책을 전부 한글로 옮기므로써 현대 감각에 맞추었을 뿐만 아니라 현대 젊은 층에게 다시 한번 이 책을 소개하게 된 것을 무엇보다 기쁘게 생각하고 영광으로 생각한다.
　이 책의 원고가 20여 년전 한국신학연구소에 넘겨질 때는 『현존』에 게재된 단편적인 글들이었지만 송기득 교수의 손에 의하여 조직적으로 체계화되어 현재의 모습을 띠게 되었다. 초판을 뉴욕에서 받아보게 되었을 때의 감격(1980년 초)은 대단하였다. 그 동안 이 책은 십여 쇄를 거듭할 정도로 저자가 예상했던 것보다 훨씬 많은 사랑을 받았다.
　20년 세월은 이 책의 내용을 낡은 것으로 퇴색시키기에 충분한 시간이다. 그럼에도 그 내용의 가감이나 수정이 없이 이렇게 다시 "순한글판의 새모습"으로 나타나게 되었으니 그 기쁨이야 말할 필요도 없다.
　한글판의 출간을 요구하며 끊임없이 이 책을 사랑해 주신 독자 여러분에게 감사를 드린다. 또한 이러한 한글판 출간을 가능하도록 애써 주신 한국신학연구소의 김형기 목사 그리고 아우내재단 발행인 김성재 교수에게 깊이 감사를 드린다.

1998. 8. 24.
분당에서 저자

목차

머리말 / 3
제2판 머리말 / 5

제1부
신의 창조와 약속

1. 창조행위의 주체와 대상 ·· 13
   - P의 신학 14
   - 창조행위의 주체와 대상 17
   - 끝맺는 말 23

2. 새 역사의 여명: 셋 ·· 24
   - 역사는 단절될 수 없다 25
   - 새 역사의 여명 30

3. 원역사와 족장사를 잇는 가교 ································· 35
   - 서론 35
   - 노아의 축복과 저주(9:18-29) 37
   - 열국의 확산과 셈 계보(10-11장) 42
   - 결론 47

4. 신의 약속은 파기될 수 없다 ·································· 48
   - 족장들의 첫 시련은 신의 약속에 대한 부정적 반응의 결과 51
   - 신의 약속은 파기될 수 없다 53

5. 지극히 높으신 하느님 ··· 57
   - 서언 57
   - 지극히 높으신 하느님 야웨 62
   - 인정할 수 없는 왕권 65
   - 결론 67

6. 응답의 신 야웨 ·· 69
   - 약속 성취의 지연 69
   - 하갈아, 돌아가라 73
   - 들으시는 하느님 76

7. 하느님의 절대주권 ·· 79
    시험하시는 하느님   81
    우리의 희망은 여전히 하느님의 약속   84

제2부
창세기의 인간이해

1. 인간 : 창조된 하느님의 형상 ·································· 91
    피조된 존재   93
    신적 과제를 받은 존재   99
    맺는말   116

2. 인간아, 네가 어디 있느냐? ·································· 117
    머리말   117
    J 기자의 신학적 의도   118
    악의 현실   124
    끝맺는 말   128

3. P족보에 나타난 삶에 대한 이해 ·································· 129
    서언   129
    생은 하나의 축복이다   131
    진정한 삶의 한 표상   136
    끝맺는 말   140

4. 소명받는 자의 길 ·· 141
    서론   141
    소명을 받는다는 것은 약속을 향한 자기 부정적 결단   142
    소명받는 자의 삶은 세계 운명의 근원   146
    소명받은 자의 길은 순례의 길   148
    결론   150

5. 새로운 인간상 ·· 152
    두 인간   155
    왜 〈에서〉가 아니고 〈야곱〉인가?   158
    새 역사 창조의 기수 야곱   163
    새로워지는 야곱   167

6. 죽음과 죽음 저편—구약성서를 중심으로 ·············· 171
    서론   171
    구약의 인간이해   172
    구약에서 본 죽음과 죽음 저편   177
    사후의 생에 대한 히브리적 신앙   187
    결론   191

제3부
창세기 설화들의 의미

1. 가인 설화의 교훈 ··· 195
    왜 가인의 제물은 열납되지 못했나?   196
    가인의 표가 가지는 의미   204
    가인의 후예들과 그들의 문화   212
    끝맺는 말   220

2. 네피림 설화의 교훈 ······································ 221
    머리말   221
    구조악의 출현과 범우주적 타락   222
    구조악의 무력화와 야웨 하느님의 섭리   225
    끝맺는 말   229

3. 노아 홍수설화의 교훈 ··································· 230
    서론   230
    홍수설화의 서론: 하느님의 후회(J)와 창조질서의 붕괴(P) 231
    하느님의 심판과 새 창조를 위한 준비   235
    홍수설화의 결론: 하느님이 세우신 언약과 새 율법 238
    결론   241

4. 아브라함 계약설화의 교훈 ······························ 242
    서론   242
    계약의 기초: 의   244
    아브라함 계약설화의 케리그마적 증언   253
    결론   263

5. 소돔성 멸망설화의 교훈 ·· 264
   서론   264
   소돔성은 왜 멸망했나   267
   소돔성을 속량할 수 있는 의   273
   결론   280

6. 요셉 설화의 교훈 ··· 282
   역사섭리의 주: 하느님   283
   인간의 계획 위에 있는 하느님의 섭리   286

제4부
예언자의 역사의식

1. 예언자와 오늘―예언자의 역사적 기능 ················· 293
2. 구약성서에 나타난 히브리인의 역사의식 ················ 319

성구색인 / 340

제1부

신의 창조와 약속

1
창조행위의 주체와 대상

창세기 1:1

"구약에도 설교적 주제가 있는가?" 하는 물음 속에는 일종의 신마르시오니즘(Neo-Marcianism)적인 낌새가 발견된다. 또한 19세기를 풍미했던 역사주의도 이런 점에 있어서는 예외가 아니었던 것 같다. 그러나 20세기에 들어서면서부터는 구약에 나타난 신학적 주제와 신계시(神啓示)의 내용을 찾으려는 노력이 바야흐로 구약학의 중심과제로 등장하였다. 구약은 결코 교회 교리를 시립(侍立)하는 〈증빙서류〉일 수 없고, 종교사 연구의 〈자료집〉일 수도 없다는 것이다. 즉 구약은 신계시의 내용을 담고 있는 기독교 교회의 경전으로서 읽어야 하고, 또 복음으로서 설교되어야 한다는 것이다. 이것은 실로 구약학의 당연한 과제라고 생각된다. 율법, 역사, 예언, 시가, 지혜서 등 그 어느 모퉁이에서도 우리는 깊은 신학적 결론 위에서 외쳐지는 복음의 메시지를 들을 수 있다. 그런 의미에서 볼 때, 창세기 1-11장은 단순한 신화거나 또는 하나의 전승된 사담(史譚; Saga)으로서만 끝나지는 않는다. 그것은 매우 오랜 전승과정 속에서 성숙해진 신학적 결론이요, 히브리인의 정신과 신앙전통이 가장 잘 정리된 신앙고백적 선포라 할 수 있다. 물론 우리는 이 부분들을 과도한 신학적 서술로서 지나치게 편의상의 해석을 해서는 안 된다는 전제를 갖고 있다. 그러므로 우리는 "태초에 하느님이 하늘과 땅을 창조하셨다"라는 창조신앙의 고백이 단순한 히브리인들의 역사신앙을 형성케 한 그 근간이라고 말하지는 않는다. 왜냐하면 히브리인의 신앙은 역사적 경험을 토대로 한 것이기 때문이다. 그러나 그렇다고 해서 우리는 또한 이러한 창조신앙의 고백이 폰 라트가 말하듯, 고대 역사신조(Ancient Historical Credo; 신 26:5ff.)를 위한 "보조적 기능만을 가진 것"[1]이라고 보지도 말아야 할 것이다. 왜냐하면 가장 오래된 이스라엘 신앙전승 속에는(참고. 미리암의 노래) 이미 역사신앙과 동시적으로 창조신앙이 고백되고 있기 때문이다. 말하자면 이스라엘인에게 있어서 역사신앙과 창조신앙은 두 개의 조개껍질이 맞붙어 있는 것과 같다 하겠다.[2] 뿐만 아니라, 하느님의 창조행위는 그의 역사활동과 동시성을 가진 것이라고 생각할 때, 아마 여기서의 우리의 과제로서 창세기 1장 1절의 본문을 하나의 훌륭한 독립된 설교적 주제로 열거할 수 있을 것이라고 생각한다.

P의 신학

오경 또는 육경 연구가들의 일치된 견해에 의하면, 창세기 1-11장은 J(야웨문서, B.C. 850년경)와 P(제사문서, B.C. 500년경)라는 두 개의 큰 전승의 흐름을 배경으로 조직된 글이라는 것이다. 즉 이 둘은 창세기 1-11장의 전면을 흐르는 두 개의 큰 신학적 지주였다. 이 둘 사이에는 그 성격상 명백한 차이가 발견된다. 우선 그 가장 쉬운 구별점은 J와 P의 중복된 기록에서 발견된다. 예컨대 천지창조에 관한 기사와 노아홍수에 관한 기사를 들 수 있다. 즉 창세기에는 두 개의 창조설화(1:1-2:4—P, 2:4ᵇ-25—J)와 두 개의 홍수설화(6:5-8; 7:1-10; 8:6-

---

1) G. von Rad, *Genesis*(trans by J. H. Marks), p. 44.
2) 이 문제에 관해서는 문익환, "창조사와 구속사", 『신학연구』 10, 1967, 한국신학대학 출판부, pp. 45-70을 참조할 것.

14, 20-22→J, 6:9-22; 7:11-24; 8:1-5, 15-19; 9:1-17→P)가 있다는 것은 초보적 후학들에게조차도 이미 잘 알려진 사실이다. 물론 홍수설화는 J와 P가 미묘하게 혼합되어 있기는 해도, 그 문서들의 성격이 뚜렷하게 구별된다. 창조설화에서 볼 때, P(창 1-2:4a)는 정밀하고도 순서정연하게 하느님의 창조행위를 엿새라는 구획된 틀 속에 조직해 넣고 있으며, 두드러지게 예배의식적 관심과 제도에 대한 관심이 나타나 있으나, J(창 2:4b-25)는 정밀한 논리적 체계보다는 하느님의 창조행위를 소박하고도 의인법적인 표현(anthropomorphic expressions)에 따라 서술하고 있다. 이 경우는 홍수설화의 경우에서도 동일하다.[3] 여기서 우리가 관심하는 것은 문서비판에 있지 않다. 그러나 우리가 면밀한 문서비판과 서로 다른 문학표현에 관한 양식비판적 분석을 동원하면 할수록, J와 P 사이의 신학적 관점의 차이보다는 오히려 그 신앙 기조의 공통점을 발견하고 더욱 놀라게 된다. 즉, 그 밑바닥을 흐르는 신학사상의 근본이 다르지 않다는 점이다.

    J와 P가 그 명백한 표현상의 차이, 서술양식의 상이(相異), 그리고 그 신학적 논술형식의 다름에도 불구하고, 그들은 모두 동일하게 하느님이 창조행위의 주체자요 역사의 주인임을 역설하고 있으며, 그분의 〈행위〉에 모든 종류의 스포트라이트를 역동적으로 비추어 가고 있음을 볼 수 있다. 그러면서도 그 명백하고도 단일한 신학을 서로 다른 표현양식에 따라 읽고 해석하고, 이해하고, 느낀다는 것은 참으로 의미있는 일이라 하겠다. 창세기 1장 1절의 본문은 분명히 P의 글이요, 그의 신학이요, 그의 신앙고백이다. 또한 수 세기간 히브리인의 종교와 기독교 안에서 신앙전승의 지주가 되기에 충분했었던 교리다.[4] P 역사가는 비록 이스라엘 민족의 역사 속에서 성장한 오랜 역사의 전승들을 모

---

    3) J와 P의 표현상의 상이점에 관해서는 J. Skinner의 『창세기 XIV-XVI』 주석 (I. C. C.)에 자세히 소개되어 있다.
    4) 기독교 교회의 기본신조로서 사용되는 사도신조의 첫 고백도 바로 창 1:1의 창조신앙을 그 구성요소로 하고 있다.

았다 할지라도, 분명히 이스라엘 역사상 가장 위급한 국난(國難)의 때, 에스겔 같은 광적 상징주의자가 생겨나리만큼 심각한 위기에 직면했던 때(이런 점에서 J와는 그 삶의 정황이 달랐다 하겠다), 바로 그 때 비로소 저 위대한 역사활동을 개시했던 자로서, 그 위기가 폭풍같이 이스라엘 땅을 휩쓸고 지나간 그 폐허 위에서 〈남은 자〉(the Remnant)가 해야 할 과업이 무엇인가를 통감한 자였다. 바벨론 강변에 앉아서 시온을 생각하며 흐느끼는 포로민의 심성을 넘어 서서, 옛 제사법 전통과 예언 전통이라는 두 전통 위에 새로운 제의를 재건하려는 신학적 의도를 체계있게 조직하고 있었던 자가 P였다. 그러므로 그는 비록 제사장의 신학을 가지고 있으면서도 구약종교의 내면을 흐르는, 제사종교와 예언종교 사이의 긴장관계[5]를 대담하게 해소·조화하는 데 노력하였고, 에스겔이나 제2 이사야 같은 예언자 계열에서 던진 교훈의 영향을 크게 받아들였으며, 그것을 기초로 하여 야웨제의에 대한 깊은 신학적 반성을 도모하였던 것이다. 그는 이스라엘 전 역사를 그 창조 때로부터 역사적 기원을 새롭게 써 내려감에 있어서도 예언자들의 신학을 대담하게 도입하였고, 요시야 종교개혁(B.C. 621년경)에서도 실현치 못했던 야웨제의의 근본적인 개혁을 시도하였던 것이다. 그가 할례법, 안식일제도, 유월절 및 희생제도 등에 세심한 배려를 한 것은 그러한 의도의 결과이며, 동시에 이러한 제사법은 모세와 여호수아에게서 실현되었던 것과 같은 이상적인 신정 수립의 꿈을 P 적인 관념에 맞추어서 착착 실현하는 그 촉매적인 역할을 하기 시작하였던 것이다. 그리하여 그는 그의 역사편찬활동을 통하여 야웨의 자기계시가 모세 이전에는 결코 없었던 것으로 일관되게 주장했고, 하느님의 창조행위를 서술함에 있어서도 세심하게 정선한 어법과 고

---

5) Sellin은 그의 『구약신학』(Alttestamentliche Theologie auf religionsgeschichtliche Grundlage, II, 1933)에서 구약종교의 흐름을 제사종교와 예언종교 사이의 긴장의 흐름이라고 보았다.

정적인 표현(stereotyped phrases)⁶⁾에 따라 창조된 세계를 하나의 성전 구조처럼 배열 묘사한다. 그 창조행위의 순열(順列)도 J와는 근본적으로 달리, 아주 체계있게 칠일제도에 맞추어 배열한다. 여기에는 P신학의 명백한 의도가 반영되어 있다는 것을 나타내 주고 있다. 그렇다면 그의 웅장한 필법이 우리의 영을 깨우치고자 하는 그 설교적 핵은 무엇일까?

창조행위의 주체와 대상

P는 하느님의 창조행위를 언급할 때 제2 이사야의 특징적인 용어인 〈ברא bārā : 창조하다〉⁷⁾라는 동사를 쓴다. 물론 P는 이 말 이외에 〈עשה āsā : 만들다〉라는 동사도 사용하고 있으나, 〈ברא〉라는 동사만은 오직 하느님의 창조적 행위에만 적용하고 있다. 이것은 명백한 신학적 의도에서 왔다 하겠다.⁸⁾ 그렇다면 P의 신학적 의도가 노린 본의는 무엇일까?

(1) 우선 우리는 〈ברא〉라는 동사가 신의 창조적 행위를 나타내는 말로 구별되고 있음을 유의할 필요가 있다. 이미 기원전 2세기의

---

6) 신명(神名)을 모세 이전까지는 줄곧 'Elohim으로만 쓴 것 이외에도, P의 표현들 중에서 판에 박은듯이 반복되는 대표적 표현들은, "그 종류대로", "-의 대략이 이러하니라", "하느님께서 명하신대로 …" 등이다. 참조. Skinner, I. C. C. p. lxi.
7) bārā라는 동사는 P가 10회 사용한 것 외에, 제2이사야가 20회 사용하였고, 제2이사야 이전에도 암 4:13; 사 4:5; 렘 31:21; 출 34:10; 민 16:30; 신 4:32; 겔 3회 등 모두 9회 사용되었으나, 특히 제2이사야가 자기 신학에 완전하게 채용한 용어이다. 그 명확한 뜻은 잘 알 수 없으나, 그 어의(語意)는 <자르다cut>, 즉 <잘라서 만든다form by cutting>는 의미가 있다.
8) G. von Rad는 그의 『창세기』 주석에서 P의 신학적 의도는 언어구사에까지 침투되었음을 지적하고, sālāh가 <신의 용서>에만 사용된 것과 같이 bārā가 <신의 창조행위>에만 사용되었음을 지적했다. Ibid., p. 47.

외경 마카비 제2서(7:28)에서는 이 말에 대한 깊이 있는 신학적 해석을 붙였는데, 즉 이 말의 의미를 〈무로부터의 창조〉(creatio ex nihilo)라는 말로 설명했다. 이러한 해석에는 이중적인 의미가 내포되어 있다고 추론된다. 즉 그 하나는 하느님의 창조행위에는 창조의 소재(素材)가 전제되어 있지 않다는 점이고, 그 다른 하나는 하느님 자신 이외에는 창조행위의 주체자란 있을 수 없었으며, 동시에 그의 창조사업을 도운 타존재(他存在)를 결코 긍정할 수 없다는 주장이 전제되어 있다는 점이다. 말하자면 P가 증거한 하느님[9]은 이미 제2 이사야에서부터 명백히 확립된 유일신[10]이었으며, 이 하느님 이외에는 어떠한 존재도 〈ברא〉의 주체자나 협조자가 될 수 없을 뿐만 아니라, 또한 그 하느님 자신은 결코 창조행위의 대상과 동일시되거나 동격화될 수는 없는 분이었다는 말이다. 그러나 어느 땐가 우리들 세계에서는 창조의 주를 창조의 대상으로 물상화(objectify)하려는 자들이 많이 범람하기도 했었다. 우리의 하느님이 저급한 조물자(demiurge)와 일치되기도 했고, 아예 창조의 대상과 일치되기도 했다(Fetishism). 또는 아라비안 나이트에 나오는 알라딘의 요술 램프가 되기도 했고, 손오공의 여의봉이나 요행의 나무꾼 소년이 가진 부자 방맹이가 되기도 하여, 그야말로 명백한 하나의 물상화된(objectified) 신으로 전락되었다. 이것은 분명히 제거되어야 할 신관이었다. 사실 이스라엘 역사상 종교개혁의 기치는 언제나 지방 성소에 안치된 이방신을 제거한다는 것이었다. 즉 이스라엘의 하느님을 결코 물상화할 수는 없다는 것이다. "벨은 엎드려졌고 느보는 구부르졌"을(사 46:1a) 수밖에 없으며, 물상화된 우상이 창조행위의 주가 될 수는 없었다. 이것은 실로 긴 고난의 이스라엘 역

---

9) P는 신명을 주로 'elohîm이라고 불렀고, YHWH 신명은 인류 초기부터 불리웠다는 J와는 달리, 모세시대로부터 비로소 계시된 신명이라고 주장했다.

10) 제2이사야는 하느님의 유일성을 명백한 논리로 증거한 최초의 예언자인데, 그의 유일신 이론은 주로 <他神 否定>의 문학양식(재판양식, 조롱양식 등)에서 명료하게 나타났다.

사를 통하여 확증된 진리였으며, P 역사가의 가슴에 고동쳤던 확신이 었다.

(2) 또한 우리는 이 〈ברא〉의 신적 행위가 일어났을 그 때가 〈태초에b‘re’shîth〉라고 한정 서술되어 있음을 유의할 필요가 있다. 이것은 무엇을 뜻하는 것일까? 물론 주석가들에 있어서는 1장 1절에 대한 구문법상의 번역을 어떻게 처리할 것인지가 하나의 과제가 될 수 있다.[11] 그러나 우리는 〈bārā〉의 목적어가 창조된 피조물 전체를 포함하는 〈하늘과 땅〉으로 제시되어 있음을 주시할 때, 1장 1절은 "1장 전체의 창조 기사를 신학적 반성에 의하여 집약한 서론적 표제"[12]라 보아야 할 것이다. 즉 1장 2절에 의하면, 혼돈의 상태는 땅을 가리켰지 하늘을 가리키지는 않았다. 그러나 문제는 히브리인들이란 순간과 영원의 관계와 같은 시간에 관한 철학적 의제를 사변하지는 않았다는 점이다. 아마도 "하느님은 시간과 역사의 주인이다"는 도약적 신념이 히브리인들로 하여금 시간에 대한 철학적 사색을 초극하게 하였던 것으로 보인다. 그러므로 〈태초에〉라는 말은 〈옛날 옛적 천지가 생기기 전에〉라는 일반적 개념으로 읽을 것이며, 희랍적 시간개념에 따라 읽을 것은 아니다. 단지 시간에 대한 희랍적 사변은 우리로 하여금 하나의 사고의 악순환(a vicious circle)[13]에 빠지게 할 뿐이다. 그러나 〈태초

---

11) 창 1:1을 번역하는 그 유형에 따라 creato ex nihilo의 의미는 다소간 달라진다. (1) Calvin, Delitzsch, Tuch, Wellhausen, Driver에 의하면 1:1은 완전 독립된 문장으로서 1장 전체의 서장 격이 된다는 것이다. (2) 그러나 Rashi, Ewald, Dillmann, Holzinger, Gunkel 등에 의하면 1:1을 조건절로 보고 1:2은 하나의 삽입문으로 본다. 그리고 귀결절은 3절이 된다. 이 경우는 (1)과 같이 1:1의 creato ex nihilo적 성격을 띤다. (3) 그러나 Abraham Ibn Ezra(c. 1167)나 Cheyne에 의하면 1:1은 조건절, 1:2은 귀결절이 되어 창조전의 상태가 ouk on의 상태가 아니라 me on의 상태가 되고 만다.

12) J. Skinner, Genesis(I. C. C.), p. 14 참조. A. Richardson, Genesis I-XI, p. 47.

13) D. Bonhoeffer, Creation and Temptation, SCM, pp. 12ff. 여기서 본회퍼는 그러한 물음은 사고의 악순환에 불과함을 말하고 "인간은 더 이상 <태초에> 살고 있지 않다. 그는 태초를 잃어버렸다. 인간은 끝도 모르고 시작도 모른다. 인간은 태초에서부터 종말에로 가는 그 중간에 있을 뿐이다. <태초>에 대해서 말할 수 있는 자는 <태초에> 있었던 분 만이다"라고 했다.

에〉라는 이 한 마디 말에 〈ברא〉가 밀착 연결될 때, 거기에는 분명히 하느님의 창조행위를 앞서는 어떠한 선재적(先在的) 행위도 용납할 수 없다는 한정운동(constrained motion)이 발생한다. 말하자면 이 위대한 신적 작업에 그 무슨 천사의 도움 같은 것이 전혀 필요한 것은 아니었다는 말이다. 즉 창조주와 피조물 사이에 결코 넘어갈 수 없는 차원을 긋는 이 마당에, 우주 가운데 존재하셨던 분은 홀로 하느님 한 분뿐이었으며, 그 때가 바로 존재하는 모든 피조물들이 비로소 있어지게 되는 그 시발이었음을 밝히고 있다 하겠다. 역사의 시작이 이 하느님의 창조행위로부터 시작되었다는 것이다. 그러나 P의 신학적 요지는 결코 여기에 있지는 않았다. 오히려 태초에 있었던 이 창조적 행위의 주역이 바로 다른 어느 누구도 아닌 오직 〈엘로힘〉(하느님)이었노라고 한정하는 데 그의 신학적 의도가 노린 최후의 과녁이 있었던 것으로 보인다. 실로 이 창조적 행위의 주인이 오직 〈엘로힘〉이라고 한정할 때, 이 순간 모든 종류의 이교적 우주발생이론(cosmogony)이 일시에 제거되고 있음을 볼 수 있다. 우주를 발생케 했다는 그 어떠한 고급의 에온(Aeon)의 세계도 홀연히 부정되고 있음을 볼 수 있다. 그 대신에 참으로 대담하게도 세계나 역사형성 및 그 진행은 결코 우연의 연속이거나, 진화론적 필연이거나, 숙명론적 당위가 아니라, 창조주 하느님의 자유로운 의지와 그의 자발적인 행위에 의존하고 있다는 것이 역설된다. 즉 "세계와 역사의 주는 하느님"[14]이라고 주장된다. 그러나 어느 땐가 우리들 세계에서는 흔히 우리의 역사로부터 하느님의 간섭을 추방하는 사례도 나타났다. 그리하여 하느님의 간섭이 제거된 세계 역사는 숙명론이라는 몬스터(Monster)의 노예가 되기도 했고, 무신론적 이성주의가 새로운 데미우르고스(demiurge)가 되기도 했으며, 진화론적 과학주의가 기대한 영적 메시야가 되기도 했다. P에

---

14) von Rad는 그의 『창세기』 주석에서, bārā 속에 감추인 비장한 결의는 <하느님이 세계의 주>라는 것을 증언하는 것이었다고 했다. Ibid., p. 47.

게 있어서 이것은 분명 배척해야 할 하나의 증오받은 역사관이었다. 역사의 주권은 오직 하느님께 있었다. 이것은 논리로 이해된 것은 아니었다. 그들의 역사 경험을 통해서 그들 몸에 구체적으로 계시된 진리의 체험이었다. 단지 우리는, 하느님을 그 가운데 모셔둔 이 우주라는 대성전(大聖殿)에서 날마다 하느님을 경외하는 자신을 자각하는 이 외에, 창조 이전의 상태에 대한 어떠한 철학적 회의를 제기한다는 것도 무가치하다는 P의 종교적 독단을 용납하지 않으면 안될 것이다.

(3) 〈ברא〉의 주체가 역사의 주인이신 하느님 만이라고 할 때, 창 1:1의 메시지는 오히려 그 역설적 주장에서 더 격조가 높다. 즉 창조행위의 주체는 어디까지나 하느님일 뿐, 창조의 대상─〈하늘과 땅〉에 붙어 사는 모든 것─은 결코 창조행위의 주체자가 되어서는 안된다는 강한 역설을 내포하고 있다 하겠다. 하느님 한 분을 제외한 〈모든 존재하는 것〉(하늘과 땅)은 그것이 어떠한 유형의 존재양식을 갖고 있다 하더라도, 어디까지나 창조행위의 피조적 대상일 뿐 어떠한 경우에도 결코 창조행위의 주체자가 될 수는 없다는 것이다. 즉 창조행위의 주체와 대상 사이에 그어진 경계선은 결코 범할 수 없는 절대선이라는 말이다. 그러므로 하늘과 땅에 붙어 사는(J에 의하면 인간은 땅의 먼지로 만들어졌다!) 어떠한 피조물도 결코 스스로를 창조의 주체자로 신격화할 수는 없다. 이것은 하느님의 창조행위가 일어나면 그 순간에 창조주와 피조물 사이에 그어졌던 절대적 분계선이었으며, 하느님의 자유로운 의사에 의해서 되어진 무조건적인 성격의 것이었다. 즉 이 사이를 경계짓는 데는 어떠한 〈법칙〉[15]이 따로 있는 것은 아니었다. 이러한 둘 사이의 관계가 〈법〉으로서 된 것이 아니라 창조주의 자유로운 의지에 의한 것이라 할 때, 여기에는 어떠한 소추의 가능성

---

15) Bonhoeffer는 이 사이의 관계가 <창조주와 피조물 사이의 관계>, <원인과 결과>의 관계일 수 없는 것은, 이들 사이엔 원인의 법도, 결과의 법도 또는 그밖의 어떠한 법도 없기 때문이라고 했다. *Creation and Temptation*, p. 16.

도 배격된다 하겠다. 그러므로 우리는 왜 하느님이 천지를 창조하셨는가 하는 따위의 질문은 무익한 질문이라는 것을 고백해야 한다.[16] 피조물(창조의 대상)은 철저히 창조주에 종속해 있는 "그의 것, 그의 소유, 그의 지으신 양"[17]일 뿐이요, 결코 창조행위의 주체로 격상될 수는 없다. 단지 창조주의 자유로운 의사에 의해서 창조된 존재인 사멸하는 인간은 오직 창조주의 자유로운 의사에 의한 〈새로운 창조— 부활의 새 창조〉[18]를 기다릴 뿐이다. 이것만이 유한한 피조인에게 있어서 유일한 희망이요 복음이다. 따라서 영혼불멸이론은 창조신앙의 근거 위에서 볼 때 배척되어야 할 이교적 이론일 뿐이다. 만일 비유를 용납한다면, 창조주가 토기장에 비유될 때 피조자는 한 낱 토기장의 손에 있는 진흙에 비교될 수 있을 뿐이다.[19] 그러므로 창조의 대상을 창조행위의 주체로 격상시키는 것은 창조신앙의 역행이요 하나의 신성모독이다. 그러나 어느 땐가 우리는 창조의 대상들을 창조의 주체로 격상하려는 유혹에 강한 현혹을 받던 때가 있었다. 〈인간이 곧 신이다〉는 무신론적 인본주의가 역사의 주역을 담당했던 때도 있었고, 2500여년 전의 고대 지성인 P역사가 조차도 부정했던 물질 신격화의 풍류가 20세기 성숙한 현대인의 마음 갈피에까지 비장(秘藏)된 때도 있었으며, 인간 우상화의 악습이 인류를 병들게 한 역사는 참으로 오랜 연륜을 쌓기도 했던 것이다. 이것은 P에게 있어서는 분명히 배척해야 할 세계관 내지는 인간관이었다.

---

16) Ibid., p. 15. Bonhoeffer는 루터의 다음과 같은 내용의 말을 인용하고 있다. 즉 "천지창조 이전에 하느님은 무엇을 하고 계셨는가 하는 무익한 질문을 던지는 자들을 매질하기 위하여, 하느님은 창조 전에 회초리를 만들고 계셨다."

17) 시편 100:3.

18) <부활>은 죽음과 연속성을 가진 것이 아니라 절대적 단절성을 갖고 있다. 본회퍼에 의하면 부활은 nihil negativum(nihil privativum이 아니라)으로부터 하느님의 자유로운 뜻에 의한 새 창조를 의미한다. 예수의 죽음은 그런 의미에서 nihil privativum의 상태가 아니라 nihil negativum의 상태였다.

19) 참조. 렘 18:1-7; 롬 9:20-21.

끝맺는 말

"태초에 하느님이 하늘과 땅을 창조하셨다." 이 한 구절의 전제는 변천하는 세대를 하나의 돌쩌귀에 강하게 붙들어 매는 힘이요 세력이다. 과학 문명의 요람 속에서 살고 있는 현대인의 가슴에 부딪쳐 오는 파멸하는 핵이다. 긴 세월, 고령의 이 역사를 거슬러 온 은총의 진리다. 오늘같은 시대를 찢고 쪼개기 위하여 오랫동안 갈고 닦아온 성령의 날 선 검이다. 신은 그 부러진 날개를 맥없이 떨구고 산업근대화의 오염된 대기 속을 날지 못해 애태우며 돌, 나무, 네피림이 "내가 신이다, 내게 절하라" 하고 으시대는 오늘의 현실을 가르치고 일깨우기 위하여 오랫동안 비장되어 왔던 〈그 말씀〉이다. 선을 그어 보겠다는 만용 때문에서가 아니라 그어진 선, 지워질 수 없는 선을 밝히 보고 핸들을 바로 잡게 하기 위해서였다. 아무도 이 선을—거짓이나 위장이 아니고서는—넘을 수 없다. 하느님은 홀로 창조주요 하늘과 땅과 그 속에 있는 모든 것은 창조된 피조물이라는 것, 이것이 곧 모든 신앙의 기초요 초석이다. 물론 이 신조는, 신은 신이요 인간은 인간이다 따위의 무신론과 접근하는 성격의 것은 결코 아니다. 단지 창조주를 대상화하거나 피조물을 창조의 주체로 격상시키는 비신앙적 오류를 성서의 메시지에 의해서 바로 잡아보자는 것 뿐이다.

2

새 역사의 여명 : 셋

창세기 4:25-26

"아담이 〈다시〉 그의 아내를 경험하였더니 그녀가 한 아들을 낳았고 그 이름을 〈셋〉이라 불렀다. 이는 하느님께서 '가인이 죽인 아벨 대신에 다른 씨'를 내게 주셨다(는 뜻이다). 〈셋〉에게도 한 아들이 태어났는데 그가 그의 이름을 에노스(사람)라고 불렀고 '그 때 비로소 야웨의 이름을' 부르기 시작하였다"(창 4:25-26).

우리의 이 본문은 매우 단편적인 〈셋 족보〉로서 5장에 나오는 제사법전기자(P)의 〈셋 족보〉와는 엄격히 구별된다. 뿐만 아니라, 우리의 본문은 4장 1-16절의 가인 족보와도 동일시될 수 없고, 또 4장 1-16절의 가인 설화와도 일치될 수 없는 독립적인 단편자료라 볼 수 있다. 아마도 우리의 셋 족보는 본래 5장 29절에서 끝이 나는 하나의 독립된 단위의 셋 족보에로 넘어갔을 것이다.[1] 그러나 우리의 셋 족보(J)는 5장의 족보(P)와는 그 형식에 있어서나 그 내용에 있어서 전혀 다른 독립된 자료에서 왔을 것임은 분명하다. 그것은 우리의 텍스트와 4장 17-24절과 4장 1-16절 사이에서 발견할 수 있는 그 유사성을 통하여서 증명될 수 있다. 즉 4장 25절은 4장 1절의 본문과 놀라울 정도로 일치하고 있으며, 또 여러 문화의 기원을 밝히는 데 관심하는

---

1) 참조. von Rad, *Genesis*, p. 108.

4장 17절 이하의 가인 족보와 비교할 때, 4장 26절은 야웨 종교의 기원을 밝히고 있다는 점에서 가인 족보와 상당히 비슷한 성격을 갖고 있음을 볼 수 있다. 그리하여 우리는 우리의 본문을 야비스트들이 가진 자료들 중에 속한 소위 〈야비스트의 셋 족보〉라고 부를 수 있다. 그러나 동시에 다 같은 야비스트의 자료라 할지라도 우리의 본문은 본래부터 4장 1-16절이나 4장 17-24절의 가인 설화와는 서로 별개의 독립된 자료라고 보아야 할 것이다. 특히 4장 1절 이하의 가인 설화와의 서로 다른 점을 찾아본다면, 우선 여기서 소개되는 〈아담〉은 4장 1절에서 소개되는 〈그 아담〉처럼 관사를 달고 있지 않다. 그리고 신명을 씀에 있어서도 여기서는 야웨 신명을 쓰지 아니하고 엘로힘 신명을 쓰고 있으며[2] 사람들이 야웨 신명을 부르기 시작한 것은 에노스의 출생 이후부터라고 말하고 있는 점[3] 등을 지적할 수 있다. 대체로 우리 셋 족보는 야비스트들의 자료들에 속한 것이기는 하지만 하나의 독립된 자료였었는데, 그 대부분이 제사법전 기자의 셋 족보에 흡수되고, 그 시작(4:25-26)과 그 끝(5:29) 만이 남게 된 것으로 보인다. 그러나 편집자는 이 독립된 자료들을 편집함에 있어서 가인 족보와 노아 홍수 설화 사이에 그 처음과 끝을 엮어 넣었는데, 여기에는 어떤 명백한 신학적 의도가 개재되어 있었던 것으로 보인다.

역사는 단절될 수 없다

가인과 라멕으로 이어지는 범죄 후의 인류 역사는 아마도 범죄에 대한 심판으로 인한 〈단절의 위기〉에 처하여 있었을 것이다. 따라

---

2) Dillmann은 이러한 이유로 해서 우리의 본문 4:25-26을 E 자료라고 본다.
3) E 자료인 출 3:13-15은, 야웨신명을 부르기 시작한 것은 모세 때부터라고 말한다. 그러나 우리의 본문이 E보다 더 소박한 자료로 보인다.

서 편집자의 생각 속에는 가인의 세대에서 라멕의 세대에 이르는 죄악의 증대가 그의 중요한 신학적 관심사로 부각되었을 것이며, 이는 필연코 하느님의 대심판을 자초할 수밖에 없는 것이라고 확신되었을 것이다. 그러나 이보다 더 편집자의 마음을 사로잡은 확신은, 이러한 죄악의 역사라 할지라도 그것은 어디까지나 하느님께서 그 배후에서 역사하고 계시는 역사이기 때문에 결코 단절될 수 없을 것이라는 확신이었다고 생각된다. 즉 인간의 죄란 얼마나 잔혹한 결과를 가져오는 것이며, 그 죄의 역사란 또한 얼마나 잔혹한 하느님의 심판을 불러 일으킬 것이냐 하는 것에 대한 관심 뿐만 아니라, 동시에 이보다 더욱 편집자의 마음을 깊게 사로잡고 있는 것은 곧 심판을 자초하는 인간역사에 대한 하느님의 연민은 또한 얼마나 깊은 것이냐 하는 것에 대한 관심이었다. 인류 역사의 기초는 이미 인류의 범죄로 인하여 깨어지고(창 3장) 흔들려 무산될 위기에 처하였다. 그러나 역사를 다시 이어갈 새로운 〈기초〉가 하느님에 의하여 새롭게 배려되었던 것이다. 이러한 역사 단절의 위기를 깨뜨리고 새로운 역사의 기초를 놓기 위하여 등장한 것이 이른바 〈셋〉의 출현이었다. 〈셋שׁת〉⁴⁾이라는 말에는 〈기초〉 또는 〈터전〉이라는 의미가 있다는 것은 하나의 우연으로 보기에는 너무나 뜻 깊다. 여기에는 우리의 성서 역사가들의 특수한 역사신학을 발견할 수 있다. 말하자면, 역사는 결코 단절될 수 없다는 것이다. 즉 엘로히스트(E 역사가)의 역사신학이 가지는 특징을 여기 〈다시שׁוּב〉라는 말 속에서도 발견할 수 있는데, 즉 가인의 세대와 라멕의 세대가 가진 그 극악한 살인행위와 포학에 의해서도 역사는 결코 단절될 수 없다는 것이다. 비록 가인의 세대는 죽이고 파괴하지만 하느님은 그 역사를 〈다시〉 세우시고 이어가는 것이다. 라멕의 세대는 상

---

4) <셋שׁת>이라는 히브리 말은 <주셨다>라는 의미의 히브리 말과 소리의 일치를 이루고 있다. 그것은 <가인>이라는 말이 <얻었다קנה>라는 말과 소리의 일치를 이룸과 같다.

해하고 보복하지만 하느님은 〈다른 씨אחר זרע〉를 마련하시고 새 역사를 준비하신다는 것이다. 하느님은 결코 가인의 세대와 라멕의 세대에 대한 징벌로서 역사를 종결짓거나 청산해 버리시지는 않는다는 것이다. 즉 〈셋〉을 통하여 놓으신 〈기초〉는 가인의 세대가 죽여 없앤 아벨의 세대를 새롭게 잇기 위하여 야웨께서 친히 〈따로 마련하신 새 역사의 기초〉였다. 여기서 우리는 〈대신에תחת〉라는 말이 상당한 주의를 끌고 있음을 발견할 수 있다. 대체로 이 말은 구약에서 〈대치시킨다〉[5], 〈대행한다〉[6], 〈희생의 값을 지불한다〉[7]는 의미로 쓰였으나, 여기서는 주로 창세기 22장 13절과 함께 하느님께서 당신의 특수한 섭리와 경륜에 의하여 〈따로 마련하신 행위〉를 가리키기 위하여 쓰였다. 이러한 하느님의 행위는 여기서나 창세기 22장 13절(E)에서나 모두(J와 E 모두) 역사의 단절을 막고 새 역사의 계승을 도모하시는 하느님의 섭리행위로 나타났다. 즉 창세기 22장 13절에 나타난 하느님의 행위—이삭을 〈대신한 제물〉로서 수양을 〈준비〉하신 행위—는 분명히 아브라함 자신도 불가사의한 신비로서 인정한 하느님의 사건이었다. 그것은 전혀 인간의 이성이나 지혜로서는 결코 예측할 수 없는 하느님의 비의(秘義)에서 온 것이었다. 이삭은 아브라함에게 있어서는 유일한 적자(嫡子)로서 그의 다음 세대를 이을 유일한 전승자였다. 이삭이 죽는다는 것은 아브라함의 역사에 대한 하나의 명백한 단절이었다. 이삭은 아브라함의 세대를 이을 유일한 전승의 초석이었다. 그러므로 그의 죽음은 역사 전승의 기초를 잃는 것이 있었다. 여기에 놀라운 신의 섭리를 우리는 읽는 것이다. 실로 범죄한 인간 역사는 이와같이 그 단절의 위기를 수없이 체험하여 왔다. 성서의 고백에 의하면 이

---

5) 창 2:21; 민 5:19, 20, 29; 삿 15:2; 왕상 14:27; 왕하 17:24; 욥 16:4; 31:40; 사 3:24; 55:13; 겔 16:32.

6) 창 30:2; 출 29:30; 레 16:32; 민 3:12, 41; 8:16; 32:14; 신 2:12, 21; 10:6; 수 5:9; 삼하 17:25; 왕상 1:30, 35; 겔 2:4, 17; 욥 34:24; 시 45:16; 전 4:15.

7) 창 44:33; 민 3:41; 삼하 16:8.

러한 역사 단절의 위기는 대체로 두 가지의 주요 동기에 의하여 이룩된 것이었다. 그 하나는 우리의 본문이 암시하고 있는 바, 가인의 세대 또는 라멕의 세대가 저지른 범죄행위 때문에 인류 역사가 겪는 위기 같은 것을 들 수 있고, 다른 하나는 창세기 22장 1-2절에서 제시된 바와 같이 하느님 편에서 시작한, 이른바 하느님께서 인간을 시험하시므로 일어나는 위기와 같은 것을 들 수 있다.

첫째로, 인간의 범죄가 인류의 역사에 끼치는 역사 단절의 위기는 오늘의 인류가 겪는 고민들 속에서도 우리가 역력히 읽을 수 있는 성질의 것이다. 가인이 받은 형벌, 라멕 이후의 네피림 시대가 받은 홍수 대심판, 바벨탑의 중단 등 인류 역사가 겪은 위기는 대체로 가인의 후예들에게서 발생된 그 범죄행위 때문에 오는 위기였다. 오늘의 인류 역사도 이러한 역사적 악순환 속에서 고민하고 있음을 우리는 목격하고 있다. 그러나 성서의 증언에 의하면 언제나 이러한 역사과정 속에는 역사의 단절과 그 위기를 막으시려는 하느님의 역사경륜이 부단하게 계속되고 있다는 것이다. 이러한 증언은 성서기자들의 위대한 확신에서 나온 신앙고백이다. 이와 같은 신비한 하느님의 역사경륜은 오늘도 우리의 역사 속에서 계속되고 있음은 말할 나위 없다. 역사는 결코 단절될 수 없다. 그런 의미에서 볼 때, 아담이 〈다시〉 그의 아내와 동참하여 하느님으로부터 〈셋〉을 얻었다는 기록은 전승사적으로 볼 때 노아의 홍수 설화에로 직접 연결되고 있다 하겠다.[8] 〈셋〉을 따로 준비하셨다는 것, 곧 그것은 가인과 라멕의 세대 중에서 또한 네피림의 세대 중에서 〈노아〉를 특별히 은혜로 입히셨다는 사실과 직결된다.[9] 인류의 악의 증대는 늘 인간을 지면에서 쓸어버리시겠다(창 6:7)는 하느님의 심판의 결의를 일으키기에 충분하다. 그러나 인류의 역사를 단절시킨다는 것은 결코 하느님의 근본 뜻은 아니다. 하느님은

---

8) 참고. von Rad, *Genesis*, p. 109.
9) *Ibid.*, p. 114.

노아를 선택하시며, 그를 통하여 새 역사의 문을 여시는 것이다. 결코 그는 세상을 단념하시지는 않는다. 역사의 운명을 방관하시지는 않는다. 인간 악으로 인한 역사의 파국을 관망만 하시는 분은 아니시다. 그러나 노아로 연결되는 새 인류 역사의 여명은 사실상 이미 〈셋〉을 아벨 대신 마련하신 그 사건 속에서부터 비추어 오기 시작했다. 이는 분명히 하느님의 역사를 파괴하고 도전하는 가인의 역사에 대한 하느님의 적극적 개입이요, 하느님의 도전적 역사 참여다. 실로 〈가인이 죽인 아벨 대신에 다른 ahēr taḥath hevel kî harego qayîn〉이라는 표현은 편집자의 뚜렷한 신학적 해석의 결과요, 성서 역사가의 위대한 역사신앙의 결과라 하겠다. 편집자의 생각이 얼마나 이것이 몰두하였던지 "무엇 때문에 가인이 더 이상 하와의 〈씨〉가 되지 못하였는가?" 하는 문제에 대해서 침묵하고 만다.[10] 오히려 그는 가인의 혈친 살해 행위에 대한 보도나 라멕의 악랄한 오만에 대한 보도가 이미 가인 족보의 돌연한 단절에 대한 명백한 해명이 되는 것이라고 믿었기 때문에, 거기에 대한 더 이상 설명의 필요성을 느끼지 않았기 때문이리라고 생각된다. 그러나 가인의 족보는 결코 단절된 것이 아니라 〈셋〉과 〈노아〉에 의해서 새롭게 계승된다는 데 편집자의 더 깊은 관심이 있었다. 비록 가인의 역사라 할지라도 또한 그 역사가 라멕에 의하여 더욱 잔인하게 발전된다 하더라도, 하느님의 역사경륜은 결코 중단되지 않는다는 것이 성서기자의 신념이었다. 하느님은 항상 죄악의 인류역사 그 한 가운데서 활동하신다. 이와같이 역사의 위기는 인류의 범죄와 악행, 그리고 그 악의 구조적 발전에 의하여 그 역사 한 가운데서 폭발하지만, 하느님은 그 곳, 그 역사 한 가운데서 새 역사의 여명을 밝히시기 위한 섭리를 주도하시는 것이다.

그 다음 둘째로, 참으로 불가사의하게도 인류의 역사는 인간의 경건에 대한 하느님의 시험(נִסָּה הָאֱלֹהִים: haʾ elōhîm nissāh)으로 인하여서

---

10) Skinner, *Genesis*(I. C. C.), op. cit., p. 126.

도 〈위기〉에 직면한다. 물론 이러한 성서적 표현은 하나의 〈의인론적 표현〉[11]에 불과하지만 인류는 늘 역사 속에서 그 자신을 훈련하는 〈시험〉을 체험하기 마련이다. 즉 인간의 성숙화를 위한 신의 섭리활동은 우리의 역사 속에서 늘 〈하느님의 시험〉이라는 형태로 구체화된다 하겠다. 여기서도 하느님은 늘 그의 시험활동과 병행하여 역사의 위기를 극복하는 새 길을 〈따로 마련〉하신다. 말하자면 역사는 결코 단절되거나 자폭하지는 않는다. 그러므로 인간은 이 위기 앞에서 스스로 자폭하여서는 안된다. 참으로 적극적인 자세로 이 〈시험〉에 대응하여야 한다. 즉 그는 비장한 결의를 갖고 "아침 일찍 일어나 나귀에 안장을 지우고"(창 22:3) 시련의 고지 모리아산으로 올라가야 했다. 거기서만 우리는 우리의 역사가 걸어갈 그 미래를 약속받을 수 있고, 동시에 〈승리자〉라는 인정을 받게 되기 때문이다.

새 역사의 여명

역사는 결코 단절되지 않는다. 그러나 그 역사의 단절을 극복하는 새 역사의 여명은 결코 값싸게 밝혀지는 것은 아니다. 그 여명은 오직 아벨의 피에 의한 〈대속הוהי〉 행위로 이룩된 야웨종교의 시작과 더불어서만 밝혀진다. 이것은 우리의 본문이 주장하는 주요 신학적 의제이기도 하다. 즉 〈셋〉과 그의 아들 〈에노스〉(인간)에게서부터 비로소 참 종교, 야웨 종교가 시작되었다는 것은, 셋과 노아로 연결되는 새 역사의 여명이란 참 종교의 시작과 더불어서만 밝혀지는 것임을 나타내는 것이라 하겠다. 아마도 이것이 야비스트의 단편적 셋 족보를 가인의 세대와 노아의 세대를 연결시키는 교량으로 삼은 편집자의 신학적 의도라 생각된다. 그런 의미에서 야비스트의 셋 족보는 야웨

---

11) *Ibid.*, p. 328. 참고. 출 16:4; 20:20; 신 8:16; 13:4; 33:8 등.

종교의 기원을 밝히려는 데서보다 이러한 신학적 의도에서부터 더 강한 영향을 받고 있는 것으로 보인다. 즉 참 종교는 아벨의 피를 대신한 〈셋〉을 기초로 하고서 비로소 재건될 수 있고, 여기서 비로소 진정한 의미의 새 역사의 여명을 볼 수 있다는 것이다. 그런 의미에서 볼 때 가인의 족보(창 4:17-24)는 전혀 참 종교의 기초를 놓지 못하였다 하겠으며, 오직 아벨의 죽음을 대신한 〈셋〉의 계보에서만 비로소 야웨 종교의 디딤돌이 놓여졌다. 즉 〈셋〉과 노아가 놓은 야웨 종교의 디딤돌 없이는 결코 새 역사의 여명을 밝힐 수는 없을 것이다. 새 역사의 여명, 그것은 곧 미래의 역사에 대한 하느님의 약속 속에서 밝혀지는 것이다. 이 〈약속〉은 언제나 아벨의 피의 희생을 지불하고서 〈마련되는 것〉일 뿐이다. 그 한 예를 우리는 번제단 위의 이삭에게서도 얻을 수 있다. 진실로 참 종교의 재건은 아벨의 희생, 이삭의 희생에 의해서만 가능하며, 이러한 참 종교의 재건을 통하여서만 오직 〈노아〉로부터 오는 희망을 기대할 수 있을 뿐이다. 아벨의 희생에 의해서 또는 이삭의 희생에 의해서 재건되는 참 종교의 건설은 곧 가인의 비윤리적이고도 하느님의 섭리에 대한 반역적 살인행위 내지는 종교행위[12]에 대한 강력한 도전이다. 야웨 종교의 진정한 본질은 그 윤리성에 있으며 더 적극적으로는 반윤리적 악에 대한 그 도전성에 있다. 그런 의미에서 "가인이 죽인 아벨 대신에 다른 한 씨를 주셨다"는 표현은 가인의 반윤리적 종교에 대한 하나의 도전이라 할 수 있다.

가인의 종교는 사람을 죽이는 반윤리적 성격의 것이었는데, 이와 같은 인간의 생명과 인권에 대한 잔혹한 침해는 야웨 종교에 대한 명백한 역행이었다. 이에 대한 철저한 정화 없이는 미래 역사에 대한 희망의 여명은 밝아올 수 없다. 이러한 반윤리적 종교에 대한 도전적 정화 작업은 사실 이삭을 〈대신하여〉 수양을 따로 준비해 두신 하느

---

[12] 가인의 아벨 살해에서는 인신제(人身祭)의 반윤리적 종교가 가지는 부패의 한 일면을 볼 수 있다.

님의 섭리와, 그리고 이삭을 향하여 높이 든 아브라함의 칼잡은 손을 제지하시는 하느님의 적극적 행동(창 22:12-13)에서 매우 드라마틱하게 나타나고 있다고 생각된다. 이 드라마는 분명히 당시의 반윤리적 인육제(人肉祭)에 대한 야웨 종교의 도전으로도 해석할 수 있을 것이다. 물론 폰 라트 같은 학자는 이러한 해석의 가능성을 배척하고[13], 야웨의 약속의 선물을 받을 자격이 아브라함에게 있는지 알기 위하여 그의 믿음을 〈시험〉하신 행위라고 보지만, 아브라함이 여기서 받은 시험은 실상 가인이 받았던 시험(창 4:5)과 결코 다르지 않은 동일한 범주 안에서 생각할 수 있다. 즉 반윤리적 종교의 유혹, 이것은 인류사에서 인간이 받는 유혹 중 가장 큰 것이었다. 가인은 그의 선의의 경쟁자를 폭력과 함께 힘에 의해서 제거함으로써 비로소 자신의 삶의 거점을 확보할 수 있을 것이라는 따위의 환상적 신앙의 노예가 되어 있었다. 그는 그것을 극복하지 못했다. 마침내 그는 그의 이웃을 죽이고 제거함으로써 자기의 삶의 터전을 넓히려 했다. 〈아벨〉은 이러한 반윤리적 신앙과 환상적 종교에 의하여 피해를 입은 인류의 한 모형이었다. 그러나 하느님은 이러한 인간 악의 역사에 신비롭게 도전하신다. 아벨을 〈대신하여חחח〉 다른 또 하나의 〈씨〉를 준비하신 것이다. 인간 악의 현실이 아무리 역사의 단절을 꾀하여도 하느님은 언제나 역사의 여명을 새롭게 밝히시는 것이다. 아벨은 제거된다 해도 하느님은 〈셋〉을 따로 마련하신다. 아벨의 생명을 짓밟는 여하한 인간 악의 도전에도 불구하고 〈셋〉을 통하여 인류는 야웨의 이름을 부를 수 있다. 이러한 역사경륜을 어찌 가인의 〈힘〉으로 막을 수 있을 것인가! 야웨의 〈이름〉을 부르기 시작한다는 것, 그것은 명백한 새 역사의 여명이다. 야웨의 이름을 부른다는 것은 곧 야웨의 인격과의 만남이며[14],

---

13) Von Rad, *Genesis*, pp. 238-240.

14) 고대 히브리인의 관념에 의하면 <이름>과 <인격> 사이에는 현실적인 유대관계가 있어서 그의 <이름>을 부른다는 것은 곧 그의 인격에 대한 깊은 호소력을 갖는다. *Nomina sunt realia!*

야웨와의 만남으로 이룩되는 그의 역사 개입은 우리의 역사에 있어서는 새 역사의 도래를 알리는 기쁨이 나팔소리다. 진실로 야웨의 이름을 부르기 시작함으로써 인간 역사의 암영은 비로소 구원의 희망으로 밝아지게 되었던 것이다. 사실 우리의 본문이 여기서 돌연히 야웨 예배의 기원에 관해서 주의를 환기시키고 있다는 것은 구약의 지배적인 주요 전승들(출 3:14; 6:3)과 결코 조화되지 않는 이상한 현상이다.[15] 그러므로 여기에는 야웨 제의의 기원은 모세 시대보다 훨씬 더 고대에(겐족 시대?) 뿌리박은 것이라는 사실을 암시하는 것 이상의 깊은 의미가 들어있는 것이라 생각된다. 실로 여기에는 인류 역사가 죄의 역사에로 접어든 이후 비로소 처음으로 비춰 온 희망의 여정은 오직 반윤리적 인간악에 도전한 윤리적 종교인 야웨 종교의 시작과 더불어서만 밝아져 온 것이라는 사실을 밝히려는 편집자의 신학적 의도가 개재되어 있었던 것이라 생각된다. 새 역사의 밝음은 가인의 피가 야웨 종교의 윤리에 의하여 정화될 때만 비로소 빛을 발할 수 있는 것이다. 이삭을 통한 후손의 약속, 즉 미래 역사에 대한 약속(창 22:17-18)은 자신의 경건을 반윤리적 종교의식에 의하여 증명하라는 하느님의 시험에 걸려 무산될 위기에 처했었다. 그러나 그 위기는 "번제할 어린 양을 하느님이 자기를 위하여 준비하시리라"라고 한 아브라함의 신앙고백에 의하여 극복된다. 비록 아버지 아브라함의 이 답변은 모호하고도 임기응변적인 둔사(遁辭)이기는 해도 아브라함의 신앙적 개가는 복종하는 믿음, 또는 아들조차도 아끼지 않는 하느님에 대한 충절 등에서보다도, 오히려 "야웨께서 준비하신다"(창 22:14, יהוה יִרְאֶה)는 신앙, 즉 야웨는 윤리적 신이시며 역사의 주인이시기 때문에 이삭의 제물을 대신한 수양 제물을 따로 준비하실 것이라는 신앙에서 찾을 수 있을 것이다. 새 역사의 여명을 기다리는 신앙, 그것은 야웨께

---

15) 참조. von Rad, *Genesis*, p. 109.

서 새 역사를 준비하실 것이라고 믿는 신앙이기도 하다. 아브라함의 이러한 신앙, 즉 야웨께서 준비하시리라고 믿는 신앙은 아들을 잡아 제물로 드리라는 반윤리적 종교의 유혹에 대한 위대한 승리이기도 하다. 진실로, 진정한 의미에 있어서 새 역사의 여명은 무차별 보복과 복수에 의해서 이룩하려는 라멕의 세대 속에서는 결코 기대할 수 없으며, 오직 하느님께서 새롭게 시작시키시는 〈셋〉의 세대에서만 기대될 수 있을 뿐이다. 반윤리적 인간 악—그것이 라멕의 악만큼 구조적이라 할지라도—그 악에 대한 하느님의 도전과 하느님의 신비한 승리를 읽을 수 있는 자는 새 역사의 여명을 능히 볼 수 있을 것이다.

"야ㅎ웨 예라에—יהוה יראה"!

우리는 이상에서 역사는 결코 단절되지 않는다는 신앙, 야웨께서 역사 단절의 위기를 극복하는 새 역사의 시작을 준비하시고 계신다는 성서적 신앙고백을 읽어 왔다. 이 신앙은 참으로 위대한 신앙이라 하겠다. 역사적 파국 앞에서도 하느님의 준비하심에 대한 신앙을 갖는다는 것, 인간 악의 현실 속에서도 또 다른 〈씨〉에 대한 신앙을 갖는다는 것은 참으로 위대하다. 인간은 무너뜨리지만 하느님은 세우신다는 신앙, 인간은 죽이지만 하느님은 살리신다는 신앙, 인간의 그 어떠한 파괴적 행위에 의해서도 하느님의 역사경륜은 막을 수 없다는 신앙, 실로 인간은 아벨을 죽이고 예수를 십자가로 추방하지만 하느님은 〈셋〉을 주시고 예수를 부활시키신다. 그러나 이러한 신앙은 심적 평정(*ataraxia*)에 의해서 구축될 수 있는 성격의 것은 결코 아니라는 데 문제가 있다. 이것은 인간 역사의 파라독스요 수수께끼이다. 거기에는 반드시 아벨의 피, 이삭의 희생, 예수의 십자가라는 역설이 병립되고 있다는 것이다. 여기에 기독교 공동체의 영원한 과제가 있다.

3
원역사와 족장사를 잇는 가교

서론

구약 원역사는 이스라엘 민족사의 원역사(Urgeschichte)로서의 그 신학적 성격을 뚜렷히 하고 있는데, 즉 하느님의 백성의 역사는 곧 전 세계 인류 역사의 핵이요 중추라고 하는 구약성서의 근본 주제를 명료하게 제시해 주고 있다. 이러한 구약성서의 근본주제를 묘사하는 가장 적절한 양식을 우리는 5장, 10장, 11장에 배열된 세 개의 족보[1]를 구약의 원역사 구성의 뼈대로 제시하고, 그 족보를 통한 인류 역사의 진전을 셈, 함, 야벳에게서 난 열국들 중, 오직 〈셈〉이라는 한 종족에게로 그 인류 계보를 좁혀서 마침내는 이스라엘의 비조(鼻祖)인 아브라함이라는 한 인물에게로 단축연결시키는 그 일련의 서술 속에서 뚜렷하게 읽을 수 있다.

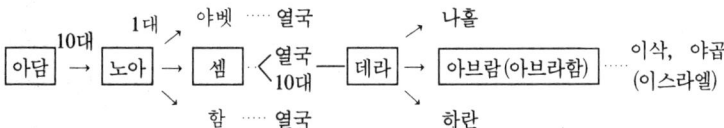

---

1) 5장과 11:10-26은 P의 족보로서 서로 명백한 상응을 이루고 있으나 10장은 J와 P의 종합인데, P가 J의 자료를 힘들여 편집해 놓은 하나의 고심작이다. 10장의 두 자료는 대략 P의 것으로서는 1a, 2-5, 6f., 20, 22f., 31-32, 그리고 J의 것으로서는 1b, 8-12, 13f., 15-19, 21, 25-30으로 분류할 수 있다.

특히 이 족보가 이스라엘 원역사를 선민사적 족장사에로 연결시키는 그 신학적 성격을 가장 뚜렷히 한 곳은 역시 10장(J+P)과 그리고 11장에 나타나는 P의 족보[2]라 할 수 있을 것이다. 여기서 P는 셈→아르박삿→셀라→에벨→벨렉→르우→시룩→데라→나홀→아브람에 이르는 10대의 계보를 질서있게 배열하고, 이 셈의 계보가 곧 아브라함에게로 압축되는 단축적인 성격을 갖고 있다는 것을 지시한다. 그러나 P의 족보처럼 조직적이지는 않다 하더라도 J 역시 이런 성격을 명확히 드러내었는데, 10장 21절에서 J는 "셈은 〈에벨〉의 온 자손의 조상이요 … "라고 규정한다. 즉 이 〈에벨עֵבֶר〉은 이스라엘인들이 가끔 다른 민족들과 자신을 구별하는 표로서 사용한 〈히브리인들עִבְרִים〉의 이름의 시조(eponym)[3]인데, 이와 같이 이 이름 아래 모든 셈족을 포함해 버리는 J의 의도는 셈과 에벨이 동일한 종족이었다는 주장의 모호성과 그 단절을 완전히 제거하는 데 있었던 것으로 보인다. 그렇게 함으로 야비스트(J)는 셈족으로 계승되는 히브리 민족의 선민사(選民史)를 재치있게 암시해준다. J와 P 족보들은 이와 같이 하여 이러한 역사신학적 주제에 맞추어 편집되었던 것이라 하겠다. 실로 이는 선민 이스라엘의 조상들이 어떻게 부르심을 받았으며, 그 부르심 속에는 어떤 과제가 포함되어 있었고, 그리고 그 과제를 받은 조상들이 어떤 역사적 경험과 시련 속에서 살아왔는가 하는 것을 보여주는 이른바 족장사를 열기 위한 하나의 신학적 해석이라 할 수 있을 것이다. 그 경우는 출애굽기 1-18장, 민수기 10-34장의 출애굽과 광야에 관한 전승이 곧 이스라엘 역사 전승의 모태요, 그 전승의 모태에 연결되어 들어온 것이 곧 창세기 12-50장의 족장사라고 주장하는 것과 동일한 의미를 가질 수 있다고 생각한다. 이러한 이스라엘 민족의 족장사를

---

2) 11장 10절 이하에 나타나는 P 족보는 26, 27절까지 계속되고, 31, 32절(P) 사이에 J(28-30)의 기사를 삽입하므로 족장사와의 연결을 더욱 드라마화 한다.

3) J. Skinner, *Genesis*(I. C. C.), p. 217.

열기 위한 서막의 그 막이 마침내 오르기 시작한 것은 노아 홍수 이후 새롭게 시작된 새 역사에 관한 해석적 보도가 나타날 때부터라 할 수 있을 것이다. 여기서부터는 현저하게 역사의 방향이 선민사에 대한 관심에로 결정적인 방향을 잡는 것을 볼 수 있다. 그러므로 우리는 홍수 기사가 끝나는 6장 18절 이하에서부터 12장 족장사의 시작에 이르기까지의 사이에 일어나고 있는 일련의 사건 보도들을 이러한 관점에서 읽을 수 있을 것이다.

노아의 축복과 저주(9:18-29)

세 아들에 대한 노아의 축복과 저주 기사가 여기에 편집되어 들어왔다는 것은 무엇을 의미하는 것인가? 그것은 세계의 인류란 본래는 하나의 기원을 갖고 있었다는 것을 가리키려는 것일까? 특히 세계 열국들의 등장이란 노아의 세 아들을 통하여서 이루어졌다는 9장 19절의 주장은 그러한 해석의 가능성을 무한히 열어 주고 있다. 그러나 9장 20절의 "가나안의 아비, 함이 … "라는 표현이나 〈가나안〉에 대한 노아의 저주 기사(9:25)는 이 부분의 설화가 세계 열국들보다는 오히려 실제로는 팔레스틴만을 취급하고 있다는 사실[4]을 통해서 볼 때, 이 부분의 주요 관심과 그 의의는 세계 열국들이 동일 기원을 갖고 있다는 것을 말하려는 데 있는 것은 아니라 할 수 있을 것이다. 이러한 주장은 또한 셈·함·야벳이라는 주제가 이 짧은 단락 속에서 셈·야벳·가나안이라는 주제를 불투명하고도 미묘하게 수정하고 있다는 사실 속에서도 입증된다. 즉 9장 22절에서는 〈가나안〉이 〈함〉의 아들로 되어 있으나, 9장 24, 25절에서는 아무런 설명이 없이 그 〈가

---

4) 참고. von Rad, *Genesis*, p. 131.

나안〉이 곧 노아의 아들이라고 명명되고 있음은 그 좋은 보기이다. 그러므로 우리는 여기서 본래의 셈·야벳·가나안이라는 주제가 있었던 자리에 가나안 대신 함을 등장시키는 편집자의 의도 속에는 10장에 나타나는 함의 계보와의 불연속성을 제거하려는 의도가 있었음을 간파할 수 있다.[5] 그러나 이 설화는 계속되는 장, 즉 10장의 노아의 세 아들과 그 후예에 관한 계보와의 연속을 꾀하였을 뿐만 아니라, 그 앞서 나온 노아 홍수설화와도 연속을 시도하고 있음을 볼 수 있다. 즉 9장 18a절에서는 "방주에서 나온 노아의 아들들은 셈과 함과 야벳이며…"라고 말하였고, 또 9장 20절에서는 "노아가 농업을 시작하여…"라고 하므로 노아가 〈땅을 가는 사람〉이 되었다는 것을 지시하였다. 이는 분명히 창세기 4장 17절 이하에서 볼 수 있는 문화의 기원을 말하는 설화와 동일한 성격을 띤 〈발명자 사화inventor-saga〉에 상응한다 하겠다. 특히 여기에 나타난 이른바 홍수 이후에 비로소 이룩된 노아의 땅의 관계개선에 관한 기사 속에서 우리는 창세기 3장 17-18절, 4장 11-12절, 5장 29절, 8장 21-22절에서 계속 나타나는 야비스트적 원역사 서술의 매우 중요한 주제인 〈땅 주제 'adhāmāh-motif〉가 다시 새롭게 나타나고 있음을 볼 수 있다. 여기에서 표현된 바, 노아가 땅의 경작자가 되어 포도나무를 심고 마음껏 만취할 수 있을 정도의 풍성한 포도수확을 거두었다는 표현은, 5장 29절에 나타나는 "그의 이름을 〈노아〉라 하고 이르기를, 야웨께서 땅을 저주하시므로 수고로이 일하는 우리를 이 아들이 안위하리라 하였더라"라는 희망적 약속의 성취[6]와 8장 21-22절에 나타나는 " … 다시는 사람으로 인하여 땅을 저주하지 아니하리니 … 땅이 있을 동안에는 심음과 거둠과 추위와

---

5) *Ibid.*, pp. 131-132.
6) *Ibid.*, p. 132. 여기서 von Rad는 말하기를, 노아시대로부터 비로소 땅에 대한 심각한 저주가 은총의 개선(改善)을 보게 되는데, 즉 하느님은 구약이 모든 자연 소산(所産) 중 가장 고상한 것으로 보아온 포도생산을 노아에게 허락하셨던 것이라고 한다.

더위와 여름과 겨울과 낮과 밤이 쉬지 아니하리라"라는 야웨 자신의 은혜로운 약속이 구체적으로 실현되었음을 나타내 보여 준다. 다시 말해서 이 부분은 편집자의 손을 통하여 인간의 타락→악의 증대→홍수심판으로 이어지는 고대의 인류 타락사와 그리고 인류의 번창으로 인한 세계 열국의 역사 사이를 잇는 하나의 교량(橋梁)으로서의 기능을 담당하게 되었다. 그러나 그것은 단지 편집신학(R'의 신학)의 한 기교라 할 수 있을 것이고[7], 오히려 편집자의 손에 들어 온 J 역사 그 자체가 이미 셈·야벳·가나안[8]이라는 세 종족의 확산을 전제하고 있음을 볼 수 있다. 더욱이 무엇보다 9장 20-27절의 중심적 J 사료가 증언하는 기본 주제는, 팔레스틴을 중심한 열국의 새 세계에로 관심을 끝고 가면서 동시에 더 짙은 색깔을 사용하여 셈에 대한 축복과 가나안에 대한 저주라는 주제에로 관심을 집중케 만들고 있다.[9] 그렇다면 이 중심단락(9:20-27)이 말하고자 하는 것은 무엇이며, 원역사 전체의 콘텍스트에서 가지는 그 의의는 무엇인가? 흔히들 우리는 여기서 축복과 저주라는 반립(反立) 개념을 통하여 두 문화 즉 유목문화[10]와 농경문화(노아의 농업) 사이의 대결, 더 나아가서는 이스라엘 유목문화의 종교와 가나안 농경문화의 종교 사이의 긴장관계를 유추해내기 쉽다(그

---

7) 참고. J. Skinner, ibid., pp. 182. 여기서 Skinner는 창 9:20-27을 이 부분의 독립자료라고 보고 이 부분의 서론격인 9:18과 9:19은 9:20, 27 기사를 각각 홍수설화(9:18)와 열국의 계보(9:19)에 연결시키는 연결구의 역할을 하는 것이라고 결론지었으며, 이런 역할을 한 것이 R'라는 것은 9:20이 이미 5:29의 J 사료와 특별한 연결을 갖고 있기 때문이라고 보았다(물론 9:28-29은 P 자료에 속한다. 그러므로 5장의 P 족보는 5:28에서 끊겼다가 9:28에서 이어졌다).

8) 9:24의 בְּנוֹ הַקָּטֹן는 문자적으로 <가장 작은 아들>을 의미하는데, 우리말 성경 난외 주(註) "둘째 아들"이라는 번역은 Sept. 와 Vulgate를 따라간 것으로 셈·함·야벳 주제에 맞추기 위한 부적절한 번역으로 보인다.

9) Von Rad, ibid., p. 131. "고대사의 주제가 홍수 이전에서는 인간과 그의 생업으로 되어 있으나, 여기서는 열국의 세계가 그 주제로 되어 있다 …" op. cit., p. 131.

10) <셈의 장막에 בְּאָהֳלֵי־שֵׁם>라는 표현은 셈족의 유목문화적 배경을 지시한다.

경우는 가인과 아벨의 제사에 관한 경우에서도 적용된다). 분명히 가나안 종교의 신 바알은 희랍의 주신(酒神 Dionysus) 또는 애굽의 주신 오시리스(Osiris)의 성격을 갖고 있어서, 이 설화는 가나안 주신제(酒神祭)에 대한 비판으로도 추측할 수 있을 것이다. 그리하여 여기 독립된 단편 속에 나오는 노아는 "가나안 주신의 이름이었을 것이라는 추측"[11]도 나오게 된다. 즉 수치를 드러낸 노아—〈벌거벗었다〉는 표현은 〈수치〉를 의미한다[12]—는 곧 농경문화의 음탕성과 사치성에 대한 한 상징으로 이해될 수 있으며, 동시에 이 단편에 이러한 주신에 추종하는 이교적 음란(cultic prostitution)에 도전하는 배타적 히브리인의 도덕관념을 제시하고 있는 것으로 이해될 수 있다는 것이다. 그러나 히브리인의 도덕관념에 따른 비판은 노아의 술취함에서보다는 오히려 노아의 수치에 대한 비난과 그 수치의 유포("고하매" ויגד)에서 찾는 것이 더 정당할 것이고 그렇게 하는 것이 〈노아의 축복과 저주〉라는 기본 주제에 더 잘 조화되는 것이라 할 수 있을 것이다.[13] 즉 노아의 수치가 문제가 아니라 아비의 수치를 덮어주지 않고 유포하는 가나안의 부도덕과 그것에 대한 노아의 저주, 그리고 아비의 허물을 덮어준 셈과 야벳(〈셈과 야벳〉임에도 불구하고 우리의 기사는 셈의 축복을 배타적 중심 주제로 삼고 있다!)에 대한 축복[14], 바로 여기에 이 단락의 설화가 말하려는 기본 의도가 나타나 있다. 그렇다면 노아의 축복과 저주사가 구약 원역사 속에서 차지하는 그 의미는 무엇인가?

"가나안은 저주를 받아 그 형제의 종들의 종이 되기를 원하노라."

---

11) Niebhur, *Geschichte des Ebräischen Zeitalters*, 36ff.

12) 참고. 합 2:15; 애 4:21.

13) Von Rad는 이 부분의 설화자는 결코 노아가 술취함을 도덕적으로 정죄하고 있지 않으며, 오히려 노아가 처음으로 발견한 포도주의 신비한 힘에 압도된 것을 지시하고 있다고 보았다. *Genesis*, pp. 132-133.

14) 시편 32:1a의 축복사는 "허물의 사함을 얻고 그 죄의 가리움을 받은 자는 복이 있도다"로 되어 있다.

"셈의 하느님 야웨가 송축받으실찌어다! 가나안은 셈의 종이 되고 하느님이 야벳을 창대케 하사 셈의 장막에 거하게 하시고 가나안은 그의 종이 되게 하시기를 원하노라"(창 9:25-27).

이러한 〈축복과 저주사〉의 공리는 제의 예언자의 탁선(託宣, oracles of cult prophets)을 반영하고 있는데[15], 이 시[16]는 그 속에 신적 능력을 지니고서 공동체 신앙의 지지를 받아왔던 것으로 보인다. 즉 이 시는 이스라엘 특수 절기들 때에 반복적으로 탁선되었는데, 이 선언들 속에는 두 가지의 약속 주제 즉 땅 약속의 주제와 축복 약속의 주제가 깔려 있다. 이 두 약속 주제는 명백하게 족장사의 가교적 역할을 하고 있음을 볼 수 있다. 즉 족장사를 여는 아브라함의 소명기사인 창세기 12장 1 3절이 갖고 있는 두 약속 주제와 우리의 축복과 저주사는 명백한 연결점이 있다. 아브라함 소명기사로 구성된 족장사의 서두는 "너의 땅으로부터 … 내가 네게 보여 줄 땅으로 가라!(מֵאַרְצְךָ … אֶל־הָאָרֶץ)"라는 명령과 "… 너는 복의 근원이 될지라. 너를 축복하는 자들에게 내가 축복하고 너를 저주하는 자들에게 내가 저주할 것이다"라는 축복사(祝福辭)로 짜여져 있는데, 이러한 족장사의 시작은 노아의 축복과 저주사에 강하게 연결되어 있는 것이라 볼 수 있을 것이다. 즉 노아의 축복과 저주사 속에는 가나안 땅 영유권의 합법화가 강력히 선포되어 있다. 그러므로 여기서의 주요 강조점은 셈에 대한 축복과 가나안에 대한 저주에 있다. 따라서 비록 가나안에 대한 저주는 본문의 내적 증거로 보아 가나안 종교의 제의적 음란에서 온 도덕적 부패 때문이라기보다는 그의 인격적 결핍(עֶרְוָה) 때문이라 하더라도(셈의 경우도 그 역으로 설명할 수 있다), 그럼에도 불구하고 이 설화의 근본적인 관심은 셈과 야벳의 인격이나 가나안(함)의 인격에 대한 관심보다는 〈셈의 하느님에 대한

---

15) Von Rad, op. cit., p. 133.
16) 이 시는 2+2+2 // 2+2/2+2 // 3+3+4 라는 리듬의 구조를 갖고 있으며 각 시행의 각운이 일치되고 있다.

송축 שם אלהי יהוה ברוך⟩[17]에 있다고 보아야 할 것이다. 셈의 하느님에 대한 송축(頌祝)![18] 이것은 셈의 분깃이란 오직 야웨 하느님만이라는 것을 지시하고 있으며, 셈에 대한 야웨 하느님의 선택행위를 알리는 나팔소리와 같다 하겠다. 즉 〈셈〉을 선택하고 〈가나안〉을 버리는 선택행위의 주체는 전혀 야웨 하느님이시다. 셈 종교의 우월성, 그 배타적 선민성이 주장되고 있다. 즉 아담으로부터 시작된 인류 역사는 노아에게로 좁혀져서 그것이 셈 종족(셈이라는 한 개인보다는 여러 열국의 인격화)에게로 좁혀져 특수한 축복을 받는 선택된 종족으로 압축되고 있다. 이 선택된 종족 셈으로부터 아브라함에게로 이어지는 축복의 흐름은 가나안에 대한 저주와 함께 후일 가나안을 약속된 땅으로 합법화하는 주요한 종교적 근거가 되었다. 노아의 축복과 저주가 구약 고대사 속에서 차지하는 그 의미와 의의는 바로 여기서 찾을 수 있었으며, 여기서 우리는 구약 원역사가 이스라엘 족장사에로 이어지는 첫 가교(架橋)를 볼 수 있다.

열국의 확산과 셈 계보(10-11장)

원역사와 족장사를 잇는 가교는 노아의 축복과 저주로써 그 작업을 끝낸 것은 아니다. 즉 성서 편집자는 세계사의 중심을 흐르는 하느님의 선민사 및 구원사가 셈 종족에게로 좁혀진 그 셈 계보를 제시

---

17) 셈의 하느님에 대한 송축이라는 주제와 관련해서 von Rad는 가나안이 저주받은 이유로 가나안 종교의 제의적 음란을 들고 있는데, 이러한 그의 주장은 노아의 술 취함을 변호한 그의 주장과 서로 모순된다. 참고 von Rad, *op. cit.*, p. 133.

18) שם אלהי를 שם אהלי로 고쳐 읽을 것을 주장하는 Grates의 주장은 비록 Kittel Text의 각주와 서로 일치되며, 또 27절과 평행함에도 불구하고, 우리의 본문을 그대로 두는 것보다 이 단편의 기본 주제와 더 가깝지는 못하다. 특히 시행의 흐름과 그 문체의 비교에 있어서도 ארור כנען과 ברוך יהוה가 더 잘 조화될 수 있다고 생각된다.

하기에 앞서, 우선 지상 여러 곳으로 흩어진 열국의 계보를 먼저 제시하므로 구약 고대사를 세계사 속으로 끌어 넣는다. 그리고 그 전 세계사 가운데서 야웨 하느님의 보일듯 말듯한 참으로 가느다란 한 가닥의 계보를 끌어내시고 계심을 보여 준다. 실로 여기에는 창세기의 근본 주제요 동시에 성서 전체의 근본 주제가 함축되어 있다.[19] 그러나 그럼에도 불구하고, 노아로부터 아브라함에게로 이어지는 이 한 줄기의 역사계보가 세계 열국의 계보라는 큰 덩어리의 삽입으로 인하여 그 흐름이 넓은 웅덩이로 흘러들어 섞이는 듯 크게 맴 돈 후 다시 한 줄기의 흐름으로 이어지고 있는 것은 무슨 의미를 던져 주는 것일까? 야벳·함(가나안)·셈이라는 형태로 창세기 10장에 배열된 세계 열국의 계보[20]가 여기에 끼어든 것은 무엇을 의미하는 것일까? 여기에는 적어도 다음과 같은 의미로 생각해 볼 수 있을 것이다. 아마도 무엇보다 첫째로는 노아의 세 아들로부터 뻗어나온 많은 종족들이 전 세계 여러 곳으로 넓게 "흩어져 살게 되었다"는 것을 강조함으로, 즉 인종·종족의 거대한 확산을 보도함으로, 이러한 셈·함·야벳을 통한 거대한 열국의 확산은 창세기 9장 1절 이하에서 하느님이 노아에게 선언한 축복이 구체적으로 성취되었다는 것을 가리켜 준다. 이것은 또한 인류 초기에 아담을 향하여 인간 생명을 축복하신[21] 그 축복(창 1:28)의 성취로서도 의미를 가진다. 그러나 이러한 열국의 번성과 확산이 10장

---

19) 참조. A. Richardson, *op. cit.*, p. 116.

20) 창세기 10장에 나오는 열국의 계보는 인종적 구별이라는 원칙 위에서 배열된 것이 아니라 지리적인 구별에 따라 배열되었으나, 그러나 고대 애굽적인 종(種) 구분처럼 흑인종, 황색인종, 백인종 등으로 구분하는 원칙을 창 10장에서는 결코 찾을 수 없다. 여기에 나타난 구분법은 어떠한 현대적 구분법으로도 설명될 수 없다. 그러므로 우리는 여기서 열국 계보가 가지고 있는 편집적 의의에 관심해야 할 것이다.

21) 구약에 나타난 축복개념은 <생명력의 부여>라는 의미로 넓게 쓰여지고 있다. 참고. von Rad, p. 140. 특히 창 1-11장에 나타나는 인간에 대한 하느님의 두 축복사(1:28; 9:1)는 모두 "하느님이 … 에게 축복하사 이르시기를 …"로 시작되는데, 그 내용은 "생육·번성·충만 …"으로 집약되어 있다(이것은 P의 특징이다).

을 편집해 넣은 편집자에게 있어서 하나의 하느님 계시의 궁극점으로 해석되었다는 말은 물론 아니다. 단지 거기에는 하느님의 창조적 활동의 위대성에 대한 경이와 감격을 기초한 역사해석이 있을 뿐이다. 그것은 바벨탑 설화를 끌어들인 J의 설화 속에서도 동일한 유형의 하느님의 활동에 대한 경이와 경탄을 발견할 수 있다는 점에서 입증될 수 있을 것이다. 즉 바벨탑 설화는 참으로 기묘한 표현법에 의해서 인류를 온 땅에 흩으신 야웨 하느님의 역사간섭(하늘에 닿는 탑ziggurat[22]을 건설하려는 인간의 야심을 보시기 위하여—그 높은 탑이 신의 시야에 들어오지 않아서—아래로 강림하셨다! 이러한 하느님의 역사간섭은 일종의 아이러니가 아닌가!)과 그 신적 행위에 대한 경이와 경탄이 표현되어 있다. 그러나 여기서는 인간 생에 대한 하느님의 축복과 그 성취에 의해서가 아니라 인간의 악(이것은 늘 원역사를 구성하는 야비스트의 주요 관심이었다)에 대한 야웨의 역사간섭·역사활동에 의해서 인종의 확산이 이룩됐다고 표현하고 있다는 점에서 그 미세한 차이를 나타내긴 하였으나, 야웨 하느님의 신적 행동과 그 행동에 대한 경이와 존경을 표현했다는 점에서는 10장의 것과 공동의 기조를 나타내었다. 생에 대한 신의 축복, 그리고 인간의 끝없는 욕망[23], 이 두 주제는 인류 확산을 촉진하는 두 기본 요소다. 실로 하느님의 선민사는 바로 이 두 주제의 갈등과 소용돌이를 거쳐서 나타났다는 데 깊은 의미가 있다. 비로소 여기서 우리는 10장에 나타난 열국의 계보가 가지는 또 하나의 깊은 의의를 발견할 수 있다. 즉 선민 이스라엘의 역사는 노아로부터 직접 아브라함에게로 이어진다는 사실이다. 이스라엘이 그의

---

22) 이러한 ziggurat가 Babylon에도 세워져 있었는데 그 색깔이 경이스럽고 광택나는 <타일>로 축조된 297피트가 넘는 성채(城砦)인데, 우리의 바벨탑 설화와의 연결은 분명치 않다. 참고. von Rad, p. 146.

23) 바벨탑 설화 속에 나타난 인간 악에 대한 야비스트의 기술(記述)은 <하느님께 도전하는> 인간 힘의 집결(集結)과, 그 인간의 힘과 그리고 그 욕망의 끝없는 증대라는 것으로 집약되어 있다. 참고. von Rad, p. 147.

하느님 야웨를 만나고, 경험하고, 배우는 일이란 배타적으로 〈역사의 영역〉 안에서 일어나고 있다는 사실이다. 실로 10장의 열국의 족보가 이스라엘 원역사에 끼어든 그 신학적 의의는 바로 여기에 있다. 즉 이스라엘 선민사는 결코 역사를 초월한 신화적 역사를 통하여 온 것이 아니라 구체적인 세계 역사 안에서 〈별로 이름도 없이〉 성장하였다는 것이다.

이와 같이 이스라엘 역사를 큰 역사의 소용돌이 속에 이끌어들인 이른바 열국의 확산(열국의 계보와 바벨탑 설화)에 관한 보도는 실로 원역사와 족장사를 잇는 〈제2의 가교〉라 할 수 있을 것이다. 무엇보다 10장에 나타난 열국의 계보 속에 우리는 〈이스라엘이라는 이름이 빠져있다〉는 사실을 발견하고 놀란다. 분명코 이 사실은 고대의 이스라엘 역사가 지닌 수난의 한 단면을 엿보게 해 준다. 〈이름없는 한 종족!〉 그러나 이 이름없는 한 종족의 싹이 셈의 가지에서부터 하느님의 선민으로 싹트고 열매맺기 위하여 고통스러운 발아작업을 시작하고 있다는 것은 하나의 경이라 할 수 있을 것이다. 그것이 곧 창세기 11장 10절 이하에 나오는 이른바 셈→아르박삿→셀라→에벨→벨렉→르우→스룩→나홀→데라→아브라함에 이르는 셈계보이다. 이 계보는 10장 21-31절에 이르는 J와 P의 셈계보와는 분명히 다르며, 단절되었던 5장 족보의 연속 즉 5장 32절의 연속으로 나타난 것이다.[24]

---

24) 이 셈계보는 아담→노아에 이르는 5장의 셈 족보처럼 10대라는 대수(代數)를 맞추고 있으며, 그 문자양식이 현저하게 일치하고 있고, 그 족보의 마지막에 세 인물을 소개하므로 끝을 낸다. 그러나 그 수명이 5장의 것보다는 현저하게 짧아졌는데, 아담→노아의 아들 출산 때까지가 1556년인데, 셈→아브라함 출생까지는 겨우 390년 밖에 되지 않는다. 그럴 경우, 셈의 향수 년한이 600년인데, 셈이 525세 때, 즉 그가 죽기 75년 전에 데라가 죽었다는 결론에 도달한다. 동일한 방법에 의하여 검토한다면 5장의 족보에서도 아담으로부터 마할랄렐까지, 그리고 최단명의 에녹을 제외하고 야렛, 므두셀라, 라멕이 노아홍수 시작 때 살아 있었고, 므두셀라와 라멕은 홍수심판이 끝난 후까지 생존해 있은 것으로 계산된다. 방주에 들어가지 않았던 그들이 어떻게 홍수에서 살아 남았을까?

즉 5장 32절과 11장 10절 사이의 단절된 틈바구니 속에 들어온 것이 홍수설화, 노아의 축복과 저주, 열국의 계보와 바벨탑 설화 등이다.

따라서 11장 10절 이하의 셈족보는 열국의 국제 역사 속에 마구 엉키어 있었던 셈계열(10:21-31)에서는 기대될 수 없었던 계보라 할 수 있다. 이는 실로 셈계보(11:10-11) 출현의 우연성(contingency)과 신비성을 가리킨다 하겠으며, 하느님의 선민 역사의 신비라 할 수 있다. 이 〈이름없는 한 계보의 기적적〉 출현, 이는 실로 원역사와 족장사를 잇는 또 하나의 필요불가결한 가교의 역할을 담당하고 있다. 그러나 이러한 기적의 탄생 배후에는 괴로운 여정(旅程)이 포함되어 있었다. 이것은 P의 셈족보(창 11:10-26) 후미에 붙어서 족장사와 연결되는 마지막 가교 노릇을 한 〈데라〉의 계보[25] 속에서 표현된 사실이다. 즉 그 고통스러운 여정이란 데라의 인솔 아래 이룩된 이른바, 우르를 떠나 가나안으로 가는 그 긴 여행을 가리키는데, 이는 P에 의해서도 표현되었고(11:31) 또 J도 그의 족장사의 서두(12:1, 4-5)에서 표현된 사실이다. 그러나 무엇보다 마지막 가교로서의 데라의 계보 속에는 족장사라는 새 역사를 낳으려는 진통하는 일련의 고통스러운 사건들이 수록되어 있음을 본다(이 짧은 계보 속에서 이렇게도 많은 불운이 소개된다는 것은 하나의 우연이라고만 볼 수는 없을 것이다!). 즉 선민의 조상이 걸어갈 그 길—그것은 순례의 길[26]인데—그 길에서 족장 아브라함은 동생인 하란의 요절(11:28)과 아내 사라의 불임(11:29)을 경험하고(이상 J), 그리고 마침내는 그의 길을 이끌던 아버

---

25) 창 11:27-32에 나타난 데라의 계보는 28, 29, 30절의 J 자료와 27, 31, 32절의 P 자료의 복합으로 구성되어 있다. 즉 P=27, J=28-30, P=31-32라는 형식으로 P가 J를 둘러싸고 있다.

26) 11:31에 나타난 데라의 여행(유랑?)은 뚜렷한 동기가 암시되어 있지 않은 여행이고, 12;1 이하에 나타난 아브라함의 여행도 비록 그의 소명이 근본 동기로 나타나 있긴 하지만 목적지가 명확히 제시되어 있지 않은 여행이다(참고 12:5b, 6, 9).

지 데라의 죽음[27](11:32)을 그 임종의 자리인 하란에서가 아니라 하란과는 먼 곳(가나안)에서 맞이하는 슬픔을 체험한다. 이러한 일련의 사건들은 곧 신의 소명으로부터 시작되는 이스라엘 족장사를 얻기 위한 하나의 진통의 경험들이라 할 수 있을 것이며, 눈물의 고난으로 얼룩진 가교의 역할을 하고 있다.

결론

구약의 원역사는 지금까지 개관해 온 대로 인류 범죄사와 하느님의 구원사의 불/가분리적 병렬관계의 연속이라는 명백한 성격을 갖고 있었다. 그러나 이러한 두 역사의 병행 속에서도 현저하게 드러난 하느님의 역사(役事)는 구원사의 매개로써 한 민족을 선택하시는 활동이었다. 이러한 선택의 역사를 구체화시켜 가면서 이스라엘 형성을 향해 간 과정이 바로 족장사라 할 수 있을 것이며, 그러므로 족장사 속에 들어온 모든 사건들은 비록 독립된 개체 사료들이 복잡하게 부합되어 있다 하더라도, 선민 이스라엘의 탄생을 향한 일군의 대행렬을 형성한다 할 수 있을 것이다.

---

27) 데라가 죽은 그 나이(205세, 11:32)나 아브라함이 하란을 떠날 때의 나이(75세, 12:4), 그리고 아브라함이 이삭을 낳을 때의 나이(100세, 21:5)와 아브라함이 죽을 때의 나이(175세, 25:7)에 관한 보도는 결코 그 연대기적 합리성을 갖고 있지는 않다.

4

신의 약속은 파기될 수 없다

창세기 12:10-13:1; 20:1-18; 26:1-3

족장들의 유랑적 삶들은 전적으로 신의 약속에 기초하고 있었다. 그것은 아브라함 설화의 서두(창 12:1 이하)에서도 밝혀진 바이지만, 이삭 설화(창 26:1 이하)와 야곱 설화(창 28:13 이하)에서 잘 나타나 있다. 그런 의미에서 볼 때 족장들의 유랑생활들은 비록 그 합리적 근거는 약해 보인다 해도 그것은 전혀 신의 약속을 그 출발점으로 하고 있기 때문에, 그 삶의 자세를 맹목적 순례라고만 볼 수는 없을 것이다. 물론 지상의 역사 속에서 그 출몰을 수없이 되풀이해 온 모든 인생 순례도 모두 그 생의 출발점과 귀착지를 명백히 알지 못하는 맹목적 순례 같이 보일 수도 있다. 어떤 의미에서는 아브라함이나 이삭, 그리고 야곱과 같은 이스라엘 족장들의 순례들도 이 범주를 벗어날 수는 없다. 그러나 그들의 순례는 비록 합리적 논리는 갖추고 있지 않다 하더라도, 어디까지나 신의 약속[1]이라는 대전제 위에서 진행된 것이라는 점에서 지상의 모든 신앙인들의 삶과는 긴밀하게 제휴하고 있다 하겠으며, 반면에 다른 비신앙인들의 순례적 삶과도 엄격히 구별

---

1) Von Rad에 의하면, 다양하고 복잡하며 그 기원을 달리하는 여러 단일문들로 구성된 족장설화들을 연결해 주는 하나의 주제는 신의 약속이라고 보았고, 이 주제는 이미 족장시대에서부터 유래된 가장 오래된 고대 전승들에 속한 것이라고 이해되었다. von Rad, 『구약성서신학 I』(허혁 역, 분도출판사), pp. 171-181.

될 수 있을 것이다.

　우리의 본문들은 이러한 약속신앙을 기초로 하고 이스라엘 족장들이 그 순례의 과정에서 겪었던 〈첫〉시련에 관해서 보도해 주고 있다. 물론 여기서 말하는 〈첫〉시련이라는 말은 결코 족장 설화들의 단편들이 현재의 텍스트 속에 배열된 그 순서가 연대기적으로 정확하다는 것을 의미하는 것은 아니다. 또한 〈약속〉이니 〈시련〉이니 하는 용어를 빌려 오는 것도 역시 족장설화들을 일관하는 어떤 역사신학적 주제나 어떤 포괄적인 역사신학적 사유를 설화자 자신들로부터 기대할 수 있다는 말도 물론 아니다. 분명히 우리의 본문들은 그 시기에 대한 그 어떠한 시사나 그 어떠한 연대기적 배열도 제시하지 않는, 즉 역사보도로서의 실증적 특징들이 전혀 없는, 그리고 그 속에 어떠한 의도적인 신학적 사유도 갖고 있지 않는 순수한 〈민족학적 민담〉(ethnologische Sage/궁켈)에서부터 왔다고[2] 할 수 있다. 분명히 여기에는 〈민족학적 민담〉이라는 유형상의 특징이 뚜렷이 나타나 있다. 예컨데 역사적 보도와는 무관한 "이런 저런 일이 생겼다"라는 서두문을 갖고 있다든지, 가정적(家庭的)인 문제를 이야기의 중심으로 부상시켜서 세계 사건을 가정적 연관성에서 이해하고 있는 점이나, 또는 당돌한 화법을 자명한 사실처럼 거침없이 표현해 버리거나, 또는 과장되고 허구적인 수식들을 아주 자연스럽게 사용한다는 점 등이 그것이다. 그러므로 이런 민담의 전승이 흔히 암시하고 있듯이, 이 민담 설화들이 가지고 있는 그 유형사적·전승사적 배경은 매우 복잡하다 하겠다. 또한 이 설화 자체가 지닌 시대착오적인 기사(anachronism)나 모순기사(contradiction)들은[3] 그 민담

---

2) K. Koch, 『성서주석의 제방법』(허혁 역, 분도출판사), pp. 182-186, von Rad, ibid., pp. 171-172.

3) 예컨데, 창 26:1의 아비멜렉이 블레셋 왕이라는 언급은 족장시대와는 전혀 맞지 않는 Anachronism이라 할 수 있다. 그리고 우리의 본문을 지배하는 주제인 족장의 아내들이 미모 때문에 어려움을 당했다는 이야기는 창 12:4; 18:11; 25:21-34 등과 전적으로 모순을 일으킨다 하겠다.

의 현실로 보아 또한 불가피한 것이라 하겠다. 따라서 케리그마적 주제를 찾는 우리의 관심은 이 설화들의 유형사적·전승사적 자취들을 추적하고, 그 때 그 때의 삶의 자리가 무엇인지를 규명하는 일 그 자체보다는 그 규명의 결과가 조명해 주는 바 현재의 텍스트 속에 나타난 편수자(야비스트와 엘로히스트)의 케리그마적 주제가 무엇인지를 묻는 일에 집중되어야 할 것이다. 이러한 주제는 비록 성서적 민담(Saga) 그 자체가 이미 진리를 내포하고 있는 것이라 하더라도, 민담 그 자체로부터보다는—더욱 유형사적·전승사적 연구에 의하여 밝혀질 수 있는 우리의 민담들의 그 〈원형〉으로부터서보다는[4] —오히려 그 원형을 개작하거나 보충함으로써 거기에 어떤 신학적 착색을 가한 편수자들로부터, 그리고 이 떠돌아 다니는 같은 내용의 통속 민담을 세번이나 반복해서 경전 속에 배열해 넣은 편집자의 의도로부터 더욱 더 명료하게 얻어낼 수 있을 것이다. 그러나 비록 우리의 이 세 개의 본문이 모두 서로 다른 독립된 단편적 민담이라 할지라도[5], 이 삼중적 보도가 모두 신의 약속 주제를 전제하고 있다는 점은[6], 이 고대 민담들은 본래부터 약속 주제를 이미 갖고 있었던 것인데, 편집자는 이것을 그 편집원리의 근간으로 삼았을 것이라는 것을 암시해 준다 하겠다. 그리하여 우리의 세 본문들은 모두 신의 약속에 대한 선조들의 반응이 가지는 결과와, 그 약속의 본질적 의미 및 그 신의 약속이 구원사 속에서 가지는 의미 등을 제시한다는 통일된 성격의 문서들이 되었다.

---

4) 양식사적 연구를 통해서 보면 야비스트, 또는 제2야비스트(J¹, L, S, N, K 등)의 것보다는 엘로히스트의 것이 더 윤리적 정화를 시도했다 할 수 있으며 J의 것 중에서도 아브라함 설화보다는 이삭 설화가 더 원형에 가까울 수 있을 것이다.

5) 창 12:9-13:1과 26:1-13은 서로 다른 전통에서 온(Gunkel, Skinner에 의하면, 네겝 중심의 J와 헤브론 중심의 J, 또는 Eißfeldt에 의하면 J와 L, Fohrer에 의하면 J, N) 야웨문서로 인정받고 있고, 2:1-18은 명백한 Elohist의 문서로 인정받고 있다.

6) 12:10-13:1은 12:1-9의 약속 주제를, 20:1-18(E)은 15장(E)의 약속 주제를, 26:1-13은 서두(26:3-5)의 약속 주제를 전제하고 있다.

족장들의 첫 시련은 신의 약속에 대한
부정적 반응의 결과

우리의 본문들이 말하고 있는 세 개의 아브라함 설화들의 시련 주제는 야곱 설화들의 시련 주제에서는 결코 발견할 수 없는[7] 약속의 지연에 대한 부정적 회의와 연결되어 있다. 이 세 설화의 주인공들은 모두 잠시 신의 약속에 대한 신앙과 떠나서 자신들이 갖고 있는 눈부신 인간적 지모를 발휘한다. 즉 이국 땅의 위험을 극복하는 데 있어서 신의 약속에 대한 신앙보다는—사실, 여기에 나타나고 있는 그들의 신앙적 삶이 전적으로 신의 약속에 대한 신앙의 인도를 받고 있는데—오히려 그 예측할 수 없는 상황에 대한 예리한 인간적 분석과 그 인간적 대응 책략을 우선적인 길로서 제시하였다. 말하자면 자기 아내를 누이동생으로 위장함으로써 남의 땅에서 받을 것으로 예측되는 살해의 위험을 극복해 보자는 것이었다. 우리는 이 본문 속에서 비록 아내에 대한 아브라함의 제안이 명령적인 것이 아니라 하나의 집중적인 제안이라 할지라도, 이러한 극단적인 경우에 참된 히브리인 아내들은 침묵과 순종으로써 자기 남편을 위하여 얼마나 희생적 반응을 보였느냐 하는 것을 관찰할 수 있을 뿐만 아니라[8], 또한 "아브라함의 예측이 얼마나 정확하게 맞아들어 갔느냐 하는 것"[9]도 역시 관찰할 수 있다. 뿐만 아니라 그 편집상의 문맥에서 볼 때 분명히 모순[10]을 일으키고 있음에도 불구하고, 여기서 우리는 히브리인 민담 속에 뿌리 깊이 박혀 있는 선조(先祖) 할머니의 미모에 대한 자랑과 자찬도 읽

---

7) 야곱 설화는 약속의 지연으로 인하여 야기되는 <시련>에 관해서는 아무 것도 말하지 않는다. von Rad, 『구약신학 I』, p. 178.
8) 참고. Skinner, *Genesis*(I. C. C.), p. 249.
9) Von Rad, *Genesis*, p. 163.
10) 주 3) 참조.

을 수 있고, 선조의 지모에 대한 히브리인의 긍지 같은 것도 읽을 수 있다(궁켈, "그러나 아브라함은 그렇게 감쪽같이 속여 전화위복이 되게 했으며, 이에 대하여 설화자는 심중에 기뻐하고 그 선조의 **현명한 술책에서** 진정한 기쁨을 갖고 자신을 재인식한다"[11]). 그러나 민담의 원형 속에 담긴 히브리인들의 이러한 민간 전승이 야비스트와 엘로히스트의 손에 들어왔을 때는 그 상황이 달라진다. 즉 선조의 지모와 히브리 여인의 미모에 대한 찬사는 이제 더 이상 이 설화적 주제가 되지 못한다. 오히려 족장의 지략은 신의 약속에 대한 부정적 회의—그런 구체적 언급은 전혀 나타나지 않지만 그 문맥 전체가 그것을 암시해 주는데—와 연결되어 버린다. 그리하여 본래의 민담에서는 중요한 자리를 차지했었을 것으로 보이는 족장의 지모와 선조 할머니의 미모에 대한 찬사는 그 의의가 대폭 약화되어버린다.[12] 그리하여 야비스트와 엘로히스트는 자신의 인간적 지모를 신의 약속에 대한 신앙보다 앞세웠던 선조의 신앙적 실패가 초래했던 그 불행한 시련을 장황하게 소개한다. 즉 그들의 지모로서도 능히 예측하지 못했던 예기치 않은 일이 발생하게 되었다. 말하자면 그들의 아내가 남의 남자와 동침하게 되는 비극을 겪게 되었거나 겪을 뻔한 위험에 직면했다.[13] 불행을 피하려다가 더 큰 불행을 초래하게 된 셈이라 하겠다. 인간의 **계획과 지모만을** 믿는다는 것이 얼마나 어리석은 일인가 하는 것이 예리하게 비판받고 있는 것이다. 그것은 마치 아담과 하와가 지식의 나무를 탐했을 때의 그 처음 타락을 연상케 한다. 이 점에 있어서는 엘로히스트보다 야비스트(포러에 의하면 N)가 훨씬 더 냉정했던 것으로 보인다. 이렇게 하여 우리의 본문들은 족장들의 첫 시련은 신의 약속을 잊고

---

11) Koch, *op. cit.*, p. 194.
12) 물론 여기에는 형제자매 사이의 결혼을 혐오하는 Elohist의 윤리관이 암시되어 있다 하겠다.
13) 창 12:10-13:1에서는 선조 할머니가 수모를 당한 것으로 되어 있으나 나머지, 두 텍스트는 수모를 당하기 전에 구출된 것으로 기록되어 있다.

자신의 지모와 지략을 의지했던 것의 결과라는 것을 〈암시〉[14]하므로
서, 독자들로 하여금 약속 성취의 지연(창 12:6, 9)에도 불구하고 그
약속 주제를 계속 상기해 줄 것을 기대한다. 그렇다면 족장들의 이러
한 신앙적 실패로 인해서 신의 약속은 소멸되어 버릴 것인가?

신의 약속은 파기될 수 없다

각 설화자들은 족장들의 신앙적 실패를 하느님의 입을 통해서가
아니라 이방 나라의 왕의 입을 통해서 책망한다(창 12:18-19; 20:9-10;
26:10). 그러나 이 설화들의 중심은 결코 족장들의 신앙적 실패에 대
한 책망에 있지는 않다. 오히려 그것은 과연 이 약속받은 자들의 신앙
적 실패 때문에 신의 약속은 단절되거나 파기될 수 있는 것인가 하는
문제에 대답하는 데 있었다. 그 대답은 〈아니다〉이다. 이 〈아니다〉라
는 대답은 야웨 하느님의 〈돌연한〉 역사개입에 의해서 단도직입적으
로 설명된다. 창세기 12장 17절에서는 "야웨께서 아브람의 아내 사래
의 연고로 바로와 그 집에 큰 재앙을 내리신지라"라는 한 절 말씀으
로 그 모든 물음에 간단히 대답해 버리고 만다. 이 구절이 12장 10절-
13장 1절의 클라이막스다.[15] 이 부분이 이 설화의 절정이라는 것은 그
표현방식이 다르다 하더라도 엘로히스트의 문서의 경우(20:3)에서도
꼭같이 적용된다. 말하자면 설화자들이 말하려는 근본 목적이 여기서
구체화되고 있다는 말이라 하겠다. 그렇다면 바로의 왕가에 갑작스레
부딪혀 온 이 재앙의 의미를 사래의 연고 때문에 생긴 것이라는 것을
바로는 어떻게 알았을까? 아마도 이 민담의 본래의 자리에는, 전승사

---

14) 대부분의 족장 설화들은 어떤 사건에 대한 권위있는 설명이나 평가를 매우
적게 암시한다. 참고. von Rad, *Genesis*, pp. 163-164.
15) Skinner, *op. cit.*, p. 250.

적으로 추적해 볼 때, 애굽의 점술가들이나 애굽 제의의 신화를 통하여 알게 된 경위 설명이 들어 있었을 것으로 보인다.[16] 그러나 이 이야기는 야비스트와 엘로히스트에 의해서 과감히 삭제되었을 것이고, 그 대신 야비스트는 야웨의 역사개입에 대한 보도를 대신 삽입함으로써 이스라엘적 역사해석으로 대신하게 되었을 것으로 보인다. 엘로히스트는 오히려 자기 특유의 표현법에 따라 꿈을 통한 계시에 의하여 바로의 범죄가 사전에 방지되었다고 말함으로써 좀 더 적극적인 설명을 붙인다. 그러나 다른 야비스트의 본문(26:10)에서는 그것을 직접적인 신의 개입으로 표현하지 아니하고 블레셋 왕이 우연히 창을 통해서 이삭과 리브가 사이의 부부관계를 확인한 것으로 보도하며, 신의 개입을 아예 생략해 버리기까지 한다. 사실 이 마지막 부분이 세 설화 중에서 가장 원래의 전승 형태를 갖고 있다 할지라도, 우리는 이 세 설화가 모두 여기서 〈신의 역사 섭리〉[17]를 내다 보았다는 것은 분명하다. 물론 이 신의 섭리의 내용도 세 설화에서 모두 동일한 것으로 나타나고 있는 것은 물론이다. 이 신의 섭리는 분명히 족장에게 주신 신의 약속이란 약속받은 자의 그 신앙적 실패에도 불구하고 결코 폐기될 수 없다는 것이다. 인간은 쉽게 그 약속을 잊을지라도 야웨는 그의 약속을 잊으시거나 중도에서 폐기하시지는 않는다. 그러므로 신의 약속의 본질적 의미는, 우리의 본문이 증거하는 바에 의하면, 구원사적인 그의 역사경륜 안에 들어 있다고 하겠다. 따라서 야웨의 약속은 그 자체가 하나의 구원사적인 역사행동이라는 것이다. 이러한 족장들의 경험들을 통해서 후에 이스라엘은 단지 이스라엘 역사 속에 나타내시는 단절되지 않는 하느님의 구원사적 행동을 배운다. 그런 의미에서 볼 때, 약속과 성취는 신실한 하느님의 구원사적 행동들의 구성 뼈대라 할 수 있다. 이 약속과 성취의 주제는 족장 설화, 출애굽 설화, 땅

---

16) Koch, op. cit., pp. 188-193.
17) Skinner, op. cit., p. 250.

정착 설화뿐만 아니라 예언자들의 메시지에도 널리 파급되어 있는 구약신학의 중심 주제라 할 수 있다. 실로, 족장들의 이러한 첫 시련과 그 시련을 통과해 간 그 경험은 야웨 하느님의 약속의 신실성에 대한 첫 경험이라 할 수 있다. 이 경험은 비록 세속사 안에 일어난 지극히 미미한 사건이라 할지라도, 앞으로 계속해서 부딪히게 될 갖가지의 시련에 대처케 하는 하나의 주춧돌이 되고 있다.

그러나 신의 약속은 파기될 수 없다는 설화자들의 신념은 야웨의 탈민족주의적 주권 선포에 의해서 더욱 확고하게 정립된다. 즉 야웨의 역사섭리의 선포를 이방인 왕들을 통해서 선포하게 하고 있다. 우리의 본문들은 모두 족장들이 이 경험을 통해서 이방인들로부터 좋은 후대를 받으므로 큰 부호가 되었다고 주장한다. 비록 제1 본문(12:10-13:1)과 제3 본문(26:1-3)은 그 다음에 오는 연결문 속에 그 주장을 진행시키고 있고, 제2 본문(20:1-18)만이 그 본문 안에 직접 그것을 언급하고는 있다 하더라도, 그 결정적인 약점에도 불구하고 족장은 단지 하느님의 중재 때문에 큰 부호가 되는 축복을 받았다는 것이 전체 설화의 공통된 주장이었다. 그러나 이러한 야웨의 탈민족주의적인 주권 선언은 제2 본문과 제3 본문에서 더 극적으로 선포되고 있는 것만은 사실이다. 제3 본문은 그랄 왕 아비멜렉이 모든 신복들을 불러 모아 하느님이 (이스라엘의) 선조에게 행한 구원사적 사건을 "다 말하여 들려 주므로" 그 곳에 큰 두려움(하느님에 대한 두려움)[18]이 생겼다(20:8)고 말하고, 동시에 아브라함이 아비멜렉을 위한 예언자적 대도(代禱)를 하기까지 했다고 말한다. 제3 본문도 역시 블레셋 왕 아비멜렉이 온 백성에게 명하여 "누구든지 이 사람이나 그 아내를 범하는 자는 반드시 죽으리라"라고 선포하고 있다고 증언한다. 즉 이방 나라 왕이 이스라엘에서도 통용되는 법유형(*moth yumath*: 스타일의 필연론

---

18) 참고. von Rad, *Genesis*, p. 224.

적 법양식)으로 말하게 하고 있다.[19] 이와 같이 하므로 이 설화들은 야웨의 초 민족주의적[20] 주권을 선언한다. 야웨의 구원사적 행동은 이방 나라에서도 진행될 뿐만 아니라 놀라웁게도 이방인의 왕을 통해서도 증언된다. 여기서 우리는 야웨의 약속과 성취로 연결되는 **구원사적 역사경륜**이 갖고 있는 그 범세계적 성격과 초 민족주의적 성격을 엿볼 수 있고, 동시에 야웨의 구원사적 역사행동은 그 어떠한 인간적 방해에 의해서도 단절되거나 파기할 수 없다는 성서적 주장을 읽을 수 있다. 물론 이러한 야웨의 구원사적 경륜은 아직은 미래를 **향한 희미한 불빛**으로만 보일 뿐임은 물론이다.

---

19) 참고. Koch, *op. cit.*, p. 186.
20) 이 점에 있어서 우리는 E의 민족주의적 성격을 좀더 깊은 차원에서 이해해야 할 것이다.

5

지극히 높으신 하느님

창세기 14장

서언

　창세기 14장은 구약의 역사 자료들 가운데서 가장 논란이 많은 이른바 〈수수께끼 같은〉[1] 자료들을 포함하고 있는 장이다. 가장 현저하게 눈에 띄는 것으로서는, 이 장이 족장설화 속에 있으면서도 전체 족장설화와는 그 본질상 전혀 다른 성격의 것으로 되어 있다는 점이다. 특히 아브라함을 묘사하는 데 있어서 14장은 아브라함 설화의 다른 부분과는 아주 다른 것을 볼 수 있다. 즉 아브라함 설화 속에 나타나는 아브라함은 이 곳을 제외하고는 전적으로 비 전투적인 반 유목민이었다. 말하자면 여기서와 같은 전투적인 인물, 즉 〈이동하는 전쟁의 왕자〉[2]로서의 모습은 아브라함 설화에 나타나는 일반적인 모습과는 현저하게 대조적이다. 무엇보다 양식사적으로 볼 때 그것은 더욱 두드러지게 나타난다. 우선 여기에 나타나고 있는 사건 묘사를 보면, 폰 라트가 지적해 주었듯이[3], 거의 모든 문장이 고대의 정보자료로 가득찬 연대기적인 보도자료로 구성되어 있는데, 이러한 역사적·지리적 정보의 덩어리는 족장 설화 어디에서도 발견할 수 없는 성격의 것

---

1) 참고. J. A. Emerton, "The Riddle of Genesis xiv", *VT* 21, 1971.
2) von Rad, *Genesis*, p. 170.
3) 참고. *Ibid.*

이라는 점이다. 뿐만 아니라 이 보도는 그것이 갖고 있는 역사적 배경에도 불구하고 매우 환상적이며, 역사적으로 불가능한, 그리고 기적적인 성격의 것으로서 구성되어 있다. 이 장의 수수께끼 같은 성격은 바로 이러한 데서 발견할 수 있다. 이미 그 옛날 궁켈이 밝힌 바와 같이[4] 이 장의 설화는 매우 믿을 만한 자료와 아주 불가능한 자료가 눈에 띄리만큼 대조적으로 결합되어 있다고 하겠다. 우선 우리는 이 장의 배경에 깔려 있는 매우 믿을 만한 〈역사성〉을 지적할 수 있다. 즉 1절에 나타나고 있는 침략적 정벌을 감행하는 네 왕들의 이름들은, 그 편집상의 허구성에도 불구하고 그 왕들이 단순한 후대의 창작일 수가 없다는 것을 보여준다. 왜냐하면 비록 그들의 활동을 그 어떠한 고고학적 발견과도 관련시킬 수 없다 하더라도, 그 왕들의 이름들은 고대의 기록들을 통해서 잘 알 수 있는 이름들이기 때문이다. 〈아므라벨〉은 한 때 제1 바벨론 왕조의 제6대 왕 즉 법전 수여자로 이름난 저 유명한 바벨론의 왕 하무라비를 잘 못 베낀 것이라고 널리 인식되어 왔으며[5] 많은 동등 어휘들이 앗수르 연구가들에 의하여 그 입증자료로써 제시되어 왔다. 비록 이 〈아므라벨〉을 〈하무라비〉와 일치시킬 수 없다는 것은 최근에 이미 널리 인식되어 왔다 하더라도[6] 그 이름은 실제적인 바벨론인의 이름이며, 그리고 "하무라비는 나의 신이다"는 뜻의 그 이름은 이미 하무라비 통치 시대(1700 B.C.)와 관련된 그 어떤 역사성을 암시해 주고 있다. 〈아리옥〉의 경우에 있어서도 이 이름은 비록 엘라살과 바벨론의 랄사(Larsa)와 일치될 수 없다는 이유 때문에 최근에 와서는 매우 의심스러운 견해가 되었다 하더라도[7] 북수리아의

---

4) von Rad의 Ibid. 에서 重引.
5) Skinner에 의하면 Skinner, אַמְרָפֶל('amrāphel)의 ל(l)는 Hammurapiilu의 필사로서 설명될 수 있다고 보았다. Skinner, Genesis, p. 257.
6) Skinner, Genesis, p. 258(Jensen, Bezold, Meyer); von Rad, Genesis, p. 171; A. S. Herbert, Genesis 12-50, p. 32.
7) von Rad, Genesis, p. 171.

마리(Mari) 왕조에 나타나는 왕, 아리육(Ariyuk; Arriwuku, Ariagu)과의 수리아적 일치(?) 또는 평행을 얻을 수 있을 만큼 하무라비 시대의 역사적 그늘 아래 들어와 있음을 볼 수 있다. 또한 엘람 왕 〈그돌라우멜〉은 일반적으로 B.C. 17세기의 엘람인의 왕 〈쿠둘 낫하훈테〉(Kudur Nahahunte)와 동등시될 수 있는 인물로 알려져 왔다. 물론 이 경우에서도 폰 라트는 바벨론 동편, 즉 페르샤만 북쪽의 엘람을 그 시대의 실력자 즉 동맹국의 두령이 되는 나라로 생각한다는 것은 불가능하다고 본다.[8] 고임 왕 〈디달〉(티드알)도 일반적으로 B.C. 17세기의 헷의 투달리아 1세(Tudhalia I)와 일치되고 있다. 물론 여기서도 왜 하필 〈디달〉을 고임 왕, 즉 〈열국의 왕〉이라고 불렀는가 하는 물음이 동반되고 있다. 이러한 관찰을 통해서 볼 때, 비록 그돌라오멜과 디달(티드알)만을 역사적으로 일치시킬 수 있는 인물이라고 볼 수 있다고 하더라도, 네 왕의 행적이 모두 명백한 역사적 그늘 아래 있는 것임은 부인할 수 없다. 즉 14장 전반의 역사적 상황은 B.C. 17세기 초에 있었던 상황, 말하자면 서로 다른 기원을 갖고 있는 약탈하는 집단들이 그 약탈물을 얻으려고 포효하던 불안정의 시기임을 반영해 준다고 하겠다.[9] 이러한 경우는 이 네 왕의 침략적 동맹군에게 도전한 가나안의 다섯 왕의 경우에도 동일하게 적용된다. 즉 가나안의 다섯 왕들의 이름들이 가진 그 역사성은 전혀 확인할 길이 없다 하더라도, 이 다섯 왕들의 전쟁—소(小) 도시국가들의 연맹과 연맹국 끼리의 싸움—에 깔려있는 그 역사적 신빙성은 부인할 길이 없다. 왜냐하면 수리아·팔레스틴의 고대 역사는 이와 같은 소 도시국가 끼리의 연맹과 그리고 소 연맹국들 간의 전쟁에 관한 보도로 가득차 있음을 볼 수 있기 때문이며, 문헌비평적으로 볼 때도 다섯번째의 가나안 왕의 이름(〈소알〉이라고도 부르는 〈벨라〉의 왕의 이름)을 문학적으로 창작력이 풍성한

---

8) 참고. von Rad, *ibid*.
9) 참고. A. S. Herbert, *Genesis* 12-50, p. 32.

이 설화자가 능히 창조해낼 줄을 몰라서 쩔쩔맸을 것이라고는 볼 수 없기 때문이다. 말하자면 1-11절까지의 설화의 배경은 명백한 역사적 신빙성을 갖고 있다고 하겠다. 따라서 우리는 14장 전반부의 구성은 역사적 신빙성을 갖고 있는 매우 고대의 전승으로부터 유래된 고대 설화의 자료로 구성되었다고 볼 수 있음과 동시에, 결코 후대의 창작일 수는 없다는 것을 인정한다. 아마도 이 부분은 "하나의 고대의 서사시 또는 이스라엘 유사 이전 팔레스틴 도시의 기록 보관소에 있었던 설형문자로 된 한 전승자료"[10]라고 볼 수 있을 것이며, 본래 아브라함 설화와는 아무런 연결이 없었던 것이라 할 수 있을 것이다. 그러나 놀랍게도 이 고대의 설화자료들을 피차 연결시키고 있는 전쟁설화는 그 내용 면에서 볼 때 매우 이상하다. 우선 이 동방의 왕들의 정벌 노정이 반역한 자들에게 직접 나아가는 것으로 되어 있지 않고 동요르단 극남단으로 내려가서 가데스를 둘러 북상하는 것으로 되어 있다는 점을 들 수 있다(참고. 5-7절). 물론 그들의 정벌 노정이란 홍해, 애굽, 그리고 남 아라비아로 이르는 주요한 무역로이고, 그들의 정벌 목적이 이러한 무역로를 확보한다는 데 있었다고 설명함으로써(올브라이트)[11] 이 설화에 객관적 역사성을 부여할 수도 있지만, 여기서는 어떤 피할 수 없는 구상성(構想性)이 개재되어 있다고 볼 수 있을 것이다. 특히 그 구상성은 이 전쟁(1-11절)과 아브라함 설화(12-24절) 사이의 부자연스러운 연결에서 더 잘 읽을 수 있다. 우선 아브라함 설화 일반이 보여주듯이 아브라함이 이 장의 서두에 나타나거나 또는 그 절정에서 나타나지를 않고 단지 침략하는 동방의 왕들이 전쟁에서 승리를 거둔 후 귀국하는 맨 마지막 장면에서 비로소 등장하고 있다는 점을 지적할 수 있다. 이것은 그들이 본래는 서로 다른 독립적인 것이었으나 후에 인위적으로 연결된 것임을 보여준다. 그런 점에서 12절

---

10) von Rad, *op. cit.*, p. 173.
11) 참고. Skinner, *Genesis*, p. 261.

은 그 둘을 연결시키는 인위적 구성이라고 볼 수 있다. 뿐만 아니라 연결된 부분에 나타나는 아브라함의 활동 조차도—318명의 사인(私人)을 이끌고 나아가 저 파괴적이고 침략적인 동맹군들을 격파한 일조차도—기적으로 가득찬 일종의 기적담이다. 이러한 과장법에 의해 묘사된 아브라함의 모습은 아브라함 설화 다른 곳에서는 결코 찾아볼 수 없는 모습이다. 그리고 〈단〉이라는 지명에 대한 언급 그 자체도 잘 알려진 하나의 〈아나크로니즘〉이지만, 헤브론에서부터 단까지, 그리고 심지어는 다메섹 북쪽으로 추적해 갔다는 기사도 이미 일종 기적담이라는 문학유형에 속한다 하겠다.[12] 뿐만 아니라 잘 알려진 〈마므레〉라는 지명을 하나의 인명으로 사용하는 것 역시 박학의 문학적 산물이라고 볼 수 있을 것이다. 말하자면 14장은 역사성과 구상성이 가장 복잡하게 그리고 가장 과장되게 묘사되고 있는 장이라 하겠다. 이러한 상황은 다음에 연결되고 있는 멜기세덱과의 연결 및 소돔 왕과의 대화 등에서도 꼭같이 나타난다. 즉 이 장은 역사성과 구상성의 미묘한 얽힘, 엄청난 시간적, 지리적 진폭, 그리고 기타 족장 설화와의 현저한 부조화 등의 특징을 갖고 있는 장(章)으로서 족장 설화와는 물론 "오경이나 육경의 어느 자료층과도 연결을 갖지 않는"[13] 장이다. 따라서 우리는 이 14장이 여기 족장사 속에 들어온 그 의의와 그 설화자의 의도하는 바, 그 신학적 의의가 무엇인지를 물어야 할 것이다.

---

12) 이 <단>이라는 지명은 사사(士師)로부터 기원된 것으로서 이스라엘 전기 시대에는 Laish라고 불리웠던 지명이다. 그러므로 여기서의 <단> 언급은 분명히 anachronism이다.

13) von Rad, *Genesis*, p. 170; Herbert, *Genesis 12-50*, p. 32; G. Fohrer, *Introduction to the OT*, pp. 187-188; Skinner, *Genesis*, p. 256.

지극히 높으신 하느님 야웨

14장의 설화자는 아브라함을 세계 역사의 중심부로 갖다 놓았다. 즉 전쟁을 그 중요한 삶의 한 양식으로 하는 세계 역사의 한 중심부에 아브라함을 갖다 놓았다. 말하자면 아브라함을 뛰어들게 한 그 세계는 강자가 약자를 침략하고 지배하는 세계였고, 동시에 강자의 억압에 반역과 항거를 하는 약자들의 소요로 인하여 매우 소란스럽게 된 그런 세계였다. 만일 우리가 족장설화의 일반적 분위기에서 아브라함을 기대했다면 그 아브라함은 어디까지나 이런 상황 속에서도 여전히 평화적 우거자였고, 이러한 세계의 혼란을 더 이상 어떻게 할 수 없는 무력한 도피자 또는 상황 적응자였을 것이다. 그러나 우리의 본문은 족장 설화 어디에서도 그 상황을 찾을 수 없는 전쟁 영웅이라는 모습으로 아브라함을 묘사한다. 사실 이러한 아브라함 설화의 단편은 오경이나 육경 자료층과도 연결이 없을 뿐 아니라 아브라함 설화의 일반적 분위기와도 조화되지 않으며, 1-11절까지의 장엄한 고대 서사시와는 아무런 관련이 없었던 것으로서 아마도 그것은 인위적으로 고대풍을 모방하여 만든 이른바, 〈후대의 문학적 산물〉[14]로 보아야 할 것이다. 이러한 문학적 구상에는 그것이 성서문학인 경우, 반드시 신학적 동기가 개재되기 마련이다. 우선 우리는 〈시날〉 땅 즉 바벨론 땅으로부터 시작해서 수리아 · 팔레스틴 최남단 가데스에 이르는 근동 전역, 이른바 근동 세계사의 중심에 아브라함을 갖다 놓아 그의 활동을 세계사의 중심적 사건으로서 구성하고 있는 설화자의 의중을 보아야 할 것이다. 즉 이를 통하여 설화자는 고대 세계사의 움직임들을 일시에 아브라함을 축으로 하는 구심운동이 되게 하고, 아브라함의 움

---

14) von Rad, *ibid.*, p. 174.

직임을 세계사의 초점으로 만든다. 그리고는 12장과 13장에서 아브라함을 인도해 오신 그 신 야웨는 누구이며, 세계사의 중심을 뚫고 가는 신의 역사의 주인은 누구이고, 15장에서 아브라함과 계약을 맺으신 그 신 야웨는 누구인가 하는 것을 드라마틱하게 밝혀 나가고 있는 것이다.

사실 편집상에서 볼 때, 출애굽기 3장 14절과 6장 6절에 나타난 야웨의 자기계시 이전에는 야웨의 본질이 규명된 바 없었다. 일반적으로 구약은 모세 이전의 야웨 종교를 설명하려고 애쓰지는 않았다. 창세기 4장 26절의 경우도 단지 야웨 예배가 인류 태고의 일반적인 종교였다는 것을 지시하려는 데 있었을 뿐[15] 결코 모세 이전의 야웨종교를 규명하려 한 것은 아니었다. 특히 E나 P의 경우에 있어서는 출애굽기 3장과 6장에서 벧엘의 하느님(창 31:13; 35:17)이나 전능하신 하느님(창 17:1; 35:11)으로 불리웠던 족장들의 신은 모세에게서 비로소 〈야웨〉로 알려진 것으로 서술되기까지 하였다. 물론 E나 P의 이러한 주장 속에서도 이미 〈엘〉과 〈야웨〉 사이의 신학적 조화를 발견할 수 있다고 할 수 있겠지만[16], 종교문학의 천재라고 불리우는 야비스트에게서 비로소 우리는 가장 분명하고도 혁명적인 족장들의 〈엘〉과 이스라엘의 〈야웨〉 사이의 신학적 동일화 작업, 이른바 이스라엘적 신학의 토착화 작업을 발견할 수 있다. 예컨대 창세기 16장 13절의 〈감찰하시는〉 엘, 창세기 21장 33절의 〈영생하시는〉 엘 등의 이스라엘 시대 이전의 가나안 만신전의 신들과 야웨의 일치화는 그 대표적 예라고 할 수 있을 것이다. 이것은 분명히 J설화자의 신학적 산물이라고 할 수 있을 것이다. 말하자면 가나안 땅을 유랑하던 이스라엘 조상들이 신앙했던 신은, 그것이 비록 가나안 제의의 신의 이름으로 불리웠을지라

---

15) 참고. von Rad, *ibid.*, p. 109.
16) 출 3:15; 6:2-8의 본문 자체는 이미 <엘>과 <야웨>의 부조화가 신학적으로 극복되어 있다고 하겠다.

도(!), 그 신은 어디까지나 가나안의 〈엘〉이 아니라 이스라엘의 〈야웨〉였다고 설화자는 주장하고 있는 것이다. 이러한 J의 신학적 작업에 비길 만한 신학화를 우리는 바로 우리의 본문에서도 발견할 수 있다. 물론 이 말은 14장과 J 자료층 사이의 어떤 연결가능성을 주장하는 것은 결코 아니다.[17] 오히려 그것은 이러한 J의 신학을 적용한 후대의 설화자가 창작한 것이라고 볼 수 있을 것이다. 우리는 이러한 신학적 중요성을 22절의 〈야웨〉가 『칠십인역』, 『시리아역』, 『사마리아 텍스트』 등에 빠져 있다는 이유로 배척하거나 삭감할 수는 없다. 왜냐하면 야비스트나 심지어 E나 P의 설화 현실을 감안할 때, 족장들이 예배한 신을 야웨신앙에 의하여 개작하는 신학적 노작은 이스라엘 신학의 일반적 현실이기 때문이다. 그러므로 여기 14장의 설화자는 분명히 가나안 제의의 사제가 부르는 신, 〈지극히 높으신 하느님〉을 논의의 여지 없이 야웨 하느님이라고 증언하고 있다 하겠다. 그렇게 함으로써 한 히브리인의 하느님—여기서의 히브리인은 비록 한 민족을 가리키고 있기는 하지만 본래 이 히브리인이라는 개념은 오히려 사회의 낮은 계층을 대변한다[18]—은 오히려 우리의 본문 속에서 곧 세계의 하느님이요 천지의 주재자가 된다. 그 하느님은 또한 근동세계 전쟁사를 주도하신 신이 되셨다. 즉 "그대의 원수를 그대의 손에 붙이신 지극히 높으신 하느님께 찬양을 드릴찌어다"(창 14:20)라는 멜기세덱의 찬양에 대한 아브라함의 응답은(창 14:22) 그 "지극히 높으신 하느님"이 곧 다름 아닌 야웨이시다고 대답한다! 말하자면 야웨는 근동 세계사의 주로서 표현되었다. 즉 히브리인의 신이 곧 세계사의 주인이라는 것이다. 14장은 이러한 신학을 극적으로 표현한다. 14장에 기술되고 있

---

17) 14장을 J나 E와의 연결 가능을 시사한 학자들도 있으나(Dillmann-Kittel, Holzinger, Winckler) 일반적으로 오경 또는 육경이 어느 자료층과도 관련이 없는 <하나의 독립된 표석(漂石)>과 같이 취급되고 있다.

18) von Rad, *Ibid.*, p. 174.

는 바, 근동 세계사에서 한 히브리인이 보여 준 전투적인 모습은 감히 고대 이스라엘 성전(聖戰)의 한 모습을 연상케 해 준다. 즉 아브라함이 거느린 사병 318인에 의한 5대 동맹국의 격파, 그것도 〈밤을 틈탄〉 기습작전에 의해서 단까지 심지어는 다메섹의 호바까지 적병을 추적 격파한 일, 그리고 전리품의 절대적 사양 등은 고대 이스라엘 성전의 한 양상을 생각나게 한다. 그러므로 이러한 히브리인 아브라함의 행동을 비록 멜기세덱은 그냥 〈지극히 높으신 하느님〉의 일로서 묘사하였지만, 아브라함은—14장 설화자는—그것이 곧 야웨의 행적이라고 손쉽게 표현할 수 있었던 것이다. 그렇게 함으로써 이스라엘의 하느님 야웨는 명실공히 역사의 유일한 주로서 표현되었다. 말하자면 어떠한 종류의 이교제의(異敎祭儀)를 통해서 불리워진 신이라 할지라도 "노략자"(14:11-12)의 손으로부터 약자를 건지시는 그 신은 다름아닌 야웨 자신일 뿐이라는 것이다(야웨 종교의 범세계주의!). 그러므로 우리는 감히 14장에 나타난 일련의 사건들 속에서 야웨 하느님의 범우주적인 구원사적 목적이 승리하고 있는 한 예를 볼 수 있는 것[19]이다.

인정할 수 없는 왕권

14장 설화자가 우리에게 보여 주는 중요한 신학화의 또 하나의 예는 살렘 왕 멜기세덱과 그리고 소돔 왕(베라)에 대한 아브라함의 극단의 대조적 태도에서 찾을 수 있다. 즉 아브라함은 〈사제를 겸한〉[20] 살렘 왕의 축복은 기꺼이 받아들이고 그리고 그에게 겸손히 십일조를

---

19) 참고. Herbert, ibid., p. 21.
20) Skinner의 주장에 의하면, 역사적으로 논증할 수는 없다 하더라도 아주 초기의 가나안에는 살렘 왕과 같은 사제를 겸한 왕(priest-king)들이 존재했다는 것이다 (*Genesis*, p. 268; 참고, Frager).

바치기까지 하면서도 소돔 왕의 사은은 맹세코 그리고 오만한 자세로 거절하고 있다. 물론 이 보도도 단순한 객관적 역사 보도는 결코 아니다. 즉 아브라함 이야기가 멜기세덱이나 소돔 왕과 결부된 데는 명백한 신학적 의도가 있었다 하겠다. 여기에는 진정한 왕권에 대한 설화자의 신학적 증언이 명백하게 개재되어 있다고 하겠다. 즉 인정할 수 있는 진정한 왕권이란 살렘 왕 멜기세덱에게만 부여할 수 있다는 것이다. 그렇다면 살렘 왕 멜기세덱이란 어떤 의미를 가지고 있는 것일까? 살렘 왕은 사제를 겸하고 있는 반면, 소돔 왕은 세속적 권위를 대표하기 때문이라는 것일까? 여기에는 분명히 신학적 해석이 요청된다. 특히 이 멜기세덱 설화가 초기로부터 온 것이 아니라 후기의 것인 한 더욱 그렇다. 그러나 알렉산드리아 학파에서처럼, 멜기세덱을 로고스와 일치시키는 따위의 영해(靈解)나, 이러한 신비적 해석에 대한 반작용으로 오히려 멜기세덱을 〈셈〉(족장)과 일치시키는 해석[21] 같은 것은 전혀 바람직하지 않을 것이다. 그런데 우리는 시편 110편(비교. 시 76:2)과 히브리서 7장 가운데서 하나의 훌륭한 신학적 해석을 손쉽게 발견할 수 있다. 즉 시편의 증언은—구약의 증언은 살렘을 시온과 일치시키는 데 초점을 두므로—다윗왕조의 한 원형(prototype)으로 해석되었으며, 히브리서의 증언은 〈살렘〉과 〈세덱〉의 히브리 언어적 의미에 따라 해석되었다. 즉 살렘은 평화, 세덱은 정의를 의미하기 때문에 멜기세덱은 정의와 평화의 왕에 대한 영원한 상징으로 해석되었고, 거기에 기독론적인 의미까지 부여되었다. 이에 대하여 폰 라트는, 살렘의 기름부음받은 종 다윗왕조의 선구자에 대한 아브라함의 유일한 선례(先例)를 강조함으로써 다윗의 왕위와 결부된 야웨의 구원사를 전망하기까지 한다.[22] 사실 살렘과 예루살렘의 상응은 시 110편과 76편

---

21) 참고. Skinner, *ibid.*, p. 269.
22) von Rad, *ibid.*, p. 176.

에 나타난 해석에서처럼 흔들릴 수 없는 상응이다. 뿐만 아니라 히브리서에 나타난 재해석도 다윗왕조를 통한 이상적 메시야의 기대와 그를 통한 세계 구원에의 희망을 열어 준다. 이러한 성서 자체의 재해석은 우리의 텍스트의 의미를 이해하는 데 가장 좋은 이해에의 도움을 주는 해석상이라 할 수 있을 것이다. 우리는 이를 통해서 이 역사의 현장 한 가운데서 현재와 미래를 통하여 기대해 볼 수 있는 유일한 왕에 대한 이미지를 얻고 있는 것이다. 즉 우리가 이 역사 안에서 성서적 신앙에 입각해서 볼 때, 인정할 수 있는 유일한 왕권은 이미 〈나단〉의 예언에서 다윗 왕위와 결부되어 제시된 이상적 다윗왕조, 즉 정의와 평화 위에 입각한 왕권이라 할 수 있다. 믿음의 조상 아브라함조차도 오직 이 왕 앞에서만 머리를 숙였던 것이다. 그러므로 소돔 왕의 사은에 내한 아브라함의 거절은 그가 이방의 세속 왕이기 때문에 생긴 것은 결코 아니다. 살렘 왕 멜기세덱도 가나안 이교의 사제였기 때문이다 (이스라엘 종교의 비종교화?)! 오직 정의와 평화 위에 기초한 왕권, 그것만이 인정할 수 있는 왕권이며, 야웨의 구원사는 이 왕권의 수립을 목표로 하고 있는 것이다.

결론

창세기 14장은 육경의 어느 자료층과도 족장설화 자체와도 연결이 없었던 하나의 표석과도 같은 것이지만, 이스라엘의 가장 이상적인 족장 아브라함을 주인공으로 하여 구상해 놓은 그 신학적 결실은 매우 크며, 그것이 주는 케리그마는 오늘을 사는 현대 크리스천들에게 있어서도 큰 의미를 준다 하겠다. 즉 어떠한 종교의 이름을 빌린다 하더라도 노략자, 억압자의 손으로부터 약자를 건지시는 그 신이 바로 우리의 신이요 야웨라는 성서적 증언은 구약의 탈종교성의 구원(久

遠)한 한 모형이 될 수 있을 것이며, 교조주의에 안주하는 신앙인들에 대한 큰 경종이 될 수 있을 것이다. 뿐만 아니라 왕권에 대한 성서적 이해를 철저히 정의와 평화를 기초로 하는 이상적 살렘 왕에게 두게 했다는 점에서도 우리의 본문이 갖고 있는 케리그마는 높이 평가될 수 있을 것이다.

6

응답의 신 야웨

창세기 16장, 21장

이 두 개의 중복된 아브라함 설화는 동일한 전승을 소재로 한 것인데, 학술적으로 전자는 J의 것이라고 할 수 있고, 후자는 J의 것에 대한 E의 개정판으로 볼 수 있다. 이 설화들은 고대 중동지역의 이색적인 생활관습을 배경으로 하고 있다. 즉 자식을 낳지 못하는 여인은 남편의 후사를 얻기 위하여 자기의 몸종(쉬프카)을 남편에게 내어준 후, 그 첩의 자식을 본처인 자신의 무릎으로 받아 양자의 형식으로 남편에게 넘겨 주는 관습을 그 배경으로 하고 있다. 저 유명한 고대의 하무라비 법전도 이러한 규정을 제시하고 있다. 그러나 문제는 이러한 관습의 배경을 아브라함과 관련시키므로 아브라함의 그 시대적 배경에 대한 진정성을 증거하려는 데 우리의 주요 관심이 있지는 않다는 점이다. 이러한 관습을 둘러싸고 선조 아브라함의 가정에서 일어났던 일련의 사태들에 대한 성서기자들(J, E)의 신학적 증언, 그 케리그마가 무엇이겠느냐 하는 것이 우리의 주요 관심이다.

약속 성취의 지연

우리의 두 설화는, 편집자의 신학이라는 조명을 통해서 본다면,

모두 왜 약속의 성취가 지연되고 있느냐는 역사 신학적 수수께끼를 전제하고 있다. 즉 〈약속 성취의 지연〉이라는 신학적 주제는 편집자에 의해서(특히 J) 족장설화 전반에 걸쳐서 이미 전제되어 있었다. 특히 아들(후손)에 대한 약속은, 선조들에 대한 신(야웨)의 약속이 중심주제인 한, 사래의 불임성(不姙性)에 대한 언급(창 11:30; 사실, 아이러니칼하게도 하늘의 별들처럼 바닷가의 모래처럼 번성한 민족에 대한 약속을 받은 선조들의 아내들, 즉 아브라함의 정실(正室) 사라, 이삭의 아내 리브가, 야곱의 아내 라헬이 모두 생산능력이 없는 여인들이었다!)은 이미 족장설화 자체가 약속성취의 지연을 전제하고 있다는 것을 단적으로 보여 준다 하겠다. 이스라엘을 포함한 고대 근동 지역의 관습에 의하면, 후사를 이을 자식이 없다는 것만큼 불행스럽고 고통스러운 것은 없었다. 지금까지도 아랍인들 중에는 아기 못낳는 여인이란 은총에서 제외된 불행한 여인으로 설명되고 있다. 그러나 이것이 또한 신의 역사 섭리의 파라독스다. 큰 〈민족의 형성〉이라는 신의 약속의 핵을 이루는 아브라함의 소명이(창 12:1-3) 아내의 불임성에 대한 언급(창 11:30)을 전제하고 있다는 것은 하나의 역설이 아닐 수 없다. 이것은 곧 약속 받은 자 아브라함의 생애가 그 약속 성취의 지연으로 인하여 많은 시련과 갈등의 삶을 살 것이라는 것을 암시해 주고 있다 하겠다. 암시한 바대로, 아브라함은 소명 직후 곧 가나안 땅으로 들어갔지만(창 12:5) 그는 그 땅을 후손들을 위하여 뒤로 남겨둔 채 계속 순례의 길(창 12:9, "점점 남방으로 옮겨 갔더라")을 걸어야 했고, 자기 아내를 남의 남자의 품에로 빼앗기는 수욕을 겪었으며(창 12:15; 20:2), 여기 우리의 본문에서는 넉살좋고 골격이 튼튼한 두 여인 틈바구니에서 극한의 가정불화에 시달려야 했다. 그러나 우리의 본문은 민족형성에 관한 약속을 기다리는 자가 겪는 시련과 갈등들 중에서도 특히 〈민족의 형성〉에 관한 약속을 지연시키는 가장 결정적인 걸림돌인 사라의 불임성을 구체적으로 문제 삼고 있다. 아브라함의 나이 벌써 86세(창 12:4와 16:3 비교) 그리고 사라의 나이 76세(창 17:17 참조), 약속된 상속자에 대한 즉 대민족 형성의 씨앗에 대한 그들의 기대는 좌절에 빠지지 않을 수 없었다. 후사를 계속 기다린다는 것은 인간적 추리와 논리로서는 가능성 밖의 것이었다. 그러나 성서 편집자들의 신학은 오히려 여기에 초점을 맞추고 있었다. 즉 신의 약속을 기다리는 자의 과제는 이 고달픈 인내를 희망할 수 없는 상황 속에서라도 끝까지 믿음으로 견디어 내어야 한다는 것이다. 〈기다림〉은 신앙의 근본이다. 우리의 믿음 선조인 아브라함과 사라는 더 이상 신의 약속을 믿음으로써만 기다릴 수 없었다(비교, 창 17:17). 더 이상 신의 약속을 기다릴 수 없는 상황, 믿음의 조상들도 더 이상 기다림의 신앙을 지켜갈 수 없는 상황, 이것이 우리의 본문에 대하여 성서 기자가 묘사하려는 바의 핵이었다. 실로 우리의 본문에서 전개되는 모든 고통스럽고 괴로운 사건들은 모두 기다림의 신앙을 포기한 데서부터 생겨난 것들이었다. 믿음의 대선배 아브라함과 사라도 여기서는 결정적으로 넘어진다! 믿음의 조상 아브라함의 신앙적 실패. 과연 그 다음 그들에게는 어떤 결과들이 생겨날 것인가? 우리의 상상대로 아브라함과 사라 역시 이러한 경우 모든 인간들이 걸어갈 수 있는 그 길을 걷는다. 즉 그들은 기다림의 신앙보다는 기묘하고도 현명한 인간적 계책을 선택해 버린다. 실로 자기의 여종을 남편에게 첩으로 내어 주어 그 여종을 통하여 자기 남편의 후사를 얻어 내겠다는 사라의 제안, 이것은 우리에게 있어서는 여러면에 있어서 경이스러운 제안이다. 말할 필요도 없이 고대 동방의 관습을 감안할 때 사라의 제안은 윤리적인 면에서 전혀 비난할 여지가 없는 것도 사실이다. 그러나 사라[1]는 감히 〈영웅적으로 자신을 부인하므로〉 하느님의 약속성취를 위

---

1) 〈사라〉라는 말은 princess라는 뜻을 가진 말이고, 하란의 월신(月神)과도 관련이 있는 것 같으나, J는 사라와 하란의 신화와의 관계를 전혀 모르고 있거나, 아니면 그것을 전적으로 무시하고 있다.

한 위대한 협력자가 되려고까지 하고 있다! 인간이 자신의 능력으로서 할 수 있는 최선의 묘책을 쓰고 있다. 그러나 이것이 과연 약속과 성취로 이어지는 하느님의 역사 섭리에 동참할 수 있는 인간의 최선이겠는가? 그러나 성서는 긍정도 부정도 단적으로는 제시하지 않는다. 아브라함과 사라는 그의 길을 간다. 그러나 성서는 이러한 사라의 영웅적 결단이라 할지라도 거기에는 예기치 못한 갈등과 고뇌가 따라왔다는 것을 변명없이 서술해 버린다. 임신한 여종 하갈의 오만과 주인에 대한 멸시(창 16:5), 이러한 수치를 견딜 수 없다고 항변하는 사라(창 21:9), 배다른 형제 사이의 갈등(창 21:11), 두 여인의 틈바구니에서의 갈등, 그리고 이복형제 사이의 문제 등 때문에 번뇌하는 아브라함의 고뇌(창 21:11), 탈출(창 16:6)과 추방(창 21:14)의 악순환, 이것이 바로 인간의 천재적 지모의 결실이었다. 신은 단지 "네 몸에서 날 자가 네 후사가 되리라"(창 15:3)는 약속의 성취를 향해 가실 뿐이며 (비교, 창 21:1-17), 인간은 그의 지모의 결실 때문에 바벨탑의 영웅들처럼 지리멸렬한 상황에 빠진다. 즉 아브라함, 사라, 하갈로 엮어진 계약 공동체의 공존관계가 여지없이 붕괴되기 시작했던 것이다. 하갈의 여주인 멸시, 사라의 남편에 대한 책임 추궁, 사라의 하갈 학대, 그리하여 마침내 하갈은 여주인의 학대를 견디지 못하고 〈탈출〉을 시도한다. 공존관계는 깨어진 것이다. 인간의 그 경이스러운 지모와 계책은 여기서 무슨 선한 결과를 가져왔는가? 과연 인간은 자신의 지혜로서 자신을 구원할 수 있는 것인가? 인간의 지모가 과연 하느님의 역사 섭리를 돕는 데 얼마나 훌륭한 협력자가 될 수 있는 것인가? 사라의 하갈 추방은 아브라함의 가정에 평화를 주기 위하여는 정당화될 수 있는 것인가? 불화의 불씨인 하갈의 추방으로써 아브라함 공동체에는 평화가 올 것인가? 기득권을 갖지 못한 자가 생존경쟁의 쟁의를 포기함으로써 그 사회는 완전한 질서를 회복할 수 있는 것인가? 특히 이스라엘의 경우, 애굽에서 데려온 여종이요 이방여인인 하갈의 도망은 앓던 이를 빼어버리는 기분을 가질 수도 있다. 배타적인 이스라엘인의 민족주의적 신앙에 의하면 하갈의 도망은 이스라엘인 민족신의 호의일 수도 있다. 그런 점에서 보면 하갈의 도피(창 16장)와 추방(창 21장)은 동정의 여지가 없다. 하갈은 광야로 유랑의 도피길에 들어선다. 과연 독자들은 여기서 이 드라마의 끝을 상상할 수 있을 것인가? 저 가련한 여인, 축복의 기득권에서 제외된 이방 여인, 주인을 위해서 자기의 몸을 빌려 주고 임신한 몸이 된 저 비련의 여인, 그는 이방 여인이라는 것 때문에 독자들의 시야에서 소리없이 사라질 수 있는 것인가? 히브리인은 이것에 냉정할 수 있는 것인가? 히브리인의 신은 여기서 아브라함과 사라를 옹호할 것인가?

하갈아, 돌아가라

〈돌아가라〉(shubhi)라는 신언(神言; 창 16:9)은 과연 배타적 민족주의 신앙을 변호하고 있는 것인가? 하갈은 광야의 어느 오아시스 곁에서 야웨의 사자(使者)를 만난다. 사실 여기서의 야웨의 사자(mal'ak YHWH)는 날개 달린 반신 반인의 천상적 존재는 아니었다. 야웨는 언제나, 다른 신적 존재가 활동할 여지를 남겨놓지 않은 배타적 신(질투의 신)이다. 그러므로 여기서의 야웨의 사자란 야웨 자신의 현현의 한 양식(eine Erscheinungsform Jawes)으로 보아야 할 것이다. 그러나 이것은 매우 놀라운 사실이다. 이스라엘의 신 야웨가 팔레스틴의 성역 밖에까지 나아가 이방 여인, 계집종 하갈을 만나신다는 것은 이스라엘 민족주의적 신앙에서는 상상도 할 수 없는 반역이다. 이스라엘 하느님 야훼가 애굽 여인 하갈을 부르셨다! 참으로 경이적인 사실이다. 여기서 우리는 무엇인가 심상찮은 일이 일어날 것 같은 예감을 갖게 된다. 야웨는 이 일련의 사태를 방관하지 않으신 것이다. 그러나 우리는 다시 한번 더 당황하게 된다. 즉 야웨는 이 엑소더스의 가련한 이방 여인을 향하여 "돌아가라, 네 여주인의 수하에 복종하라"고 말씀하셨다는 점이다. 물론 우리의 본문은 이 물음에 대한 직접적인 답변을 제시하지는 않고 있다. 그러나 우리는 여기서 몇 가지 가능한 답변들을 제시할 수 있다.

하갈이 돌아가야 할 그 첫째 이유는 매우 단순하다. 그것은 대책없는 한 여인, 그리고 그의 뱃속에 들어 있는 어린 생명이 공동체의 사슬—비록 억압의 사슬이었기는 하지만—을 풀어버리고 사막에서 고립된 유랑의 삶을 산다는 것(팔레스틴 동남부의 사막을 유랑하는 베두인의 조상이 곧 이스라엘족이다)은 죽음의 길이기 때문이다. 돌아가는 길은 생명의 길이었다. 우선은 생명보존이 시급하다. 사막 길을 배회하다 주저 앉아서 "자식이 죽는 것을 차마 보지 못하겠다 하고 … 방성대곡하는"(창 21:16) 하갈의 모습은 바로 이것을 단적으로 설명해 주고 있다. 이방인 여자 노예라 할지라도 그의 생명은 동일하게 고귀하다. 그 생명의 위험은 구원의 신 야웨로서는, 사막에까지 뒤좇아가서 그 길을 막아야 할 상황이다.[2] 하갈의 생명이라 할지라도 변호되어야 한다. 이것은 야웨신앙이 지니고 있는 세계주의적 성격의 근본이다. 대책없는 임산부와 그 아기의 생명 보존을 위하여서는 〈돌아서야 하며〉, 굴욕적인 사라의 수하이지만 그리로 〈돌아가야 한다〉.

하갈이 돌아가야 할 또 하나의 이유는, 그의 엑소더스란 공존(共存)의 삶의 원리에 대한 포기이기 때문이다. 물론 이것은 냉혹한 이야기에 속한다. 그러나 "사람이 홀로 있는 것이 선하지 않다"(창 2:18)는 신의 지상명령은 〈돌아오라〉(shûbh)라고 표현되는 성서의 모든 예언자적 호소의 기반이다. 평화 정착을 회구하는 선민의 조상 사라(아브라함은 야곱에 비하여 매우 비호전적이다)와 들나귀처럼 이리 부딪

---

[2] 거칠은 베두인의 또 하나의 조상, 가인의 생명에 대한 야웨의 긍휼에 관해서는 본서 제3부 〈가인설화의 교훈〉을 참조하라.

치고 저리 부딪치는 호전적 부족의 선조(창 16:12) 하갈의 공존은 어려운 과업이기는 해도 신의 선교(missio Dei)의 궁극 목표다. 야웨 하느님은 인류의 공존을 희망하시는 분이시며, 이스라엘이 꿈꾸던 메시야 왕국의 이상 사회도 공존 사회의 구현이다(사 11:1-9은 더할 나위없이 아름다운 문체로 헤브라이즘의 이념을 표현해 주고 있다!). 물론 진부한 전통이나 관습은 비판받아야 하고 개혁되어야 하며, 때로는 엑소더스가 절실히 요청된다. 기존의 전통과 기득권 속에 안주하는 것은 야웨신앙과 역행된다. 그러나 그 개혁이 화해를 부정하는 성격의 것이어서는 안된다. 이스라엘이 희구하는 종말의 세계는 모든 열국이 야훼의 한 통치 아래 모여 하나의 백성이 되는 것이다. "그 날에 이스라엘이 애굽과 더불어 셋이 세계 중에 복이 되리니 이는 만군의 야웨께서 복을 주어 가라사대, '나의 백성 애굽이여, 나의 손으로 지은 앗수르여, 나의 산업(産業) 이스라엘이여, 복이 있을지어다' 하실 것임이니라"(사 19:24-25). 이러한 이사야의 증언은 사라와 하갈의 공존에 대한 가장 강력한 지지로 보지 않을 수 없다. 야훼주의에는 배타적 민족주의가 철저히 극복되어 있다. 야웨께서 가라사대, "이스라엘 자손들아, 너희는 내게 구스족속 같지 아니하냐. 내가 이스라엘을 애굽에서, 블레셋 사람을 갑돌에서, 아람 사람을 길에서 올라오게 하지 아니하였느냐?"(암 9:7). 즉 야웨는 이스라엘의 엑소더스만을 관장하신 분은 아니다. 블레셋 사람의 엑소더스, 아람 사람의 엑소더스도 관장하신 분이며, 하갈의 엑소더스도 엄호하신 분이시다. 하갈은 버려질 수 없다. 이스라엘은 이스마엘과도 공존을 추구해야 한다. 이것이 야웨의 마음이다.

하갈이 돌아가야 할 또 하나의 이유는, 그의 엑소더스는 기다림의 신앙을 포기한 행위이기 때문이다. 사라뿐만 아니라 하갈도 약속을 기다리는 자요 또 기다려야 하는 자다. 사라가 그의 몸에서 경수가 끊어진 몸에서라 할지라도 태어날 후사를 끝까지 기다려야 하는 것처럼, 하갈도 번성한 민족형성에 관한 신의 약속(창 16:10)을 기다려야 하는 자다. 실로 모든 인류는 하느님을 기다리는 존재이다. 그러므로 〈인류는 하느님을 기다리는 것〉 이외의 다른 길은 그것이 어떠한 길이든 선택하지 말아야 한다. 이것은 성서의 절대적 명제이다. 물론 그 길은 고달프고 냉혹한 순례의 길이다. 그러나 그것은 신의 약속 안에 있는 길이기 때문에 희망의 길이다. 하갈은 사라의 수하에서 떠나므로 이 희망의 길을 절망의 사막에 내동댕이쳤던 것이다. 야웨 하느님은 새벽을 기다리는 파수군처럼(시 130:6), 심연에서라도(시 130:1) 인내를 가지고 우리가 기다려야 하는 하느님이다. 기다림이 없는 자는 희망이 없는 자이며, 기다림을 포기한 삶은 죽음이다. 신앙은 곧 기다림이다.

들으시는 하느님

우리의 두 본문은 모두 전적으로 우리가 신의 약속에 대한 믿음을 가지고 기다려야 하는 그 하느님을 증언하고 있다. 그 하느님 야웨는 하갈이 〈감찰하시는 하느님〉(창 16:13)이라고 불렀던 그 하느님일 뿐만 아니라, 아브라함이 〈영생하시는 하느님〉(창 21:33)이라고 불렀던 그 하느님이기도 하다. 그는 곧 이스라엘의 하느님 야웨이다.

여기서 부각되는 야웨의 모습은 그 무엇보다도 우선적으로는 통속적인 민족신의 개념을 완전히 초월해 있다는 데서 찾을 수 있다. 즉 사라의 하느님이기도 하지만 하갈의 하느님도 되신다. 하갈에게도 번성한 민족의 조상이 될 것이라는(창 16:10) 약속을 주시는 분이시다. 히브리 신앙의 위대성은 바로 여기에 있다. 이 신념은 이미 야위스트의 세계주의적 신앙에서부터 분명하게 보여졌고, 예언자들의 세계에서 확고하게 다져진 신앙이다. 아모스―이사야―예레미야―제2이사야-요나서의 기자에 이르기까지 히브리인의 새로운 범세계주의는 가히 현대인의 계몽된 신앙을 훨씬 능가하는 신앙이라고 할만하다. 이러한 히브리인 신앙전통은 이미 오래전부터 과감한 탈민족주의 및 비종교화를 단행한 것이었다. 그 하느님은 결코 이스라엘만의 하느님은 아니었다.

이 하느님의 기본 특질은 〈들으시는 하느님〉이라는 고백에서 잘 설명 될 수 있다. 하갈의 고통소리도 들으시는 하느님(창 16:11), 여종의 자식이 우는 소리도 들으시는 하느님(창 21:17), 그 하느님이 비록 지극히 높으신 하느님으로 고백되든, 전능하신 하느님으로 고백되든, 아브라함과 이삭과 야곱의 하느님으로 고백되든 간에, 그 하느님은 고난 중에서 외치는 모든 부르짖음에 응답하시는 하느님이시다. 그 하느님은 어떤 신잉고백이든 그 어떤 도그마에 감금될 수 없는 분이시다. 또한 그는 스스로 높이 계시는 자존자, 또는 초월자도 아니시다. 히브리인은 이러한 하느님을 몰랐다. 종교가 다듬어 놓은 신을 그들은 몰랐다. 철학적 사유에 의해서 발견된 신도 그들은 아는 바 없었다. 그는 전혀 아무 대책이 없는, 곤궁에 처한 자의 부르짖음에 은총으로 응답하시는 이른바 〈들으시는 하느님〉이실 뿐이다. 그는 역사 안에서 〈구원의 은총〉으로 인간과 만나시는 분일 뿐이다. 야웨라는 신명은 분명히 〈부르짖음에 대한 구원의 응답〉이라는 상대적 개념을 갖고 있다. 그러므로 야웨 하느님은 우리 한국 민족의 아득한 옛 조상들이 불렀던 그 하느님이시기도 하고, 일제 36년의 억압 속에서 울부짖는 한국인의 부르짖음에 응답하셨던 그 하느님이시기도 하다. 〈지극히 높으신 하느님〉, 〈감찰하시는 하느님〉, 〈영생하시는 하느님〉, 〈전능하신 하느님〉, 〈아브라함과 이삭과 야곱의 하느님〉, 〈야곱의 엘〉, 또 예수께서 〈아바 아버지〉라고 부르셨던 그 하느님, 그 모두가 모두 구원의 하느님 야웨와 일치된다. 그는 유대교의 하느님도, 기독교의 하느님도 아니다. 그는 어떤 종류의 것이든 그 어떤 도그마에 예속되시는 분이 아니라 고난 중에 있는 자, 엑소더스를 감행했거나 **추방을 당**했거나 간에 고통 중에 있는 자의 부르짖음을 〈**들으시는 하느님**〉이실 뿐이다. 그러므로 그는 어떤 이름을 가질 수가 없다. 〈야웨〉는 사실 "나는 곧 나다"(출 3:14)이거나 "나는 일어날 일을 일어나게 **하는 자다**"를 의미할 뿐 어떤 제의적 신명은 결코 아니다. 그러므로 그는 이방인 여종 하갈의 뒤를 따라 사막으로부터 나아가시는 **분, 하갈에게**도 크게 번성한 민족을 약속하시는 분이시다. 그렇기 때문에 그는 애굽 땅에서 노역하는 〈히브리〉인 무리들의 부르짖음(출 2:23-24; 3:7, 8)에 응답하셨던 것이다. 그분 안에서는 민족적 차이, 종교의 차이가 문제가 되지 않았다. 이것이 히브리인의 신 야웨의 모습이다. 야웨의 구원의 은총은 이 땅에 충만한 것이며 그것을 보고 기다리는 자가 곧 야웨의 백성이고 신앙인이다.

    신의 약속의 성취가 지연되고 있다는 것, 그것은 이스라엘 선조들의 현실만이 아니다. 그것은 인간 공존의 현실이다. 그러나 여기서 인간에게 요구되는 것은 구원의 하느님에 대한 확신과 그의 약속의 성취에 대한 기다림의 신앙이다. 인간은 전적으로 구원의 신 **야웨를** 기다리는 것 외에 다른 어느 길도 선택할 수 없다.

7
하느님의 절대주권

창세기 22:1-16

"하느님이 아브라함을 시험하셨다"라는 서두는 우리의 본문이 제시하는 케리그마 전체를 가장 잘 요약해 주고 있다고 하겠다. 이 말이 암시하는 가장 첫째되고 강조되는 사상은 그 무엇보다 하느님의 주권사상이다. 우리의 본문을 드라마틱하게 움직이게 하는 행동의 주체는 언제나 하느님 또는 야웨로 되어 있다. "하느님이 … ", "야웨께서 가라사대 … ", "하느님이 지시하시는 … ", "야웨의 사자가 … "라는 동사의 주어들은 단순한 한 문장의 주어로서만이 아니라 전체 본문의 사상을 주도한다. 여기서부터 우리는 비로소 성서 설화자의 또는 성서 편집자의 심오한 신학의 단면을 투시해 볼 수 있다. 즉 이 섬뜩하고 기괴한 사건의 주도가 전혀 하느님, 야웨, 그리고 야웨의 사자라는 증언은 독자들로 하여금 히브리 설화자의 신학을 좀 더 깊은 차원에서 읽게 한다. 그렇다면 히브리 설화자가 이 본문을 통하여 제시하고 있는 신학적 케리그마는 무엇일까? 물론 이 본문의 종교사적 배경에 대한 논구로부터 우리는 혁명적 케리그마를 얻어낼 수는 있다. 비록 그것이 이 설화의 편집자(E)가 노린 신학적 증언과는 그 각오가 다른 것이라 할지라도, 설교자가 그 종교사적 배경을 근거로 하여 새로운 메시지를 고안해 내는 것을 전혀 금할 이유는 없다. 그 종교사적 배경은 곧 가나안 원주민(또는 이교도의) 어린아이 희생제사에 도전하여 그것을 동물 희생제사로 대치함으로써, 동물 희생제사를 종교적으로 합법화한 하나의 역사로 설명될 수 있다. 사실 종교사의 한 과정에 대한 이러한 소개는 현대인으로 하여금 히브리적 신(神) 사유로부터 어떤 혁명성을 추리해내게 할 수 있다. 즉 히브리인의 하느님, 히브리인의 신 야웨는 가나안의 인신(人身)희생제 종교의 신과는 그 윤리적 측면에서 전혀 다르다는 하나의 혁명적 증언을 찾아낼 수 있다. 물론 우리 본문의 편집자나 설화자의 의도가 이러한 인간화의 윤리에 대한 증언에 있었다고 보는 것은 전체 족장설화의 컨텍스트와는 잘 조화되지 않는 것만은 분명하다. 그리하여 스키너(Skinner)도 말하기를 "이 설화는 인신희생제를 거절하는 말을 한마디도 하고 있지 않을 뿐만 아니라 그것이 주요 교훈이라고 가정하도록 강요하는 것을 그 어떤 것도 지니고 있지도 않다"[1]라고까지 말할 수 있었다. (그러나 "그 아이에게 네 손을 대지 말라"라고 말한 곳에서 이 설화의 절정을 찾고, 그 말의 깊이를 찾으려는 자는 분명 그 해석의 확장과 발전을 기대할 것이다.) 그러나 폰 라트의 경우처럼(그의 『구약신학 I』 참조), 족장설화 전체를 어떤 한 주제(약속 주제 또는 시련 주제 등)를 한 줄로 꿰매고, 이 주제(Zone)에 들어오지 않는 것은 그 어떤 것과도 설교와 관계짓는 것을 거부한다는 것은 문제가 있다. 사실 우리는 "그 아이에게 네 손을 대지 말라"(창 22:12)라는 야웨의 사자가 외친 소리를 현대 설교자가 성서의 신을 계몽시키기 위하여 그 케리그마적 주제로 선택하는 일을 결코 배척할 수는 없을 것이다. 특히 반윤리적인 신(神) 신앙의 지배를 많이 받고 있는 한국의 민중을 기독교적 신 신앙으로 계몽하려고 할 때 우리는 히브리인이 단행한 가나안 이교제의의 혁명적 윤리화를 외면할 수는 결코 없을 뿐만 아니라, 특히 E의 예언자적 전통을 감안할 때, 인신 희생제의 이교제의(비교, 왕하 3:27)에 대한 E

---

[1] J. Skinner, *Genesis*, p. 332.

의 예언자적 항거를 읽는다는 것은 결코 무리일 수는 없을 것이다. 이 설화가 가진 본래적 신학은 여기에 있었을 것으로 보인다. 그러므로 여기에서부터 "야웨 하느님은 결코 이교의 반인도적 성격의 신은 아니다"라는 예언자적 증언을 발견해낸다는 것은 결코 무리는 아니다. 그러나 이러한 이 설화의 본래적 형태가 오랜 전승의 과정 동안, 특히 E문학의 시대에 와서 족장설화의 구원사적 중심주제와 만나게 될 때, 그 정신적 의미는 근본적으로 변형되었다고 볼 수 있다. 즉 "하느님이 … 시험하시고 그를 부르시되 … 하시니, … 야웨께서 가라사대 … 가서 … 하라"라는 신의 명령과 더불어 〈비로소〉 모든 것이 움직이기 시작한 이 설화의 무대 전체가 이미 우리에게 강하게 증언되고 있듯이, E의 신학에 의하여 새롭게 정리된 이 설화의 기본 주제는 이미 전적으로 하느님의 절대 주권에 대한 증언에 초점이 모여졌다 하겠다.

시험하시는 하느님

하느님의 절대주권에 대한 증언과 시험하시는 하느님에 대한 증언의 조화는 이 설화의 신학적 깊이를 가장 극적으로 묘사한 것이라 하겠다. 이 섬뜩하기 짝이 없는 가혹한 사건의 주체를 하느님(때로는 야웨, 때로는 야웨의 사자)이라고 증언하는 설화자는 분명히 반윤리적 이교신에 대한 야웨 하느님의 윤리성 변호보다는, 약속을 기다리는 자를 향한 신의 절대주권의 선포에 더 전적으로 관심하고 있었던 것임이 분명하다. 약속의 성취 뿐만 아니라는 것이다. 축복의 은사뿐만 아니라 고난의 저주도 하느님으로부터 온다는 것이다. 모든 역사적 사건의 주체는 전혀 하느님 자신일 뿐이라는 것이다. 역사의 주권을 이원적으로 생각하는 신관념, 즉 축복은 선신(善神)으로부터, 저주와 고난은 악신(惡神)으로부터라는 신관념이 근본적으로 무너지고 있다.

소망의 근거인 하느님으로부터 고난의 절망도 온다는 것이다. 역사의 냉혹성을 이렇게도 예리하게 표현할 수 있을까? 그 냉혹함이 가히 파멸적이다. 그것은 실로, 어린 자식을 재물로 내놓으라는 이교신의 명령보다도 오히려 훨씬 더 냉혹한 것이었다. 또 신의 약속에 대한 희망이 그 약속을 주신 신 자신에 의해서 점점 희미해져가고 소멸되어 간다는 주장, 그것은 아이 희생제의 가혹성보다 결코 덜한 것은 아니다. 그렇다! 100세의 노경에 얻은 외아들에 대한 희망이 아브라함에서부터 사라져가듯이, 모든 인류는 하느님의 위로와 보호와 희망이 하느님 자신에 의해서 우리로부터 사라져가고 있는, 이른바 혹독한 고통과 고뇌의 현실을 경험하고 있다. 이러한 고통의 시련은 실로 부정하거나 도피할 수 없는 바로 〈우리의 현실〉이다. 이것이 곧 " … 하느님이 … 시험하셨다"라는 설화자의 증언이 지시하는 첫째되는 교훈이다. 즉 그러한 가혹한 시련이란 결코 악마나 그 어떤 이교신으로부터 오는 것이 아니라 하느님 야웨로부터 오는 것이기 때문에, 고난은 신의 시험이 되고 그것은 동시에 요지부동한 도피할 수 없는 〈우리의 현실〉이 된다는 것이다. 아브라함의 절대적 복종은 이것을 웅변하고 있다. 그리하여 신앙인들은 마땅히 섬뜩하고도 끔찍스러운 시련을 만날 때마다 그 속에서 신의 시험의 섭리를 발견하는 것이다. 그리고는 아브라함처럼 신의 개입 없이는 결코 그 시련의 종식을 기대하거나 요구하지는 않는다. 이와같이 고난의 깊음 가운데서도 신의 시험을 보는 것은 신앙의 눈 없이는 불가능하다. 욥의 신앙적 개가도 역시 신의 주권에 대한 역설적 신앙고백을 통하여서 비로소 증언된다. 즉 "내가 모태로부터 적신(赤身)으로 나왔은 즉 또한 적신이 그리로 돌아갈 것이다. 주신 자도 야웨시요 취하신 자도 야웨이시니 오직 야웨의 이름이 찬송을 받으실지니이다(*Jubilate Deo!*)"(욥 1:21). "나의 속량자가 살아계시니 … 내가 하느님을 보리라"(욥 19:25, 26)라는 욥기 기자의 증언은 신의 절대주권에 대한 확신의 표현으로 볼 수 있다. 고난을 주시는 분도 하느님이시며 그 고난을 통하여 인간을 시험하시는 분도 하느님이시라는 하느님의 절대주권에 대한 신앙고백은, E의 이러한 매우 극적인 묘사 이래로 문서 예언자들을 통하여 매우 심화되고 그들 역사신학의 중심주제가 되었다. 역사의 절대주권이 전적으로 야웨 하느님에게 돌려졌던 것이다. 사실 이스라엘 예언자들은 민족의 고난사에 대한 신역사(神歷史) 해석가들이었다. 그들에게 있어서 민족의 〈고난〉은 선민에 대한 하느님의 가혹한 〈시험〉이었다. 이른바 새 이스라엘 형성을 촉구하는 연단의 채찍이었다. 그 고난의 잔을 남김없이 마시지 않고는 이스라엘이 새로와질 수 있는 길은 없다는 것이 예언자들의 신념이었다. 그리하여 앗수르는 이스라엘을 채찍질하시는 야웨 하느님의 진노의 막대기 또는 그 손의 몽둥이(사 10:5)로서, 심지어 바벨론 왕 느부갓네살은 야웨의 종(렘 27:6)으로서, 그리고 파사 왕 고레스는 야웨의 기름부음받은 종 메시야(사 45:1)로서 해석되기까지 하였다. 즉 역사의 고난은 결코 악마의 유희이거나 역사의 우연이 아니라 전적으로 야웨 하느님의 역사 경륜에 속하였다. 그러나 이러한 하느님 이해와 고난사에 대한 해석은 역사를 새롭게 창조하게 하는 좌절당한 현실에 희망의 위로를 제공하는 생명력을 지니고 있었다. 왜냐하면 〈고난〉도 신의 시험이라는 형식으로 하느님 자신으로부터 온다는 것은 곧 역설적으로는 그 고난의 종식도 오직 하느님으로부터만 온다는 것을 증언하기 때문이다. 이것을 구체적으로 보여주는 가장 대표적인 증언은 역시 제2이사야의 메시지에서 찾을 수 있다. 이른바 "너희는 위로하라. 내 백성을 위로하라"(사 40:1)라는 선포로서 시작해서 포로된 이스라엘의 유일한 위로의 근거를 오직 야웨의 유일신성에 대한 확증에서 찾았던 제2이사야는, 이스라엘의 바벨론 포로란—민족의 그 비극적 종말이란—전혀 신의 정죄와 심판의 결과였으며, 그 복역의 때가 끝날 때(사 40:2), 바로 그 신 자신에 의하여 속량의 위로도 주어졌다고 역설했다. 실로 "하느님이 시험하셨다"는 증언은 곧 살든지 죽든지 인간의 유일한 위로는 하느님만이라는 증언이다. 우리의 텍스트는 그러므로 "하느님이 시험하셨다"라고 말한 그 설화자 자신의 입으로, 또 "그 아이에게 네 손을 대지 말라"라고 하신 분도 하느님 자신이라는 것을 극적인 화법으로 증언하게 하고 있다. 〈냉혹한 시험〉과 〈속량의 은사〉가 모두 하느님으로부터 기인된다는 것이다. 이러한 하느님 절대주권에 대한 증언이야말로, 신의 약속이 신 자신에 의하여 소멸되어 가고 있는 냉혹하기 이를 데 없는 현실 속에서도 그 약속을 기다려야만 하는 자에 대한 더할 나위 없는 위로의 증언이다.

우리의 희망은 여전히 하느님의 약속

우리의 본문이 암시하듯, 가혹하기 이를 데 없는 고난의 현실을 걷는 길, 모리아산을 오르는 길, 골고다로 가는 길, 그 길에 서 있는 자에게 있어서 유일한 희망은 무엇일까? 이 길 위에 있는 신앙인이 말할 수 있는 유일한 고백은 무엇일까? 모리아산을 오르는 길은 일종의 부조리의 현실에 대한 질문 "어찌하여?"라는 항변을 안고 높은 성루 위로 올랐던 하박국 예언자의 길이기도 하다. "불과 나무는 있는데 '번제할 어린양은 어디 있습니까?"(창 22:7)라고 순례자는 묻는다. 이것은 인류가 그가 지향하고 있는 역사적 미래를 향하여 던질 수 있는 유일한 질문이다. 고난의 삶을 감내하고 있는 인류가 그의 부조리 현실에 도전하며 던질 수 있는 유일한 질문이다. 이러한 상황을 극적으로 묘사하기 위하여 설화자는 모리아산 등정과정을 좀더 비정하게 서술한다. 독자들이 잘 알고 있는 어느 계곡에 이르러서는 사환들을 떼어 놓는다. 너무나 무시무시한 광경이 예상되기 때문에 그들은 상당히 떨어진 곳에 남아 기다리게 한다. 나귀에 싣고 오던 번제용 나무들을 아들의 어깨에 지워 그 어깨가 무거워짐에 따라 그 아버지의 손에도 더 위험스런 것 즉 〈불과 칼〉이 들리워진다. 나무를 맨 자와 불과 칼을 든 자의 동행길, 그 긴박감은 말로 다 형용할 수 없다. 이러한 긴장 속에서 조심스레 이루어지는 이 둘 사이의 영혼을 맞대는 대화, 그 대화의 비애감은 더욱 심각하다. 서투르기 이를 데 없으나 소박한 내용의 질문, "불과 나무는 있는데 번제할 어린 양은 하느님께서 친히 자신을 위하여 준비하시리라"(창 22:8). 실로 눈물 없이는 읽을 수 없는 대목이다. 과연 성서 설화자는 여기서 독자들을 향하여 무슨 말을 하고 있는 것일까? 우리는 이 설화자로부터 다음과 같은 말을 들을 수 있다. 그것은 번제드릴 어린 양은 하느님이 친히 자기를 위하여 준비하신다는 증언과, 야웨의 사자는 화급히 〈칼과 불의 손〉, 아브라함의 손을 제지하였다는 증언, 그리고 아브라함의 하느님 경외와 복종신앙에 대한 경탄으로 나타난다. 사실 이 증언들 속에는 두 가지의 가르침이 요약되어 있다고 볼 수 있다.

그 첫째는, 희망할 수 없는 상황 속에서도 희망을 향해 가고 있는 자들을 향한 신의 유일한 계시는(하박국의 경우처럼), 고난의 역사를 살고 있는 인간에게 이어서 유일한 희망이란, 비록 그것이 늘 스스로 소멸되는 안타까움과 냉혹함을 우리에게 보여준다고 하더라도, 또 그렇게도 모호하게 보인다 하더라도, 여전히 그것은 신의 약속 속에만 있다는 것을 가르치고 있다. 이른바 이 사실은 아들에 대한 아버지의 말, "하느님이 자기를 위하여 친히 준비하실 것이다"라는 말 속에 암시되어 있는데, 여기에는 실로 "아브라함 자신도 미처 깨닫지 못한 진리"[2]가 내포되어 있었다. 여기에는 믿음의 조상 아브라함과 그의 아들, 그리고 모든 인류의 기본 사고를 근본적으로 꺾어 부수는 철퇴와 같은 것이 들어 있었다. 사실 인간의 지성은 〈번제용 불과 나무는 있으나 번제로 드릴 양은 없는 현실〉을 개탄하고 비판하며 도전한다.

---

2) von Rad, *Genesis*, p. 236.

그리고는 혁명적이고도 새로운 사건의 발생을 예상하는 희망 안에서 안주한다. 뿐만 아니라 대부분의 사람은 바로 그 제단 앞―신의 호된 고문의 의식이 집행되는 장소인 그 번제단 앞―까지 나아가지 못하고 〈사환과 나귀와 함께〉(창 22:5) 멀리서 기다릴 수밖에 없게 되기도 한다. 그리고는 그들의 기본 사유대로 신의 약속이 성취될 것을 의심없이 기다린다. 그들의 희망은 새로운 사건과 명료한 문제 해결을 의심없이 예상한다. 그러나 신의 계시는 이 절박한 희망의 위기에 대해서도 매우 담담하고 냉담한 자세로 줄기차게 신의 약속만을 선포한다(창 22: 8, 14, 17-18 참조). 이것은 곧 신의 약속이란 결코 〈우리의 것〉, 〈우리가 기대할 수 있는 그 희망의 내용〉은 아니라는 것, 즉 신의 약속은 전혀 〈순수한 신의 선물〉에 불과하다는 것을 지시한다. 인간은 그 어떠한 이념이나 주의 주장으로서도 자기의 것으로 고집할 수 없는 것임을 선언한다. 그러므로 "의인은 오직 믿음으로만 살 뿐"(합 2:4) 그 희망과 약속을 완전한 자기의 것으로 소유하지 않는다. 그러므로 그 희망은 하나의 고뇌일 수 있다. 아니 그것은 곧 고달픈 기다림의 고뇌이다. 왜냐하면 그것은 우리의 것이 아니기 때문이다. 우리의 사유를 따르지 않기 때문이다. 히브리인의 신앙이 신의 주권에 대한 사유를 여기에까지 발전시킬 수 있었다는 것은 현대를 사는 우리를 가히 놀라게 만든다.

둘째로, 이 긴박한 상황을 향한 신의 최후 말은 이러한 냉엄한 신의 약속에 대한 냉혹한 희망성에 대한 인간의 절대복종이다. 우리의 텍스트가 말하는 근본 요구는 제의 혁명, 예배의 개혁, 종교의 혁명이 아니다. 그것은 전혀 야웨 하느님의 절대주권에 대한 증언, 이 하느님에 대한, 이 하느님의 뜻에 대한 인간의 절대복종에 대한 증언이다. 스스로 자신의 약속을 취소하며, 인간의 희망성을 파괴하는, 이른바 그리스도의 십자가 패배에 이르기까지 파괴시키는 그 냉혹한 하느님에 대해서조차도 절대복종을 하는 것이 신앙인의 근본이라는 것,

이것이 우리의 텍스트가 말하는 절대적인 증언이다. 하느님의 그의 어떠한 약속의 은총도 완전한 인간의 소유가 되기를 원하지 않으신다. 인간의 모든 것에 대한 유일한 지배자, 유일한 주권자는 하느님이시다. 우리의 진정한 희망은 오직 야웨에게만 있다.

"그러나 주여, 내가 지금까지 희망한 바가 무엇입니까? 나의 희망은 당신에게 있나이다."(시 39:7)

"이스라엘의 희망이신 야웨여, 당신을 버리는 모든 자가 수치를 당할 것입니다."(렘 17:13)

제2부

창세기의 인간이해

1

인간: 창조된 하느님의 형상

창세기 1:26-28; 2:7-8, 15

"우리가 사람을 만들자"(창 1:26)라는 신적 선언은, 하느님의 창조활동의 절정을 극적으로 묘사한 것 뿐만 아니라, 그 시적 표현의 〈갑자스럽고도 의도적인 출현〉은 또한 인간창조의 중요성과 위대성을 매우 함축적이고도 효과있게 천명하고 있다. 이 선언의 순간! 하느님의 창조활동의 비의는 순식간에 그 창조된 우주 가운데 더 이상 감추어질 수 없으리만큼 밝혀지는데, 이른바 이 웅대한 창조활동의 그 궁극과 목적이 바로 여기 〈인간 창조〉에 있음이 드러났던 것이다. 그러나 이러한 인간창조에 대한 P적 표현의 특성은 지금까지의 〈소원형〉(the jussive form) 표현을 〈갑작스럽게〉〈자원형〉(the cohortative form) 복수로 바꿔 놓은 것[1] 이외에도, 다른 동물 창조는 유(類 mîn: speices)에 따라[2] 창조되었다고 기술한 데 반하여, 인간 창조는 유(類)에 따르기보다는 이와는 달리 〈하느님의 형상〉에 따라 창조되었다고 선언한 점과, 그리고

---

1) na 'ăseh라는 표현에 대한 해석의 문제는 다시 논의하겠지만, 지금까지 사용했던 명령형이 〈갑작스레〉 자원형으로 전이된 데는 하느님의 형상에 따라 창조된 인간 창조를 높이 찬양하면서도 고의적으로 이 구절을 기대에 찬 긴장 속에서 읽게 하려는 P 성서기자의 신학적 의도가 있었다고 생각된다. 이 경우는 J 기자의 기록인 3:22 "… 보라, 이 사람이 선악을 아는 일에 〈우리 중 하나같이 kᵉ'aḥadh mimmennu〉 되었으니 …"에서도 동일한 의도가 있었던 것이라고 생각된다. 참고. von Rad, *Genesis*, pp. 57, 94.

2) 〈종류대로〉(lemînô, lᵉmînêhû, lᵉmînêhem, lᵉmînêh 등)의 어근인 mîn은 그 어원이 불확실하나, 시리아역에서 암시하는 바로는 종족을 지시하는데, 신 14:13, 14, 15, 18; 겔 47:10을 제외하고는 주로 P만 사용하는 특수어다.

창조된 인간을 모든 피조물의 세계를 통치하는 지배자로 등장시키는 것(창 1:28) 등에서 뚜렷하게 표명되었던 것이다. 이와같은 인간 창조에 대한 고무적 표현은 P 뿐만 아니라 J의 소박한 의인법적 표현(anthropomorphism) 가운데서도 뚜렷하게 나타나는데, "구약 인간학의 고전적 구절(locus classicus)에 해당하는 창세기 2장 7절"[3)]은 그 뚜렷한 표현을 나타냈다. 아마도 P가 인간 창조의 존엄함을 〈하느님의 형상에 따른 창조〉라는 형식으로 표현하였다면, J는(2:7) 야웨 하느님이 〈친히 자기의 생명의 입김〉(nishʻmath hayîm)[4)]을 흙으로 된 인간의 코에 불어 넣으시므로 그로 인해 비로소 〈산 존재〉(nephesh hāyāh)가 된 그 인간을 창조된 세계의 구심점이 되게 하셨다고 표현하였던 것이다(2:1에서 동물을 조형하실 때는 이런 표현을 쓰였지 않았다!). 이와같이 두 창세기 기자는 모두 인간 창조가 창조 기사의 궁극목표임을 역설하였던 것이다. 이것은 뚜렷한 신학적 반성에서 귀결된 것으로 보인다. 그렇다면 창세기 기자들의 인간 이해는 어떠한가? 그러나 인간에 관한 서술에 있어서 모든 종류의 인간학은 추상적 진술로 끝났을 뿐 그 구체적 인간 이해에는 결단코 도달하지 못하였던 것이 명백하다.[5)] 그것은, 인간이란 〈아직 확정되지 않은 동물〉(니이체)이기 때문에 그런 것일까? 아니면 인간은 태양계의 제2 붙박이 별 위에 서식하고 있는 단순한 생물학적 동물에 불과한 때문에 그런 것일까? 아마도 인간은 자신을 그 자신이 가장 해결키 어려운 자기 자신의 문제로 인식하여 왔던 것 같다. 급기야 인간은 자신을 〈소마σῶμα(몸:肉)〉로서가 아니라 하나의 〈세마σῆμα〉(무덤)로 인식하는 비극주의적 의식 아래서 신음하기

---

3) J. Skinner, *Genesis*, p. 56; von Rad, *Ibid.*, p. 75 등.

4) nishʻmath hayîm에 소유격 어미나 정관사가 붙어 있지 않아 그것이 하느님 자신의 입김인지 아닌지를 구별키가 어려우나 *wayyipah*("그리고 그가 호흡을 내쉬어 불어 넣었다")라는 동사의 목적어로 쓰였기 때문에, 그것이 하느님 자신의 입김을 가리킴은 명백하다. 그러나 이 생명의 입김(生氣)nishʻmath hayîm을 하느님의 πνευμα로 볼 수 없을 것이다.

5) 참고. W. Pannenberg, *Was ist der Mensch?*, S. 95.

까지 하였는지 모르겠다. 그리하여 베르자예프(N. Berdyaev)는 인간을 가리켜 〈하나의 심오한 수수께끼〉[6]라고 결론지었다. 그러나 창세기 기자들은 아마도 다소 역설적이긴 해도 좀 더 소박하고도 현실적인 인간 이해에 도달했던 것 같다.

피조된 존재

창조설화의 결론을 집약한다면, 그것은 인간을 어디까지나 피조된 존재로 결론짓는다는 것이다. 이것은 창조설화에서 뿐만 아니라 참으로 〈휴머니스틱한 구약성서〉 전체가 통전적으로 내린 결론이라 할 수 있다. 그러나 이것은 여러 고대 동방의 신화를 통한 모방[7]에서부터 독립된 히브리 성서의 〈고유한 주장〉이라고는 할 수 없다 하더라도, 이 결론에는 신학적 해석의 가치가 있는 이론과 히브리인의 특유한 인간관이 반영되어 있다 하겠다.

창조의 대상

P나 J의 공통된 결론이 주는 신학적 교훈 중에서 인간을 창조의 대상으로 규정한 점은, 단순히 인간에 대한 소박한 서술로만 돌려버릴 수는 없는 〈신학적 깊이〉가 있다. 즉 인간은 창조행위의 대상일 뿐 결코 그 주체는 될 수 없다는 점이다. 이것은 인간이란 〈무로부터의 창조〉(creatio ex nihilo)라는, 신적 능력 밖에 있다는, 주장을 역설적으로 주장하는 데 그 의의가 있는 것이 아니라 인간신격화(인간을 창조행위의 주체로 격상시키는 일)—또한 다른 의미로는 인간의 비인간

---

6) Nicholas Berdyaev, *The Destiny of Man*, p. 60.

7) J. Skinner, *Genesis*, pp. 41-50. A. Jeremias, *Handbuch der altorientalischen Geisteskultus*[2], p. 88. 고대 근동의 신화들은 인간창조에 관한 많은 신화들을 우리에게 제공해 주고 있다.

화—에 대한 전적인 부정과 거부를 역설하는 데 그 의의가 있는 주장이다. 즉 말하자면, 인간은 하느님이 창조하신 피조물로서 창조의 주체와는 근본적으로 그 차원을 달리한다고 하는 창세기 기자의 주장에는, 인간 우상화 또는 그것은 일종의 하느님의 자기창조에 대한 창세기 기자의 선언이 자연에 대한 〈마력의 해제〉(disenchantment)[8]를 뜻할 수 있듯이, 하느님의 인간 창조에 대한 창세기 기자(J. P)의 선언은 인간에 대한 〈인간 비신격화〉 또는 〈인간화〉의 선언을 뜻한다. 프릿취(T. Fritsch) 교수가 표현한 대로 "사람은 거짓된 자랑을 품을 만한 아무 근거도 없다. 하느님과 도저히 같아질 수 없다"[9]라고 한 것은 인간의 위치에 대한 적절한 설명으로 보인다. 인간은 실로 피조자라는 제약과 창조의 대상이라는 위치 제한을 결코 벗어날 수 없으며, 창조된 우주의 질서 안에 붙박혀 있는 존재다! 따라서 바르트와 브룬너의 표현인 〈우주 안에 있는 인간〉(der Mensch im Kosmos)[10]은 창조의 대상으로서의 인간을 설득력 있게 표현했다 하겠다. 즉 인간은 〈절대 인간〉이라는 망상을 버려야 할 것이다.

인간은 흙으로 빚어졌다

인간에 대한 성서의 대표적인 정의는, 인간은 〈흙〉('āphār min hā 'ădhāmāh)으로 만들어졌다는 것이다. 좀 더 정확히 표현한다면, 인간은 땅(ădhāmāh)에서 취하여낸 먼지('āphār)로 만들어졌다는 것이다. 아마도 이러한 표현 이상으로 인간의 피조성을 설득력 있게 표현한 곳이 달리 없을 것이다. 〈아담〉(인간)은 피조된 자연, 〈아다마〉(땅)에서 취하여낸 소재로 조형되었다는 것이다. 그렇다면 〈아담—아다마〉의

---

[8] H. Cox, *The Secular City*, 기독교서회 譯刊, p. 35에서 인용.
[9] Ch. T. Fritsch, 『창세기』(평신도구약성서주석), CLS, p. 42.
[10] K. Barth, *Die kirchliche Dogmatik* III/2, S. 1f. ; E. Brunner, *Der Mensch im Widerspruch*, S. 424f.

불가분리적 상관성[11]은 무엇을 의미하는가? "인간의 본질이 〈땅〉이었고 〈땅〉이 곧 인간의 어머니였다"[12]는 주장은 무엇을 의미하는가? 이러한 주장은 일리아드(Iliad)의 제우스(Zeus)가 음울하게 내뱉은, "땅 위에서 기며 호흡하는 모든 것 중에서 인간보다 더 불쌍한 것은 없다"[13]는 선포의 노릇을 하는 것인가? 그러나 일대 인간군 행진의 파노라마와도 같은 참으로 휴머니스틱한 구약성서 그 어느 곳에서도, 비록 인간 허무를 노래하는 전도서 기자나 생일을 저주하는 욥기(욥 3:1 이하)에서도 희랍의 비극주의는 발견되지 않는다. 오히려 여기엔 비극주의적 센탈리즘과는 전혀 다른 〈인간 피조성〉에 대한 신앙고백적 확증이 담겨 있다. 즉 인간은 땅의 흙에서 와서 땅의 흙으로 돌아가는 것이며, 범죄 이전의 인간조차도 결코 신적인 불멸의 존재는 아니었던 것이다.[14] 이와같이 인산의 본래부터 불멸적인 신적 존재로 지어진 것이 아니었다는 것은 그가 〈땅의 먼지〉로 조형되었다는 J의 진술에서 이미 명백하게 표현되었다. 말하자면 인간은 어디까지나 땅에 속한 실재이지 천적(天的)인 실재는 아니라는 말이다(고전 15:47).

통전적 인간(totus homo) : 〈네페쉬〉

인간은 〈땅의 먼지〉로 조형된 것이라는 J의 진술은 인간의 피조성에 대한 그의 신앙고백이었다. 그러나 이것은 인간이 곧 〈땅의 먼지〉라는 고백('ādhām='āphār)은 결코 아니다. 말하자면 J의 인간 고백에는 역설성이 있다는 말이다. 즉 인간은 흙이 그 본질이기는 하지만 인간이 곧 흙이라고는 말하지 않고 있다. 3장 19절에서 사용된, 〈너

---

11) 'ādhām과 'ādhāmāh의 어원은 불확실하다. <붉다be red>는 동사로부터 그 유래를 찾는 일은 내어버리는 것이 통례이나 그것을 대신할만한 더 나은 이론을 발견할 수 없다. Skinner, *Genesis*, p. 56.

12) D. Bonhoeffer, *Creation and Temptation*, p. 45.

13) R. Niebuhr, *The Nature and Destiny of Man*, vol. I, p. 10.

14) <흙으로 빚어진 존재>라는 말이 곧 <가사적 존재Sein zum Tode>라는 말과 일치되는 말은 아니다. 여기선 <죽음>에 관한 논의의 보류키로 한다.

는 흙이니〉(kî-'āphār)라는 표현은 〈아담―아다마〉의 불가분리적 상관성[15]과 인간이 〈땅의 존재〉임을 지칭한 것에 불과하다. 오직 인간에 대한 가장 정확한 구약성서의 정의는 "인간은 살아 있는 〈네페쉬〉(nephesh)이다"라는 선언에서 발견할 수 있을 뿐이다. 즉 〈네페쉬〉라야 비로소 인간이라는 것이다. 이 〈네페쉬〉가 문제다. 흔히들 우리는 2장 7절의 본문, "하느님이 〈흙〉으로 사람을 조형하시되 〈느솨마〉(nᵉshāmāh, 生氣)를 그 코에 불어 넣으시므로 사람이 산 〈네페쉬〉(生靈)가 되었다"는 구약 인간학의 고전적 구절을 〈흙〉('ādhāmāh), 〈생기〉(nᵉshāmāh), 〈생령〉(nephesh)으로 삼분(三分)하여 데살로니가 전서 5장 23절에 나타난 〈몸〉(σῶμα : body, 몸보다는 肉인 σάρξ), 〈영〉(πνεῦμα : spirit), 〈혼〉(ψυχή : soul)의 삼분법과 평행시킬 수 있는 것으로 보든지, 또는 〈흙〉과 〈느솨마〉로 된 〈네페쉬〉를 〈몸σῶμα〉과 〈영혼ψυχή〉, 또는 〈육σάρξ〉과 영〈πνεῦμα 또는 ψυχή〉으로 이분하여 생각할 수 있는 것으로 믿으려는 경향이 있었다. 그러나 이러한 삼분법 또는 이분법에 의한 인간 분석은 이 본문의 사상과는 너무나 거리가 멀다. 혹자는 이 본문을 육, 혼, 영이라는 인간 본성이 가진 세 요소의 관계를 설명해 주는 구절로 취급하여, 혼(nephesh)은 물질적인 구조(bāsār) 속에 우주적 생명원리(rûah)를 결합해 넣으므로 생겨난 것이라고 가르치려 했으나(참고, Grüneisen, *Ahnenkultus*, 34-35), 여기서는 그러한 관념의 표현을 발견할 수 없을 뿐만 아니라, 육(bāsār)이나 영(rûah)에 대한 어떠한 언급도 발견할 수 없으며, 또한 반면에 〈네페쉬〉는 인간 존재의 특수한 구성요소로 지칭되어 있지도 않고, 오히려 생명력(vital power)을 가진 통전적 인간(the whole man)을 지칭하고 있음을 발견할

---

15) von Rad는 <아담-아다마>의 관계를 창조물의 연대관계로 표시하고, 흙을 인간 실존의 물질적 기초라고 보았다. 참고 von Rad, *Genesis*, p. 91. 그리고 먼지 'āphār는 'ādhāmāh의 변형(Gunkel)이거나 동의평행법(3:19의 2행과 3행을 평행법에 의하여 비교하라)일 것이다.

수 있다. [16] 따라서 『표준 개역 영어번역 성서』(RSV)가 2장 7절의 〈네페쉬 카야〉(nephesh hayāh : 생령)를 〈산 존재〉(a living being)라고 번역하여 〈네페쉬〉를 그냥 〈존재〉(being)로 지칭한 것이나, 2장 19절에서는 〈산 피조물〉(living creature)로 번역하여 그냥 〈피조물〉(creature)로 지칭한 것 등은 유의할 만하다. [17] 말하자면 〈네페쉬〉는 인간을 구성하는 구성요소가 아니라 〈인간 자체〉 또는 〈인간 전체〉를 가리킨다. 또한 이 〈네페쉬〉는 인간 구성요소를 가리키지 않을 뿐만 아니라 또한 이 원론적 도식에 의한다 할지라도 〈네페쉬〉는 육(σάρξ)에도 해당되지 않고 뿐만 아니라 영혼(ψυχή)에도 해당되지 않는다. 오히려 〈네페쉬〉는 영혼을 담고 있는 육(σάρξ)이 아니라 〈생명력〉(nᵉshāmāh)을 가진 생명체인 〈몸〉으로서의 인간 전체를 가리킨다. 〈네페쉬〉의 진정한 의미는 〈느솨마〉와 함께 〈생명〉, 〈호흡〉을 의미한다. 따라서 〈네페쉬〉인 인간은 육과 영혼으로 되어 있는 것이 아니라 〈몸과 생명으로 된 피조물〉이다. 생명없는 몸으로서의 인간이란 있을 수 없다. 인간은 곧 생명이다. 그런데 J의 주장에 나타난 근본적인 신학적 의도는 몸의 본질이나 몸의 구성요소를 설명하려는 데 있지 않고, 인간존재의 의의를 종교적으로 해석하는 데 있었다. 즉 피조된 〈인간〉은 하느님께서 친히 〈생명원리〉 또는 〈생명력〉(nᵉshāmāh)을 부여해 주시므로 인해 비로소 〈산 존재〉(인간)가 되었다는 것이다. 여기에 역설성이 있다. 즉 인간 삶은 오직 하느님의 생명력 부여로 인해서 가능해졌다는 것이다. 생명 없는 인간 육체가 하느님의 입김(생명원리: 느솨마)을 부여받으므로 비로소 생명 있는 인간 육체, 곧 인간 존재가 된 것이다. 즉 〈생명〉은 직접 하느님으로부터 오는 것으로 하느님께 속한 것이다(겔 18:4). 따

---

16) Skinner, *Genesis*, pp. 56-57.
17) 한국어 성서를 비롯한 대부분의 번역들이 *nephesh*를 일반적으로 <영혼soul>으로 번역하고 있으나, 여기엔 이원론적 도식에서 발견할 수 있는, 즉 감성적 육체를 무가치한 하위적 부분으로 경멸하는 소위 상위적 부분인 <영혼>이라는 의미는 없다.

라서 생명이 하느님에게 속한 하느님의 것이라면, 생명을 가진 존재인 인간은 곧 하느님의 것이라는 말이 된다. 인간은 하느님의 것이다. 그러므로 인간의 기본권과 그 존엄성을 침해하는 것은 하느님의 소유물을 침해하는 것에 해당한다. 이러한 J의 신학은 P에게서는 〈하느님의 형상론〉으로 연결된다.[18] 즉 J는 피조물에 대한 하느님의 생명부여가 인간에게만 일어난 현상이라고는 말하지는 아니하나[19], 특히 인간에게만 하느님께서 〈친히 자신의 입김〉[20]을 불어 넣으셨다는 표현을 씀으로 인간을 다른 동물이나 생물보다 우위에 있음을 소박하게 표현했음에 대하여, P는 하느님의 생기를 직접 받은 인간 생명은 곧 하느님의 형상이기 때문에 인간 생명이란 결코 하느님 아닌 인간에 의해서 침해될 수는 없다고 진술한다(창 9:6). 이와 같이 J와 P는 모두 인간을 모든 다른 동물[21]과 꼭같은 하나의 〈생물〉이라고는 말하나, 다른 생물과는 우위의 차원에 있는 생물로 구별하고 있다. 여기에 인간 이해의 간결성과 특수성이 있다 하겠다. 거기엔 복잡한 이원구조나 삼원구조를 발견할 수는 없다. 오직 하느님이 생명을 주시므로 비로소 존재하게 된 생물체, 특별히 불멸의 신적 본질로 구성된 것이 아닌 단순한 조형물로서의 인간, 그리하여 하느님이 그의 입김을 거두어 들이실 때는, 죽은 육체인 흙으로 돌아갈 수밖에 없는 그런 존재가 곧 인간이다. 인간은 이러한 인간 생의 리얼리티를 꾸밈없이 받아들일 수 있어야 한다. 그럼에도 불구하고 성서가 주장하는 바, 인간은 오직 〈하느님의 형

---

18) 창 9:3-6, Skinner는 그의 『창세기 주석』(I. C. C.), p. 57에서 하느님이 자기의 호흡을 인간에게 나누어 준다는 사실은 동물보다 우위에 있는 인간의 존엄성을 가리키는 것으로 P의 <하느님의 형상론>과 대등한 J의 <하느님 형상론>에 해당한다고 보았다.

19) J와 P는 모두 다른 각종 동물과 조류, 어류도 <네페쉬 카야nephesh ḥāyāh>라고 부른다.

20) 주 4)를 참조하라.

21) J나 P의 창조기사에 있어서 <생물nephesh ḥāyāh>은 식물에게는 적용하지 않고 인간과 동물에게만 쓰고 있다. 그리고 식물은 이들 <생물>의 식물 'ōkh'lāh이 될 뿐이다.

상〉대로 지음받은 〈산 존재〉라는 역설은 무엇을 의미하는 것일까?

신적 과제를 받은 존재

인간은 하느님으로부터 친히 생명을 부여받은 흙의 피조물로서 모든 피조물보다 우위의 차원에 속하는 피조물이라는 성서의 진술은 〈하느님의 형상〉(*tselem elōhîm*; *imago Dei*)에 따라 지어졌다는 P의 선언 (1:26, 27; 5:1; 9:6)에서 명백하게 표현되었다. 그러나, 인간이 〈하느님의 형상〉에 따라 지음 받았다는 성서의 주장은 성서 기자의 의도보다는 지나치게 비약된 관점에서, 또는 전혀 다른 관점에서 많은 사람들의 관심을 불러 일으켜 온 신학적 쟁점이 되기도 했다.[22] 사실 창조의 때에 창조주로부터 인간이 부여 받았다는 그 하느님의 형상 또는 하느님의 모습은 과연 무엇을 가리키는 것일까 하는 물음은 쉽게 대답하기 어려운 질문이면서도 또한 많은 흥미와 관심을 불러 일으켜 온 물음이라고 할 수 있을 것이다. 인간이 부여받은 〈하느님의 형상〉이란 실상 하느님의 본질 중의 어느 한 부분에 해당하는 것일까? 아니면 하느님의 속성 중의 어느 한 부분에 해당하는 것일까? 또한 아니면 하느님도 인간과 같은 가시적인 존재양식을 갖고 있다는 말일까? 이러한 질문은 가시적이든 불가시적이든 하느님과 인간 사이의 유비(analogia)가 가능하다는 전제에서 제기된 것이라 할 수 있을 것이다. 그러나 피조물을 통한 하나님 유비의 가능성을 절대 부정하는 경우(참고. 칼 바르트)라 할지라도 〈하느님의 형상〉이라는 말의 뉘앙스는 곧잘 하느님과 닮은 어떤 신적 요소가 인간에게 부여되었다는 주장으로 이해되는 경

---

22) K. Barth와 E. Brunner의 자연신학 논쟁의 이슈 중에서 <*imago Dei*>에 관한 해석상의 논쟁은 Brunner의 *Natur und Gnade*(1934)에 대한 Barth의 *Nein!*(1934)을 통하여 잘 알려진 유명한 이야기다.

향이 있었다. 그러나 어떠한 형태로든 인간 본성이 어떤 신적 본질로부터 유출되었다는 이론은 구약의 사상과는 거리가 멀다고 보아야 할 것이다. 말하자면 하느님의 본질과 일치될 수 있는 그 무엇이든 그것을 인간이 창조 때 부여받았다는 따위의 관념은 반 히브리적 관념이라 할 수 있다. 히브리인은 결코 모든 피조물 가운데서 인간이 차지하는 그 우위성을 이와같은 형태로 설명하려 한 적은 없었다. 말하자면 하느님과 인간 사이에는 물론 어떠한 동위상관성(同位相關性)도 있다고 보지도 않았고, 또한 신적 본질과의 어떠한 유비조차도 부정하고 있는 것이 구약의 밑바닥을 흐르는 히브리적 사고라 할 수 있다. 물론 히브리인들은(주로 J나 E, 그리고 P도 간혹) 신을 묘사하는 **표현방법**에 있어서 신인동형론적 표현을 곧 잘 사용했다. 분명히 이것은 하느님에 대한 히브리적 관념에는 〈형태 없는 무형의 영〉이라는 관념이란 없고, 오히려 하느님은 유형의 양태(Form)를 갖고 있는 구체적 존재라는 관념이 지배적임을 나타낸 것이라 하겠다.[23] 예컨대, 하느님의 〈형태〉(temûnāh)를 모세가 직접 대면해 볼 수 있는 것으로(민 12:8) 기술한 경우나, 하느님의 〈형태〉를 의인(義人)은 능히 볼 수 있는 것으로 (시 17:15) 기술한 것 등과 그리고 하느님의 현현(theophany)에 대한 수 많은 의인법적 표현 등은 모두 그 중요한 예라 할 수 있다. 그러나 〈형상〉(tselem), 〈모양〉(demûth), 〈형태〉(temûnāh), 〈우상〉(pesel) 등의 언어에 관한 언어학적 문제는 차지하고라도, 하느님의 〈형태〉(temûnāh)를 조형치 말라는 제2계명의 신의 절대명령이나, 신상 조형이 이스라엘의 하느님에 대해서는 치명적인 모독으로서 이스라엘의 〈반역〉을 의미한다는 구약성서의 고백들[24], 그리고 그의 말씀은 들을 수 있었으나

---

23) Skinner는 그의 『창세기 주석』(I. C. C.), p. 32에서 "하느님의 형상을 영적 형상으로 보는 관념이 히브리 사상의 영역 안에 있었는지도 의심스럽다"고 했다.

24) 참고. 출 32:31; 신 4:15-9; 5:8; 9:6-21; 왕상 12:30; 14:15 등.

그의 〈형태〉는 보이지 않았다[25]는 기록 등은 비록 "신을 형상화하거나 가시적인 형태로 조형할 수 없다"는 말이 곧 "신은 무형이요 불가시적이라"는 말을 의미하지는 않는다 하더라도, 이것은 분명히 창조주 하느님을 피조물의 존재양식에 따라 그 이미지를 유추하거나 피조물을 소재로 하여 그 이미지를 조형할 수 없는 분이라는 것을 고백한 것이라 하겠다. 이 점에 있어서 성서의 주장은 매우 역설적이라 하겠다. 보이지 않는 하느님, 형상화할 수 없는 하느님, 그 유추조차도 불가능한 하느님, 바로 그 하느님의 형상에 따라 인간이 가시적으로 조형되었다는 주장은 분명히 하나의 역설이다. 물론 여기에는 하느님의 존재양식을 희랍인들과 같이 관념적으로나 추상적으로는 결코 생각할 수는 없는, 리얼리스틱한 히브리적 사고양식이 크게 작용된 것임에는 틀림없다 하겠다. 말하자면 역사 속에서 구체적으로 활동하시고 실재하시는 하느님에 대한 히브리적 신념이 무형의 영에 대한 관념주의적 또는 형이상학적 표현을 쓰는 대신에, 현실적이고도 형이하학적인 표현을 쓰게 했던 것이라 하겠다. 그러나 그럼에도 불구하고 피조물의 차원 속에는 결코 함유시킬 수 없는 창조주 하느님이 경이스럽게도 피조물인 인간에게 자기의 〈형상〉을—그것은 명백히 육의 형상을 연상시키고 있다!—부여하셨다고 말할 수밖에 없는 성서 기자의 의도 속에는 과연 어떠한 목적이 있었던 것일까? 〈하느님의 형상〉을 본질적으로 규명하려는 데 그 의도가 있었던 것일까? 초자연적 실재를 형이하학적으로 기술하여 어떤 학술적 사변을 논하려는 데 그 의도가 있었던 것일까? 아니면, 인간의 기원에 관한 어떤 우주적 원리를 제시하려는 데 그 의도가 있었던 것일까?

〈하느님의 형상〉에 관한 여러 이론들

하느님의 형상론에 관한 논쟁은, 일반적으로 피조자 인간을 구

---

[25] 참고. 출 3:1ff. ; 신 4:12, 15 등.

성하고 있는 소재 중의 어느 부분은 창조주 하느님에게서 온 신적 본질과 배합되었거나 첨부되었을 것이라는 추측을 근거하고 있는 것으로 보인다. 말하자면 〈하느님의 형상에 의한 인간창조〉를 근거하여, 인간의 본질 중 어떤 부분에서 신의 속성이나 본질을 유추할 수 있으리라는 데까지 파급될 수 있는 쟁점이기도 했다. 그러나 무가치한 논쟁의 악순환은 〈인간 타락〉에 대한 이론과 〈하느님의 형상론〉이 연결되면서부터 지리하게 계속되었다.

1. 이레네우스(Irenaeus; A. D. 202년경 죽음) 시대로부터 많은 초기 그리스도교 변증 신학자들은 〈형상〉(tselem; εἰκων; imago)과 〈모양〉(demûth; ὁμοίωσις; similitudo) 사이를 구별하기 위한 복잡한 이론을 전개하기 시작했는데, 『희랍어역 구약성서』는 이러한 논쟁의 충분한 근거를 제공한 장본인이었다. 즉 『희랍어역 구약성서』는 창세기 1장 26절에서, 〈형상〉(tselem)을 〈에이콘εἰκων〉으로, 〈모양〉(demûth)을 〈호모이오시스 ὁμοίωσις〉로 번역한 후, 창세기 1장 26절 이후부터는 〈호모이오시스〉라는 말은 일체 사용치 아니하므로 마침내 하느님의 〈호모이오시스〉는 〈창조하자!〉는 제의 속에는 등장했으나 실제 창조시에는 전혀 인간에게는 부여되지 않은 것이거나[26] 아니면, 인간 타락 이후 곧 상실된 것이라는 이론의 근거를 마련해 주었다. 그리하여 알렉산드리아학파의 신학자들이나 스콜라주의 신학자들은 신의 〈모양〉, 〈호모이오시스〉는 초자연적인 신적 본질로서 인간의 타락과 함께 상실되어버린 〈원의〉(原義, justitia originalis)에 해당하는 것이라고 보았고, 신의 〈형상〉, 〈에이콘〉은 타락 이후에도 상실되지 않은 인간의 이성, 자유, 영성, 동물에 대한 인간의 우위성 등을 가리킨다고 보았다. 비록 〈형상〉과 〈모양〉 사이의 구별에 대한 이중적 교리는 두 어휘 사이의 엄격한 구별을 내려버렸던 후기 가톨릭 신학에서도 여전히 고수되었다. 그러나 이러한

---

26) 1:26의 신적 제의와는 달리 1:27에서는 <하느님의 모양>은 언급되지 않고 오직 자기 형상, 곧 하느님의 형상대로만 사람을 창조했다!

〈구별〉은 히브리 언어 표현이 가진 그 특성을 도외시한 오류라고 보아야 할 것이다. 즉 1장 26절의 〈형상〉과 〈모양〉은 명백한 동의평행어법(synonymous parallelism)[27]이다. 히브리어는 시형에서는 현저하게 그리고 산문형에서도 그 강조어체에서는 동의평행어법이 나타나는 특성이 있다.[28] 실로 히브리인은 논리적인 이분법은 알지 못하였다.[29] 그러므로 우리는 희랍어 번역에 나타난 논리적 구분을 따라서 〈호모이오시스〉와 〈에이콘〉을 그 본질상 상이한 것이라고 구분·대립시켜서 보지는 말아야 할 것이다. 즉 〈하느님의 형상〉이라는 말로 단일화하는 것이 하나님의 형상 이해에의 올바른 길일 것이다.

2. 개혁자들의 경우에 있어서도 하느님 형상론은 그 이중적 교리를 포기하고 인간을 전통적으로 이해하기는 하였으나, 그러나 인간이 창조 때 부여받은 하느님의 형상을 〈원의〉(justitia originalis)와 일치시킴과 동시에 그것은 타락과 함께 그 일부, 또는 전부가 파괴 또는 상실된 것이라 보았다. 가령 루터에게서 〈하느님의 형상〉은 〈거의〉(paene) 상실된 것이고, 칼빈에게서는 〈조금 남아 있는〉(reliquiae) 것이었다. 말하자면 〈하느님의 형상〉은 타락 이전에는 상실되지 않았던 인간 본래적인 그 무엇이었으나 타락과 함께 그 본질이 파괴 또는 상실되었다는 이론이다. 이 경우는 개혁자 신학의 전승자들인 정통주의 신학자들에게 있어서도 크게 달라진 것은 아니었다. 예컨대 인간이 가진 〈하느님

---

27) A. R. Richardson, *Genesis* 1-11, p. 54. (Eichrodt도!) 히브리어의 평행법에 관해서는 『구약개론』(박대선, 김찬국, 김정준 공저), p. 451ff.; 김정준, 『이스라엘 신앙과 신학』, p. 47ff.; 김이곤, 『세계와 선교』 32, 1973, p. 28ff. 참조.

28) 2:23, "이는 내 <뼈>중의 <뼈>, <살>중의 <살>, 이는 <남자>에게서 취하였은 즉 <여자>라 칭하리라"는 시문(詩文)은 일치에 의한 그 평행어법의 특징을 증거하고 있다(참고. 4:23-24의 라멕의 노래도!). 그리고 5:3 하반절의 산문 문장, "그리고 그가 그의 <모양>, 그의 <형상>과 같은 아들을 낳아 그 이름을 셋이라 불렀다"에서도 <모양>과 형상은 동의평행으로 나타났다(참고. 1:2a, 8:2a 등).

29) 성서 저자가 과연 εικων του θεου나 ομοιωσις του θεου 또는 μορφη θεου 사이의 차이에 관한 논리적 변증을 생각하였던 것일까? 구약성서에 깔린 히브리적 정신은 이것을 거부하고 있다.

의 형상〉은 타락 이후로는 형식적으로만 존재할 뿐 내용상으로는 상실되었다다든지, 또는 하느님의 형상은 그 자체가 이중성을 지닌 관계개념으로 이해하여, 하느님의 형상으로서의 인간이란 〈하느님 앞에서 사랑으로 응답하는 존재〉라고 보아야 한다고 본 점[30] 등을 들 수 있을 것이다. 그러나 그 모든 형상론은 명백히 창세기의 경우에 있어서 하느님의 저자가 가는 길과는 전혀 다른 길을 가고 있었다. 어떤 점에서일까? 그 얻어진 결론으로부터 떨어지는 떡 부스러기들 가운데는 분명히 같거나 비슷한 점들이 있음에도 불구하고 어떤 점에 있어서 그들은 성서 저자들의 본의와는 다른 길을 걷고 있었던 것일까? 그 길의 달라진 기점(起點)은 분명히 이러했다. 그것은 변증신학자들의 경우 하느님의 형상은 어디까지나 유비 개념으로 이해되었으나, 성서 저자들의 경우 하느님의 형상은 어디까지나 하느님이 인간에게 부여한 과제(pensum)의 개념으로 이해되었다는 점이다! 창조 신앙의 근저에는 창조주와 피조물 사이의 일체의 〈아날로기아〉를 거부하는 정신이 깔려 있다. 말하자면 인간은 하느님과 이웃 사랑의 응답관계를 가진 존재라고 할 때나, 또는 인간은 〈남을 위한 존재〉(Sein für Andere)라고 할 때거나 간에 그것은 〈아날로기아〉로서 받을 수 있는 것이 아니라, 오직 하나의 신적 과제(pensum)로서만 받을 수 있는 개념이라는 말이다. 즉 하느님의 형상은 〈아날로기아〉로서가 아니라 〈신적 과제〉로서 이해되어야 할 것이다. 이것은 하느님의 형상을 언급하는 텍스트가 유추의 가능성을 지적하는 것이 아니라 오직 창조받은 인간의 직무(1:26b, 28. 다스리라!*redhu*)만을 지적하고 있다는 사실에서 명백히 드러났던 것이다. 즉 "우리의 텍스트가 하느님 형상의 〈본질이나 속성〉보다는 하느님의 형상을 언급하는 그 〈목적〉을 더 관심하고 있기

---

[30] 바르트, 브룬너, 본회퍼 등의 현대 신학자들이 *imago Dei*를 관계개념으로 이해하여 하느님과 인간 사이의 <관계의 유추*analogia relationis*>를 승인한 것 등은 그 좋은 예라 하겠다.

때문에"[31], 하느님의 형상을 언급하는 성서 저자(P)의 의도는 명백히 드러났다 하겠다. 분명히 P의 의도는 인간에게 특별히 부여한(*donum superaditum*이 아니다!) 절대적 과제를 지시하는 데 있었다 하겠다. 또한 이러한 과제는 타락 이전이나 타락 이후나 간에 결코 달라지지는 않았다. 그 뚜렷한 경우는 P 기자가 인간의 타락에 대한 아무런 전제를 갖고 있지 않을 뿐만 아니라 대홍수 심판 이후의 인간조차도(9:26 참조) 하느님의 형상은 조금도 손상되지 않은 것으로 보았다는 점에서도 발견할 수 있다. 그 뿐만이 아니다. 인간 타락 설화를 크게 비중을 두어 다룬 J 기자조차도(6:3) 인간은 본질상 육(*bāsār*)이었다고 규정하였으며, 단지 그 범죄의 만연 때문에 생명의 단축(120세)을 명령 받았다고만 피력했을 뿐이다. 하나님의 형상은 결코 〈유비〉의 개념으로 받을 것이 아니라 〈과제〉(*pensum*)의 개념으로 받을 것이다.

3. 또한 무엇보다도 여기서 우리가 경계해야 할 이론은 인간이 하느님의 형상을 받음으로 인하여 인간은 신의 불멸적인 요소를 받게 되었다는 따위의 이론이다. 이러한 관념은 구약 안에서는 결코 발견할 수 없는 관념이다. 비록 외경에는 그러한 관념이 다소 암시되었다 하더라도[32] 인간은 하나의 불멸적인 피조성에 불과하다는 신념이 구약성서의 신념이요 창조신앙의 근간(根幹)이다. 만일 우리가 〈하느님의 형상〉을 지닌 인간이라는 신념을 따라 인간 영혼의 불멸이론이나 인간 신격화의 이단을 변호한다면 우리는 예외없이 예수 그리스도를 통하여 계시된 하느님의 자녀라기보다는 『파이도』(*Phaedo*) 속에서 입적(入寂)한 소크라테스의 제자가 되고 말든지 아니면 과학지상주의자가 되고 말 것이다. 하느님의 형상은 결코 신의 본질이나 그의 속성과 관계되는 것이 아니라, 신이 인간에게 내린 과제와 관계되는 것으로 그 무슨 장생불노(長生不老)의 요소나 불멸하는 영성을 의미하는 것은 결코

---

31) von Rad, *Genesis*, p. 57.
32) 시락 17:3ff. ; 솔로몬의 지혜 2:23.

아니다. 그러므로 인간의 인격이나 그의 영성으로부터 하느님의 본질이나 속성의 접촉점(Anknüpfungspunkt)을 발견하려 해서는 안 될 것이다.

두 과제

하느님의 형상 개념을 서술함에 있어서 교의학자들의 서술방법을 따라 가지 말아야 한다는 것은 명백한 일이다. 우리는 우선적으로 성서 기자의 서술을 따라가면서 그 개념의 의미를 논구해야 할 것이다. 그렇다면 우리는 하느님의 형상개념을 유비개념으로 받지 아니하고 과제의 개념으로 받아야 한다는 주장을 무엇보다 먼저 성서 자체의 말로 논증해야 할 것이다. 우선 우리는 하느님을 형상화할 수 없다고 주장하는 E의 신학을 잘 알고 있는 P가 〈형상〉(tselem)이라는 말을 사용할 때, 그는 그 말을 과연 어떠한 의미로 사용하였는가 하는 것을 살펴보는 것이 중요하다. 또한 우리는 E가 우상(偶像)의 형상을 지칭하게 위하여 사용한 〈테무나〉(temûnāh) 또는 〈페셀〉(pesel)이라는 용어 대신에 〈첼렘〉(tselem)과 〈드무트〉(dᵉmûth)라는 말을 사용하는 P의 의도도 간과할 수는 없다. 그러나 우리는 P가 그와 같은 높은 차원의 신학적 의도에도 불구하고 물질적 형상—분명히 그것은 가시적이고도 물질적인 형상이었다!—을 이끌어 들이고 있는 것을 유의해야 할 것이다. 즉 P가 사용하는 말, 〈형상〉 또는 〈모양〉의 어원은 모두 무엇인가를 깎아서 만든 조상(彫像)을 의미한다.[33] 이와같이 P가 사용한 표현이 명백한 어떤 물상(物象)을 가리킨다면, 신의 형상화를 반대하는 성서 기자들의 기본 사상과 비교할 때 물상화할 수 없는 신의 형상을 등장시키는 P의 의도 속에는 어떤 뚜렷한 의도가 개재되어 있는 것이

---

33) demûth는 일반적으로 추상적인 닮음을 의미하나 구체적인 어떤 초상을 의미할 수도 있다. 아라비아어 dumyat는 effigy를 의미한다. tselem에 해당하는 앗시리아어의 ṣalmu는 신의 조상(彫像)을 의미하고, 아랍어와 시리아어는 깎아서 만든 image를 의미한다. 이는 주로 P가 사용한 전용어이다. 참고. Skinner, *Genesis*(I. C. C), p. 30.

분명하다 하겠다. 과연 P의 의도 속에는 어떠한 개념이 작용한 것일까? 보이지 않는 하느님의 가시적 형상이 인간 가운데 등장한다 할 때, 과연 P는 무엇을 볼 수 있었겠는가? 창조의 주가, 우주의 왕이 본질상 자신의 어체(御體)를 친히 나타내실 수 없는 그의 창조하신 세계 가운데 가시적으로 자신을 나타내신다 할 때, 그 〈형상〉은 과연 무엇이겠는가? 그것은 왕으로서 또는 창조주로서의 자신의 통치권을 나타내는 하나의 상을(왕의 초상이나 국가 수반의 초상을 내어 걸듯이) 피조된 세계에 가시적으로 보이신 그 무엇이라 할 수 있을 것이다. 이와 같이 피조된 세상에 대한 보이지 않는 창조주 하느님의 주권과 통치권을 가시적으로 나타내는 형상을(〈테무나〉나 〈페셀〉이 아니라 〈첼렘〉이요 〈드무트〉!) 인간이 그 창조의 순간에 받았다는 것, 그것은 명백한 하나의 〈상징〉이라 하겠다. 즉 그것은 우주의 통치자 그 자신만이 내릴 수 있는 통치의 과제를 인간이 위임받았다는 하나의 상징이라 아니할 수 없다.[34] 즉 하느님이 창조하신 세계를 〈다스리라〉(redhû, 1:26b, 28)는 세계통치의 위임을 하나의 절대적 과제로 부여받은 존재가 곧 인간이라는 말이라 하겠다. 이러한 개념작용은 다음에 연속되는 명령(1:28), 〈정복하라〉(kibh^eshuh), 〈다스리라〉(r^edhu)는 표현에서 더욱 분명하게 나타나고 있다 하겠다. 이 부분에 있어서 기본적 역할을 하는 이 두 개의 용어는 모두 〈발로 밟다〉는 어의를 갖고 있는데, 통치자의 웅장한 거동을 묘사한 이 용어들이 〈생육하라—번성하라—충만하라—땅을 정복하라—다스리라〉(perû –ûrebhû – ûmileû ’ethha’aretz – wekhibreshûha –ûredhû)라는 리드미칼한 순열[35]을 따라 우람하게 메아리쳐 가고 있는 것은 뜻 깊은 일이다. 이러한 장면은 다른 창조과정에

---

34) Gregory of Nyssa, Chrysostom, Socinians 등의 지지를 받고 있는 이론으로, Holzinger의 *Genesis erklärt*, 1898; von Rad, *Genesis*, 1956 등이 동의(同意)하고 있다.
35) 한국어 번역 성경은 그 문장 구성상 이러한 분위기를 살릴 수 없다.

서는 전혀 느낄 수 없는 특이하고도 급진적인 변화를 가져왔다. 이러한 〈획기적 전환〉에서 〈하느님의 형상에 따른 인간 창조〉가 P의 입으로 선언되었다는 것은 결코 하나의 우연은 아니다. 가인과 아벨 사이의 비극을 청산한(이 배경은 J의 것이지만 편집상의 의의를 따라가면) 아담의 유목민들의 역사 곧 〈셋〉의 역사[36]가 새로이 시작되는 그 〈획기적 전환〉에서도 P는(5:3) 셋의 출생이 첫 인간 아담의 〈형상〉과 모양대로 출생된 것이라고 진술했으며, 뿐만 아니라 노아 대홍수 심판이 있은 다음에 다시 새롭게 제2의 역사가 열리는 그 〈획기적 전환〉에서도(9:6) P는 또 다시 인간이 하느님의 형상대로 창조되었음을 환기시키고 있다. 즉 어떤 역사적이고도 획기적인 전환에서 인간에게 새로이 환기시켜 부여하는 과제, 그것은 분명히 〈하느님의 형상〉을 부여받은 자가 받을 과제였다. 9장 1절 이하의 어조는 분명히 1장 26절 이하의 것과 동일하다. 즉 "생육하라—번성하라—땅에 충만하라" 하는 축복선언과 함께, "… 이들은 너희 손에 붙이웠음이라"라고 하는 9장 1-2절의 분위기는 창조시의 극적 장면을 연상케 한다. 실로 인간은 모든 다른 피조물의 세계를 다스리는 능력과 권한을 위임받은(하느님의 주권의 상징을 몸에 지닌) 하느님보다 조금 못한 피조물이요, 영화와 존귀의 관을 쓰고 하느님의 창조세계를 통치하는 피조물이다.[37]

(1) 통치의 과제—통치의 수임성

통치의 과제를 위임 받았다는 것은 인간이 다른 피조물보다 뛰어나다는 그 우위성만을 지칭하는 것일까? 아니다. 하느님의 형상의 과제가 그렇게 단순한 것은 아니다. 〈다스린다〉(*rādhāh*)라는 개념은

---

36) 프록쉬는 <셋>을 북방 아랍인의 영웅인 가인과는 대조되는 아랍인 부족의 영웅으로 이해할 수 있다고 보았다. von Rad, *Genesis*, p. 109.

37) 참고. 시 8:5-8.

단순히 〈짓밟고 들어가는 정복자〉의 개념만을 의미하지 않고, 〈위임 통치자의 권한〉(*māshal*)을 상징한다. 모든 것이 모두 그의 〈발 아래〉(*tahath ragelāywû*) 있기는 하지만 〈다스림〉(*rādhāh*; trample)만이 그의 〈과제〉(*pensum*)는 아니다. 그 〈다스림〉은 이미 〈위임통치〉(*māshal*)의 〈과제〉가 된다. 이러한 사상이 가장 뚜렷하고도 명백하게 재해석된 곳이 시편 8편 5-8절(6-9절)이다.

> "당신이(야웨) 그를 하느님(엘로힘)보다 다소 모자라게 하시고 영광과 존귀로 관 씌우셨나이다. 당신의 손으로 만드신 것을 〈통치〉(*māshal*)하게 하셨으며 만물을 〈그의 발 아래〉(*tahath ragelāywo*) 두셨나이다. 곧 모든 양과 소, 그리고 들짐승, 공중의 새와 바다의 고기, 바다 속을 다니는 것들을!"

시편 8편 기자의 고백에도 〈통치〉의 본질적인 성격이 잘 지적되어 있다. 즉 그것은 그 통치란 전혀 야웨 하느님(P는 하느님이라고만 한 것을 시편 기자는 야웨 하느님이라고 했다!)의 위임사항일 뿐이며, 동시에 하느님의 주권에 대한 책임적인 대리행위일 뿐이라는 것이다. 즉 시편 기자는 창세기 기자(P)가 묘사하지 아니한, "당신이 … 하셨다" 또는 "당신이 … 하게 하셨다"라는 표현을 사용하므로 〈하느님 형상〉의 〈위임성〉 또는 〈수임성〉을 특별히 강조하였던 것이다. 이러한 강조는 P에게서도 명백히 드러나 있는데, 그는 "우리가 사람을 만들자! 그러면 그들이 … 다스릴 것이다"(*na'ăseh 'ādhām … weyiredû* …; 1:26)라는 표현을 사용하므로 〈위임〉을 하나의 〈결의된 사실〉로 제시하였던 것이다. 이 부분은 많은 논란을 일으킨 부분인데, 유일하신 하느님이 자신을 복수로(우리의 형상을 따라 *betsalmēnû*) 표현하신 것은 무슨 의도이냐는 것이다. 사실 이 문제는 그리 간단히 해결지을 만큼 쉬운 문제는 아니다. 이 문제에 대한 가장 적절한 해결 방법으로서는 아마도 〈하느님〉 즉 〈엘로힘〉에 대한 구약성서적 개념을 밝히는 것이 우선적으로 중요하다고 생각된다.[38] 즉 히브리인들이 하느님을 표시하는 보편적인 이름인 〈엘로힘〉(elōhîm)이라는 말의 그 어형이 본래는 〈복수〉이면서도 이 복수 이름이 (그 받는 동사로 보아서) 언제나 단수처럼 쓰이고 있는 점을 우선적으로 지적할 수 있을 것이다. 그러나 우리는 여기서 고대의 다신론적 관념이 그 종교사적 발전과정 속에서 다듬어지고 발전하여 마침내 그 최후로 남은 것이 그 이름이었다고 주장해서는 안될 것이다. 오히려 여기에서는 하느님을 재판장으로 하고 그의 사자(使者)들을 배심원으로 하는 〈하늘 재판정〉에 대한 구약의 일반적 관념(왕상 22:19f.; 욥 1장; 사 6장; 단 4:14; 7:1)이 히브리 성서기자들에게 크게 영향을 주었을 것이라는 것이 더 적절한 판단이 될 것이다. 그리하여 폰 라트 같은 학자는 시편 8편을 근거하여 〈하느님의 형상〉이라 할 때의 〈하느님〉, 또는 〈우리의 형상〉(모양) 할 때의 〈우리〉는 〈주 야웨 하느님〉을 가리키는 것이 아니라 복수 신명인 〈엘로힘〉 즉 야웨 재판정(야웨 궁정)의 사자(天的 存在)들을 의미하는 것이라는 결정적인 결론을 내리고, 이 해석이 이 본문에 대한 오직 가능한 하나의 해석이라고 보았다.[39] 그러나 우리는 P가 그와 같이 야웨와 엘로힘을 등차적으로 구별하여 이해하였는가 하는 것은 매우 의문스럽다. 더우기 〈엘로힘〉(하느님) 홀로 천지를 창조하셨다고 말하는 P의 신학이 인간창조에 와서만은 자신 홀로의 능력만으로 부족하여 다른 존재(천사나 기타 신적 존재)의 힘을 빌렸다고 하는 논리(물론 폰 라

---

38) Dillmann은 이와 꼭같은 입장을 취하면서, 1:26의 이론은 복수의 이름의 신 관념에 근거한 것이라고 보았고, 'elohîm이라는 말의 의미를 "인격자가 가질 수 있는 능력과 힘의 집합"이라고 해석했다. 이 점에 있어서 Driver도 동의하며, A. Richardson 등이 동의하고 있다.

39) von Rad는 그의 『창세기 주석』, p. 57f에서 그러한 주장을 내린다. 즉, 시 8편에서 "당신이 그를(인간을) 엘로힘보다 다소 못하게 하시고" 할 때의 <당신>은 야웨 하느님을 가리키나 <엘로힘>은 야웨 하느님 자신이 천사 또는 천적(天的) 존재들을 가리키는 것이라고 설명했다. 그의 『구약신학』(영역), p. 145에서는 더욱 더 자세히 이 주장을 되풀이 하고 있다.

트는 그러한 주장을 하지는 않지만)를 받아들일 수는 없다. 뿐만 아니라 P는 그가 사용한 자료 어느 곳에서도 천사의 존재를 암시한 바 없었다고[40] 할 때, 천사와 같은 천적 존재들이 인간 창조 활동의 한 몫을 담당했다는 이론은 전혀 마땅하지 않다. 더우기 이 〈우리〉라는 복수를 기독교 삼위일체 교리의 한 예표처럼 생각할 수는 더욱 없다.

왜냐하면 구약성서의 기자들은 결코 하느님의 삼위에 관한 관념을 가지고 있지 않았기 때문이다.[41] 뿐만 아니라 우리는 이 〈우리〉라는 신의 자기표현을 〈자기숙고의 복수〉(plural of self-deliberation)[42] 또는 제왕(나랏 님)의 짐(朕), 히브리인의 〈연대적 개인〉(corporate personality) 관념의 표현 등으로 해석해서도 안될 것이다. 하나님의 자기권유(self-exhortation)라는 관념은 지나치게 사변적인 것으로 보이며, 짐(朕) 또는 〈연대적 개인〉 관념을 하느님에게 적용시키는 사례도 결코 성서에서는 찾을 수 없다. 일단 우리는 여기서 고대 바벨론 창조신화에 나타난 인간의 기원에 관한 다신론적 견해를 고대 이스라엘 사회가 〈천사들의 하늘회의〉(A heavenly council of angels)라는 관념으로 수정 전승한 것을 P가 영향받았으리라는 가정[43]을 받아들인다 하더라도, 여기 인간 창조시에 P가 하느님은 복수로 표현한 것은 〈천사의 개입〉을 위해서가 아니라 전혀 그것은 〈하느님의 비상한 결의〉에 대한 의인법적인 표현[44]으로 보아야 하리라고 생각한다. 그러한 예증은 J의 표현인 3장 22절에서도 얻을 수 있는데, 이 경우에서도 〈하느님의 비상한 결의〉

---

40) Skinner, *Genesis*(I.C.C.), p. 31.
41) A. Richardson은 *Genesis 1-11*, p. 46에서 비록 성서 기자들이 삼위일체 교리적인 관념을 갖고 있지 않은 것은 분명하지만, 삼위일체 교리가 도달하는 바의 진리를 자기 특유의 방법으로 주장한 셈이라고 보았다. 즉 단일의 하느님 또는 고독한 하느님은 역사를 통하여 성서에 계시하신 하느님은 아니라는 신념은 곧 삼위일체 교리가 도달하는 진리와 상응하는 것이라고 보았다.
42) Fr. Tuch, *Kommentar über die Genesis*(2판), 1871. Skinner, *Genesis* (I.C.C.), , p. 30에서 중인.
43) Skinner, *Genesis*(I.C.C.), p. 31.

가 발생해야 할 중대한 국면이 나타나고 있다. 진실로 범죄한 인간이 영생하는 길을 제지하여 인간회복의 때까지 낙원으로 돌아오는 길을 막는 과업(3:22-24)이란 실로 최초의 인간 창조 활동에 못지 않은 중대한 작업이 아니겠는가! 그러면 1장 26절의 상황으로 돌아가 보자. 분명히 여기서 하느님은 창조된 최초의 인간에게 중대한 과제를 맡기기 위한 비상한 결의('인간으로 하여금 … 하게 하자!'는 뜻의 결의)를 선포하고 계심이 분명하다. 동시에 이 텍스트는 인간이 받은 과제, 다스림 또는 통치의 과제는 하느님 자신의 순수한 자발적인 결의에 의해서, 어디까지나 〈하느님으로부터〉 위임된 것임을 더욱 역설적으로 주장하고 있다 하겠다. 그러므로 〈통치의 과제〉(정복하고 다스리는 과제)는 위임된 과제이지(이것이야 말로 1장 1절의 창조 신앙과 가장 부합한다!), 스스로 쟁취한 과제이거나 자기 영광을 위한 자랑의 상징은 아니다. 비록 그것이 영광과 존귀의 면류관이기는 하나, 막중한 사명을 수행하도록 강요하는 하나의 가시 면류관이기도 한 것이다. 인간은 마땅히 우주 통치의 창조적 기능을 두려운 마음으로 받아야 할 것이다. 이 과제가 위임된 과제라는 말은(하느님의 비상한 결심에 의하여 오직 하느님에 의하여 맡겨진 과제라는 말은) 곧 그 과제란 어디까지나 하느님의 비상한 관심을 받고 있는 책임적인 과제라는 말이라 할 수 있다. 말하자면 인간은 〈하느님 앞에서〉, 〈이웃 앞에서〉, 〈자연 앞에서〉 책임적 존재이다. 말하자면 인간은 하느님의 뜻을 이행하는 책임을 지고, 하느님·이웃·자연 앞에 서 있는 〈하느님의 대리인〉(God's vicegerent)[45]이다. 이 점에 있어서 본회퍼의 통찰은 우수했다 하겠다. 즉 그는 통치의 위임이란 곧 하느님·인간·자연과의 〈우리〉의 연결을 의미하는 것으로 보고, "하느님 없이, 그외 형제 없이는

---

44) P가 여기서 "우리가 … 하자"라는 표현을 쓴 것이나, 2:2-3에서 하느님의 안식에 관하여 진술한 것은 모두 명백한 의인법적 표현이다.

45) A. Richardson, op. cit., p. 55.

인간은 지구를 잃는다. … 하느님, 우리의 형제 그리고 지구는 함께 묶여져 있다"[46]라고 주장했던 것이다. 이와같이 하느님 앞에 선 존재, 이웃 앞에 선 존재, 자연 앞에 선 존재로서 즉 이 셋의 유기적 관계 안에서 인간은 자기의 과제를 짊어지고, 그의 생을 살아가는 것이다. 하느님은 인간에게 그 지으신 세계의 통치를 위임하시고 인간은 그 받은 과제를 하느님 앞에서 책임있게 감당하며, 그가 살고 있는 세계를 다스린다. 이와 같은 다스림과 책임의 상관관계는 통치의 위임성을 바르게 신앙고백할 때만 바르게 파악될 수 있다. 즉 과제를 받았다는 것은 곧 과제를 주신 자와 받은 자, 그리고 그 과제의 대상 사이의 〈관계성〉을 전제한 것이라 하겠다. 하느님의 형상을 받은 존재는 곧 신의 과제를 받은 존재라 하겠다.

(2) 공존의 과제

인간이 하느님의 형상을 따라 창조되었다는 것은 곧 인간은 하느님이 지으신 세계를 하느님 앞에서 〈책임있게〉 통치하는 〈과제〉를 받았다는 사실을 지칭한다 할 때, 그것은 곧 통치권을 위임하신 자와 위임받은 자, 그리고 〈통치의 대상〉 사이의 불가분리의 관계성을 전제하는 것이라고 이미 지적했다. 이러한 관계성은 더 이상 논란할 여지 없이 〈다스리라〉(redhû) 또는 〈통치하라〉(meshālû)는 명령이나 〈다스리게 하자〉는 결의 등의 위임 선포 자체 안에서 명백하게 드러났다. 그러나 이러한 절대적 사명과 과제를 인간에게 수여하신 하느님께서 특히 인간에게 〈강조〉하여 요청하신 것—이것은 결코 이미 주신 과제와 별개의 것은 결코 아니다—이 있음을 기억할 필요가 있다. 그것은 인간을 창조하시되 〈남자와 여자〉(zākhār ûneqēbhāh)로 창조하셨다는 사실이다. 이것은 전혀 P적 표현이다.[47] 그러면 P의 강조점은 무엇일까?

---

46) Bonhoeffer, *Creation and Temptation*, p. 39.
47) Skinner, *Genesis*(ICC), p. 33. 신 4:16을 제외하고는 P만이 사용한 구절.

인간이 본래는 양성(bisexual 또는 androgynous man)이었으나 후대에 와서 남녀로 분리되었다는 이론[48]을 지지하는 것일까? 아니면 현대 신학자들에게서 흔히 듣는 〈관계의 유비〉(analogia relationis)[49]를 암시하는 것일까? 아니면 남자와 여자는 본래 동등한 가치를 부여받은 것이라는 남녀동등권의 표상으로 제시된 것일까? 또는 일부일처 교리의 한 예표인가? 우리는 여기서 일단 이상의 주장들을 하느님의 형상이 지닌 과제의 성격과 관련해서 생각해 보아야 할 것이다. 그런데 놀라운 것은, 인간이 본래는 양성이었다는 이론은 P가 의도적으로 피하고 있음을 1장 27절에서 찾을 수 있다는 사실이다. 즉 1장 27절 후미에 "그가 그들을 창조하였다"(bārā 'ōthām)라는 말을 첨부하므로 P는 인간은 본래 복수였음을 강조하였던 것이다. 그러나 〈관계의 유비〉라고 할 때, 우리는 흔히 인간 삶의 〈관계성〉(나와 너, 나와 그것)을 통하여 하느님의 본질이나 속성을 유비할 수 있다는 관념, 예컨대 하느님은 고독하지 않으신 분이라든지, 스스로 그 자체 안에 관계를 가지신 〈자족자〉라든지, 하느님은 인격적인 분이라는 것 등을 유비할 수 있다는 관념[50]을 가진다. 그러나 이러한 관념을 과연 P가 가졌던 것일까는 매우 의문스럽다. 하느님을 이해할 수 있는 〈아날로기아〉를 인간과 자연 안에서 찾는다는 것은 그것이 존재의 유비(analogia entis)이든 관계의 유비(analogia relationis)이든 간에 사실상 불가능하기 때문이다. P는 이러한, 소위 말하는 〈아날로기아〉에 대한 신념은 갖고 있지 않았다. P는(J도 마찬가지) 인간이 하느님의 형상을 받았다 할 때 오직 인간이 받은 특수 과제만을 생각했던 것이기 때문이다. 이러한 관점에서 볼 때 P의 의도를 남녀동등이나 일부일처의 윤리에 대한 성서적

---

48) Ibid., Rashi 그리고 근래에는 Schwally에 의해서 주장되었다.
49) K. Barth, E. Brunner, D. Bonhoeffer 등의 학자들은 <관계의 유비>라는 말을 쓰고 있다.
50) 참고 A. Richardson, Ibid., p. 46.

기원을 알려 주는 증빙 자료로만 이해해 버릴 수는 더욱 없다(그러나, 성서의 원인론적 해석을 부정하는 것은 아니다!). P의 근본 의도는 인간의 특수 과제였다! 남자와 여자로 인간을 창조하셨다는 것을 땅 통치의 과제를 전달하는 과정 속에서 특별히 강조하고 있는 P의 의도 속에는, 실로 이 세계 대리 통치자인 인간의 과제 속에 〈공존의 과제〉가 포함되어 있음을 역설하려는 의도가 들어 있었던 것이다![51] 이러한 의도는 이미 J가 2장 18절에서 선언했던 것과 같은 사상이었으며, P는 이러한 J의 전승을 계승하고 해석한 것이었다. [52] J의 고백에 의하면 "야웨 하느님이 말씀하시기를 사람이 홀로 있는 것이 좋지 않다. 내가 그를 위하여 〈그에게 꼭 알맞는 구조자〉(ēzer keneghdô)를 만들리라고 하셨다"(2:18)는 것이다. 즉 홀로 있는 것은 아예 인간다운 인간은 아니라는 데까지 발전시킬 수 있는 말이다. 진정한 의미에 있어서 인간은 그냥 휴머니티(humanity)가 아니라 코우 휴머니티(co-humanity)요 그냥 존재(existence)가 아니라 공존(co-existence)하는 존재라는 것이다. 이와 같은 코우 휴머니티의 공존성이 형성 못된 존재를 신은 〈좋지 않다〉(lō' tôbh)라고 했던 것이다. P는 그의 창조기사에서 "하느님이 보시기에 좋았다"라는 표현으로 창조의 성과를 찬양했지만 그러나 J는 동일한 목적을 정반대의 표현인 〈좋지 않다〉(lō' tôbh)라는 표현을 쓰므로 공존의 과제를 역설했던 것이다. J는 가인설화에서도 살인자 가인이 받아야 할 보응을 〈강경히 제지〉(4:15)하는 하느님을 소개하므로 공존의 과제를 역설적으로 주장했고, 〈하갈설화〉에서도 부조리한 사라의 수하로 하갈의 귀가를 지시하시므로(16:9) 공존의 과제를 극적인 묘사에 담아 표현했던 것이다. 예언자 이사야도 그의 메시야

---

51) von Rad도 그의 『창세기 주석』에서(p. 57) "… text speaks less of the nature of god's image than of its purpose"라고 했다.

52) P가 그의 창조기사를 서술함에 있어서 주로 영향받은 것은 제2이사야와 에스겔의 신학사상이었다. 그러나 그는 J와 E의 전승을 도외시하지는 아니했다. 오히려 P는 J, E의 설화를 주석적으로 석의하고 있는 부분이 많다고 보아야 할 것이다.

예언의 핵심을 〈공존의 세계〉에 두었던 것이다.

실로 인간이 남자와 여자로 창조되었다는 사실―다른 피조물은 〈단지 류〉(mîn : species)에 따라 창조되었으나―은 인간은 그 '류'에 따라 살도록 지어진 것이 아니라, 그 '류'를 초월한 공존을 특수 과제로 부여받은 존재라는 것을 지칭한다. 3장의 타락설화는(J) 〈공존의 인간상〉(co-humanity)이 붕괴되는 것을 〈악의 원초적 현실〉로 묘사했고, 〈돌아오라〉(shûbhāh)를 예언의 주제로 한 히브리 예언자들의 메시지도 진정한 인간의 회복이란 코우 휴머니티의 회복을 의미한다고 보았던 것이다(사 11:6-9).

맺는말

인간이 〈하느님의 형상〉을 따라 지어졌다는 것은 곧 인간은 다른 피조물과는 달리 천적(天的) 과제를 부여 받았다는 것을 의미하며, 하느님이 창조하신 세계 안에서의 하느님의 대리자라는 것을 의미한다. 인간은 다른 피조물처럼 그냥 존재하는 것이거나 그냥 사는 것이 아니라 신의 과제(통치와 공존의 과제)를 몸에 구체적으로(b'tsalmô) 짊어지고 사는 존재다. 그 과제는 신이 〈주신〉 과제요 우리가 〈쟁취〉한 과제는 아니다. 인간 본질 속에 신적 본질이 섞인 것도 아니요, 불멸의 영혼을 몸에 담은 이원 구조의 인간도 아니다. 그저 인간은 하나의 피조물이요, 특수한 과제를 받은 피조된 존재일 뿐이다. 그밖에 것은 모두 하느님의 〈약속〉 안에 있을 뿐이다. 우리는 주어진 과제, 대리자로서의 과제에 충실할 따름이다.

2

인간아, 네가 어디 있느냐?
— 타락한 인간현실

창세기 3:1-19

머리말

"주인이여, 당신이 밭에 뿌린 것은 좋은 씨가 아니었습니까? 그런데, 〈가라지〉가 어디서 생겼습니까?"
"원수가 그렇게 했다."

이 대화는 마태복음 저자의 특수 자료에서 온 예수의 〈천국비유〉[1](세칭 가라지 비유)의 한 토막이다. 마태복음 저자는 여기서—비록 이 비유의 목적은 전혀 〈심판의 때〉를 지시한다 하더라도—악의 출처란 인간에게 있어서는 어디까지나 하나의 〈불가해의 신비〉임에 반하여, 그럼에도 불구하고 인간 현실은 명백한 악의 현실이라는 것을 적극적으로 긍정하고 있는 것이라 하겠다. 이러한 입장에서라면 창세기 3장의 J 기자에게 있어서도 죄악의 기원은 여전히 인간에게 감추어진 불가해의 신비임에 반하여, 그럼에도 불구하고 인간 현실이란 명백한 죄악의 현실임을 적극적으로 긍정하고 있는 것이라 하겠다. 분명히 우리는 이 텍스트를 통하여 죄악의 기원에 관한 어떤 철학적 사변도 농(弄)할 수는 없을 것이다. 오히려 여기에는 사변의 악순환과도

---

1) 참고. 마태 13:24-30.

같은 인간학적 궤변을 도리어 반박하는 〈야비스트〉(Jahwist or Yahwist)의 참으로 놀라웁고도 예리한 신학적 의도가 발견된다 하겠다.

J 기자의 신학적 의도

〈야비스트〉(J 기자)의 문서 활동이란 결코 기원전 10세기를 넘어서지는 못한다. 그러나 실로 그는 우리에게 있어서는 3000여년 전으로 헤아려 볼 수 있는 태고대의 신앙인이다. 그러나 신학은 가히 20세기 현대인의 머리로도 완전히 독파해내기가 어려운 놀라운 신학적 예지를 가지고 있었다. 폰 라트 같은 학자는, 야비스트가 가진 창조적 재능을 〈가히 경탄할 따름이다〉라고 격찬하여 그에게 〈위대한 심리학자〉라는 작호를 주는 데 인색하지 아니하였다.[2] 비록 그는 의인법적 표현들을(anthropomorphisms) 대담하게 사용하므로 고대설화자의 소박성(naïveté)과 그의 텍스트 곳곳에 해석의 다양한 가능성을 남겨 놓았으며, 또한 원텍스트를 조잡하게 만들어 미해결의 장으로 남겨 놓을 많은 가능성도 나타내 보여 주었다 하더라도, 그의 신학적 깊이는 진실로 〈성령의 영감을 받은 예언자적 예지〉[3]로 충만해 있었음이 분명하다. 이러한 그의 설화의 신학적 깊이의 한 측면을 필자의 사고방식에서 한 번 탐사해 보려는 것이다. 그의 창조적 예지는 인간 타락의 현실을 설명함에 있어서 〈뱀〉을 그의 설교의 실마리로 채택한 데서 그 찬란한 빛을 던져 주고 있었다. 왜 하필 뱀이었겠는가?

뱀의 피조성

분명히 J기자는 여기서 〈유혹〉의 인격화라는 고대적 화법을 허

---

2) von Rad, *Genesis*(英譯), p. 24.
3) A. Richardson, *Genesis* 1-11, p. 21.

용하였다. [4] 그러나 그는 결코 뱀을 악령의 화신으로 보는 따위의 신화를 채용하고 있지는 않는다. 오히려 그는 뱀을 악마의 화신으로 보는 고대의 신화나 후기 유대교의 신학과는 근본적인 사상의 차이를 나타내었다. 예컨대 아랍인들은 모든 뱀 속에는 영(Dzinn)이 들어있다고 믿었기 때문에 사탄이 일종 뱀의 별칭으로 이해되기도 했다. [5] 또 페르샤의 신화에서도 뱀(Dahâka)은 악령(Angro-maiyo)의 화신으로 이해되었다. [6] 그리고 후기 유대교 신학에서는 에덴의 뱀을 악마의 대변자 또는 인격화라는 것을 교리화하기까지 하였다. [7] 그러나 J기자는 이 에덴의 뱀을 단순히 〈하느님이 지으신〉 들짐승 중의 하나로 규정해 버린다. 즉 에덴의 그 뱀은 결코 신화적 영물이거나 타락한 천사장(Lucifer)의 화육이 아니라 〈하나님이 지으신〉 피조물 중의 하나에 불과하였다(!)고 선언한 것이다. 이는 실로 태고대의 한 무명의 신앙인에게 있어서는 하나의 혁명적 사고였고, 시대를 초월하는 하나의 고매한 신학적 사고였다. 그러나 이러한 사고는 고대의 동방의 신화나 후기 유대교의 신앙 또는 초대 기독교의 신앙 전승이 갖고 있는 〈악마의 인격화로서의 뱀〉이라는 이해에도 불구하고, J문서뿐만 아니라 구약성서 전체에서 줄기차게 반영되어 온 하나의 변경될 수 없는 신앙이기도 했다. 대체로 구약에서는 뱀의 신격화나 악마의 의인화로 이해하려는 노력을 찾아보기 어렵다. 오히려 뱀이 단순한 실제의 뱀(*nahash*)으로 사용되지 않고 신화적 성격으로 표현된 것은 비교적 후기(바벨론 포로시대 이후?)에 속하고, 비록 그 때라 할지라도 그 신화적 뱀이 결코 하느님과 이원론적 대립을 가진 악마와 일치되는 일은 없었고, 오직 하나님에 의해서 추방된 어두움의 이교세력을 상징하는 데 사용되었을 뿐이다. 심지어는 〈사탄〉조차도 욥기에서는 "하느님의 아들을 가운데 함께 시

---

4) *Ibid.*, p. 71.
5) Skinner, *Genesis*(I. C. C.), p. 72.
6) *Ibid.*, p. 73.
7) *Ibid.*, pp. 72-73.

립해 서 있는"⁸⁾ 하느님의 심부름꾼 같은 모습을 나타내고 있을 뿐이다. 다음의 도표는 이러한 이해에 다소 도움을 줄 수 있을 것이다.

	명칭과 사용된 성구	성격
실제의 뱀	나하쉬 nahash 창 3:1,2,13,14; 49:17; 출 4:3; 7:15; 민 21:6,7,9; 신 8:15; 왕하 18:4; 욥 26:13; 시 58:4; 140:3; 잠 23:32; 30:19; 전 10:8,11; 사 14:29; 27:1; 65:25; 렘 8:17; 46:22; 암 5:19; 9:3; 미 7:17	<전조를 나타낸다>는 동사의 어근을 갖고 있는 이 <나하쉬>는 주로 독사를 가리키며 <사라프>와 연결될 때는 <불뱀>이라고 번역되고 있다. 피조적 성격이 뚜렷하며 <사라프>, <탄닌> 등과 혼동되어 사용하기도 한다.
	사라프 saraph 민 21:8; 신 8:15; 사 14:29; 30:6	<불로 태운다>는 동사에서 왔다. <나하쉬>와 연결되어 <불뱀>으로 번역.
	탄닌 tannin 출 7:9,10,12	바다의 짐승으로 주로 신화적 성격의 <용>과 혼동 사용됨.
신화의 뱀	리워야단 liweyathn 욥 41:1; 시 74:14; 104:26; 사 27:1	주로 <악어>로 자주 번역되고 있는 바다의 괴물(혼돈의 신), 신화적 존재. 꼬불꼬불하다는 뜻. 바빌론신화의 뱀모양의 신, 티아맛에 대한 가나안적 칭호.
	라합 rahabh 욥 9:13; 26:12; 시 87:4; 89:10; 사 51:9	<돌진하며 미친듯 날뛰는 괴물>. 주로 애굽의 교만을 책망할 때 사용. <교만하다>는 뜻. 티아맛에 대한 셈족의 칭호.
	탄닌 tannin 시 74:13; 사 51:9	바다의 짐승으로 주로 <용>으로 번역. 실제의 뱀에도 사용.
사탄 satan	대상 21:1; 욥 1:6,7,8,9,12; 2:1,2,3,6,7; 시 109:6; 슥 3:1,2	<대적한다>는 뜻. 그러나 하느님과 대적한다는 뜻은 구약에서는 없다. 사람을 하느님으로부터 이간시키는 역할.

---

8) 참고, 욥 1:6-12; 2:1-7.

분명히 야비스트가 여기서 사용한 〈뱀〉(nahash)은 그 피조성을 명백히 드러내고 있으며, 신화적 형태가 대폭 삭감 또는 배제되고 있다 하겠다. 이와같이 고대 세계에 살면서 고대 세계의 서민층에 깊이 뿌리박힌 신화적 세계에 도전한다는 것은 결코 쉬운 일이 아니었다. 그러나 J의 신화적 의도는 전혀 뱀의 비신화화에만 집중된 것이라고 보는 것은 J의 신학을 너무 가볍게 다루는 것이 아닐까? 오히려 인간 세계 속에 침투한 죄악의 그 불가해한 실재를 신학적으로 해명하는 데 그의 신학의 깊이가 있었던 것이라 하겠다.

악의 제 기원론에 대한 반박

인간 현실 속에 내재하는 이 신비로운 악의 현실은 과연 어디에서 비롯된 것일까? 이 물음은 고대 세계나 현대 세계이거나 간에 경건하게 살려는 모든 사람의 종교적 물음 내지는 철학적 물음이기도 하다. 그러나 J기자는 이러한 종교적 내지는 철학적 물음을 충족시켜 주는 존재론적 규명을 하려고 하지 않았다. 그것은 피조물 뱀을 등장시키므로 이미 명백해졌던 것이다. 그러나 J의 의도는―이것은 명백한 하나의 역설이다!―악의 기원에 관한 여러가지 원인론적 이해에 대하여 반박하려는 데 있었던 것이 아닌가 생각된다. 이 현실 속에 침투되어 있는 것은 무엇 때문일까? 악의 현실이 곧 우리의 현실, 즉 피할 수 없는 우리의 살과 피가 된 것은 무슨 연유에서 그런 것일까? 하느님이 창조하신 때문일까?(뱀을 창조하신 분은 하느님이니까!) 아니면 본래 인간에게서부터 비롯된 것일까?(인간은 때로 악을 창조하신 하느님을 원망할 뿐만 아니라 자기 학대적 비관론에 빠지기도 한다). 아니면 하느님과 대립되는 세력인 악마의 악에 서린 장난에서 비롯된 것일까(인간은 때때로 이 악령 공포의 감정 때문에 제마술(除魔術)을 고안해내기도 했던 것이다). J기자는 명백하게 이러한 질문에 반박하고 있다.

첫째는, 악의 기원을 하느님에 두려는 사고방식은 부정되어야 할 사고였다. 악의 현실에 대한 책임을 하느님에게 두려는 사고는 범죄한 아담의 배신적 제일성이기도 했다. "하느님이 주셔서 나와 함께 하신 여자, 그가"(3:12a) 나의 범죄의 원인이었지 "나는 아니었습니다." 그러나 혹자는 "야웨 하느님이 지으신 … 뱀"(3:1)이라는 성구에 의거하여 하느님은 악을 창조하신 분이었다고 주장할지도 모른다. 그러나 그 성구는 전혀—지금은 명백히 지양되어버린—뱀 신화가 J의 뱀 설화 배후에 있었던 것임을 나타낼 따름이다.[9] 물론 이것은 성서 해석가들의 독단이 아니라 성서 기자의 배타적 사고 현실이다! 그러므로 뱀의 피조성에 대한 주장은 신화적 사고에 대한 도전이지만, 악을 유도한 장본인으로 뱀을 등장시키는 것은 분명히 하느님에게 악의 기원을 두려는 사고에 대한 거부라고 볼 수 있을 것이다. 악의 현실에 대한 책임을 하느님에게 전가하려는 시도는 J의 현실일 뿐만 아니라 실상은 우리의 현실이기도 하며, 이것은 마땅히 부정되고 비판되어야 할 현실이다.

둘째로, 악의 기원을 악마라는 객관적 존재에다 두려는 사고도 J에게 있어서는 부정되어야 할 사고였다. J에게 있어서 〈뱀〉은 분명히 〈악마〉나 〈사탄〉의 또 다른 표현은 아니었다. 머리에 뿔 달린 악마가 구름을 타고 지상에 하강하여 신출귀몰하게 인간세계 속에 침투한다는 따위의 신화적 세계관은 이 고대의 성서 기자(J)에게서는 이미 극복되고 배척되었던 세계관이었다. 여기서의 뱀은 어디까지나 피조된 나하쉬(*nahash*)이지 악마의 인격화이거나 사탄의 화신은 아니다.[10] 이와 같은 악마 또는 사탄의 인격화의 개념은 포로기 이후까지는 구약

---

9) Skinner, *Genesis*(I. C. C), pp. 71-2; von Rad. *Genesis*, p. 85.
10) von Rad. *Genesis*. p. 85; A. Richardson, *Genesis I-XI*, p. 71.

에서 나타나지 않은 개념이다.[11] 또한 뱀 설화의 뱀을 우리의 자연계와 구별되는 〈외계의 어떤 것〉으로 생각할 수는 없다.[12]

셋째로, 악의 기원을 인간 자신에게 두려는 것도 J에게 있어서는 거부되어야 할 관념이었다. 이 주장은, 인간의 책임회피적 타락의 현실을 예리하게 공박하는 J설화의 그 기본 성격에도 불구하고 정당하다. 그것은 뱀의 유혹이 인간 타락의 근본 장본인이었다는 그의 드라마 구성에서 명백히 드러나 있다 하겠다. 여기에 J의 역설이 있다. 즉 인간 세계 속에 들어와 있는 악의 현실은 결코 부정할 수는 없는 인간 현실이지만, 악 자체의 본래적 기원은 하나의 불가해의 신비라는 것이다. 이 점에 있어서 스킨너(J. Skinner)가 "죄의 시작을 인간의 본성에게도 하느님에게도 돌릴 수 없도록 유혹의 과정을 분석하려는 데 J의 목적이 있었다"[13]고 말한 것은 옳은 것으로 보인다. 그러나 인간 본성이 본래 악한 것은 아니었다 하더라도, 또 인간 본성이 곧 악을 산출하는 출산고(産出庫)는 아니라 하더라도, 악의 현실은 인간 세계 안에서 즉 〈인간들〉 안에서 발생했다는 것은 J가 구상한 드라마의 전체적 흐름이기도 하다. 그러나 J는 이러한 논리적 모순을 합리적으로 체계화하려는 노력을 하지는 않은 것 같다. 그렇다면 인간은 선과 악의 가능성(자유의지?)을 모두 가지고 있기 때문에 그 의지의 결단여하에 따라 이렇게도 또는 저렇게도 될 수 있다는 것을 가리키고 있는 것일까? 그러나 명백한 것은, 인간이 본래부터 악하게 창조된 것은 결코 아니지만 악의 현실이 인간들 안에서 발생되고 있는 것은 분명하다는 점이다. 그러므로 악의 기원을 규명하려는 그 자체가 곧 악이 될지도 모른다.

---

11) Skinner, *Genesis*(I. C. C), P. 73; a. Richardson, *Ibid.*, p. 71.
12) A. Richardson, *Ibid.*, p. 71.
13) Skinner, *Genesis*(I. C. C), p. 73.

악의 현실

J는 실로, 인간의 〈악의 현실성〉을 놀라우리만큼 예리하게 분석하였다. 그러나 분석은 뱀과 여인의 대화, 그리고 하느님의 추궁에 대한 범죄한 인간의 응답 등에서 날카롭게 시도되어 있다.

"하느님이 과연 동산에 있는 〈모든〉 나무의 실과를 먹지 말라고 하셨을까?" "아니야, 그럴리야 있나, …그렇지만 이상한 일도 다 있지, 하느님의 말씀이 동산 중앙에 있는 나무의 실과만은 먹지도 말고 〈만지지도 말라〉하시잖아? 〈만지기만 해도 죽는다지 뭐야!〉"
"그 하느님 참 웃기는구나, 얘, 그러지 말라구! 〈죽기는커녕, 결코 죽지 아니한단 말이야, 그걸 먹기만 해봐, 당장 영안이 뜨여서 선악을 아는 일에는 신들처럼 될테니―하느님은 그게 두려웠던거야!〉"
"아, ! 그 계집년이 나를 망쳐 놓았군! 저 여자가 악마야! 아니야, 저 여자보다는 저 여자를 내 곁에 있게 한 하느님이 곧 악마였어!"
"뭐? 계집 때문이라구? 하느님 때문이라구? 못난 사내 같으니라구―저걸 남편이라구 믿고 산 내가 바보였지, 나도 말이지, 사실은, 내 잘못이 아니었어, 나는 단지 꾐에 빠졌을 뿐이니까!"

인간은 본래 〈관계를 가진 존재〉로 창조되었다. 그것은 인간이 남자와 여자로 창조되었다는 P의 주장에서 분명해졌으며, 특히 J는 "사람이 혼자 있는 것은 선하지 않다"(*lōʾ tôbh heyôth hāʾādhām lᵉbhaddô*)[14]라고 하므로 악의 개념을 〈혼자 있는 것〉에 결부시키기도 했다. 〈혼자 있는 것〉은 실로 신이 창조한 인간성을 왜곡시키는 것이라 할 수 있다.[15] 인간성의 왜곡이란 곧 〈관계의 왜곡〉이다. 이 인간 관계의 왜곡

---

14) 창 2:18.
15) A. Richardson, *Genesis I-XI*, p. 66.

이 곧 인간의 〈악의 현실〉이기도 하며, 곧 그것은 인간성 상실 즉 비인간화의 현실이기도 하다. 이러한 인간 관계의 왜곡은 신—인간 관계의 왜곡에서부터 비롯되었는데, 신—인간 관계의 왜곡은 J에 의해서 참으로 절묘하게 묘사되었다. 즉 뱀의 유도법에는 〈완전한 왜곡〉(complete distortion)[16]이 포함되어 있다. "동산 중앙에 있는 선악을 알게 하는 나무만"이 아니라 "모든 나무가 금지의 대상이 된 것"인 양 유도해 가는 뱀의 견강부회에, 여인도 "만지지도 말라 하셨다"라고 신언(神言)을 과장 왜곡시켜 응답한다. 이에 대해 뱀은 그 다음 대화를 좀 대담하게 이끌어 가는데, 아예 신의 명령을 완전 도괴(倒壞)시켜버린다(죽기는커녕 결코 죽지 아니하리라!). 신의 명령에 대한 불신, 그것은 마침내 인간으로 하여금 하느님처럼 되어 보려는 오만(hubris)—이 오만은 네피림의 교훈이니 바벨탑의 교훈에서도 그랬듯이 항상 인간 타락의 가장 중요한 양상으로 등장했다!—을 갖게 했다. 이와 같이 하느님처럼 되겠다는 오만은 비록 야웨와의 동등을 획득하려는 욕망이라기보다는 〈엘로힘〉 즉 신적 존재들처럼 되려는 욕망으로 해석될 수 있다 하더라도[17], 하느님과 동등됨을 취하지 아니하시고 종의 형상을 취하신[18] 그리스도의 겸허와는 상반의 반립(反立)을 이루는 것으로서, 모든 악의 근원이기도 했다. 이것은 그 성격상 선악을 결정하는 도덕의지를 하느님의 뜻에 따라 결정하지 아니하고 자기본위적(selfish)으로 결정하려는 인간신격화의 오만[19]이었다. 이러한 오만은 곧 십계의 제1계명의 범법이요 하느님과의 계약의 파괴다. 물론 〈야웨-이스라엘〉이라는 계약 개념이 생겨난 것은 기원전 8세기의 예언자 호세아나 기원전 7세기의 신명기 종교개혁 때부터라는 의견이 지배적이기는

---

16) von Rad, *Genesis*, p. 85.
17) Skinner, *Genesis*(I. C. C), p. 86.
18) 빌립보 2:6.
19) 참고. A. Richardson, *Genesis I-XI*, p. 73.

하나[20], 창세기 2장 16-17절의 신의 금령은, 인간 사회를 버티고 있는 것이란 어디까지나 하느님의 법령이고, 이 법령이 깨어질 때에는 악이 발생할 수밖에 없다는 J의 신념을 반영하고 있는 것이 아닐까? 폰라트는 이 금령 속에는 어떠한 목적도 교육학적 의도도 포함되어 있지 않음을 역설한 바 있으나[21], 인간 사회를 유지하게 하는 힘은 전혀 신과의 계약이라는 관념은 이스라엘 고대 유목 사회에서도 깊히 뿌리박힌 신념이었다고 생각된다.[22] 그러므로 인간 사회를 파괴하고 인간성을 파멸시키는 근본악은 〈하느님의 금령에 대한 불복종의 오만〉이라는 것이 J의 신념이었음이 분명했다 하겠다. 이 교만과 더불어 하나님과 인간의 관계는 파괴되고 분열되어 버렸다. 이것은 곧 타락한 인간 현실이었다. 타락 이전과 타락 이후의 근본적인 상황변화는 이 관계의 현실의 변화였을 뿐이다! 근본적인 회개와 인간 역사의 종말적 결산은 이 파괴된 관계의 회복에 의해 결정될 것이다. 예언자들의 외침, 〈돌아오라〉(shûbhah)는 이 경우 더욱 의미깊다. 이러한 타락한 인간 현실의 〈관계의 파괴〉라는 성격은 J설화를 따라가 볼 때 크게 셋으로 분류될 수 있으리라 생각된다.

하느님-인간 관계의 파괴

야웨의 발자국 소리(Qôl YHWH)—인간 양심을 두드리는 소리?(명백한 의인법적 표현이지만)—를 듣는 인간은 하느님의 얼굴을 피하고 숨는다. 곧 이어 더욱 가까이에서 인간의 심장을 두들기는 야웨의 음성, "네가 어디 있느냐"('ayekkāh)라는 음성에—상실된 인간성을 찾으

---

20) J. Skinner는 야웨와 계장과의 계약 관념은 예레미야와 신명기 시대 이전에는 나타나지 않은 관념이라고 보았으며, 여기에는 Kraetzschman이나 Staerk 등이 가담한다. 또한 그는 창 15:17f. 와 같은 고대의 계약의식은 신명기 시대에 계약 관념이 신학적으로 발전하게 한 그 핵을 형성하였을 것이라고 보았다.

21) von Rad, *Genesis*, p. 78.

22) 참고. 4:10; 9:8-17; 15:9-18; 31:43-49.

시는 음성?(이것도 역시 명백한 의인법적 표현이지만)—마침내 인간은 "그의 창조주와의 관계가 파괴된 징후"[23]를 여실히 드러낸다. 하느님을 두려워한다는 것은 〈이전에는 없었던〉 인간 현실이었다. 이러한 관계 파탄의 질곡은 더욱 세차게 인간을 죄어들어 그로 하여금 마침내 범죄의 궁극적 원인(the ultimate cause)은 하느님이었다는 대담한 범죄행위에로 발전하게 한다. "하느님이 주셔서 나와 함께 하신 여자, 그가 ···."[24] 이리하여 〈관계의 존재〉인 인간은 하느님을 자신에게서 고립시키고 드디어는 인간 공존관계의 결속도 파괴시킨다. 하느님의 음성에 귀를 막으며, 야웨의 부르심에 외면하는 인간 삶은 분명히 타락한 인간의 악의 현실이다.

인간—인간 관계의 파괴

"인간아! 네가 어디 있느냐?"는 인간성 상실의 개탄은 아담-하와의 관계의 파탄에서 논증되고 있다. 아담은 하와가 〈범죄의 원인〉이라고 했고, 하와는 뱀이 그 원인이었노라고 했다. 실로 그들이 공동으로 범한 죄는 하느님 앞에서 인간을 결속시키지 아니하고 고립시켰다는 점[25]에서 분명하게 파악될 수 있다. 아담이 홀로 있는 것은 악(lō' tôbh)이었다(2:18). 이 상태는 종말에 회복되어야 할 상태였다.[26] 공존이 거부당하는 현실(여자를 지배하는 남자, 3:16b), 극도의 이기주의와 비인간화의 풍조가 거세게 파도치는 현실, 이것은 분명히 타락한 인간의 악의 현실이다. 이것은 〈나-너〉(I-Thou)의 관계 파탄이다.

---

23) von Rad, *Genesis*, p. 88, "하느님 앞에서의 두려움은 하느님과의 관계가 파괴된 징후이다"라고 했다.
24) 창 3:12.
25) von Rad, *Genesis*, p. 89.
26) 이사야 11장 6-9절에 나타난 메시야 왕국의 이상적 모습은 <함께><이 <함께>라는 말이 짧은 4절 속에 무려 5번, 히브리성서에서는 'in'이 2번 사용) 사는 세계로 그려져 있다.

인간-동물 및 땅의 관계 파괴

인간 타락의 결과가 얼마나 엄청나게 확대되어 갔는가 하는 것은 J의 설화가(가인, 네피림, 홍수, 바벨탑 설화 등) 계속 관심하는 주제이기도 하다. 뱀과 여인의 후손 사이의 관계 파탄은 메시야적 희망을 담고 있는 protoevangelium으로 이해할 수는 없다.[27] 오직 둘 사이의 투쟁적 관계가 피차 멸망케 할 성격의 것으로서 얼마나 절망적인가 하는 것을 지시하고 있을 뿐이다. 동물뿐만이 아니다. 인간과 땅 사이의 관계 균열은 더욱 비극적이라 할 수 있다. 왜냐하면 땅은 인간의 근본(3:19)이기 때문에 인간이 그의 근본과의 관계가 깨어진다는 것은 최대의 형벌이요 최악의 저주이기 때문이다(가인의 저주 참조!). 인간의 근본이 저주를 받아 본래적 질서를 상실한다는 것은 그 근본된 땅에서 자신의 생을 살아야 하는 인간에게는 가장 큰 비극이라 할 수 있다. 여자가 잉태와 출산이라는 자연질서에서 저주를 받을 때도(3:16) 그 경우는 마찬가지다.

끝맺는 말

관계의 상실(하나님-인간, 인간-인간, 인간-자연)은 곧 명백한 〈타락된 인간 현실〉이었다. 불신과 배신으로 점철된 현실, 공존의 삶이 붕괴된 현실, 남자는 여자를 다스리고 여자는 남자를 사모해야 하는 상하구조의 비인간화의 현실, 이기주의라는 질곡 속에서 〈너〉의 인간생명을 경시하는 비인간화의 현실, 그것은 명백한 〈타락한 인간현실〉이다.

---

27) 여인의 후손이 뱀의 머리를 상하게 할 것이라는 이 구절(3:15)에 대한 메시야적 해석은 탈굼에서, 유대교에서, 초대 기독교 교부들에게서, 중세 성서 주석가들에게서, 그리고 신교 학자들에게서마저 지지되었다. 그러나 이러한 주장은 이 텍스트의 근본 뜻과 부합되지 않는다. 이 본문이 말하는 〈후손〉은 인격적 개인이라기보다는 일반적 의미의 〈후손〉이다. 그러나 A. Richardson은(*Genesis I-IX*) 이 본문을 Protoevangelium으로 보지는 않지만, 그러한 결과는 충분히 얻을 수 있다고 보았다(p. 75).

3

P족보에 나타난 삶에 대한 이해

창세기 6장

서언

"… 낳고 … 향수하고 … 그리고 그는 죽었다." 이 말은 창세기 2장에 나타난 제사문서 기자의 족보(P 족보, 창 5:1-31[29절은 제외])를 구성하고 있는 뼈대이다. 그것은 마치 말을 연결하는 접속사와도 같고, 또는 P족보를 구축해가는 어떤 건축물의 철근과도 같다. 즉 "… 낳고 … 향수하고 … 그리고 그는 죽었다"는 이러한 틀 속에 단지 여러 인물들을[1] 적절히 배열해 넣은 것이 이른바 P족보라 하겠다. 이런 구조 면에서 볼 때, P족보는 J의 것(창 4:17-24)과는 그 성격을 달리한다.

즉 J의 족보는 창세기 4장 18절을 제외하고는 모두 전적으로 어떤 문화의 기원과 관련시키고 있는 반면에, P족보는 문화의 기원에는 전혀 관심이 없고 단지 그 족보에 등장하는 인물들의 첫 자식을 출산

---

1) P의 족보를 구성하고 있는 인물들은 J의 족보(창 17ff.)와 현저하게 상응할 뿐만 아니라 고대 바벨론의 대왕들의 계보와도 연결을 갖고 있다. 이상에서 보는 대로 J의 족보(4:17-24과 4:25-26)와 P족보의 인물들 사이를 비교할 때, 아담-아담, 가인-게난, 에녹-에녹, 라멕-라멕 사이에는 그 이름의 어의와 그 자형이 동일하다. 그리고 P족보와 대홍수전의 바벨론 고대 왕들의 족보는 모두 <십대>로 구성되었다는 점에서 서로간 상응성을 갖고 있다. P족보와 바벨론 고대 왕들의 계보 사이에는 3대 4대가 서로 동일한 의미를 가진 이름이며, 7대는 모두 그들의 신과 친분관계를 갖고 있는 이름이다.

130 / 제2부 창세기의 인간이해

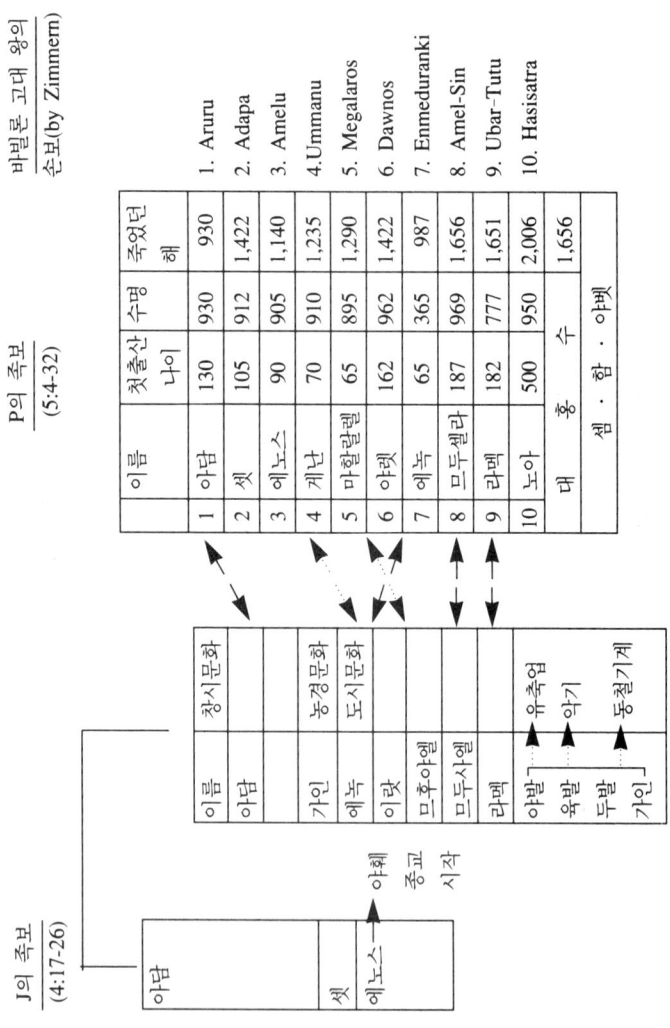

할 때의 그 나이와 그리고 그 향년(享年)의 길이 및 그들이 죽을 때의 나이를 어떤 결정된 공식과 단조로운 복창형식에 맞추어 기술하는 형태를 취하고 있다. 그 문체는 일종 틀에 박은 듯하여 무의미하기가 한이 없다. 그러나 P족보가 비록 이러한 단조로운 도식 속에 담겨 있다 하더라도, 여기에는 P의 신학이 현저하게 그 밑바닥에 깔려 있다. P의 신학은 일반적으로 그의 독특한 어법 속에 함유되어 있는데, 이미 그가 그의 창조설화(창 1:1-2:4a) 속에서 구사하였던 바, P적 어법이 여기서도 현저하게 나타나 있다.[2] 그렇다면 P가 여기 그의 족보 속에서 시도하고 있는 바 그 주요한 케리그마적 주제는 무엇이겠는가? 분명히 그는 단순히 어떤 족보의 역사성을 입증하려고만 하고 있는 것은 아니기 때문에, 우리는 그의 족보에서 그 시도하는 바 케리그마적 주제를 찾아보아야 할 것이다.

생은 하나의 축복이다

P족보에서 우리가 찾을 수 있는 주요한 케리그마적 주제는 아마도 생에 대한 P의 기본적 신앙에서 찾을 수 있을 것이다. 즉 인간의 생이란 그 자체가 하나의 축복이라는 확신은 P에게 있어서는 더 논의할 여지가 없는 자명한 하나의 신학적 전제였다. P는 결코 타락으로 인하여 저주받은 생이라는 관념을 갖고 있지 않았다. 그는 아마도 J의 타락설화에 관해서는 전혀 아는 바가 없는 것 같다. 그러므로 인간의 생을 이해함에 있어서는 결코 아담과 그 후예들의 생이란 첫 인간의

---

2) P가 그의 창조설화에서 사용하였던 특수한 어법들인, *'elohim, bara', demûth, zāqar, unequbāh* 등이 5:1b, 2에 현저하게 나타나 있다(참고. Skinner, *Genesis*, p. 128, 130). 그리고 "이것은 … 의 *toldoth*이다"는 문학형식 역시 P자료에 속한 것이라 할 수 있다(참고. von Rad, *Genesis*, p. 68; *Die Priesterschrift im Hexateuch*, 33ff.).

범죄 때문에 비로소 가시덤불과 엉겅퀴를 제초하면서 수고로운 땀을 흘려야만 하는 생이 된 것이라든가, 첫 인간의 타락 때문에 비로소 하와와 그 후예들의 생이 잉태의 수고와 해산의 진통을 치루어야만 하는 생이 된 것이라고 하는 따위의 관념을 전제하지 않고 있었던 것이라 할 수 있을 것이다. 바로 이 점이 P기자가 대홍수 이전 노아 시대의 현실 즉 "패괴하여 강포가 땅에 충만한"(창 6:11) 현실에 관해서 아무런 교리적 설명을 붙이지 않고 있는 그 이유였다 할 수 있을 것이다. 그에게 있어서 생이란 고통과 불안의 요람이라기보다는 하나의 축복이었다. 5장 2절b의 "그리고 그는 그들에게 복을 내리셨다"(*wāyebhārekh, ōthām*)는 기술은 실로 1장 28절의 축복사 "그리고 하느님이 그들에게 복을 내리셨다"(*wāyebhārekh 'ōthām 'ĕlōhîm*)와 일치한다 하겠다.[3] 그러므로 5장 1-3절을 5장 4절 이하와 구별하여 별개의 자료로 독립시킬 수 없는 한, 〈인간 생에 대한 하느님의 축복〉이라는 P창조설화의 주제는 P족보 속에도 면면히 흐르고 있다고 볼 수 있을 것이다.[4] 그러한 단서를 우리는 대홍수 이전에 살았던 열여섯 조상들의 그 엄청난 장수에 관한 보도를 통하여 얻을 수 있을 것이다. 즉 최단수명 기간인 365년을 향수한 에녹에서부터 최장수명 기간은 969년을 향수한 므두

---

3) 그러나 von Rad는 1:1-2:4ᵃ의 P창조설화와 5장의 족보 사이의 '직접적인' 연속성을 부정하고, "이제는 더 이상 세계창조와 인간의 축복에 관해서는 말하지 않고 있다"(*Genesis*, p. 66)고 하였다. 그러나 5장의 P족보는 물론 P창조설화의 단순한 연속이라고 보아버릴 수는 없는 P의 고대사 자료의 〈새 장〉(*ibid.*)이라고 할 수 있다 하더라도, P의 족보는 분명히 P창조설화와 6:9이하의 P 홍수설화 사이를 연결하는 교량역할을 하고 있는 것만은 확실하다 하겠다. 그러한 점은 5:1-3의 어법이 1:26이하의 어법과 놀랍도록 일치하고 있다는 점에서도 논증될 수 있다. 물론 5:4-32(29절제외)에 이르는 P족보에서는 더 이상 P창조설화의 어법이 반복되지 않는 것은 확실하나, 과연 P창조설화의 신학적 주제가 여기에 와서는 전혀 새로운 국면에 들어 섰다고 볼 수 있는 것일까? P족보에는 생에 대한 축복이 전혀 배제되어 있는 것일까? 비록 P의 족보가 창조설화의 단순한 연속이나 전이가 아닌 하나의 독특한 주제를 갖고 있다고는 하더라도 P창조설화의 기본적 신학을 우리는 여기서도 명백하게 발견할 수 있는 것이 아닐까?

4) 이런 점에서 볼 때 5:29은 J의 3장 타락설화를 전제하고 있는 J족보에 속한 것으로 보인다. G. von Rad, *Ibid.*, p. 70,

셀라에 이르기까지 그 수명의 엄청난 과장을 통하여 우리는 생에 대한 P의 기본적인 긍정적 자세를 읽을 수 있다. 즉 우리는 생에 대한 비관적이고도 부정적인 자세를 P에게서는 결코 읽을 수 없다. 그에게 있어서, 〈생〉이란 하느님께서 인간에게 부여하신 적극적인 과제요 향유해야 할 은총이다. 〈수고로이 일하는〉(5:29=J) 고통스러운 삶이 아니라 하느님의 형상을 입은 존재가 영예롭고도 책임있게 이끌어 갈 영광스러운 과제이다. 뿐만 아니라, 그 생은 하느님이 아니고서는 그 어느 누구도 침해할 수 없는 존귀한 신의 은총이다(창 9:1-9). 그러므로 인간이 태어나고, 낳고, 살다가 그리고 죽는 것은 신의 자연스러운 섭리 과정 속에 있는 것으로서 결코 〈원죄〉라는 불치의 전염균에 오염되는 과정 속에 있는 것이 아니다. J의 타락 설화의 경우에서는 원죄의 유전이라는 명백한 교리를 읽을 수는 없을 것이다. 그러나 J의 경우에서는 〈생〉이란 타락과 낙원상실이라는 전제 위에서 이해된 것으로서 죄로 인하여 발생되는(죄의 유전이 아니라) 고통스러운 카오스 속의 삶이 발전적으로 확대되고 있는 성격의 것인 반면에, P의 경우에 있어서 〈생〉이란 세계를 카오스로부터 코스모스를 분리해내는 적극적이고도 희망적인 성격의 것으로 이해되고 있다. 생에 대한 P의 이와같은 희망적이고도 긍정적 이해는 〈혼돈하고 공허한〉(tōhû wābōhû) (창 1:2) 땅 위에 〈빛이 있으라〉(yehî 'ôr) 하시므로 지상에서 카오스를 추방하시는 그 하느님에 대한 그의 장엄한 찬양과 고백 속에 충분하고도 명백하게 나타나 있다. 이런 점에서 볼 때 "만일 P의 창조설화가 하느님이 어떻게 그 세계를 카오스로부터 분리시켰느냐 하는 것을 보여 주었다면, J의 낙원설화와 타락설화는 오늘날 우리를 휩싸고 있는, 고투하는 생의 카오스가 창조 때부터 오늘날까지 어떻게 발전되어 왔는가 하는 것을 보여주려 하고 있다"[5]라고 한 폰 라트의 말은 훌륭한 통찰이었다

---

5) G. von Rad, *Ibid*, pp. 97-98.

할 수 있을 것이다. 뿐만 아니라 P의 이러한 〈생〉에 대한 적극적 통찰은 5장의 P족보에서도 나타나 있다. 즉 인간창조 때 하느님께서 인간에게 부여하신 〈하느님의 모습〉(demûth 'ĕlohim)[6]은 〈아담〉 한 개인[7]에게만 부여되었다가 타락과 더불어 파괴·소실되어 버린 것이 아니라, 셋을 통하여 그의 후손에게 유전·계승되어 갔다는 것이다(창 5:4). 하느님의 형상과 하느님의 모습의 유전 계승! 이 얼마나 놀라웁고도 적극적인 생에 대한 이해인가! P의 이러한 신학은 창세기 9장 1-7절에서도 더욱 드라마틱하게 표현되어 있다. 즉 홍수 대심판 이후의 인간들에게도 〈하느님의 형상〉(tselem 'ĕlohim, 9:6)은 여전히 상실되지 않고 있으며, 그렇기 때문에(!) 사람의 피 곧 생명은 결코 인간에 의해서 침해되어서는 안 된다고 가르치고 있다. 이 얼마나 놀라운 주장인가! 생명은 하느님의 형상을 담고 있는 유일한 그릇이다. 생명의 존귀성을 이보다 더 웅변적으로 표현할 수 있는 길은 없을 것이다. 그러므로 장수는 인간이 받은 최대의 축복이었다.[8] 아마도 이 신념이 고대 히브리인 조상들은 장수하였다는 관념을 이끌어들이는 그 주요한 매개 작용을 하였다 하겠다. 물론 이러한 설화의 편집상의 동기는 이러한 조상들의 장수가 노아 당시의 인구 팽창을 가져오는 결과가 되었다고 하는 것을 지시하려는 데 있었다 하더라도[9], 고대 히브리인 조상들의 그 장수 년한을 천문학적 숫자로 밝히는 데는 P기자가 고심한 신학적 노력이 들어 있었음이 분명하다. 즉 인간이 그토록 장수의 삶을 살았다는 것은 인간 세계사에서 가장 기대할 만한 황금기라는 관념이 이 설화의 배후에 도도히 흐르고 있다 하겠다. 즉 우리의 텍스트가 말하는

---

6) 5:1의 <하느님의 형상대로 …>는 B. H. 에 의하면 <하느님의 모습대로…>로 되어 있다. 따라서 1:26이하의 <하느님의 모양>이라는 어휘를 모두 <하느님의 형상>으로 고쳐 번역한 LXX의 번역은 히브리 사상과 조화되지 않는다 하겠다.

7) 5:1-5에 나타난 <아담>은 1장의 <그 아담ha 'adham>과 구별되는 고유명사적 성격을 띠고 있다.

8) 참고, 신 30:20; 욥 12:12; 시 21:4;91:16; 잠 3:2, 16.

9) Skinner, *Genesis*, p. 128.

바를 따라 갈 때, 아담은 그가 죽기(930세에 죽음) 56년전 즉 874세 때(130+105+90+70 +65+162+65+ 187=874)그의 7대손인 라멕의 출생을 지켜 보았으며, 이 방식으로 계산해 볼 때, 홍수전 열여섯 조상들 중 제9대 조상인 라멕대에 가서야 비로소 아담의 죽음을 처음으로 경험하게 된다. 즉 라멕은 사람이 죽은 것을 인류 역사 처음으로 목격한 자가 된다. 그리고 이들 고대의 조상들은 〈무기의 사람〉이라는 뜻을 가진 므두셀라[10]를 제외하고는 모두 노아 홍수의 심판에서는 제외되고 있다. 단지 홍수 전 조상들 중 유일한 홍수 심판의 징벌을 받은 자인 므두셀라가 오히려 최고 장수자로 나타나고 있는 것은 P의 신학적 의도의 자가당착의 일종이라 하겠다. 이런 점에서 볼 때 P는 낙원설화-타락설화-낙원추방설화는 논리적 전제 없이 인간 창조와 그 창조된 인간 생명에 대한 하느님의 장엄한 축복사로부터 시작해서 아무런 설명이나 단절이 없이, 곧 그 축복받은 인간 생의 삶의 무대를 바로 낙원 바깥인 이 차안의 세계로 주저없이 나타낸다. 그리고 그 축복받은 인간 생은 장수를 향유하고 있으며, 하느님의 형상은 인간의 〈패괴와 강포〉의 현실 속에서도 인간 안에 끊임없이 내재한다. 그러므로 P에게 있어서 인간 생이란 논리적으로 이해되고 있는 것이 아니라 현실적으로 이해되고 있다. 따라서 장수에 대한 P의 동경은 이러한 생에 대한 이해에서 파악되어야 할 것이다.

진정한 삶의 한 표상

인간 삶은 하느님의 축복을 받으며 신적 과제[11]를 안은 채 이 지

---

10) Budde는 4:18의 므드사엘을 P가 므두셀라로 고친 것은 홍수전 계보의 후반에 해당하는 세대가 악했다는 것을 암시하려는 P의 의도적 수정이라고 보았다. 참고. Budde, *Die biblische Urgeschichte*, 1883, S. 99.

11) 참고. 본서 2부의 "1. 인간: 창조된 하느님의 형상".

상 위에 던져졌다. 그리고 그 인간은 그 주어진 수명대로 살다가 또한 죽는다. 즉 인간은 본래부터 가사(可死)적 존재로 창조되었다. 그러므로 생은 하나의 과제요 은총이며 또한 하나의 축복이다. 이러한 확신은 P뿐만 아니라 타락설화를 기록한 J에게 있어서 결코 다르지는 않다.[12] 특히 P에게 있어서 이 확신은 변경할 수 없는 신앙이었다. 그렇다면 이러한 과제적 삶을 어떻게 사는 것이 진정한 삶이겠느냐는 것이 문제이다. 만일 태어나고 살고 죽는 것이 인간 세계 속에 설정해 두신 하느님의 자연스러운 섭리라고 한다면, 인간은 단지 그 어떤 도식적 운명 속에 자기를 맡기기만 하면 되는 것일까? P의 사상은 과연 여기에 머물러 있는 것일까? 그러나 P의 틀에 박은 듯한 도식적 족보는 결코 인간 삶을 어떤 틀 속에 조잡하게 조직해 넣으려는 의도를 가진 것은 아니다. 즉 P족보에서 제시되고 있는 연대는 그 스케마틱한 형태에도 불구하고 신학적으로 매우 중요한 성격[13]을 띠고 있다. 그 중요한 성격은 여러 면에서 논의할 수 있으나 여기서는 무엇보다 P의 신학화 작업을 들 수 있겠다. 무엇보다 첫째로, 그는 인간 생명의 그 생명력(vitality)이 창조 초기로부터 멀어질수록 점차로 서서히 퇴조되어 가고 있다는 그 인간 현실[14]을 하느님이 수립하신 객관적인 현실로 논증하려 하였다는 점이다. 그러나 그는 결코 그러한 퇴조의 원인을 규명하려 하지는 않았다. 인간이 나고, 죽고, 그리고 그 육체가 가

---

12) von Rad에 의하면, 2:17의 진정한 의미는 "'그 날엔 너는 가사적 존재가 될 것이다'가 아니라 '그 날에 너는 죽을 것이다'"라고 하므로, 2:17을 전적으로 심판에 대한 특수한 강조용법으로 이해하였다. *Genesis*, p. 92. 참고. *Ibid.*, pp. 92-93.

13) 그 이유야 어떻든 von Rad도 P족보의 연대가 가진 중요성을 강조하여 그 연대들은 P의 고심작이라고 주장했다. *Ibid.*, p.70.

14) MT보다는 사마리아 텍스트(ⅲ)가 이런 형상을 더욱 구체화시키고 있다 하겠다. Samaria Text가 보여준 홍수전 조상들의 수년한은 930(아담), 905(에노스), 910(게난), 895(마할랄렐), 847(야렛), 365(에녹), 720(므두셀라)(라멕) … 여기서 므두셀라의 년수가 최장수로 나타나고 있지 않음은 신학적 의도에 의한 명백한 수정으로 보인다.

진 생명력이 해가 갈수록 퇴조되어 간다는 것은 하느님이 수립하신 하나의 객관적인 질서에 속한 것이었다. 왜냐하면 그는 인간의 피조적 상황 속에서 함유되어 있는 퇴락성(退落性)을 신학적으로 서술해 주는 타락설화를 결코 알고 있지 않았기 때문이다. 그는 이러한 인간 생명 현상의 객관적인 현실을 꾸밈없이, 그리고 논리적인 변론에 의하지 아니하고 현실 그대로 이해하되, 그것을 하느님이 수립하신 질서로서 이해하였던 것이다. 즉 인간 생명의 퇴조 현상을 단지 하나의 사실(fact)로서 말하려 하였지 그 원인(cause)을 논증하려 하지는 않았던 것이다. 따라서 그가 생명을 하나의 축복으로 이해하였다는 것도 또한 이러한 신학적 배경을 가지고 있었다 하겠다. 그러나 이러한 그의 생명 이해는 결코 신화적은 우주발생학적 배경에서 온 것이라고는 볼 수 없다. 비록 그에게서 우리는 야비스트가 가진 바와 같은 명백한 구속사적 세계관을 읽을 수는 없다 하더라도, 세계 역사의 스케마(schema) 속에 하느님의 자의적 간섭이 개재되므로 그로 인하여 역사 가운데 발생하는 혁명적 변천 같은 것을 그도 역시 결코 도외시하지는 않았다. 뿐만 아니라 그는 인간 악의 현실이 인간 생명에 끼치는 파괴적 영향력 같은 것에 대한 신학적 통찰도 역시 결코 게을리 하지는 않았다. 예컨대 에녹의 단명이 그를 노아 홍수까지 끌고 가지 않게 한 것이라든지[15], 반대로 무기의 사람 므두셀라를 최장수자로 만들어 노아 홍수 심판의 희생자로 만든 경우 등을 들 수 있을 것이다. 만일 폰 라트가 주장하듯이[16] P족보의 연대들이 매우 중요한 성격을 가진 것으로 주장할 수 있다면 이러한 해석의 가능성은 충분히 있다 하겠다. 에녹, 그리고 므두셀라의 이와 같은 파괴적인 생존 연대는 곧 인간 생명의 바이탈리

---

15) 에녹의 경건을 축복하므로 그를 므두셀라(969세 사망)처럼 최장수자로 편집한다 할 때, 에녹은 1656년 대홍수 심판의 희생자가 되었을 것이다.
16) von Rad, *Genesis*, p. 70.

티가 인간의 선과 악에 의하여 크게 영향 받는다는 P의 신앙 현실을 좀 더 드라마틱하게 표현한 것이라고 생각된다. 즉 이러한, 에녹, 므두셀라, 노아의 경우를 제하면 P의 족보는 인간 생명의 생명력이 점차 퇴조되고 있는 그 현실을 현실적으로 수긍하고 그것을 신앙고백화하고 있는 것임이 분명하다 하겠다. 그러므로 그에게는 원죄의 유전이라는 교리가 전제되어 있지 않았던 것 같다. 단지 인간 생명의 점차적 퇴락현상을 하나의 기존적 현실로 또한 하나의 자명한 사실로 받아들이고 있을 뿐이라 하겠다. 그 사실을 그는 결코 논리적으로 사변하려 하지 아니하고, 단지 하느님이 수립하신 객관적 현실로 이해하려 하였던 것이다.

그러나 P가 인간 생명의 퇴조현상을 기술하는 그의 족보 속에서도 인간이 영원히 표방할 수 있는 진정한 삶의 한 모형을 제시하고 있다는 것은 하나의 놀라운 사실이라 아니할 수 없다. 여기서는 그는 그의 상투적인 기술형식에 큰 변화를 주고 있다. 즉 여기서 그는 에녹의 생애를 기술하고 있다. 에녹의 향년 365년 중[17] 그 처음 65년은 알려져 있지 않았으나 65세에 므두셀라를 낳은 후 나머지 300년을 하느님과 동행하는 삶을 살다가 하느님의 취하심을 받았다. 〈하느님과 동행하는 삶〉은 야웨께서 인간에게 명하신 요구[18]로서 그 어의는 철저한 동료의식(삼상 25:25)을 의미하는데, 창세기 6장 9절에서는 경건한 노아의 삶에도 이 말이 적용되었다. 또한 바벨론 신화의 Enmeduranki도 역시 태양신 Shamash와 친분관계를 갖고 특수한 친교를 가졌던 것으

---

17) 에녹의 향수 년한이 365년이라고 한 것은 바벨론의 <대홍수전의 십대 왕들의 계보>에서와 명백한 평행을 이루고 있는데 365년은 대체로 태양력에 의한 1년 365일과 연결을 짓는다. 바벨론 족보에 의하면 제칠대왕, Evedoranchus(Enmeduranki의 오독)는 태양신 Shamash의 城인 Sippar의 왕이었다. 참고. Skinner, *Genesis*, p. 132.

18) 참고. 미 6:8; 말 2:6, 그러나 미가 예언자의 요구는 문학적으로는 <함께>를 P처럼 את로 표현하지 아니하고 עם으로 표현하였다.

로 되어 있는데, 이는 우리의 텍스트가 바벨론 신화와 평행되고 있음을 나타내 보여주고 있는 것이라 하겠다. 그밖에도 노아에 관한 P설화를 여러 묵시문학적 에녹 전승들보다 더 고대의 것으로 보든지 더 후대의 것으로 보든지 간에 우리의 본문은 구약 전체의 사상과 비교할 때, 하느님의 신비에의 몰입이라든가 신비한 지식 세계에 들어간다는 따위의 관념보다는 전혀 경건한 삶을 통한 하느님과의 산 교제에의 관념을 암시하고 있다 하겠다. 진실로 근동의 여러 신화와는 달리 성서가 말하는 〈하느님과의 교제〉는 경건한 인간 삶의 최선의 모형이라는 것을 나타내기 위하여 P는, " … 그리고 그는 죽었다"라는 그의 기술형식을 깨뜨리고, "하느님이 그를 데리고 가셨다"(하느님이 그를 취하셨다 *laqach 'ōthô 'ĕlōhîm*)라는 형식으로 바꾸어 버린다. 〈취하여 가셨다〉는 것은 그의 지상적 삶이 완정되었다는 것을 가리킨다. 히브리서 11장 5절은 이를 〈죽음을 보지 않고〉 승천한 것으로 주해하고 있다. 이 〈취하여 가셨다〉는 표현은 단순한 죽음이라는 뉘앙스보다는 어떤 다른 세계로 옮아갔다는 의미를 내포하고 있다. 그러나 우리는 여기서 피조적 인간 생의 영생성 또는 불멸성을 추론할 수는 없을 것이다. 오히려 우리는 여기서 인간 생명의 주체에 대한 더욱 명확한 이해를 배울 수 있을 것이다. 인간 생명의 주체는 철저히 하느님이시다. 그러므로 우리는 여기서 인간의 피조성 속에서 영생성 또는 불멸성을 찾으려 하기보다는, 삶과 죽음을 자유로히 관장할 수 있는 하느님의 자유, 죽음의 세력으로도 제지할 수 없는 하느님의 권능을 이해하려 하여야 할 것이다. 따라서 우리는 사망의 세력 조차도 결코 도전해 올 수 없는 생은 곧 하느님과 동행하는 삶이라는 중요한 가르침을 여기서 배울 수 있을 것이다. 임마누엘의 삶이 메시야적 삶의 항구적 표상이었던 것과 같이(사 7:14; 8:8) 〈하느님과 동행하는 삶〉, 이것은 경건한 자가 살 〈진정한 삶의 영원한 표상〉이라 할 수 있을 것이다.

끝맺는 말

삶과 죽음, 그것은 인간이 밟아갈 영원한 여로이다. 그러나 그것은 결코 피할 수 없는 운명의 순환은 아니다. 그것은 어디까지나 하느님이 수립하신 하나의 신적 질서이다. 그러므로 인간 생명의 진정한 주인은 생명 질서의 수립자이신 하느님 자신뿐이다. 그렇기 때문에 그 생은 우리에게 있어서는 하나의 축복이며 또한 거역할 수 없는 신적 과제이다. 이 축복은 하느님 자신이 아니고는 어느 누구도 **빼앗**을 수 없는 것이다. 그러므로 우리의 〈생〉은 그 무엇에 의해서도 또한 그 어느 누구에 의해서도 파괴될 수 없는 신의 질서이다. 그러나 이 질서는 우리의 현실 속에서 자주 침해되고 파괴를 당한다. 그럼에도 불구하고 우리의 영원한 지표는 하느님과 동행하는 삶이라 하겠다.

4

소명받는 자의 길

창세기 12:1-9

서론

이스라엘 원력사와 족장사를 잇는 짧은 교량(창 11:27-32)을 건느면, 우리는 곧 아브라함의 소명으로부터 시작해서 가나안 정복에로 펼쳐져 나가는 야웨 하느님의 위대한 대구원사의 시작을 보게 된다. 이 구원사의 시작은, 고대의 역사신조(신 26:5-9; 수 24:2b-13)에 의하면 족장들의 유랑 역사로부터 시작되는데,[1] 이러한 유랑사는 족장사 전체의 중심 주제인 〈시련〉 주제와 잘 상응한다. 이러한 시련 주제는 이미 아브라함의 소명(창 12:1-3)과 소명 직후의 첫 출발(창 12:4-9) 속에도 강하게 채색되어 있는데, 그의 소명은 실로 하느님의 구원사 속으로 불리움을 받은, 그리고 지금 받고 있으며 또 장차 받을 많은 인물들의 소명을 조명해 주는 구원(久遠)한 한 모형으로 제시되어 있음을 발견할 수 있다.

---

1) von Rad는 실질적인 족장사의 시작을 오히려 창 12:10로부터 시작되는 것으로 보고, 12:1-9을 야비스트가 의도적으로 주장한 바 신의 절대적 약속을 수락한 자가 겪는 구체적인 시련의 삶에로 넘어가는, 즉 실질적인 족장사에로 넘어가는 과도적 부분으로 본다. 그리하여 그는 12:1-3의 소명기사 다음의 12:4-9은 아브라함의 떠나감을 그의 믿음에 대한 시범적 시험으로 본다. (그의 *Genesis*, SCM, 1970년판, p. 161 참고).

소명을 받는다는 것은 약속을 향한 자기 부정적 결단

아브라함이 야웨로부터 받은 소명 내용은, 〈~으로부터 ~에로 가라〉(lekh l'kha min~ 'el~)라는 신의 명령 속에 담겨져 있다. 즉 인류 구원사의 새로운 출발점을 터치하는 가장 결정적 순간에 하느님의 구원사에로 부름받은 첫 사람 아브라함에게 들려 온 신의 명령은 그 성격상 〈버려야 할 것〉(min=from)과 〈추구해야 할 것〉('el=to)을 명확히 제시하는 것으로 나타났다. 이것은 그 구조상 〈자기부인〉을 전제한 그리스도의 부르심, 즉 "자기를 부인하고 자기 십자가를 지고 나를 따르라"(마 16:24; 막 8:34; 눅 9:23)라는 부르심과 동일한 성격의 것이라 할 수 있을 것이다. 그런데 아브라함에게 요구된 바의 〈버려야 할 것〉은 놀라웁게도 사람이 그의 생명을 부지하는 데 절대 필요한 〈천부의 생명자원들〉(all natural roots)[2]이었다. 즉 그것들은 〈너의 땅〉('arets'kha), 〈너희 혈친〉(môladht'kha), 그리고 〈너의 아비의 집〉(bêth-'abhîkha)이었다. 실로 〈땅〉이라는 것은 인간의 삶의 가장 근본적인 거점이다. 야비스트(J)에 의하면, 본래부터 땅은 인간의 근본이었다(창 3:23, 참고, 3:19; 2:7, hā'adhāmāh 'asher luqqah mishshām). 그리하여 낙원설화나 가인설화 속에 나타난 야비스트의 신학적 주제는 다름 아닌 〈땅〉('adhāmāh-motif)이었다. 그에게 있어서 땅은 모든 인간 실존의 가장 근본적인 기초였었다(J의 창조설화가 P의 것처럼 〈하늘과 땅〉이라는 표현을 쓰지 않고 〈땅과 하늘〉이라는 표현을 쓰고 있음은 유의할 만하다! 참고. 창 2:4b). 그러므로 〈땅을 떠나 유리한다는 것〉과 〈땅이 더 이상 그에게 효력을 내어 주지 않는다는 것〉은 범죄한 가인에 대한 최대의 징벌로서 표현되었다(창 4:11-12). 인류 최초의 범죄사건인

---

[2] von Rad, *Genesis*, p.154.

아담의 범죄에 대한 야웨 하느님의 징벌도 역시 〈땅에 대한 저주〉('arûrāh hā 'adhāmāh! 창 3:17-19)였다. 즉 〈아담-아다마〉(인간-땅)의 근본적이고도 〈가장 보편적인 유대〉가 깨어진다는 것, 그것이 곧 인류가 받은 가장 원초적인 저주였다는 말이다. 그렇다면 신의 소명을 받는다는 것, 그 자체가 이미 일종의 신의 저주에 해당하는 것일까? 십자가의 죽음이 곧 신의 저주(신 21:23c!)요, 신으로부터 버림을 받는 사건(마 27:46; 막 15:34, 참고. 시 22:1)이라는 성서의 주장은 과연 무엇을 의미하는 것이며, 그것과 이 아브라함의 소명에 관한 야비스트(J)의 신앙고백적 보도 사이에는 과연 어떤 관련성이 있는 것일까? 또한 우리는 그리스도를 따른다는 것이 곧 자기부정의 결단을 의미한다(마 16:24; 막 8:34; 눅 9:23)는 성서의 주장에서부터 이 소명기사와의 신학적 연루(連累)를 발견할 수 있는 것일까? 그리고 혈친을 버린다는 것이나 〈아비의 집〉을 버린다는 것도 역시 〈땅을 버리는 일?〉과 거의 동등한 운명을 초래한다는 것, 그것은 고대 사회에 있어서는 하나의 상식이었다. 폰 라트가 지적하고 있듯이, "고향을 버리고 선조와의 유대를 깨뜨리는 일을 고대인들로부터 기대한다는 것은 거의 불가능한 것이었다."[3] 고대 사회에 있어서 혈친(môledkheth)은 생명을 지켜주는 절대적인 후원자였다. 즉 고대 사회의 질서를 유지하는 유일한 힘은 혈친보복의 법이었다. 가인설화의 배후에는 이러한 고대사회의 상황이 반영되어 있는데, 야비스트(J)는 그 가인설화 속에서 야웨를 아벨의 혈친보복적 구원자로서 묘사했을 뿐만 아니라 심지어는, 감히! 형제 살해자 가인을 위하여서는 〈혈친보수자〉(血親報讐者)가 되어 주셨다고 묘사했다.[4] 야웨가 살인자를 위한 혈친보수자도 되시다니![5] 그러

---

3) *Ibid.*, p. 157.
4) Ch. T. Fritsch, 『창세기』(문익환 역), 기독교서회, 1968, p. 55를 참조하라.
5) 가인의 "무릇 나를 만나는 자가 나를 죽이겠나이다"는 말은 혈친보수자에 대한 공포를 표현한 말이 아니라 유랑하는 사막의 무법 상태에 대한 두려움을 나타낸 말이다. 참고. J. Skinner, *Genesis* (I. C. C), 1951년판, p. 109.

므로 야웨가 살인자 가인과 더불어 맺은 괴이하고 특수한 관계 또는 가인이 비록 야웨와의 계약관계 밖에 있는 겐족의 조상이었으면서도 야웨와 긴밀하게 가지게 된 이른바, 야웨와 맺은 저 수수께끼 같은 관계"[6]가 나타내고 있는 저 유명한 〈가인의 표〉도 곧 다름아닌 "야웨가 살인자 가인을 위해서도 혈친보수자가 되셨다"는 것을 나타내는 하나의 은총의 〈표〉('ôth: sign)였다 하겠다. 따라서 우리가 비록 이 설화의 사상적 신학적 배경은 더 깊은 데서 찾을 수 있다 하더라도(본서 3부의 "1. 가인의 표가 가지는 의미"를 참조하라), 고대 사회의 사람인 아브라함에게 있어서 혈친을 버리는 일이란 불가능에 가까운 일이라는 것을 우리의 본문이 증거하고 있다 하겠다. 특히 "유목민에게 있어서 혈친을 떠난다는 것은 절대적인 생명 보호와 안전을 버린다는 것"[7]을 의미하기 때문에 더욱 그러하다. 이러한 점에서라면 〈아비의 집〉(beth-'abh)을 버린다는 것도 마찬가지라 하겠다. 그것은 화기애애한 가족적 유대관계를 찢어놓는다는 의미에서만이 아니라, 정신적 삶의 근원을 상실한다는 의미에서 더욱 그렇다. 현대뿐만 아니라 고대 사회에 있어서도 정신적 공황은 비극 중의 비극이었다. 그것은 또한 제사문서 기자(P)가 그의 창조설화를 서술할 때 "보시기에 좋았더라"라는 후렴구의 반복에 의해서 발전시켜 나간 데 비하여, 야비스트(J)는 "사람이 홀로 있는 것이 좋지 않다"(창 2:18)라는 부정적 표현을 씀으로써 공존거부를 악으로써, 그리고 관계상실을 가장 큰 비극으로서 나타냈다는 데서도 밝혀진다 하겠다. 분명히 이 모든 표현들은 모두 땅, 혈친, 아비의 집을 떠난다는 것은 곧 자기부정적 결단(마 16:24; 막 8:34; 눅 9:23)을 의미한다는 것을 우리에게 말해 주고 있다 하겠다. 야웨의 종으로서 부름을 받는다는 것은 "입으로 예수를 주로 시인하는 것"(롬 10:9)과 같이 그렇게 값싸게 은총만으로(sola gratia)의 도그마가 제시

---

6) von Rad, *op. cit.*, p. 104.
7) A. S. Herbert, *Genesis 12-50*, SCM, 1974년판, p. 26.

하는 〈외곬〉을 따라가는 일과 같은 그런 것은 아니다. 이 소명사건은 자기부정의 결단을 요청하는 사건이요, 지연과 혈연과 인연(人緣)이라는 원초적 결속을 벗어버리라는 요구이며, 땅, 혈친, 아비의 집이라는 기존의 땅의 질서(status quo)와 그 기반(羈絆)을 초월하고 극복하라는 신의 명령이다. 그러나 그것은 무엇 때문인가? 야비스트(J)의 답변은 간단하고도 명백했다. 즉 "야웨께서 지시할(보여 줄) 땅으로 가기 위하여서"이다. 그러나, "너의 땅을 버리라"는 명령과 "내가 보여 줄 땅을 향하여 가라"는 이 두 명령의 역설적 조화를 어찌 우리의 이 서투른 필법으로써 다 표현할 수 있으랴! 〈너의 땅〉은 버릴 것이지만 〈나의 땅〉은 추구해야 할 것이라는 이 모순같은 역설을! 그러나 놀랍게도 이 〈나의 땅〉은 어디까지나 〈내가 네게 보여 줄〉('asher'ar'ekha) 땅에 불과하다는 것이다(〈줄〉 땅이 아니라 〈보여 줄〉 땅). 분명히 이것은 〈완전한 불확실성〉(complete uncertainty)[8])에 대한 표현이다. 그러나 생의 근거를 다 버리고 추구해야 할 그 대상이 바로 이와 같은 막연하고 불확실한 것이라니! 저토록 불확실한 길을 걸어간다는 것이 곧 하느님의 위대한 구원에로의 대장정을 돌진해 가는 개척자적 길이라니!? 그러나 그것은 어디까지나 신의 〈약속〉이다. 그러나 〈약속〉이라는 것은 그 약속을 주시는 자의 신실성을 전제하지 않으면 언제나 막연하고 불확실하다는 것이 그 특징이다. 기독교의 신앙도 전혀 이와같은 〈약속에 대한 신앙〉에 불과하다는 사실은 놀랍지 않은가! 그렇기 때문에 히브리서 기자는 "믿음은 보이지 않는 것들의 증거"(히 11:1)라고 했던 것 같다. 그럼에도 성서는 늘 야웨의 부름을 받는다는 것이란 어디까지나 이와 같이 〈약속〉을 향한 자기부정적 결단이어야 한다고 증언해 왔다. 여기에서 우리는 비로소 아브라함은 믿음의 조상이라는 확증을 얻게 되는데, 실로 그러한 불확실한 조건 아래서의 아브라함의 순종(창 12:4)이야말로 능히 그를 "믿음의 영웅, 히브리적 경건의 이

---

8) von Rad, *Genesis*, p. 161.

상적 모형"⁹⁾으로 만들 수 있었던 것이라 하겠다.

"믿음으로 아브라함은 부르심을 받았을 때 순종하여 장차 분깃으로 받을 장소를 향하여 갔지만 어디로 가야 할지를 알지 못하고 떠났습니다" (히 11:8).

소명받는 자의 삶은 세계 운명의 근원

자기부정적 결단을 요구하는 신의 명령을 들은 후 아브라함은 매우 놀라운 전대미문의 축복 약속을 받는다. 그 축복 약속(창 12:2-3)의 내용은, (1) 너를 통하여 큰 민족을 이루게 해 주겠다는 약속과, (2) 너의 〈이름〉을 크게 유명하게 해 주겠다는 약속, 그리고 (3) 너로 하여금 모든 열국(세계)의 운명을 좌우하는 세계의 축복과 저주의 근원이 되도록 해 주겠다는 약속 등으로 집약할 수 있다. 이 이상 더 빛나는 축복이 어디 있겠는가? 그러나 족장설화의 시련 주제가 암시하고 있듯이, 이 부름받은 자가 받고 있는 축복은 결코 특권이 아니라, 하나의 고달픈 〈과제〉라는 데 문제가 있다. 물론 이를 이해하기 위해서는 족장사 전체에 대한 이해가 전제되어야겠지만, 이스라엘의 대표적 족장들로 손꼽히는 아브라함, 이삭, 야곱의 아내들이 기묘하게도 모두 생산 능력이 없는 여인들이었다는 주장(창 16:1; 25:21; 29:31), 자기 아내를 남의 남자 품에 넘겨줄 수밖에 없는 곤욕을 치루었다는 보도(창 12:11-16; 20:1-3¹⁰⁾; 26:6-11), 사막 땅에서 천신만고 끝에 파

---

9) J. Skinner, *Genesis*, p. 243.
10) 창 12장과 20장의 기록은 사라의 곤욕에 관한 이중기사로 보이는데, J(12장)는 족장의 실수를 변호함이 없이 사라가 수치를 당했다고 기록하지만, E(20장)는 족장의 실수를 변호하기 위하여 사라가 수치를 당하지 않은 것으로서(20:4-5) 정정하고 있다. 여기서 우리를 J의 탈민족주의적 세계주의와 E의 민족주의적 보수주의를 대조적으로 읽을 수 있다.

놓은 샘(Oasis)들을 원주민들에게 탈취당했다는 보고(창 21:25; 26:20-22), 원주민의 추장 아들(오히려 추장?)로부터 이스라엘의 딸이 능욕을 당했다는 이야기(창 34:1-2) 등을 통해서 쉽게 알 수 있듯이, 이상의 세 가지 축복 약속은 고달픈 시련을 통하여 갔고, 그것도 자기 대에서는 그 약속 성취의 광영을 못 본 채 애굽의 노예 생활, 애굽 탈출, 그리고 광야 유랑의 고통스런 역사 속으로 넘겨졌던 이른바 〈가시 돋힌 장미〉와 같은 성격의 것이었다. 그러나 그것이 곧 이스라엘적 축복이었다. 예컨대 생산 능력이 없는 여인들로부터 하늘의 별들처럼 해변의 모래 같이 번성한 큰 민족이 형성될 것이라는 것(창 15:5; 17:6; 26:4; 28:14), 환도뼈가 부러지도록 타격을 맞아 위골된 〈허리!〉로부터 열왕들이 나올 것이라는 것(창 35:11) 등이 곧 이스라엘적 축복의 역설성을 입증하고 있다 하겠다. 그러나 이 모든 축복들이 시련의 길을 통하게 될 것이라는 것보다 더 무거운 과제가 이 축복들 속에 개재되어 있는데, 그것은 축복의 약속으로써 부름을 받은 그의 삶이란 어디까지나 이 세계사를 구원사로 엮어 가시는 야웨 하느님의 대구원사 속으로 초청받은 삶으로서 많은 열국이 쳐다보는 패러디그매틱(paradigmatic)한 삶이라는 점이다.

"너는 복의 근원이 될지라. 너를 축복하는 자에게 내가 복을 내리고 너를 저주하는 자에게 내가 저주하리니 땅의 모든 족속이 너를 인하여 복을 얻을 것이니라 하신지라"(창 12:2c-3).

말하자면 야웨께서 역사 안에서 〈아브라함과 그의 후손을 통하여〉 역사하시는 그 구원사에 동참하느냐 않느냐에 따라서 열국의 운명이 즉 세계의 운명이 결정된다는 것이다. 즉 아브라함은 "세상의 빛과 소금"(마 5:13, 14)으로서 부름을 받았다는 것을 의미한다. 그 빛에 거하는 자는 빛 안에서, 그 소금의 침투를 받는 자는 부패되지 않는 사회 안에서 살게 될 것이다. 즉 이를 바꾸어 말한다면, 부름받은 자가 그 빛을 밝히느냐 않느냐에 따라서 세상이 밝아지거나 어두워지거나 할 것이며, 소명받는 자가 그 맛을 내느냐 못 내느냐에 따라서 세상의 부패가 방지되느냐 방치되느냐가 결정된다는 것이다. 그러나 폰 라트가 예리하게 지적해 주었듯이 "우리의 설화자는, 하느님이 여기서 하시고 있는 일을 그로 하여금 '사람들의 반대를 받는 표징'(눅 2:34)이 되게 하시는 것으로서가 아니라 우주적 축복의 근원이 되게 하시는 경륜으로서 생각하고 있음"[11]이 분명하다 하겠다. 왜냐하면 우리의 텍스트에서는 저주의 사상보다는 축복의 사상이 압도적이며, 심판보다는, 비록 잔혹한 시련의 길을 통한다 하더라도, 그 궁극은 구원을 지향하고 있기 때문이다. 그러나(!) 비록 그렇다 하더라도, 우리가 어떻게 여기서 낙관론적 분위기만을 호흡할 수 있겠는가? 비록 스킨너는 여기서 원역사에서 구상했던 것과는 매우 대조적인 야비스트(J)의 낙관주의적인 정신을 호흡할 수 있는 것이라고 시사하고 있다 하더라도, 이 소명기사가 가진 분위기의 차이가 그 다음 이야기 속에서 급격히 소멸된다는 점을 감안할 때(족장사 전체의 수치스러운 분위기를 상상이나 해 본다면!), 빛이 빛을 잃을 때와 소금이 그 맛을 잃을 때의 위기도 함께 느끼며 이 본문을 읽어야 할 것이 아니겠는가? 실로 아브함라의 소명은 소명받은 자가 가질 세계 역사의 축으로서의 삶, 세계 운명의 관건(축복과 저주의 관건)으로서의 삶을 요청하는 그런 비장한 성격의 것이라 하겠다.

소명받은 자의 길은 순례의 길

이미 우리는 소명받은 자의 비장한 결의와 그 받은 신의 약속 속에 개재된 영광과 비애의 요소를 모두 읽어왔다. 그러나 우리는 불

---

11) von Rad, *Genesis*, p. 155.

확실한 약속을 믿고 무조건 그 부르심에 복종하고 떠난(wayyēlekh; 창 12:4) 그의 장엄한 출발이 "마침내"(창 12:5) 가나안에 들어간 후에도 그는 오히려 다시 "그 땅을 통과하고"(wayya'abhor bā'ārets; 창 12:6), 계속하여 "점점 남방으로 옮겨 갔다"(창 12:9)는 보도 앞에서 당황함을 느끼게 된다. 뿐만이 아니다. 가나안 땅 그 곳에 나타나신 야웨께서 아브라함을 향하여 참으로 허탈감에 빠지게도, "이 땅을 내가 네가 아닌 〈네 자손에게〉 주리라"라고 말씀하시는 것을 들을 때는 일종의 좌절감마저 느끼게 된다. 여기서 우리는 아브라함의 소명 속에 담긴 신의 약속이 성취될 그 〈때〉는 아득히 아브라함의 생 저 너머로 넘어가고 있는 애처러움과 안타까움을 느끼게 된다. 소명받은 자가 받은 약속, 그것은 그의 다음 세대를 위한 순례적 성격의 것임을 본다. 자신의 영광과 기쁨을 위한 것이라고는 아무 것도 남겨두지 않은 철저히 황량한 순례의 길! 이 순례의 길조차도 명확한 목적지가 밝혀지지 않은 채 단지 "점점 남방으로 옮겨 갔을"(창 12:9) 뿐인 저 길! 그러나 아브라함은 그 곳, 남아 있는 희망의 잔재조차도 훑아가 버리는 또 하나의 새로운 순례의 길 위에서, 가슴 한 곳 모서리에 맴돌아 돌아드는 한 조각 꿈마저 깨쳐버리는, 이른바 "이 땅은 네가 아닌 네 후손을 위한 땅이다"(창 12:7)라는 신탁을 듣는 이 순간에도, 그는 결코 그의 순례를 후회하지 않았고, 오히려 그 곳에서 〈그〉 신탁의 주 야웨를 위하여(!) 단을 쌓았던 것이다! 그 곳이 바로 저 유명한 가나안의 고성이요 고대성소가 있는 〈세겜〉이었고, 그 단이 바로 약속의 땅에서 최초로 세운 제단이 되었던 것이다. 뿐만 아니라 순례의 발걸음을 옮겨 놓을 때마다 아브라함은 끊임없이 "단을 쌓고 야웨의 이름을 불렀던"(창 12:8b) 것이다. 비록 이 행위를 이방인들을 향한 아브라함의 선교행위로 보려는 루터의 해석(Predigte den Namen des Herrn)이 주석가들의 지지를 전혀 얻고 있지 못한다 하더라도[12], 그의 끝없는 순례가 그의 〈약

---

12) 참고. von Rad, *Genesis*, p. 157; Skinner, *Genesis*, p. 247.

속신앙〉과 〈소명받은 자의 자세〉를 결코 흐트러 뜨리지는 않고 있다는 증언만은 분명하게 들을 수 있다. 그는 순례의 길, 나그네의 길을 자신의 소명에 대한 순종을 위해서 〈그저〉(이에 갔고wayyēlekh!)[13] 걸어가고 있을 뿐이다.

그리고 그의 미래의 고향에 도착했음에도 그 곳을 지나쳐 "점점 남방으로 남방으로 옮겨 갔을"(창 12:9; 참고. 12:6) 뿐이다. 물론 그는 그의 이동의 목적지를 알지 못한 채[14] 오직 약속의 땅을 향한 순례를 계속할 뿐이다.

"믿음으로 아브라함은 약속의 땅에 있을 때도 같은 약속을 함께 상속받을 이삭과 야곱과 함께 〈나그네〉처럼 천막에서 살았습니다"(히 21:9)

결론

소명받은 자의 길, 그 길은 오직 야웨의 약속에만 희망을 건 순례의 길이다. 그 야웨의 약속에 대한 신앙 때문에 땅도, 혈친도 아비의 집도 버리고(마 12:48-50; 막 3:33-35; 눅 8:21) 오직 야웨의 뜻을 실현하기 위해—야웨의 구원사를 성취시키기 위해서만—나아가는 순

---

13) von Rad는 아브라함의 이 행동 wayyēlekh을 〈맹목적인 순종〉이라고 설명했고, 이 〈wayyēlekh〉라는 한 마디 말은 어떤 심리학적 묘사보다 더 효과를 내는 말이라고 평하면서, 그 장중한 단순성은 이 사건의 중요성을 아주 훌륭하게 정당화시켜 주고 있다고 했다. 참고. *Genesis.*, p. 157.

14) 폰 라트에 의하면 창 12:9의 설화자는 물론 아브라함이 헤브론의 마므레 상수리 수풀에 이르러 거기 거했다는 창 13:18의 기사를 예상하기를 원치는 않았다는 것이다. 그러나 혹자는 창 12:1-9이 자세한 지역을 말함에 있어서 정밀하지 못하다는 이유로 그 다음에 계속되는 족장설화의 대부분이 그러하듯 어떤 한 지역을 중심하고 이루어지는 독립된 설화로부터 12:1-9이 유래한 것은 아니라고 생각한다(Gunkel). 그러나 폰 라트에 의하면 오히려 그와는 반대로, 야비스트가 12:1-9을 원역사로부터 새로운 아브라함 설화군으로 옮아가는 하나의 전이로서 창안해낸 것이라고 보아야 한다는 것이다. 그의 *Genesis*, pp. 157-158 참고.

례의 길이 소명받은 자의 길이다. 그 길에는, 구약 고대사 일반이 우리에게 말해 주듯이, 수많은 이교들의 유혹과 도전이 길을 막고 있었다. 세겜과 벧엘은 히브리인들의 이동보다는 훨씬 고대에 이미 가나안 땅에 자리잡고 있었던 이교의 성소들(아브라함과 관련된 사대 성소: 세겜, 벧엘, 헤브론, 브엘세바)이었다. 그들이 이스라엘의 성소로서 합법화된 것은 오직 그곳(마콤)[15]에서 하느님의 현현(theophany)이 일어났다는 사실 때문에 된 것(출 20:24[E])일 뿐, 본래의 그곳들은 전혀 이교의 성소들이었다. 또한 세겜 땅의 "모레 상수리 나무"(신탁을 베푸는 나무(ēlōn môreh); 창 12:6)도 역시 고대인들이 그곳에서 신탁을 기대했던 원초적 나무 예배의 잔재다. 그러나 야비스트는 아브라함이 그 장소들에서 오직 〈야웨를 위하여〉 단을 쌓고, 오직 〈야웨의 이름〉을 불렀노라고(창 12:8b) 말해 버린다.[16] 그러므로 그의 길은, 뿌리 깊이 생활화된 이교의 사회 속을 〈나그네〉로서 유랑하면서도 그 눈에 구체적으로 보이는 관능적, 문화적 유혹(호 2:5[7])에 굴하지 않고 오직 보이지 않는 야웨의 약속만을 향하여 걸어간 길이었다. 그러므로 그의 길은 순례의 통속적 의식이 아니었다. 그의 길은 자신의 생의 기반을 전부 내어던져서 오직 야웨의 약속 성취만을 향해 가는 순례의 길, 이른바 구원사라는 대항해의 길을 비추는 등대로서 살아가는 길, 세계 역사의 축으로서, 세계 운명의 관건으로서 살아가는 길이다. 그 길은 야웨의 구원사적 선교 역사 속을 뚫고 가는 세상의 빛으로서의 길이다.

---

15) 창 12:6의 "세겜 땅"은 원문에 meqōm shēkem으로 되어 있는데, meqōm 즉 "곳" 또는 "장소"는 창 22:4;28:11;35:1;출 3:5; 삼상 7:16; 렘 7:12에서처럼 <성지 sacred place>에 대한 전문적 용어이다. 참고. Skinner, Genesis, p. 246.

16) 창 14:22에서도 아브라함은 14:20에 나타난 멜기세덱(이교 제사장)의 축복사('el-'elyôn에 대한 축복사)에 대하여 "야웨 엘리욘"에 대한 서약으로써 응답하고 있고, 21:33에서는 브엘세바의 신 'êl-'ôlam을 야웨에 대한 형용사로 대치하고 있다. 편집자의 신학은 결코 'el-'elyôn이나 'el-'ôlam을 족장의 신들로 보지는 않는다.

5

새로운 인간상

창세기 25:21-34;27:1-35:29

우리가 구약성서를 읽을 때, 특히 고대의 역사설화 속에 나타난 그들의 신앙고백적 기록들을 볼 때, 히브리인들의 설화기술법이 놀랄 정도로 현실적이고 솔직하며, 때로는 매우 파격적이고 대담하다는 사실을 발견하게 된다. 특히 창세기 25장으로부터 35장에 이르는 부분에 포함되어 있는 야곱과 에서에 관한 이야기는, 비록 그것이 매우 기복이 심한 또는 서로 상반된 전승자료들의 결합에 의한 중복 또는 모순으로 얽혀 있기는 해도, 그 드라마적 성격이 주는 휴매니스틱한 감동이나 그 세미한 편집, 신학적 착색이 주는 신앙적 교훈은 20세기 현대인들을 가히 놀라게 만든다. 그러나 히브리인들은 그들의 위대한 신앙의 선조들의 파란만장의 생애를 흩어져 있는 구전들과 단편적인 문서전승의 자료들을 기초로 하고 서술할 때 결코 그들의 믿음의 선조들의 생애를 미화만 하려고는 하지 않았다. 물론 어떤 전승자료들은 이미 있는 이야기를 다소 수정하거나 아니면 다른 이야기를 연결시킴으로써 약간의 변화를 시도하기도 했다. 아주 쉽게 발견되는 예를 들면, 아브라함이 그의 아내를 이방 남자로부터 보호하려고 누이동생이라고 속였다가 도리어 이방인 왕에게 수모를 당하게 하는 결과가 되었다는 이야기를, 어떤 다른 전승자료에서는 아브라함의 아내 사라가 이방인 남자에게 수모를 당했다는 이야기만은 수정해서 사라가 하나님의 도우심에 의해서 수모를 당할 그 위험한 찰나에서 극적인 구출을 받았다고 변경하는 경우라든지, 또는 여기 우리 본문에서도, 한편에서는 야곱이 형의 분노를 피하기 위하여 외삼촌댁으로 도망했다고 보도하는가 하면, 어떤 다른 전승자료는 그가 그런 이유로 외삼촌댁으로 간 것이 아니라 야곱이 이방 여인인 가나안 여인과 결혼할 수는 없으므로 그가 부모의 가문 내의 한 여인과 결혼하기 위하여 외삼촌댁이 있는 밧단아람으로 보내졌다고 수정되어 전하고 있는 것 등은 그러한 예들이라고 할 수 있다. 그러나 우리의 관심은 이와같은 각 문헌들의 서로 다른 출처를 규명하는 데 있는 것이 아니고, 그 서로 다른 출저의 자료들이 모여서 오늘의 우리의 본문으로 완결된 그현재의 본문 속에 그려진 이스라엘 선조 야곱의 모습을 그의 형이요 동시에 에돔 민족의 조상인 에서와 비교하면서 그 인간상의 밝고 어두운 면, 낡은 면과 새로운 면을 살펴봄으로써 히브리인들이 그 부조리한 인간 현실 속에서 추구하고 계몽하는 바, 그 새로운 인간상이 과연 어떤 것인지를 찾아 보려는 데 있다.

    이러한 관점에 서서 창세기를 들여다 보면, 우리는 우선적으로 창세기 기자들이 그들의 조상 야곱을 결코 경전적인 인물로 이상화시키고 있지 않다는 점에 놀라움을 갖게 될 것이다. 즉 우리는 이스라엘의 대표적 선조인 야곱이 범했던 바, 인간적인 면에서나 신앙적인 면에서 실격한 모순과 허물들이 수없이 많이 숨겨지지 않은 채 노출되어 있음을 본다. 사실 창세기 12장으로부터 50장에 이르는 이스라엘 족장의 역사는 요셉이라는 인물 하나를 제외하면 그 인품을 결코 자랑할 수 없는 매우 불완전한 인물들의 생애를 그려 주고 있음을 본다. 그 중에서도 우리가 인간적으로 가장 용납할 수 없는 모순의 인물로 손꼽히는 선조가 바로 야곱이라 할 수 있다. 그러므로 이러한 인격적으로 모순이 많은 야곱이 어떻게 하여 이스라엘 형성의 주도적 요소인 12지파의 족장들의 아버지일 수 있으며, 그가 곧 〈이스라엘〉이라는 이름을 받은 이스라엘 민족의 직접적인 선조로서 높임을 받을 수 있느냐 하는 문제는 또한 풀기 어려운 수수께끼라고 할 수 있다. 뿐만 아니라 누가 보더라도 야곱과는 비교도 안 될 매력있는 인간미와 남성다운 멋을 지니고 있는 〈에서〉가 어떻게 해서 간교한 야곱으로부터 밀려나고, 하느님의 축복에서부터 제외된 것인가 하는 것도 역시 풀어야 할 문제 중의 하나라고 하지 않을 수 없다. 그러나 이 수수께끼같은 설화는 흥미있는 하나의 민간 소설은 물론 아니다. 사실 그것은 히브리 민족의 전역사를 가장 리얼하게 투영해 놓은 일종의 역사 설화이다. 그러므로 이 설화들은 그들 선조들의 고달픈, 너무도 인간적인 생애가 거짓없이 소개되고 있는 것이라 하겠다. 그러나 그들의 역사 설화가 단순한 역사적 사건에 대한 객관적인 사실 보도가 아닌 하나의 설화인 이상, 우리가 거기서부터 어떤 객관적인 역사 보도를 들으려 하거나, 그 설화를 통해서 어떤 분명한 역사적 고증을 찾아내려고 하는 일은 일단 보류하여야 할 것이다. 단지 우리는 여기서부터 히브리인들이 그려놓은 휴매니스틱한 인간상들을 발견하고, 거기서부터 그들의 생에 대한 자세와 신앙의 한 결단을 읽어 내려고 해야 할 것이다.

우선 우리는 이 설화 속에서 주인공으로 등장된 〈에서〉와 〈야곱〉이라는 두 인간이 매우 대조적으로 묘사되고 있는 점을 고려해야 할 것이다. 그것은 마치 우리가 누가복음 15장에 나오는 두 아들에 관한 비유, 일반적으로 〈탕자의 비유〉로 알려져 있는 그 비유를 읽는 것과 같은 기분을 갖게 해 준다. 그러나 야곱과 에서의 이야기는 율법주의적 생활 태도와 대결하려는 데 주 목적을 둔 누가복음의 두 아들 비유와는 그 기록의 동기가 같다고는 볼 수 없다. 그러나 그 대조법적 묘사와 그 전개방식에 있어서는 상당한 평행점이 발견되고 있다. 우선 맏아들은 두 이야기 모두에서 부모의 선산이 있는 땅에서 집을 지키고 있는 믿음성 있는 한 가정의 지주이지만 둘째 아들은 두 이야기 모두에서 집을 나간 방랑자로 묘사된 점, 또는 두 이야기 모두가 둘째 아들에게 많은 인간적인 허물이 있는 것으로 정의되고 있다는 점 등은 상당한 공통점을 제시해 주고 있는 것으로 보인다. 그러나 그 무엇보다도 두 설화가 모두 이상적인 인간성을 믿음성 있는 맏아들에게서부터 그려내지 않고 전통이 별로 지지하지 못하는 둘째 아들에서부터 찾으려고 한다는 점이 우리의 주목을 끄는 점이라고 할 수 있다. 사실 이것은 하나의 〈우연〉이라고는 결코 볼 수 없는 성서적 사유의 한 역설적 특징이라고 볼 수 있다. 그러므로 우선 우리는 그 두 인물의 특징을 개괄적으로 대조해 보는 일을 해야 하리라고 생각한다.

두 인간

전자는 〈에서〉, 후자는 〈야곱〉이다. 성서의 증언에 의하면 이들은 한 어머니의 뱃속에서부터 서로 세상에 먼저 나가서 세상에서의 기득권을 얻겠다고 싸움을 했다는 것이다. 우리의 본문 25장 22절은, 이 복중의 쌍둥이가 서로 싸우는 것이 하나의 불길한 흉조로서 이해한 산모는 근심 중에 여호와(야웨)에게로 나아가서 그 뜻이 무엇인지를 물은 것으로 보도해 주고 있다. 이것은 곧 문화세계의 갈등에 대한 예표이기도하다. 한 사람은 사냥꾼의 조상, 한 사람은 양치는 목양자의 조상, 이 두 개의 문화 사이의 팽팽한 긴장관계, 에돔 민족과 이스라엘 민족의 동족상쟁 관계, 그것은 곧 우리의 문화세계의 한 특징이기도하다. 인류는 너 나 할것없이 이러한 긴장관계의 소용돌이 속에서 살아가고 있다 하겠으며, 이러한 긴장된 문화세계에서 인간들은 각자의 인간상을 서서히 그려가고 있는 것이라 하겠다.

〈에서〉는 한 마디로 말해서 멋있고 인간미 넘치는 사나이였다. 검소하고 소박하며, 비탈진 산길을 타고 다니며 다져진 단련된 체구를 가진 남성다운 사나이로서, 그는 결코 성격상 복잡하게 엉킨데가 없는 순수한 자연인이었다. 그러므로 그는 남을 의심할 줄을 몰랐다. 동생 야곱이 팥죽으로 자기를 유인할 때, 그 유인 속에 담겨있는 간교한 계책을 그는 결코 의심해 보지는 않았다. 고대 팔레스틴에는 수림이 많았고 사냥이 성행했다. 그리고 사냥꾼들은 사냥이 제대로 안 될 때는 종일 굶고 다니다가 허기진 몸으로 집으로 돌아오는 일도 많았다. 그러므로 에서가 경솔히 팥죽한 그릇에 장자의 명분을 팔아 넘겼다는 것은 그의 어리석음, 그의 미련함, 또는 그의 탐욕의 소산이라고 보기는 어렵다고 하겠다. 오히려 그의 꾸밈없는 삶의 자세의 한 면을 보여 줄 뿐이다. 사실 그는 팥죽 한 그릇에 장자의 명분을 거는 그 무슨 인생도박 같은 것에는 관심이 없었고, 자기는 생을 거짓없이 살아갈 뿐이었다. 이것은 당시의 사냥꾼의 생리였고 또한 사냥꾼의 삶의 자세였다고 볼 수 있을 것이다. 그러므로 에돔 민족의 조상 에서를 탐욕과 미련의 한 표상처럼 보는 것은 이스라엘의 독선적 선입견에 서 온 것이거나, 이스라엘과 에돔의 감정 갈등의 한 소산이라고 볼 수 있을 것이다. 또한 그는 잠언의 지혜자가 지혜인으로 규정한 인물처럼 분노를 오래 품지 않는 성격의 사람이었다. 우리의 본문이 증언하는 바에 의하면, 에서는 그의 축복은 동생에게 간교히 탈취당한 것을 깨달았을 때 동생을 죽이리라고 다짐하면서 분을 내었지만, 그 분을 결코 더 이상 오래 갖고 있지는 않았다. 이미 그의 어머니 리브가가 에서의 성격은 비록 분을 낸다 하더라도 그것이 그리 오래 가지는 않는다는 것을 알고, 야곱을 형의 분노가 풀릴 때까지 몇날 동안만(창 27:44, 45) 외삼촌댁으로 피신시켰다는 것이 바로 그것을 말해 준다고 하겠다. 특히 야곱이 가나안으로 돌아올 때 에서가 취한 태도는 본문 33장 4절이 말하고 있듯이, "달려가서 그를 맞이 안고 목을 어긋 맞기며 입을 맞추고 울었던" 그의 태도는 가히 용서하시는 하느님에 비유될 정도였다. 즉 누가복음 15장의 두 아들 비유는 하느님으로 비유되는 〈아버지〉가 달려나아가 방탕의 길에서 돌아온 둘째 아들을 기쁘게 영접한 것으로 되어 있다. 〈에서〉에게 있어서도 이러한 영접은 단순한 형식적 인사의 한계를 넘어가는, 즉 아름다운 인생 경험의 극치를 표현한 행위라고 볼 수 있다. 에서의 이러한 표현은 단순한 하나의 제스추어는 아니었다. 에서는 조금도 인색함이 없이 동생을 용서했고, 아무런 유감의 여운을 남겨놓지 않은 채 야곱의 곁을 떠나갔다. 참으로 그는 멋있는 남성의 기질을 가진 자였다. 그러나 이러한 에서의 모습에 비해서 야곱의 모습은 매우 대조적이었다. 〈야곱〉은 우선 그 성격의 비정성과 교활함이 사람들의 비위를 거슬리고 있다. 허기져 돌아온 형의 약점을 이용하여 팥죽 한 그릇으로 장자의 직분을 탈취한 것도 나쁘지만, 눈먼 아버지를 속여서 형인 양 자신을 위장하고 아버지의 축복을 훔쳐간 그 비정성은 오히려 분노를 자아내게 할 정도라 하겠다. "소경을 악용하지 말라"(레 19:14)는 계명은 "이웃 사랑하기를 네 몸과 같이 하라"(레 19:18)는 율법의 기본 계명의 필수적인 전주곡이었다. 그러나 야곱의 악은 오히려 아버지를 기만했다는 데서 더욱 더 강조되어야 한다. 즉 구약 율법에 의하면, 인간에게 주신 하느님의 첫째 계명은 "부모를 공경하라"(출 20:12)는 것이고, "아비나 어미를 저주하는 자는 반드시 죽일지니라"(출 21:17)는 절대 금령이 그들의 기본 율법이라는 점에서 볼 때, 야곱은 거의 구제 가능성이 없는 인간같이 보인다. 노쇠해서 눈이 먼 아버지, 그 아버지를 속이기 위하여 몸에 털을 붙이고 음성을 변조해서 에서의 흉내를 낸다는 것은 이스라엘 선조의 모습으로서는 가히 상상도 할 수 없는 것이었다.

히브리인 역사 설화자는 이 두 인간 사이에 서서 이 두 인간을 직시한다. 그는 추호도 이스라엘 선조의 윤리나 도덕을 신령화시키거나 변명하려 하지 않았다. 그렇다면 히브리 사가는 이 두 사람을 통하여 무엇을 배우고 있고 또 가르치고 있는 것일까? 왜 에서가 아니라 야곱이 축복의 계승자가 된 것일까? 히브리인들이 추구하는 인간상은 무엇일까?

왜 〈에서〉가 아니고 〈야곱〉인가?

여기서 히브리인 역사 설화자는 이 물음에 대한 분명한 논리를 전개하지는 않았다. 단지 히브리 사가는 25장 32절과 34절에서 에서가 장자의 명분을 경솔히 생각했다는 짤막한 논평만을 붙일 뿐이다. 〈장자의 명분〉이란 문자 그대로 〈생의 기득권〉을 의미한다. 이 〈생의 기득권〉은 본래는 종교적 의미가 없는 어떤 물질적인 그리고 정치적인 기득권을 의미했다. 그러나 〈생의 기득권〉이란 창조 신앙이라는 근원적 신앙의 차원에서 볼 때는 깊은 종교적 의미가 들어 있는 것이라 할 수 있다. 그러나 거기에 그 무슨 종교적 의미가 부여되었느냐 되지 않았느냐 하는 것은 큰 문제일 수가 없을 것이다. 왜냐하면 〈생의 기득권〉의 문제는 종교나 비종교를 막론하고 모든 차원을 다 감싸는 범 우주적인 하느님의 창조섭리와 관련되었기 때문이다. 에서의 결정적 오류는 바로 여기서부터 시작되었다고 할 수 있다. 즉 에서는 그에게 부여된 생명의 기본 권리를 존중하고, 그 가치의 존귀함을 인정하는 일을 경솔히 생각했던 것이다. 즉 자기의 생에 진지하지 못했다. 흔히들 우리는 주어진 생에 대한 성실, 자기의 생에 대한 사랑, 이것을 내버리는 것이 최고의 도덕인 양 생각하는 경향이 있다. 무조건 희생하고, 무조건 양보하고, 무조건적인 자기 포기를 최고의 미덕으로 생각하는 경향이 있다. 어쩌면 에서는 장자의 기득권에 매달리지 않는 활달성을 하나의 자랑으로 생각했는지 모른다. 그것은 하나의 오류였다. 히브리인의 사고는 바로 이 점에서 위대함을 갖고 있다. 히브리인들은 현재의 나의 생, 나의 생득권, 그것을 성실히 지켜 가는 것을 하느님 앞에서 인간의 기본 자세라고 믿었다. 그러므로 이웃 사랑의 최선은 자기 몸을 사랑하는 것만큼의 경지에 이르는 것이었다. 물론 이것은 하나의 역설이긴 하지만, 바로 이러한 자기에 대한 진실과 성실이 곧 다름아닌 남에 대한 올바른 성실로서 나타날 수 있다는 것이다. 그러므로 자기를 부인하고 십자가를 진다는 것은 결코 자기의 생의 기득권을 만홀히 여기는 것은 아니다. 즉 에서의 경솔을 가리켜 아우를 위한 자기회생 또는 자기부인의 십자가를 지는 행동이라고는 어느 누구도 평가할 수 없을 것이다. 자기의 생득권을 가볍게 보는 휴매니즘보다는 오히려 경솔히 다루어진 남의 생득권을 자기의 것으로 만드는 비정성에 히브리인들이 더 관심하였다는 것은 결코 우연이라 할 수는 없을 것이다. 인간이 인간다와지는 첫 번째 자세는 자기의 생에 대하여 적극적인 자세를 갖는 일이라 할 수 있다. 히브리인들은 이 지상의 생의 현실을 경시하는 초자연주의 또는 초역사주의 등에는 결코 흥미를 갖고 있지 않았다. 그들은 결코 신의 존재를 증명하려고 했거나 신의 초월성을 증멸하려고는 하지 않았다. 그들의 종교는 결코 종교 그 자체가 아니었다. 그들은 언제나 인간 생의 〈깊이〉에서 하느님을 만났고 하느님과 교통하였을 뿐이었다. 그들의 하느님은 언제나 그 신의 보편적 휴매니티를 통해서 계시되었을 뿐이었다. 즉 자기의 〈생〉에 대해서 진지하고 진실할 수 없는 자는 하느님에 대해서도 진지할 수 없고 진실할 수도 없다고 그들은 믿고 있었다. 예컨대 히브리인 역사가들이나 예언자들 또는 시편 기자들은 그들의 신에 관한 지식을 늘 세속적 관심사에 의해서, 인간의 궁극적 관심사에 의해서, 그리고 보편적 경험에 의해서만 설명하려고 했을 뿐이었다는 점은 그것을 잘 말해 준다고 하겠다. 좀 더 쉬운 말로 풀이한다면 히브리 역사가들은 철저히, 그리고 시종일관 이 세속 역사의 현장 한 가운데서만 하느님을 찾았고 만났다는 점이다. 즉 그들의 삶의 현장의 깊음 가운데서 신의 임재를 경험하고, 그와의 만남을 체험했다는 점이다. 그들의 하느님은 언제나 그들 역사 과정의 중심에 있었고, 결코 그것을 초월해 있는 것으로는 생각할 수가 없었다. 신명기 26장 5-9절은 그것을 설명해 주는 여러 대표적 성구 중에서 가장 대표적인 것이라고 할 수 있다. 이 성구에 의하면 고대 중동 세계의 뿌리없는 떠돌이 무리인 소수의 셈족의 무리들이 이스라엘이라는 하나의 민족으로 형성되게 된•그 역사적 기반은 결코 출애굽의 무리나 그들의 정치이념이 아니라 전적으로 그들의 하느님 야웨였다는 것이다. 애굽으로부터의 구출도 야웨의 행동이었고, 죽음의 사막을 통과한 것도 야웨의 에스코트에 의한 것이었으며, 가나안 땅 소유도 그들의 점령 행동에 의한 것이 아니라 야웨께서 기업으로 주신 행동 이상의 것은 결코 아니었다. 즉 그들은 그들의 하느님을 전적으로 역사의 중심에서부터만 이해하였을 뿐이었다. 그러므로 그들에게 문제가 된 것은 초월적 존재로서의 하느님이 아니라, 그의 역사 행동이 문제였고, 역사와 인간의 삶 속에 요청되는 그 뜻이 문제였을 뿐이었다. 그러므로 그들의 신은 유형적으로 형상화되거나, 우상으로 조형되거나, 존재론적 논증을 받기를 원하는 분은 결코 아니었다. 이 점을 더욱 분명하게 한 것은 예언자들이었다. 이스라엘 예언자는 〈하느님에 대한 지식〉을 역설할 때 결코 그것은 이신론적 사유에 기초해서 말하지는 않았다. 호세아에 의하면 그 〈하느님 지식〉은 이스라엘 생존의 근거(호 4:6)였으며, 그것은 곧 〈진실〉과 〈인애〉(헷세드)였고, 저주, 사위, 살인, 투절, 간음, 강포와 반립되는 것(4:1-2)이었다. 예언자 예레미야도 야웨에게로 돌아오는 것(렘 4:1)은 곧 진실과 공평과 정의의 회복(렘 4:2) 이외의 다른 것이 아니라고 보았다.

　　말하자면 하느님은 곧 〈인간의 삶의 깊이〉에서 인간과 만나시는 분이었다. 에서의 삶의 자세는 바로 이 점에 있어서 결정적 오류가 있었다. 그는 삶에 대한 성실이 인간을 향한 하느님의 지상의 요구요 계명이라는 사실을 몰랐다. 에서는 자기에게 주어진 〈생〉과 진지하게 부딪치지 않았다. 사실 이러한 변론은 결코 지나치게 과장된 것은 아니다. 그것은 히브리인의 인간에 대한 이해의 기반이요 근본이기 때문에 그렇다. 우리는 〈에서〉의 인격에 관해서 많은 것을 모르고 있으며, 성서는 거기에 관해서 별로 말하는 바가 없다. 단지 성서는 그가 "장자의 명분을 경홀히 여기었다"는 증언밖에 다른 아무 것도 듣지 못한다. 이 짤막한 설명구는 사실 〈에서〉의 인품에 대한 설명이라기보다는 히브리인이 추구하는 인간성이란 어떤 것이며, 히브리인이 배척하는 인간상이란 어떤 것인지를 표명한 하나의 증언 이상은 아니라 하겠다. 그러므로 우리는 이 짤막한 설명구가 담고 있는 히브리적 인간상 추구가 무엇인지를 규명하는 것으로 만족할 수밖에 없을 것이다.

이미 이상에서 논의 한 대로, 〈장자의 명분〉이라는 말 속에 함축된 인간의 기본적인 생득권을 존중하고 거기에 성실하는 인간, 그이만이 히브리인이 추구하는 바람직한 인간상이라 할 수 있다는 것이 우리의 본문이 주장하는 요지라 할 수 있다. 야곱의 경우는 바로 이 짐에 있어서 에서가 추종할 수 없는 점을 갖고 있었다. 그는 주어진 생을 진지하고도 성실하게 감당하며 살아가려고 몸부림치고 있는 생의 투사였다. 물론 이러한 주장의 배후에 야곱의 모순과 오류를 변명하려는 의도가 있는 것은 결코 아니다. 야곱은 형과 아버지를 속인 죄과에 대한 충분한 보응을 받았다. 이것이 또한 히브리적 사유의 한 특징이기도 하다. 그는 외삼촌댁에서 외삼촌의 속임수에 빠져서 7년 간의 노동착취와 20여년의 종살이를 감수해야 했고, 돌아오는 길에는 천사로부터 받은 일격 때문에 절름발이가 되는 고통도 받았으며, 형을 향해서는 일곱 번이나 엎드려 절하는 굴욕적인 사죄의 예를 하는 곤욕을 치루어야 했다. 그러나 그 모든 일에 있어서도 그는 인간의 기본적인 생득권을 존중하고 거기에 성실하는 것을 잊지 않았다.

그 다음으로, 우리는 에서에게부터 인생에 대한 그 거대한 비전도, 생의 최고 가치에 대한 그 어떠한 관심도 들을 수 없다는 점을 중요시할 수밖에 없다. 단지 우리는 에서로부터 성급하게 붉은 죽 한 그릇에 장자의 명분을 팔았다는 것, 축복을 동생으로부터 빼앗긴 후 분노에 못이겨 동생을 죽이려는 마음을 품었다가 오랜 후 동생이 고향으로 돌아왔을 때는 옛 일을 되새기는 일없이 그 동생을 환영하고 자기 길로 돌아갔다는 언급 이외에는 아무런 소리도 들을 수 없다. 물론 우리는 창세기의 족장설화가 야곱을 중심으로 한 것이지 결코 에서를 관심하지 않았다는 점을 고려할 수 있다. 그러나 단편적이라 할지라도, 에서에 관한 보도는 생에 대한 비전이 없는, 생의 최고 가치가 무엇인지를 전혀 추구하지 않는 자로서, 단신 헷 여인들인 유닷과 바스맛을 아내로 취하였다가(창 26:34) 그것이 부모의 마음에 근심이 되니까(창 26:35; 27:46; 28:8) 배 다른 삼세의 딸 마할랏을 아내로 취하였다는 부정적인 평가를 받는 자로서만 기술되었다는 것은, 곧 그는 비전이 없는 사람, 생에 대한 진취성이 결여된 사람, 현재적 순간의 향락에만 관심하고 목전의 만족에만 안주하는 자라는 평가 이상을 얻어낼 수 없음을 보여준다 하겠다. 이에 비하여 야곱은 그의 얼룩진 인격에도 불구하고, 비전에 따라 살았던 사람, 생의 최고가치를 추구하며 살았던 사람이라는 것을 성서가 증언하고 있다. 그렇기 때문에 성서는 야곱의 인격의 모순을 감추려 하지 않고 그대로 노출시켰던 것이다.

히브리인은 결코 도덕적 완전을 추구하진 않았다. 근본적으로 인간은 완전할 수 없는 인간이었다. 하느님 앞에 서 있는 인간, 하느님 앞에서 걷는 인간, 자기의 생을 하느님 앞에 두는 생, 사실 야곱이 얍복 나루터에서 천사와 씨름하여 얻은 이름은 "하느님과 겨루어 이겼다"는 뜻이라기보다는 "하느님이여, 다스리소서"라는 뜻이라는 점(폰 라트)을 감안할 때, 또 에녹(창 5:24)과 노아(창 6:9)와 아브라함(창 17:1)의 의가 한결같이 〈하나님과 동행하는 그의 삶〉에 대한 평가에서 온 것이지 그의 도덕적 완전의 결과가 결코 아니라는 점을 감안할 때, 또한 가장 이상적인 메시야상을 〈임마누엘〉에서 추구한 이사야의 예언(사 7:14)을 감안할 때, 히브리인에게서 근본적으로 추구되는 인간상은 어디까지나 하느님 앞에서 자기의 삶을 사는 인간이다.

야곱이 추구한 것은 바로 이것이었다. 그 가장 구체적 예가 바로 〈루스〉 땅을 〈벧엘〉로 명명한 것, 마하나임의 창조(창 32:2), 그리고 얍복 나루터를 〈브니엘〉로 바꾸어 놓은 그의 사건들에서 찾을 수 있다.

새 역사 창조의 기수 야곱

〈루스〉를 〈벧엘〉로 바꾸는 사건(창 28:10-22), 얍복강 북쪽 요단 동편의 어느 이름없는 야영지인 〈마하나임〉을 성지화한 사건(창 32:1-2), 그리고 얍복 나루터를 브니엘로 바꾸는 사건(창 32:24-32) 등은 그가 처한 역사 현장을 새롭게 하는 야곱의 새 역사창조의 사건이었다고 할 수 있을 것이다. 이 세 사건에 대한 보도는 야곱의 삶의 변화 과정, 그리고 그의 인간성이 성숙되어 가는 과정을 설명해 준다는 의미가 있다. 물론 성서(비평)학적으로 볼 때 벧엘, 마하나임, 그리고 브니엘 성소의 창건자가 야곱이란 것은 가나안 영토에 대한 이스라엘 영유권의 한 증거로서 큰 의의를 갖는다고 할 수 있지만, 야곱이라는 족장의 신앙적 승리를 보여 주는 사건으로서 족장사에서 차지하는 그 의의도 결코 간과할 수 없다 하겠다. 따라서 우리는 많은 인격적 모순을 지닌 대표적인 문제아 야곱이 어찌해서 유명한 고대 성소의 창건자로서, 그리고 그의 평결한 삶의 현장들을 하느님의 집(벧엘), 하느님의 군대(마하나임), 하나님의 얼굴(브니엘)로 재창조하는 인물로서 부상될 수 있었는가 하는 데 관심이 있다.

물론 성서는 이에 대한 분명한 이유를 논리를 갖추어 설명하지는 않았다. 그러나 이 세 가지 사건이 공통되게 증언하는 것에 의하면, 이 위대한 사건의 시작이란 전혀 야곱 자신으로부터 이루어진 것이 아니다. 전적으로 하느님의 사건이며 그 이니셔티브가 하느님이라는 것을 말해주는 의미가 있다. 이것은 전혀 구약성서의 일반적인 분위기이다. 또한 히브리인 신앙의 기반이기도 하다. 즉 이 위대한 사건들은 결코 엔돌의 마술사가 행한 주술 행위처럼 그 어떤 신비한 종교적 행위를 통하여 불러내어진 사건도 아니었다. 야곱의 인격의 당연한 결과도 아니었다. 그것은 전혀 하느님으로부터 비롯된 사건이었다. 사실 야곱은 꿈의 묵시를 받을 만한 자격이 없는 자였다. 그러므로 어디까지나 이것들은 은총의 사건들이었다. 그러나 이것은 이런 은총이 에서에게는 임하지 않고 야곱에게만 임하는 그런 편애적인 것이라는 말은 아니다. 단지 이 사실이 주는 교훈은 오경이나 육경의 전체 문맥을 통해서 볼 때, 야웨 하느님의 은총이란 은혜가 요청되는 자에게만 임한다는 점이다. 야곱은 그의 잘못 때문에 형의 분노를 피하여 도피하는 입장에 있었고, 홀로 넓은 광야에서 돌을 베개하고 노숙하는 정신적인 소외자였다. 그것은 누가복음에 나오는 탕자의 비유의 상황과도 상통하는 그런 것이었다. 그의 정신적 번뇌와 갈등에 대한 서술은 그가 가나안으로 돌아올 때 형의 얼굴을 뵙기를 얼마나 불안해 하며 떨었느냐 하는 것을 보여 주는 창세기 32장의 기록 속에 잘 정리되어 있다. 그러므로 여기 루스 땅 넓은 폐허 위에 돌을 베개하고 하늘을 이불 삼아 노숙하는 야곱의 심정은 대체로 이런 문맥에서 볼 때 잘 이해될 수 있다 하겠으며, 그가 이 노숙의 장소에서 꿈을 통하여 하느님의 사자들을 만났다는 것은 꿈에 대한 프로이트적 해석을 빌리지 않는다 하더라도, 고독한 소외자의 간절한 희망과 정신적 번뇌가 무엇이었는지를 잘 반영해 주고 있는 사건이라 할 수 있을 것이다. 하느님을 찾고 있는 자, 비록 그가 종교적인 의미의 신을 부르는 행위를 한 바가 전혀 없다 하더라도, 그는 그의 삶의 중심부에서 하느님과 대화를 하고 있는 자라고 할 수 있으며, 하느님을 만나고 있는 자라고 할 수 있다. 에서는 하느님을 만날 필요가 없기 때문에, 그러므로 하느님을 만나지 못하는 자라고 한다면, 야곱은 하느님의 도움이 아니면 어쩔 수 없는 그런 자이기 때문에 하느님을 만나야 하고,

그러므로 또 하느님을 만나고 있는 자이다. 이것은 매우 중요한 갈림길이다. 누가의 하느님 이해도 바로 이러한 하느님 이해에 근거되어 있다고 생각한다. 이스라엘의 하느님 야웨는, 이 번뇌에 가득찬 세계 역사 현실을 초월해 있는 영원 자존자는 아니었다. 그는 번뇌에 몸부림치며, 불안해 하고 도피하고 싶어하며, 그럼에도 불구하고 마땅히 살아야만 하는 생의 과제를 부둥켜 안고 고민하는 자, 하느님의 도움이 아니면 어찌할 바를 모르는 그런 자들을 위하여 거기 우리의 역사 안에 들어와 활동하시는 분이실 뿐이다. 하느님의 계율에 더 이상 복종할 필요가 없는 자들, 또는 신의 도움이 더 이상 필요가 없는 자들, 더 이상 하느님의 율법이나 하느님의 은총이 없어도 살아 갈 수 있는 성인된 자들과는 야웨 하느님은 만나시지 않는다. 하느님은 결코 멋있고 포용력 있는 완숙한 사나이 〈에서〉의 친구는 아니었다. 체구는 건장하고 인정이 있으며 효심있고 인간미 풍성한 에서, 그러므로 더 이상 하느님을 만날 필요가 없다고 생각했던 에서와는 하느님은 결코 친구가 아니었다. 스스로 신이 되어 있거나 신이 되어가는 인간과는 야웨 하느님은 신들과 대화하는 바벨론이나 애굽 또는 가나안 만신전의 최고신은 아니다. 그는 언제나 인간들과 만나시며, 인간의 세계 속에서 활동하시는 분, 그러므로 늘 인간의 번뇌에 응답하시는 분이셨다. 놀라웁게도 이방 여인 하갈의 경우에서도 볼 수 있는 그런 하느님과의 대화조차도 족장 이삭의 맏아들 에서에게만은 전혀 나타나지 않는다. 그는 제단을 쌓는 일은 커녕, 신의 이름을 부르는 일조차 한번도 없었다. 그러나 야곱은 그의 불안하고 왜곡된 인격이나마 그의 인격 심층부에서의 신의 도움을 호소하고 있는 자, 즉 그의 삶의 깊이에서부터 하느님을 찾고 있는 자였다. 누가 이 역사에서 승리자가 되느냐? 여기에 대해서 성서는 하느님을 만날 필요가 없어서 하느님을 찾지 않는 자가 아니라 하느님을 만날 필요를 느끼므로 하느님을 찾는 자의 팔을 치켜 올려든다. 이른바 야곱은 하느님의 율법이 그의 가슴을 찌르고 있음을 느끼고 있는 사람이었다. 그가 서 있는 곳이 루스의 광야이든 요단 동북편의 이름모를 그 어떤 노숙지이든, 얍복 나루터이든 하란 땅의 그 어느 초원에서든, 그는 그의 가슴을 찌르는 그의 삶을 감시하는 하느님의 법에서 결코 도피할 수 없음을 심각하게 느끼고 있는 자였다. 실로 자기의 삶의 〈깊이〉에서부터 하느님을 부르고 있다는 것은 자아의 본질을 진지하게 추구하고 있다는 것을 의미한다 하겠다. 이러한 그의 삶의 자세가 곧 자기의 역사를 근원적으로 바꾸어 놓는, 이른바 자기의 생을 새롭게 창조하는 근본적인 동인이었다. 놀라웁게도 그의 이러한 삶의 자세는 결코 깊은 이념적 사고의 결론으로서 온 것은 아니었다. 그것은 전적으로 그의 적극적 생의 자세에서부터 기인된 것이고, 그의 결코 도피할 수 없는 긴박한 실존적 상황에서부터 비롯된 것이었다.

야곱은 형제의 분노를 피하기 위하여 외삼촌댁으로 도망을 쳤지만 거기서도 그는 20년간 종살이를 하면서 노동의 임금을 열 번이나 사기당하는 인권수탈을 당했고(창 31:41), 마침내 외삼촌과 외사촌들의 변해가는 안색에 쫓겨(창 31:1) 고향으로 돌아오는 길에 오르긴 했지만, "심히 두렵고 답답한"(창 32:7) 불안에 떨 수밖에 없는 궁지에 몰려 있었다. 이를 가리켜 우리는 흔히들 한계상황이라고도 부른다. 물론 우리는 결코 위기를 의식할 수 있는 자라는 그 사실 만으로 그를 위대하다고 말하지는 않는다. 그러나 우리는 위기를 위기로 의식할 수 없는 자를 결코 성실한 인간으로 보지는 않는다. 야곱은 자신의 생의 위기를 늘 의식하며, 그 의식의 심층부에서 늘 하느님을 부르고 있는 자였다. 그렇다면 위기의식의 심층부에서 하느님을 부른다는 것은 무엇을 의미하는 것일까? 그것은 야곱에게 있어서는 자아의 본질에 대한 생사를 건 추구요, 동시에 자신 속에 새로운 인간상을 구축하는 투쟁적 작업이었다. 여기서 우리는 비로소 새로워지는 야곱의 모습을 보게 된다.

새로워지는 야곱

이제 야곱은 자기와의 대결을 마무리지어야 할 최후 결전장에 서게 되었다. 우리의 본문에 의하면(창 32:24), 야곱은 20여년의 한 많은 유랑생활을 일단 정리하고, 그 모든 가족과 가산물을 모두 압복강 너머에 건너 놓고는 홀로 남았다고 했다. 홀로 남은 야곱, 그것은 고독을 향유하려는 센티멘탈리즘을 표현한 말은 아니다. 자신을 그 근원에서부터 새롭게 재정비해 보려는 비장한 자기 결단의 한 표현이라고 하겠다. 그리하여 고대의 〈강의 악마〉에 관한 신화를 배경으로 한 야곱과 하느님과의 철야 씨름에 관한 보도는 야곱의 철저한 자기 비판과 자기 정립의 사건을 보도해 주고 있는 것이라고 보아야 할 것이다. 그는 과거의 자기, 모순과 과오로 얼룩진 자신의 과거와 진지하게 맞서기 위하여 밤을 틈타서 자신의 가족과 가산을 모두 강건너에 건너놓고 〈홀로〉 하느님과 마주 대하여 섰던 것이다. 〈하느님과의 만남〉만이 자기의 문제 해결을 위한 최선의 길이라는 이러한 판단은 이미 후대의 경전문학의 금자탑으로 알려진 욥기의 중심적 증언이기도 하다.

욥은 그의 생의 문제들을 모두 깡그리 털어내 놓고 하느님과 대면하는 그 순간에서(욥 19:25이하) 비로소 그의 문제 해결의 길을 보았다. 야곱도 비록 욥과는 그 기본적인 상황이 달랐다 하더라도 그도 역시 하느님과의 대면, 하느님과의 대결을 통해서 비로소 참 자신을 발견한 자였다. 이 대결에서 야곱은 결정적으로 그의 환도뼈가 위골 파손되는 경험을 했다. 환도뼈가 부서졌다는 것은 남자의 힘의 근원이 부서졌다는 것을 의미한다. 즉 자신의 근본이 무너졌다는 것을 의미한다. 이것은 야곱의 철저한 자기부정일 수 있다. 과거의 야곱, 아버지와 형을 속인 그 교활성의 간교성, 그리고 대재벌이 된 그의 지모에 대한 교만, 이 모든 것이 결정적으로 깨어지고 무너지는 사건이었다. 그러나 그는 이 철저한 자기 붕괴를 통해서 새로운 자기를 세웠던 것이다. 즉 야곱이 이스라엘이 되었던 것이다.

물론 우리는 야곱(발꿈치, 하느님의 보호?)이라는 말의 어원학적 의미와 〈이스라엘〉(하느님과 겨루어 이김? 하느님이여 다스리소서?)이라는 말의 어원학적 의미에 얽혀있는 어떤 뜻이 반드시 이 이야기에 결정적 의의를 제공한다고는 볼 수 없을 것이다. 단지 이름의 바뀜으로 인해서 오는 생의 변화와 생의 갱신에 그 의의가 있다. 야곱이 이 사건을 통해서 받게 된 생의 변화와 갱신은 자신의 과거에 대한 철저한 폐기와 자신의 미래에 대한 새로운 희망 속에 구체적으로 표현되어 있다. 자신의 과거에 대한 철저한 폐기는 그의 힘의 근원인 환도뼈가 위골 파손되었다는 것, 그로 인하여 그는 절름발이가 되었다는 것과 그 이후부터 이스라엘 사람들은 환도뼈 큰 힘줄은 먹지 않게 되었다는 이야기는 단순한 원인론적 해석이 갖는 의의 이상의 의의를 갖는다 하겠다. 더 이상 환도뼈 큰 힘줄을 먹지 않는다는 것은 과거의 야곱에 대한 전면적 부정을 의미한다. 비로소 하느님과의 만남과 그의 결정타에 의한 자기 붕괴로 인해서 야곱의 치욕적 과거는 전면적으로 희망의 새 세계 안으로 들어오게 된 셈이다.

이렇게 하여 이곳, 한 이름없는 지역이 하느님의 얼굴이라는 뜻의 〈브니엘〉이라는 선지자가 되게 되었다. 그가 이렇게 하여 들어서게 된 이 새로운 세계는, 야곱이 환도뼈 위골로 인해서 다리를 절면서 브니엘을 지날 때 〈해가 돋았다〉(창 32:31)고 하는 본문의 표현 속에 더욱 구체적으로 그려져 있다. 〈해가 돋았다〉는 표현은 결코 단순한 시적 표현은 아니다. 그것은 희망의 세계가 열렸다는 표현이다. 희망은 실로 이러한 환도뼈의 위골 파손과 같은 자기 붕괴의 과정 후에 온다는 것이 성서의 교훈이다. 야곱의 위대성, 그가 새롭게 구축한 인간상은 이러한 자기 붕괴와 자기부정 속에서 새로운 희망의 창조, 이이상 더 자극적이고 전율을 일으키게 하는 말이 어디 있겠는가? 환도뼈로 인하여 다리를 절면서 걷는 그 길에 희망의 해가 돋았다는 표현, 이 표현을 아주 역설적으로 구체화시켜서 이 희망의 구체적 내용을 우리의 본문은 창세기 35장 11절에서 분명하게 증언하고 있다. 즉 야웨 하느님은 브니엘의 경험을 거쳐 가나안으로 들어온 야곱에게 이렇게 말씀하고 있다. "나는 전능한 하느님이라, 생육하며 번성하라, 국민과 많은 국민이 네게서 나고 왕들이 네 허리에서 나오리라"라고 말씀한다. 놀라운 것은 위골 파손된 그 허리로부터, 하필 왜 허리이겠는가? 바로 그 파손된 허리로부터 열왕들이 나올 것이라고 말하고 있다는 점이다. 이 파라독스를 우리는 놀라움으로 받지 않을 수 없다. 위골된 허리로부터 열왕들이 나오리라는 축복사, 이것은 야곱의 희망이다. 이 희망을 창조한 자, 그 야곱의 위대성에 우리는 놀란다. 이 역설적 신앙은 히브리인들의 신앙의 개가 중에서 가장 위대한 개가라 아니할 수 없다.

특히 우리가 놀라는 것은 아브라함의 아내 사라, 이삭의 아내 리브가, 야곱의 아내 라헬이 모두 한결같이, 우연의 일치라고 보기에는 너무도 일관되게, 모두 본래는 생산 능력이 없는 여인들을 통해서 민족형성의 희망을 키우는 것이 이른바 히브리적 신앙의 위대성이다. 야곱의 위대성도 바로 여기에 있다. 위골 파손되어 남성의 근본이 손실된 그 파손된 허리로부터 열왕의 출현을 성취시키는 인간, 여기서 우리는 현대를 놀라게 하는 새로운 인간상을 발견한다. 변화된 야곱 그는 브니엘을 지나 가나안에 들어서서 형에게로 나아갈 때, 일곱번이나 땅에 굽히며 나아가 형님의 면전에 이르러서는 마침내 이렇게 고백한다. "내가 형님의 얼굴을 뵈온즉 하느님의 얼굴을 뵌 것 같습니다"(창 33:10). 형님의 얼굴을 통해서 하느님의 얼굴을 볼 수 있다는 것, 이것은 인간이 가질 수 있는 최상의 경건이다. 형님, 그 유한한 당신을 통해서 영원자 하느님 당신(Thou)을 볼 수 있는 눈은 브니엘의 경험이 아니고서는 이루어질 수 없는 것이라 하겠다. 형의 얼굴을 통해서 하느님을 발견하는 인간에로의 변화, 이것은 마태복음 25장 35절 이하에서 증언된 대로, 우리를 향한 예수 그리스도의 궁극적인 요구였다.

　우리는 자기의 생의 중심부에서 늘 하느님과 대화하므로 자기의 역사적 현장을 〈벧엘〉로, 〈마하나임〉으로, 〈브니엘〉로 늘 새롭게 창조해가는 적극적인 생의 자세를 가진 인간, 또 그 자기의 생을 그가 가지고 있는 모순과 오류에도 불구하고 철저히 하느님께 직면시켜서, 그가 여태껏 갖고 있었던 모든 낡은 사고와 관념 낡은 생의 자세를 깡그리 무너뜨려 붕괴시킨 후 바로 거기서부터, 좌절과 절망의 심연 그곳으로부터 새로운 희망을 창조해 가는 인간, 그러므로 증오의 대상인 형제의 얼굴로부터라도 하느님의 얼굴을 발견해 내는 그런 인간, 우리는 이런 인간으로부터 비로소 새로운 인간상을 확신을 가지고 그려낼 수 있을 것이다.

6

죽음과 죽음 저편
―구약성서를 중심으로

서론

우리는 오늘 이 시간, 반드시 성서적 조명을 통하여서만 바르게 이해될 수 있는, 이른바 기독교 신학의 주요한 중심 주제들 중의 하나를 성서적 증언을 통하여 한 번 다루어 보려고 한다. 그 주제는 다름 아닌, 〈죽음의 문제〉와 〈죽음 저 편의 문제〉이다. 사실 죽음을 어떻게 이해할 것이냐 하는 문제나, 죽음 후의 세계는 과연 어떤 것이며, 죽음 이후의 인간의 상황은 어떤 것이냐는 문제는 모든 종교가 그 구극적 관심의 대상으로 삼고 있는 문제라 할 수 있을 것이다. 그러나 이 문제를 바르게 다루기 위하여는, 그 순서상 〈인간〉에 대한 구약성서적 이해는 무엇이냐 하는 문제를 먼저 간략히 언급한 다음에, 죽음의 문제, 그리고 죽음 저편의 문제 등을 다루어야 하리라고 생각한다. 왜냐하면 〈인간〉에 대한 구약성서적 이해 없이는 〈죽음〉의 문제나 〈생〉의 문제, 그리고 〈죽음 저 편〉의 문제 등은 하나의 허구가 되기 때문에 그렇다.

그러나 여기에 꼭 한 가지 더 부언해 둘 중요한 사실은 구약성서는 그 본질상 그 어떠한 신학적 주제에 대해서도 철학적 논리나 신학적 논리로서 체계화하는 일은 결코 하지 않았다는 점이다. 그러므로 우리는 구약성서의 표현이 갖고 있는 사상의 다양성, 표현의 다양성, 역사적 배경의 다양성 등을 충분히 고려하므로써 어떤 신학적 주제를 획일적으로 다루려고 해서는 결코 안될 것이며, 어떤 시대적 사상 조류나 어떤 시대적 신학의 조류에 맞추어서 구약의 증언들을 조립해 넣으려는 생각은 반드시 내버려야 할 것이다. 그런 점에서 볼 때, 우리에게 있어서는 아무리 고정화된 교리라고 할지라도 어떤 도그마를 변증하려는 목적으로 구약의 증언들을 조직화하는 태도는 절대 금물이라 할 수 있을 것이다. 그러므로 우리는 소위 텍스트와 컨텍스트의 긴밀한 제휴를 전제하면서, 모든 것을 성서 스스로 말하게 하고, 그 성서 자체의 소리들을 아무런 도그마적 전제없이 들으면서, 그 여러 소리들 중에서 가장 근원적인 요점이 무엇이냐 하는 것을 느끼고, 파악하고, 밝혀내는 일을 해야 할 것이다. 이것이 성서를 읽는 기본자세라 할 수 있다. 따라서 우리는 우리의 주제에 대한 공식적인 답변을 작성하고 그것을 도그마화하려는 생각은 아예 버려야 할 줄로 생각한다.

구약의 인간이해[1]

이제 우리는 죽음의 문제나 사후의 문제를 풀기 위한 전초적 작업으로서 먼저 〈인간〉에 대한 구약성서의 증언을 간결하게(우리의 본 주제를 돕는다는 목적을 위하여서만) 정리해 보기로 하겠다. 아마 〈인간〉에 대한 구약성서의 증언은, 구약적 인간학의 고전적인 구절인 창세기 1장 26-30절, 2장 7-25절, 그리고 시편 8편 4-8절 등에서 가장 잘 들을 수 있다고 생각한다. 이상의 성구가 우리에게 말해 주고 있는 〈인간〉에 대한 이해는 다음 세 가지로 간략하게 집약해서 정리할 수

---

1) 이 주제에 관한 좀더 자세한 논의는 본서 제2부의 "1. 인간: 창조된 하느님의 형상" 및 『만계 조선출 박사 회갑기념논문집』, 51-75쪽을 참조하라.

있다고 생각한다. 그 첫째는 인간이란 구약성서에 의하면 단순한 하나의 〈생명체〉로서 이해하는 지배적 경향이 있다는 점이다. 즉 인간은 생명을 가진 존재라는 것이다. 물론 여기서 말하는 생명이라는 것은 호흡작용, 피의 순환, 신경계의 작동에 따른 여러 운동을 할 수 있다는 것 등을 통칭하는 말이다. 즉 히브리 말의 인간인 〈아담〉은 〈네페쉬〉, 〈바살〉, 〈루아흐〉, 〈렙〉 등의 말을 모두 함유하는 말인데, 구약적 인간학의 가장 고전적인 구절인 창세기 2장 7절은 인간을 정의할 때, 아주 단도직입적으로 〈네페쉬〉라는 말 즉 〈생명체〉라는 말을 단정적으로 쓰고 있음을 볼 수 있다. 그러나 이 말도 역시 〈인간〉을 표현하는 구약성서의 모든 표현이 모두 이 〈네페쉬〉라는 말로서 획일적으로 쓰이고 있다는 뜻은 물론 아니다.

그러나 히브리인의 어법의 어떤 면을 보면, 우리로서는 여러 단어를 사용해야 할 곳에서 한 단어나 동일한 단어를 반복해서 사용하는 경향이 있다. 따라서 이 〈네페쉬〉에도 여러 가지의 의미가 함출될 수 있는 것은 분명하다. 즉 〈네페쉬〉는 때로는 〈호흡〉을 가리키기도 하고 〈생명〉 자체를 가리키기도 하며, 때로는 생명을 갖고 있는 존재 일반을 가리키기도 하고 심지어는 〈영혼〉이라는 말로도 자주 번역되었다. 그러나 대체로 이 말은 전인적인 존재로서의 인간 전체를 가리키는 말로서 자주 쓰이고 있다. 물론 우리가 자주 번역해 왔던 통속적인 의미의 영혼이라는 개념은 사실 〈네페쉬〉와는 거리가 먼 개념이다. 그래서 구약성서는 인간의 본질을 규정하는 가장 보편적인 대명사로서 이 〈네페쉬〉라는 말을 쓰고 있는 것을 볼 수 있다.

그러나 문제는 구약성서가 이 〈네페쉬〉를 표현할 때 인간에게만 적용하지를 않고 동물에게도 꼭 같이 적용하고 있다는 점이다. 말하자면 히브리인들은 인간을 비록 동물과 대등한 위치에 놓는 언짢은 일에도 불구하고, 동물과 함께 모두 〈네페쉬〉라고 불렀다는 점이다. 아마도 여기에는 히브리인들이 가졌던 인간 이해의 특성이 있다고 하겠으며, 희랍인들의 인간 이해와는 다른 근원적인 차이가 있는 것이라고 하겠다. 어쨌든 인간이나 동물을 모두 통칭해서 〈네페쉬〉 즉 생명체라고 표현하는 히브리인의 사고 속에는 인간의 피조성에 대한 절대적 신앙고백 내지는 명백한 신학이 전제되어 있다고 하겠다. 즉 인간은 그 자체가 결코 신일 수는 없다는 신앙, 인간의 실체(substance)를 신적인 것으로서는 볼 수 없다는 신앙, 그러므로 인간은 창조자의 창조 의지에 의하여 조성된 어디까지나 하나의 〈피조물〉에 불과하다는 신앙이 강하게 전제되어 있다고 하겠다. 항차 인간의 구성 본질을 땅의 〈먼지〉(아팔)라고 불렀겠는가? 그리하여 인간-땅 주제, 즉 아담-아다마 주제도 역시 명백한 신학적 의도의 산물이 분명하다고 하겠다. 따라서 이러한 히브리인의 신학 속에서는 그 어디에서 인간이 신이 될 수 있거나 신격화될 수 있다는 관념은 결코 찾을 수 없다. 그것을 단적으로 묘사한 히브리적 고백은 인간이 신이 되는 의지는 인류 타락의 근원이라는 창세기의 증언이나, 인간 신격화는 가장 경계해야 할 우상의 범죄라고 하는 율법의 기본 논조 속에 가장 농도 짙게 묘사되어 있음을 볼 수 있다. 그러므로 하느님은 신이시오 창조자이시며, 인간은 육이요 피조자이다는 이 양분하는 경계선은 히브리적 신앙에 있어서 접근 말아야 할 절대적 터부요 손댈 수 없는 선악과였다. 그러므로 구약 안에서 신의 개념에 대한 논리적 설명이나 소위 신론 같은 것을 결코 찾을 수 없다는 것은 매우 당연한 결론이라 할 수 있다. 또는 하느님은 인간이나 동물의 모형을 따라 조형할 수 없다는 강력한 계율을 그들이 섬겼다는 데도 이러한 신앙이 전제되어 있다고 하겠다. 말하자면 하느님은 인간과 동물 그리고 모든 자연을 지배하시며 만유 안에 계시기도 하지만, 만유 위에 계시기도 하고 또한 역사 안에 화육(incarnate)하시지만, 결코 인간이나 동물이나 자연과 동일시될 수 없다는 것, 그러므로 그 어떠한 종류의 형상화도 금지되어 있다는 것, 이것은 구약신앙의 대전제라고 할 수 있다. 여기서부터 우리는 인간의 피조성에 대한 히브리인의 절실한 자각이 갖는 명백한 의의를 발견할 수 있게 되는 것이다. 즉 인간은 어디까지나 피조물이며 유한한 육의 피조성을 가진 존재로서 동물과 함께 하나의 생명체, 즉 **animated body**에 불과하다는 것이다.

그러나 이러한 신학적 사색은 구약적 인간 이해의 두 번째 관점과 긴밀하게 연결되고 있는데 즉 둘째로, 창세기 2장 7절, 인간은 어디까지나 〈네페쉬〉라고 규정은 하면서도 그 〈네페쉬〉는 본질상 하느님의 입김, 숨결―물론 이것은 의인법적인 표현이지만―이 와서 닿음으로써 즉 그 하느님의 숨결이 흙으로 빚은 〈몸〉 속에 스며들 때 비로소 〈네페쉬〉로 이루어진 것이라고 규정했다. 즉 J기자는 다른 동물들도 모두 〈네페쉬〉라고 표현은 했지만, 하느님의 입김을 불어 넣어서 이루어진 것이라는 표현만은 피하고(창 2:19[J]) 오히려 각종 짐승들에게 〈이름을 부여하는 일〉을 인간이 위촉받은 것으로서(창 2:19-20a) 기록하고 있음을 볼 수 있다. 어쨌든 생명 그 자체는 절대적으로 신성해서(네페쉬의 근거가 오직 하느님이시므로! 창 2:7) 동물의 피라고 할지라도 그것은 생명이므로 피채로 먹는 것이 금지되기까지 했던 것이다(창 9:4).

그러나 구약의 〈토라〉가 가진 중심적 내용은 인간 생명의 절대적 옹호와 보호에 집중되어 있는 것을 볼 수 있다. 이를 표현하기 위하여 창세기 1장의 기자는(사실, 이 창세기 1장의 신학은 창세기 2장의 신학보다는 4세기나 늦은 후대의 신학인데) 창세기 2장에 나타난 훨씬 더 고대의 신학인 이른바, 인간 〈네페쉬〉는 전혀 배타적으로 동물 〈네페쉬〉와는 달리 〈하느님의 입김〉에 의하여 이루어진 것이라는 신학에 좀 더 신학적 착색을 해서, 인간 창조는 하느님의 형상(*imago Dei*), 즉 〈첼렘 엘로힘〉에 따라 이루어졌다고 신학화하였던 것이다. 그러나 문제는 이 〈첼렘 엘로힘〉이라는 것도, 교의학적 논술에서 흔히 들을 수 있듯이 이성적 사고, 언어의 능력, 지성의 활용, 도덕성과 종교성 등을 인간만이 배타적으로 갖고 있다는 그 어떤 특수성에 대한 하나의 대명사로서는 구약성서가 결코 말하지 않는다는 점이다. 사실 이 점은 매우 중요한 구약적 표현의 특징이다.

구약성서의 텍스트가 들려주는 소리에 의하면, 즉 창세기 12장 28-29절에 의하면, 하느님의 형상 즉 〈첼렘 엘로힘〉은 세계의 주인이신 창조주 하느님으로부터 그가 창조하신 세계에 대한 위탁통치권을 위임받았다는 것에 대한 한 상징적 표현으로 보아야 한다는 것이 권위있는 구약성서 학자들의 공통된 결론이다. 즉 하느님의 형상이라는 말은 이 세계에 대한 하느님을 대리한 위탁통치권의 한 상징이라는 말이다. 그러므로 *imago Dei*를 인간 본질의 신성성 또는 신적 요소에 대한 상징으로 보려는 생각은 히브리적 사고에서는 찾기 어렵다.

그러나 우리의 주제가 말하려는 근본 요지는 히브리적 인간 이해의 이러한 피조성과 존엄성을 대비적으로 설명하려는 데 있지는 않다. 오히려 여기에는 인간 피조성의 또 다른 한 면에 대한 이해로부터 출발해서 죽음의 문제, 그리고 죽음 후의 문제에 접근하려는 데 그 목적이 있다. 즉 히브리적 인간 이해의 세번째 모습은 인간은 어디까지나 〈불멸할 수 없는 가사적 존재〉로서 이해한다는 점이다. 죽음의 이해는 여기서부터 출발해야 할 것이다.

흔히들 우리는 창세기 2장 17절을 근거로 해서, 즉 "선악을 알게 하는 나무의 실과는 먹지 말라. 네가 먹는 날에는 정녕 죽으리라"라는 말씀을 근거로 해서 타락 이전의 인간은 불멸의 존재로 지어졌다고 생각하는 경향이 있지만, 2장 17절의 말씀이나 창세기 3장 22-24절(생명나무의 실과를 따먹고 영생할까 두려워서 아담과 하와가 낙원에서 추방당함)의 말씀 등을 근거로 해서 생각해 볼 때, 인간은 근본적으로 불멸적 존재로 지어진 존재가 아니라 가사적 존재로 지어졌다는 것을 알 수 있다. 따라서 "너는 흙이니 흙으로 돌아갈찌니라"라는 말씀(창 3:19)도 비록 그것이 범죄에 대한 징벌선언이라 할지라도 그 본문 역시 인간은 그 본질상, 비록 하느님의 형상대로 창조되었다 하더라도, 본래부터 가사적 존재로 지어졌다는 히브리적 신앙을 지시해 준다고 하겠다. 그리하여 시편 시인들은, "당신께서 그들의 숨을 거두시면 그들은 죽어 그들의 먼지로 돌아가나이다"(시 104:29), "살아서 죽음을 보지 않을 자가 누구냐?"(시 89:48), "우리의 연수는 기껏해야 칠십이요 강건하다면 팔십 정도라, 그 연수의 자랑은 수고와 슬픔 뿐이로다, 우리의 날은 신속히 지나가나이다"(시 90:9f)라고 고백한다. 그러므로 히브리적 인간 이해는 하느님의 형상을 몸에 지니고서 세계를 위탁통치하는 존재인 동시에, 그 본질성은 피조된 생명체요 가사적 존재라는 이해로 집약할 수 있다고 하겠다. 그러나 이 모든 인간이해에 있어서 우리가 가장 부인할 수 없는 현실로 느껴지는 인간 이해는, 인간은 가사적 존재라는 이해이다. 즉 히브리적 인간이해는 인간을 불멸적 존재로서는 이해하지 않았다고 하겠다.

구약에서 본 죽음과 죽음 저편

그렇다면 인간은 죽으면 그것으로서 모든 것이 끝나는 것인가? 사실 이것은 매우 중요한 궁극적인 종교적 질문 중의 하나라고 할 수 있다. 그런데 우리는 구약의 여러 증언들을 살펴 볼 때 비록 우리가 위에서 말한 히브리적 인간 이해를 충분히 감안한다 하더라도, 또한 히브리적 사고와 헬라적 사고 사이의 현저한 차이가 있음에도 불구하고 구약에도 불멸에 대한 신앙이 여러 가지 형태로 표현되고 있음을 볼 수 있다. 따라서 구약성서는 인간의 죽음을 그렇게 단순하게 처리하지는 않았다는 것을 알 수 있다.

(1) 우선 우리는 구약성서가 인간의 죽음을 전적인 소멸 또는 전적인 비존재, 또는 무로 보았느냐 하는 것을 물어야 할 줄 안다. 인도

의 사상에 의하면, 사람은 죽은 후에 다시 지상에 어떤 형체를 띠고 환생한다는 일종 재수육(reincarnation)의 신앙이 있다고 한다. 이러한 신앙 근저에는 〈생〉 자체를 축복으로 보는 생에 대한 적극적 이해를 전제하지 않고 있기 때문에, 이러한 신앙이란 생을 적극적으로 이해하는 성서의 신앙과는 그 출발이 이미 다르다고 할 수 있을 것이다. 그러나 생을 저주로서보다는 축복으로서 이해를 할 뿐만 아니라, 동시에 본래 인간은 그 근원된 흙으로 돌아가도록 되어 있다고 믿고 있는 히브리인에게 있어서도, 즉 〈오래 산다는 것〉, 〈삶의 오랜 연장〉을 생의 최대의 열망으로 삼고 있는 히브리인에게 있어서도, 죽음을 인간 생의 완전소멸, 전적 비존재 또는 무로 믿고 있었다고는 꼭 단정할 수 없다는 주장이 자주 권위있는 구약학자들에 의하여 대두되어 왔었다. 물론 한 때는 인간의 죽음이란 인간 존재의 완전 소멸로 이해하는 것이 구약의 기본적인 주장이요, 히브리인의 불변의 신념이라는 생각이 지배하던 때도 있었다. 예컨데 로빈손(H. Wheeler Robinson) 교수가 본 구약의 인간 이해에 의하면[2], 인간은 인간이라는 외적 모양을 갖고 있다는 것을 제외하면 동물과 아무런 구별이 없다는 사상이 곧 히브리적 인간 이해의 중심이라는 것이다. 즉 인간은 생기와 그 생기를 호흡하는 육체적 기관들의 결합체라고 보았고, 그 둘이 분리되면 인간은 그것으로서 모든 것이 끝장이라고 주장한 바 있다. 사실 이러한 주장에 다소간의 일리가 있다 하더라도, 그러나 이러한 주장은 죽음 저 편에 대한 암시들을 고려할 때 그것은 어디까지나 하나의 극단론에 가깝다 하겠다. 그러나 구약적 증언의 다양성은 이러한 극단론에는 전적으로 가담하지 않는다. 사실 구약 안에는 죽음을 인간 존재의 전적인 소멸과 끝장으로서만 보지 않는 표현들을 많이 발견할 수 있다. 만일 죽음을 인간 존재의 전적인 소멸과 끝장으로만 본다면, 아

---

2) 참고. H. Wheeler Robinson, *Redemption and Revelation*, 1942; 동저자, *The Religious Ideas of the OT*, 1913.

마도 구약은 〈죽음 후의 몸〉의 운명에 대해서는 별 관심을 나타내지 않았어야 할 것이다. 그러나 구약성서는 죽음 후의 인간의 몸이 묻히지 않고 노출되거나 방치되거나 시체가 그대로 나무에 걸려 있다든지 하는 것을 그 사자(死者)의 큰 불신이라는 관념들을 나타내고 있음을 볼 수 있다. 예컨대 길보아 전투에서 전사한 사울과 그의 아들 요나단의 시체를 당분간 〈벧산〉 성벽 위에 노출시켜 놓은 그 일(삼상 31:10ff.)을 성서는 사울과 그의 아들에 대한 〈계속적인〉 수치의 부여라는 관념을 나타낸 경우를 들 수 있다. 또 예언자 아모스도 모압인들의 죄를 규탄할 때 그들이 에돔 왕의 시체의 뼈를 불살랐다는 데 초점을 두고 규탄했다(암 2:1). 이러한 규탄의 배후에는 에돔 왕에 대한 추념의 뜻이나 단순한 비윤리성의 규탄이라는 의미 이상이 들어 있는데, 그것은 그 에돔 왕이 죽은 후에도 그 어떤 의식을 갖고 〈계속〉 피해를 받고 있다는 관념이 들어 있다는 점이다. 그러나 이 보다 더 뚜렸한 입증 자료로서는 구약에 나타는 〈엔돌〉의 신접자에 의해서 진행된 강신술에 관한 언급을 지적할 수 있다. 즉 사울의 요청을 받은 엔돌의 신접자가 강신술에 의하여 죽은 사무엘의 형상을 땅 위로 끌어올리는 것에 관한 기사 속에는 죽은 자는 그가 죽기 전에 가졌던 것과 같은, 즉 식별이 가능한 형체를 죽은 후에도 여전히 갖고 있다는 신앙이 반영되어 있다고 볼 수 있다. 물론 구약의 가르침 속에는 강신술이 자주 정죄를 받았고, 특히 신명기적 역사가의 역사서를 보면 강신술사에 대한 정죄와 배척이 그의 설화 전체를 지배하고 있는 것을 볼 수 있다. 그러나 강신술사들에 대한 구약의 정죄는 이치에 대한 정죄와 규탄에 있는 것이지 결코 "죽은 자는 더 이상 존재하지 않는다"는 사실을 변호하려는 데 있는 것은 아니었다. 이 〈엔돌〉의 무당에 관한 설화 속에는 분명히 죽은 자는 죽기 전에 가졌던 형체를 죽은 후에도 가지고 있다는 신앙이 깔려 있다고 할 수 있다. 바로 이 점이 희랍의 영혼불멸 사상과는 다른 점이라 할 수 있다. 왜냐하면 희랍사상과는 달리 여기에는 형체없는 존재, 육체에서 분리된 존재에 대한 관념은 전혀 없기 때문이다. 그러나 여기서 말하는, 이른바 엔돌의 신접자가 불러올린 사무엘은 의식 없는 몸이거나 추방당했던 영혼이 갑자기 순간적으로 몸속에 들어온 형체라고 할 수는 없을 것이다. 여기에 나타나 있는 기본적 사상은 죽음 후의 몸의 운명에 대한 사상이라 할 수 있다. 즉 죽은 후의 인간의 몸은 그것은 전적으로 소멸을 당하는 것이 아니라 하나의 〈그늘〉(shade)로서―이 그늘을 때로는 망령이라고 부르기도 했는데―〈스올〉이라는 장소, 즉 지하에 있는 사자들의 세계에 함께 모여있는 것으로 믿어졌다. 물론 이러한 신앙은 전도자(코헬렛)의 신앙, "인생의 영(루아흐)은 위로 올라가고 짐승의 영(루아흐)은 아래 곧 땅으로 내려가는 줄을 누가 알랴?"(전 3:21)라는 표현과 대립적 부조화를 이룬다고는 결코 볼 수 없다. 왜냐하면 코헬렛의 신앙은 창세기 2장 7절에 근거되어 있어서, 그는 사람의 영(여기서는 전적으로 이 영이 breath를 의미하고 있다!)은 하느님의 입김으로부터 왔으니 반드시 하느님께로 돌아가는 것이어야 한다고 믿고 있었기 때문이다(참고. 전 12:7). 즉 코헬렛은, 사람이나 짐승이나 죽으면 그들은 모두 다같이 〈흙〉(먼지: 아팔)으로 돌아간다는 구약 일반의 신앙(창 3:19; 욥 10:9; 34:15; 시 104:29; 146:4) 위에 서 있는[3] 것에 불과한 것이지(전 3:18-20) 이상에서 말한 〈스올〉의 관념에 반립되는 관념을 제시한 것이라고 볼 수는 없을 것이다. 어쨌든 스올에 있는 그 〈그늘〉은 구약적 신앙에 의하면 무형의 허상으로서 이해되었다기보다는 죽은 몸의 유형의 그림자로서 이해되었던 것 같다. 비록 유형의 그늘, 형태를 가진 그림자, 망령이라는 개념이 다소 비합리적이긴 하지만 여기에는 사체에 대한 학대나 상해가 그 〈그늘〉에 대한 학대나 상해가 된다는 관념이 개재되어 있다고 하겠다. 사실 이 〈그늘〉이라는 개념이 우리에게는 그

---

[3] 참고. G. A. Barton, *Ecclesiastes* (I. C. C.), 1971², pp. 109-113; Schwally, *Leben nach dem Tode*, p. 87ff; Frey, *Tod, Seelenglaube und Seelenrult*, p. 18.

렇데 뚜렷하지는 않는 것 같다. 즉 그것이 어떤 잠자는 상태를 가리키는 것인지 아니면 이승과 두절된 어떤 침묵의 상태를 가리키는 것인지 그것 역시 획일적으로 설명할 수는 없다. 어쨌든 여기에는 비록 사체의 복사판과 같은 〈다른 한 쪽〉이, 즉 사자들의 replica들이 뚜렷한 몸을 가진 형태로 다른 세계에 모여 있다는 그런 뚜렷한 관념을 구약에서 찾기는 어렵다고 하더라도, 사자들이 생전의 모습과 identity를 찾을 수 있는 어떤 모습을 갖고, 그리고 그 어떤 의식을 가진 채 어떤 공동의 장소(스올)에 모여 있다는 관념이 반영되어 있는 것만은 분명하다 하겠다. 예컨대 이사야 14장 10절 이하에 나타난 바에 의하면, 바벨론 왕이 죽어서 〈스올〉에 내려갔더니 그 곳에 있는 많은 〈그늘〉들이 이 바벨론 왕의 〈그늘〉을 조롱하면서 한때 세상을 진동시키던 그 영화는 다 어디로 가고 지금은 어찌 그렇게도 무력한 자가 되었는가라고 비웃는 것으로 되어 있다. 분명히 이 텍스트에 의하면 그 왕의 shade나 그 왕의 shade들은, 죽음 후의 인간 존재들은 존재의 완전 해체에 이르는 것이 아니라 어떤 의식을 갖고 어떤 공동의 장소에 모여 있다는 관념을 나타내고 있다. 그러므로 구약 성서도 인간의 죽음을 인간 존재의 완전 소멸이나 결정적 끝으로는 결코 말하지 않는다고 할 수 있을 것이다. 물론 이러한 사상은 희랍의 영혼불멸 사상과는 근본적인 차이가 있다고 하겠는데, 이러한 성서적 사고에 대한 결정적인 증언은 역시 구약이 표현하는 스올에 대한 사상에서 찾을 수 있다. 즉 인간은 죽어서 〈스올〉로 내려가서 그곳에 모여 있다는 것이다. 따라서 열조의 품으로 돌아간다는 표현도 역시 이러한 컨텍스트에서 이해할 수 있다고 하겠다. 이러한 스올의 관념 배후에는 죽은 자들이 거한다는 땅 아래의 왕국(무덤이 아님) 즉 바벨론의 *Arallû*의 관념이 깔려 있는지도 모른다(Jastrow).[4] 어쨌든 죽은 자에 대한 호머의 사상(그의 작품

---

4) 참고. Jastrow, *The Religion of Babylon and Assyria*, 1895, p. 565.

Odyssey, xi. 24ff.에 의하면, 사자들은 죽을 때의 형태를 그대로 갖고 지하 세계에 모여 있으며 그들은 다시 생명을 되찾기 위하여 희생의 피를 열심히 마시고 있는 것으로 묘사되어 있다)이나 희랍의 영혼 불멸 사상과는 근본적으로 다르다 하더라도, 구약성서도 역시 인간의 죽음을 인간존재의 완전 해체로서 보지 않고, 그 죽은 자들은 어떤(?) 식별할 수 있는 형체를 띠고 〈스올〉에 모여 있다고 믿었던 것 만은 분명하다 하겠다. 그러므로 우선 〈스올 שׁאול〉의 개념, 사실 이 〈스올〉의 관념은 본래는 야웨 종교와는 전혀 연결이 없다가 후일에 연결되고 신학화된 개념이지만[5] 이 개념을 좀 더 분명히 할필요가 있다고 생각한다.

(2) 스올은 어떤 곳인가? 물론 스올의 개념 역시 구약성서는 결코 획일적으로 설명해 주지는 않고 있다. 그러나 스올에 관한 구약성서의 다양한 표현들을 정리해 보면 대개 다음과 같이 정리해 볼 수 있을 것이다.

① 어떤 텍스트에 의하면, 〈스올〉은 그곳으로 간 자가 다시는 땅위로 돌아오지 못하는 그런 장소라는 관념이 있다. 예컨대 다윗 왕이 밧세바와의 사이에서 얻은 자기의 첫 아기가 죽은 후 그 첫 아기를 두고서 한 말, "나는 장차 그에게로 갈 것이지만 그러나 그는 내게로 돌아오지는 못할 것이다"(삼하 12:23)라는 말은 그러한 관념을 표현한 말이라 할 수 있다. 욥도 그 곳을 가리켜 그 곳은 영영 돌아올 길이 없는 곳이라고 표현한 바 있다(욥 10:21). 물론 이 텍스트들은 스올의 세계를 〈무의식의 세계〉라고 보는 관념을 전제하고 있지는 않다.

② 다른 어떤 텍스트에 의하면, 〈스올〉은 땅 위에서 일어나는 일들에 대해서는 전혀 소식이 두절되어 있는 〈무인식의 장소〉(무의식의 장소라는 말은 결코 아닐 것이다!)라는 관념이 나타난다. 즉 욥은 말하기를 "그의 아들들은 존귀함을 얻으나 그는 알지 못하고, 그들이

---

5) 참고. C. F. Burney, *Israel's Hope of Immortality*, 1909.

비천하게 되나 그가 그것을 깨닫지 못하도다"(욥 14:21)라고 했고, 전도서 기자도 말하기를 "죽은 자들은 아무 것도 알지 못하나니 어떠한 상도 받지 못한다"(전 9:5)[6], "죽은 자가 내려가는 스올에는 일도 없고 계획도 없고 지식도 없고 지혜도 없느니라"(전 9:10)라고 했다. 말하자면 스올의 세계는 무지, 무의식의 세계라고 표현되고 있다. 물론 A place of ignorance라는 말은 A place of unconsciousness라는 말과는 분명히 다르다.

③ 그러나 이와는 달리 많은 텍스트들은, 죽은 자들이 죽은 후에도 지식을 갖고 있으며 미래에 대한 지식도 갖고 있다는 관념을 나타낸다. 즉 이미 언급한 두 가지 대표적 텍스트인 사무엘상 28장 3절 이하와 이사야 14장 10절 이하가 말하는대로 엔돌의 신접자에 의해서 불려 올려진 죽은 사무엘의 형상에 관한 이야기와 바벨론 왕이 죽어서 그의 동료〈그늘〉들에게 조롱받는 이야기 등은, 모두 사자들이 죽은 후에도 지상의 일에 대한 지식과 심지어는 미래의 일에 대한 지식까지 갖고 있다는 것을 지시해 주고 있다. 또한 여기에는 비록 희랍의 영혼불멸 사상과는 그 성격이 근본적으로 다르다고 하더라도 불멸에 관한 신앙이 들어 있는 것이라고 볼 수 있을 것이다. 이러한 구약적 신앙, 히브리적 희망은 다음과 같은 표현들 속에서 더 분명하고도 더 뚜렷하게 표현되어 있는 것을 볼 수있다.

④ 즉 어떤 텍스트들은 스올을 사자들에게 고난과 괴로움을 주는 불신의 장소라는 관념들을 많이 표현하고 있다. 즉 욥은 말하기를, 〈스올〉에 가 있는 사자가 그 살이 아프고 그 마음이 슬픔을 겪는다고 (욥 14:22) 말하고 있다. 아마도 여기에는 죽은 자가 무덤에서 썩을 때 그 〈그늘〉은 〈스올〉에서 고난을 겪는다는 관념이 반영되어 있는

---

6) 사실 이 본문에는 죽음의 당위적 현실을 깨닫는 능력을 갖는 자는 그것에 대한 인식의 능력이 없는 <죽은 자>보다는 더 위대하다는 코헬렛의 종말론적 신앙이 반영되어 있다. 참고. 시 88:10; 115:17.

것으로 보인다. 즉 무덤에 누워 있는 몸과 스올에 있는 〈그늘〉로서의 replica와의 사이에는 긴밀한 연관성이 있다는 신앙의 흔적을 발견할 수 있다. 그러므로 이 관념은 〈스올〉의 〈그늘〉들은 아무런 의식이 없다는 관념과는 상반된 관념이라 할 수 있다.

⑤ 이와 같이 사자들은 죽은 후에도 여전히 어떤(?) 의식을 갖고 있다는 관념은 또 다른 측면에서도 표현되고 있다. 즉 어떤 텍스트는 조금 전의 표현과는 조금 다른 관점에서 말하기를 〈스올〉을 〈평화의 거주지〉로서 묘사한다. 즉 욥은 죽음의 상태를 예찬하여 이르기를 "내가 만일 죽었더라면 나 지금쯤은 누워서 안식을 누릴 터인데, 잠들어 쉬고 있을 터인데, 저 허물어진 성터에 궁궐을 세웠던 지상의 왕들과 고관들과 나란히 쉬고 있을 터인데 … 그곳은 악당들이 설치지 못하고 삶에 지친 자들도 쉴 수있는 곳, 포로들도 함께 안식을 누릴 수 있고 감독관들이 꾸짖는 욕설이나 잔소리도 들리지 않는 곳, 낮은 자와 높은 자의 구별이 없고 종들이 상전의 손아귀에서 해방받는 곳이 아닌가!"라고 노래했던 것이다(욥 3:13, 17-19). 물론 이 노래는 현재의 욥의 운명이 얼마나 불행한가 하는 것을 대조적으로 지시하는 성격의 노래이긴 하지만, 여기에는 죽음이 인간 존재의 완전한 해체가 아니다는 신앙이 반영되어 있는 것도 부인할 수는 없다. 진실로 욥은 욥기 19장 25절 이하에서 죽음 후에도 자기의 무죄가 하느님으로부터 변호받을 수 있을 것이라는 표현을 피력하기까지 하였던 것이다.

⑥ 그 다음으로는, 다소 강도가 약한 표현이긴 하지만 죽은 자들이 죽은 후에도 여전히 어떤 의식을 가진 상태 속에 있다는 매우 간접적인 표현이 욥기 10장 21절이하에서 이렇게 표현되고 있다. 즉 욥은 말하기를, "나는 잠시 후에 돌아 올 수 없는 길로 떠납니다. 그곳은 캄캄한 어둠만이 덮인 곳, 그믐밤 같이 어둠이 깔리고 캄캄한 가운데 모든 것이 온통 뒤죽박죽이 된 곳, 칠흑같이 흑암만이 빛의 구실을 하는 곳입니다"라고 했다. 이 텍스트의 배경에는 죽음 후의 사자의

현실에 대한 바벨론적 관념이 깔려있는 것으로 보인다. 그 관념에 의하면, 그 곳은 사자들이 아무런 기쁨의 낙을 누리지 못하고 오직 유랑하는 운명에 매여 있으니 늘 Allatu와 그의 배우자 Nergal의 감시를 받으면서 어느 한 영역 만을 맴돌도록 되어 있는 곳으로써 묘사되어 있다.[7]

⑦ 그러나 이상의 모든 죽음과 죽음 저 편의 현실에 관한 구약의 사상 중에서 가장 신학적으로 발전된, 신학화된 사상은 그 무엇보다도 죽음을 〈하느님과의 친교가 단절된 현실〉이라고 보는 관념 속에서 발견할 수 있다. 즉 히브리인들은 그들이 죽어서 스올에 모여 있는 열조의 품으로 돌아간다는 그 사실 자체를 두려워하거나 사람이 죽어 그의 본향인 먼지로 돌아간다는 그 현실 자체를 무서워하는 것으로서는 결코 표현하지를 않았었다. 즉 그들은 그들이 죽어 〈스올〉로 내려감으로써 하느님과의 교제가 단절되고, 더 이상 하느님을 찬양할 수 없게 되었다는 데 큰 두려움과 공포감을 표현했던 것이다. 시편 여러 곳에서 시인들은 이러한 성격의 두려움을 표현했다. "죽은 자는 주를 찬양치 못하나이다. 적막한 곳으로 내려간 그 어느 누구도 야웨를 찬양 못할 것이니이다"(시 115:17). "내가 무덤으로 내려갈 때에 내 피가 무슨 유익이 있습니까? 진토가 당신을 찬양할 수 있습니까? 그가 어찌 당신의 진리를 선포할 수 있겠습니까?"(시 30:9-10) "그늘들이 일어나 어찌 당신을 찬양할 수 있을 것입니까? 당신의 신실을 압바돈(Abaddon)에서, 당신의 사랑을 무덤에서 선포할 수 있을 것입니까? 당신의 행적을 어두움 가운데서 어찌 알려질 수 있겠습니까? 당신의 의가 어찌 잊음의 땅에서 선포될 수 있겠습니까?"(시 88:10ff.)라고 부르짖었다. 즉 〈스올〉은 하느님으로부터의 완전한 고립의 장소(A place of complete isolation from God)로서 생각되었다.

---

7) 죽음과 지상의 세계에 관한 바벨론적 관념을 알려주는 책으로서는 E. Ebeling, *Tod und Leben nach den Vorstellungen der Babylonier*, i, 1931을 들 수 있다.

구약의 신앙인들은 죽음을 존재의 전적인 무, 인간의 전적인 소멸이라는 관념을 이미 명백하게 비신화화하고 있었음이 분명하다. 즉 그들은 이미 오래 전부터 죽음을 인생의 전적인 끝, 완전한 마지막으로 묘사하지는 않았다. 그리하여 창세기 3장에 나타난 죽음의 관념, 즉 너는 흙이니 흙으로 돌아가라는 명령은 이미 죽음이 곧 인생의 절대적 끝과 완결이라는 관념의 증언이 아니라, 어디까지나 죽음은 인간의 타락에 대한 신의 징벌이라는 일종 죽음에 대한 하나의 신학화로서 나타났던 것으로 볼 수 있다. 그리고 그 징벌의 구체적 실현은 창세기 3장 마지막 부분에서 〈생명실과〉를 인간의 손으로부터 막아 지키게 하셨다는 표현에서 구체적으로 나타냈던 것이다. 즉 인간은 본래 불멸적 존재로 지어진 것은 아니지만, 즉 완전히 유한한 존재로서 피조된 존재이긴 하지만, 하느님과의 관계가 죄에 의하여 깨어지지 않는 한, 즉 하느님과 동행하는 삶을 사는 한 생명실과를 따먹고 불멸의 영생을 누릴 수 있는 가능성을 가졌었다는, 또는 그것을 희망한다는, 이른바 헬라적 영혼불멸 사상과는 근본적으로 다른 불멸에 대한 신앙과 희망을 그들이 갖고 있었다고 할 수 있을 것이다. 그리하여 비록 〈스올〉의 관념이 본래는 이스라엘의 야웨 종교와는 전혀 연결이 없었던 이른바, 야웨께서 자신을 이스라엘에게 계시하시기 훨씬 오래 전에 이미 인근 국가들로부터 물려받은 수준 낮은 관념이라 할지라도, 인간을 산 자로부터 그리고 특히 하느님으로부터 고립시키는 곳이라는 스올에 대한 관념을 신학화함으로써, 이른바 절대적 신화로 되어 있던 〈죽음〉이 거의 그 신화적 껍질을 벗는 죽음의 비신화화라는 작업이 이루어졌던 것은 이스라엘 신학의 놀라운 혁명적 발전이라고 아니할 수 없다. 그러나 이것이 곧 사후의 생에 대한 구약적 신앙의 전부는 아니었다. 오히려 우리는 죽음 후의 세계에 대한 히브리인들의 혁명적이고도 도약적인 신앙의 한 신학적 발전을 다음에서 읽을 수 있다.

사후의 생에 대한 히브리적 신앙

우리는 구약성서 안에서 사후의 생에 대한 히브리인의 희망이 혁명적이고 도약적으로 나타난 그 모태를 하느님의 능력의 무한 대성에 대한 히브리인들의 절실한 자각과 확고한 신앙에서부터 발견할 수 있다. 이러한 신앙 범주 속에서는 〈스올〉의 세계를 둘러치고 있는 절대적 벽이 무너지고 있는 것을 볼 수 있다. 시편 기자는 노래하기를, "내가 하늘에 올라갈지라도 당신은 거기 계시고 스올에 내 침상을 펼지라도 당신이 거기 계시나이다"(시 139:8)라고 노래했고, 예언자 아모스도 "그는 땅 속으로 들어가도 잡아내시고 하늘로 올라가도 끌어내시리라"(암 9:2)라고 외쳤던 것이다. 여기서의 강조점은 하느님의 편재성에 대한 강조점보다는 하느님의 능력의 우주적 영역, 즉 죽음의 세계도 하느님의 세력으로부터의 보호지역이 될 수 없고, 하느님의 능력이 닿을 수 없는 곳일 수는 없다는 신앙을 반영하고 있다. 사실 우리는 구약시대 아주 후기 즉 구약시대 말기, 더 정확히 표현해서 신구약 중간기에 본격적으로 발전한 부활신앙의 한 싹을 여기서부터 발견할 수 있다고 주장할 수 있다. 예컨대 사무엘상 2장 6절에 나타나는 저 유명한 "한나의 노래" 즉 "야웨는 죽이시기도 하고 살리시기도 하신다"라는 노래는, 비록 『옥스퍼드사전』이 주장하듯 꼭 부활신앙을 선포한 것이라고는 볼 수 없다 하더라도, 그것은 분명히 생과 사의 주관이 하느님께 있다는 신앙의 한 표현이며, 스올의 영역에 대한 하느님의 지배권에 대한 신앙고백으로 볼 수 있다 하겠다. 또한 이와 비슷한 신명기 32장 39절에 나오는 모세의 노래, "나는 죽이기도 하고 살리기도 하며 상하게도 하며 낫게도 하나니 내 손에서 능히 건질 자 없도다"는 표현 역시 부활의 교리에 대한 증언이라고 보기는 어렵다 하더라도, 이러한 하느님의 절대주권에 대한 신앙이 곧 후대의 부활신앙의 기초요 초석이라고 할 수 있다는 데 이의가 있을 수 없을 것이다.

이러한 하느님 관념을 근거하고 나타난 이스라엘적 신앙의 대표적 한 양상을 우리는 또한 민족의 갱생과 회복에 관한 이스라엘의 민족주의적 신앙 속에서 더욱 분명하게 발견할 수 있다. 예컨대 호세아 6장 1절 이하의 구절, "오라, 우리가 야웨에게로 돌아가자, 그가 우리를 찢으셨으나 우리를 도로 낫게 하실 것이요 우리를 치셨으나 우리를 싸매어 주실 것입니다. 이틀 후에 그가 우리를 살리실 것이며 제3일에 우리를 일으키실 것입니다. 우리가 그이 앞에서 살 것입니다"라는 문구는 비록 가나안 풍요제의 배경을 갖고 있다고는 하더라도, 또한 에스겔 37장의 경우와는 동일한 범주에 넣을 수는 없다 하더라도, 그 기본 사상은 역시 하느님의 유일한 주권과 능력에 의한 소진된 국가의 활력의 재생이라는 것이라는 것이 학자들의 지배적 결론이다.[8] 이보다 더 잘 알려진 텍스트인 에스겔 37장 1절 이하의 마른 해골 골짜기의 환상 속에 나오는 마른 뼈의 소생은 물론 포로부터의 국가의 회복에 대한 희망을 표현한 것이라는 것은 널리 알려진 사실이다. 그런 점에서 볼 때, 구약에 나타난 부활에 관한 오직 두 개의 입증 자료인 묵시문학의 텍스트 이사야 26장 19절과 다니엘 12장 2절도 역시 하느님의 절대주권에 대한 이스라엘적 신앙과 황금시대로서의 야웨의 왕국시대의 도래에 대한 이스라엘의 종말론적 희망이라는 컨텍스트 안에서 이해할 수 있다 하겠다. 그러므로 부활과 불멸에 관한 이스라엘적 희망은 결코 가나안의 아도니스(Adonis)제의, 애굽의 오시리스(Osiris)제의, 바벨론의 탐무즈(Tammuz)제의, 페르샤의 조로아스터 종교(Zoroastrianism), 또는 희랍의 영혼불멸사상에서부터 영향을 받아 성장한 것이거나 그것들과 상관된 신앙이라고는 볼 수 없고, 그것은 전혀 생사를 주관하시는 야웨의 유일한 주권에 대한 신앙에서부터 성장

---

8) James L. Mays, *Hosea*, SCM, 1969, p. 95.

했다고 볼 수 있다. 예컨대 아도니스제의, 오시리스 제의, 탐무스 제의 등은 모두 〈인간의 부활〉을 전하는 것이 그 중심이 아니라 자연과 신의 부활을 통한 〈자연의 풍요〉를 비는 것이 그 중심 사상이기 때문에, 그것은 이스라엘적 신앙과는 근본적으로 거리가 먼 것이고 이스라엘 예언종교의 항구적 규탄의 대상이 되었던 것일 뿐이다. 그런 점에서 볼 때, 희랍의 영혼불멸 사상은 인간 영혼의 절대불멸성을 주장하고 있고, 또 조로아스터교는 선신 Ahura Mazda와 악신 Anra Mainyu의 대립투쟁을 가리키는 이원론(이들은 해, 별, 불 등을 선신의 상징으로 보고 그것들은 숭배함)을 지향하고 있기 때문에, 그것들 역시 인간의 피조성과 그 반이분법적 전인적 성격 그리고 야웨 하느님의 유일한 주권을 주장하는 구약의 히브리적 사상과는 근본적으로 대립된다 하겠다. 그러므로 그늘의 관념 역시 구약의 죽음 서언에 대한 관념과는 전혀 다른 암시를 갖는다 하겠다. 그러므로 죽음의 비신화화와 사후 생의 불멸에 대한 이스라엘적 희망은 전적으로 하느님의 절대주권 개념 위에 근거되어 있다고 주장할 수 있을 것이다. 시편 시인들의 다음과 같은 고백들은 그것을 단적으로 지적해 주고 있다고 하겠다. 즉 시편 49편 14절 시인은 말하기를 "그들은 양처럼 스올에 두기로 작정되었나이다. 사망이 바로 저희의 목자입니다. 그러나 하느님은 나의 목숨을 스올의 세력으로부터 속량해 주실 것입니다. 대저 그가 나를 받으실 것입니다"라고 했다. 말하자면 하느님의 주권 아래 스올의 세력이 복종하고 있으며, 시인의 사후불멸은 하느님의 주권 아래에서만 확실한 보증을 받고 있음을 볼 수 있다.

그러므로 근본적으로 말해서 인간의 진정한 원수는 죽음이 아니다. 그것은 하느님과의 단절이다. 하느님과의 통교(通交)가 끊어지는 것이다. 단지 죽음과 그리고 〈스올〉의 세계의 극복과 그리고 사후의 불멸에 대한 희망의 유일한 근거는 하느님의 주권 안에 있을 뿐이다. 고난시의 시인들이 표현하는 최상의 고난 표현과 죽음에 대한 위협은 전적으로 하느님과의 단절, 하느님의 버리심, 하느님의 잊으심에 대한 두려움으로부터 온다. 십자가 위에서 부르짖은 그리스도의 탄식은 육체의 질고를 인내하지 못한 데서보다는 히브리적 신앙고백에 의하면, "나의 하느님의 버리심" 때문에 온 것이었다. 그러므로 그리스도의 부활은 Karma의 Re-incarnation, 법질서의 현실로서 온 것이거나 희랍적 영혼불멸 신앙의 산물이 아니라, 하느님의 유일한 주권에 대한 신앙의 결실일 뿐이다. 그리하여 시편 49편 15절의 시인은 말하기를, "하느님은 나를 영접하시리니 이러므로 내 영혼을 음부의 권세에서부터 구원하시리로다"라고 고백하였고, 이사야 26장 19절의 예언자는 "그래도 우리는 믿습니다. 이미 죽은 당신의 백성이 다시 살 것입니다. 그 시체들이 다시 일어나고 땅 속에 누워 있는 자들이 깨어나 기뻐 뛸 것입니다"라고 고백할 수 있었던 것이다. 실로 죽음의 극복과 사후불멸의 지복은 하느님과의 연합, 하느님과의 친교, 하느님과 함께 있음에 의해서만 얻어질 수 있는 것이다. 시편 73편 시인은 말하기를, "그러나 나는 언제나 당신과 함께 있습니다. 당신이 나의 오른 손을 붙드시고 당신이 나를 당신의 교훈으로 인도하시니 후에는 나를 영광으로 영접하시리이다"(73:24)라고 했으며, 시편 16편 10-11절에서도 시인은 "당신은 나의 목숨을 스올에 버리지 않으실 것입니다. 당신은 당신을 따르는 자로 음부에 던지지 않게 하실 것입니다. 당신이 내게 생명의 길을 보여 주실 것입니다. 당신 앞에는 기쁨이 있고 당신의 오른 손에 영원한 즐거움이 있습니다"라고 노래했던 것이다. 창세기 5장 24절에서도 하느님과 동행하는 삶을 산 에녹만을 〈죽었다〉라고 보도하지 않고 "하느님이 취하여 가셨다"라고만 표현했다. 그리고 이사야 7장 14절 이하에서는 가장 이상적인 메시야상이 〈임마누엘〉 안에서 이루어질 것임을 선언하였으며, 신약성서 기자들은 그것을 기독론적으로 해석하기까지 했던 것이다(마태 1:23). 이들의 증언의 공통의 증언은 역시 이 현실 역사 안에서 인간이 가지는 모든 공통의 근원이신 하느님이 바로 사후의 세계에서도 계속 복지의 근원이시라는 것을 증언하는 것이라 하겠다. 그러므로 이러한 하느님 이해가 없는 타계주의적 신앙은 오히려 죽음의 극복과 사후의 복지를 추구하는 데 있어서는 가장 큰 거침돌이며 가장 최악의 길이라는 것이 구약적 증언의 핵이라 할 수 있다.

결론

그러므로 구약의 증언에 의하면, 죽음 그 자체가 곧 우리의 원수는 결코 아니다. 우리의 진정한 원수는 이 역사 안에서 하느님의 구원사적 선교활동에 동행하기를 거부하는 삶, 즉 임마누엘의 거부가 곧 진정한 우리의 원수이다. 우리의 성서는 생과 죽음과 그리고 그 죽음으로부터의 자유를 결정짓는 유일한 길이란 하느님과의 소외를 극복하는 길이요, 하느님과 함께 이 역사 안을 동행하는 길뿐이라는 것을 증언할 뿐이기 때문이다. "하느님만이 삶, 죽음, 부활의 주관자이다"는 신앙, 일원론적 하느님 신앙, 야웨에 대한 유일한 신앙, 이것은 히브리인들이 모든 고대의 이교적 사상들을 극복하는 하나의 만병통치약 Panacea이었다. 하느님은 인간 생명의 주인이기 때문에 인간의 생명은 그 어느 누구에 의해서도 침해될 수 없다고 성서는 증언한다. 그러므로 "반드시 죽여라"(모트 유마트)는 모세의 계율까지 생겨났으며, 동물조차도 그 생명되는 피와 함께는 먹을 수 없다는 율법까지 제시되었던 것이다. 그러나 역설적이게도 그 생명은 동시에 하느님에 의해서라면 언제든지 거두어질 수도 있다는 것도 함께 구약성서는 증언하고 있다. 말하자면 죽음의 권세, 스올의 세계, 비록 구약성서는 그것에 대한 명백한 논리와 환상을 뚜렷하게 그려주지는 않았다 하더라도 그 세계들은 모드 하느님의 통할 아래 있다고 그들은 믿었다. 진실로 역사의 주, 생명의 주, 세계 창조의 주이신 하느님에 대한 신앙과 신학적 이해가 모든 고난 극복의 관건이요, 죽음과 사후의 생에 대한 이해의 관건이라는 것이 구약성서의 기본 신학이라 하겠다. "그러므로 죽음의 극복, 죽음 저편에 대한 보장은 하느님과 동행하는 역사적 삶" 즉 임마누엘의 삶에만 있다고 하겠다.

"〈그에게 앞 날을 맡기고〉 그를 믿으라. 당신께서 몸소 행해주시리라"(시 37:5).

제3부

창세기 설화들의 의미

1

가인 설화의 교훈

창세기 4장

　　낙원을 상실한 범죄한 인간 역사가 그 첫 문을 여는 세속 세계사의 첫 머리에 〈가인설화〉를 등장시킴으로 3장의 타락설화와 밀접한 연관을 가진 〈인류고대사〉를 엮어 보려는 야비스트(J기자)의 의도 속에는 명백한 신학적 의도가 있었다고 생각된다. 물론 여기에는 이러한 신학적 의도를 충족시켜 줄만한 "그럴싸하게 맞아 들어가는 지리적이고도 역사적인 우연성들"[1]이 상당히 개재되어 있다는 것은 의심할 여지가 없다. 물론 그 뚜렷한 역사적고증을 명백하게 밝혀내기는 어렵다 하더라도, 〈가인설화〉의 배후에는 고대 히브리인의 유목문화적 삶에 대한 전설들이 미묘하게 얽혀 있음을 직감할 수 있으며, 뿐만 아니라 광야를 유랑하는 유랑민의 세계를 〈피의 보복법〉으로 유지하던 고대 사회의 생활환경이나, 또는 〈가인〉이라는 이름[2]이나 〈아벨〉

---

1) von Rad, *Genesis*, p. 104-105.
2) Qayin이라는 이름이 본문에서는 *Qānāh*라는 동사와 연결시켜서 소리일치 assonance의 언어놀이paronomasia를 의도하고 있어서 〈창조하다〉, 〈기원되다〉라는 의미와 관련된 〈얻었다〉는 의미를 가인에게 적용시키고 있으나 어원학적으로는 〈대장장이〉(Skinner), 또는 〈창〉(von Rad)이라는 의미를 가진다. 대체로 많은 성서비평가들이 〈가인〉이라는 이름을 젠족의 〈이름의 시조 eponym〉로 취급한다. 참고. Ewald Wellhuusen, Budde, Stade, Holzinger, G. A. Smith, B. R. Robinson, von Rad.

이라는 이름³⁾을 그 시조로 하는 고대 부족들 간의 우호 내지는 갈등에 관한 고대 역사가 그 배후에 깔려 있음을 의식할 수 있다. 그러나 우리는 여기서 그 배경사 자체를 규명한다는 것보다는 그 배경사를 이용한⁴⁾ 4장 설화의 J기자가 의도한 편집상의 신학적 의도가 무엇인지를 물어야 할 줄 안다. 따라서 우리는 다음과 같은 두 개의 중심적 질문을 중심하여 가인설화가 주는 그 가능한 교훈들을 찾아 보기로 하겠다. 즉 "왜 가인의 제물은 야웨 하느님이 기뻐 받지 않으시고 아벨의 제물만을 기뻐 받으셨느냐?" 하는 것과 그리고 "어찌하여 인류 최초의 잔악한 형제 살해자 가인이 그 형제살해의 범죄에도 불구하고 오히려 하나님의 은총의 〈표〉를 받고 혈친보복의 위험을 면할 수 있었는가?" 하는 물음과 더불어 가인설화가 주는 케리그마를 찾아보려는 것이다.

왜 가인의 제물은 열납되지 못했나?

이 질문은 아마도 "하느님이 기뻐하시는 참 제물은 무엇인가?"라는 질문과 직결되는 물음이라고 생각된다. 아마도 인류의 범죄사를 구성하는 데 있어서 인간이 하느님께 드려야 할 제물의 본질 규명에

---

3) 히브리어 본문에 hevel로 나타난 이 이름은 그 어원이 명확치는 않으나 어떤 이는 이 이름의 뜻이 〈호흡〉, 〈무익〉 등의 의미를 가지고 있기 때문에 가인에 비하여 너무나 짧은 생을 살았다는 〈단명의 표〉로 이해하기도 하였고(Dillmann, 참고. von Rad) 또는 빨리 중단된 부족의 조상으로 이해하기도 하였으며(Gunkel), 어떤 이는 20절에 나오는 yaval의 변형으로 보고 유목민의 조상으로 이해한다(Evald, Wellhausen).

4) von Rad도 그렇게 생각한 바와 같이(p. 104) J 기자 당시에도 뚜렷하게 현존해 있었던 겐족(Kenites)의 삶이 히브리인에게 준 인상은 참으로 수수께끼 같고 신비한 것이었다. 즉 야웨의 계약관계를 갖지 않은 야웨 공동체 밖에 있으면서도 야웨에 대해서 충절을 가진 야웨 숭배자들이었고 그러면서도 그들은 약속된 땅을 기업으로 얻지 못하고 〈땅에서 피하며 유리하는 자〉의 삶을 살고 있다는 점이다. 이러한 수수께끼 같은 〈겐족〉의 삶의 모습에서 J는 〈가인설화〉의 실마리를 얻었을 것이다.

관한 문제를 그 중심에 오게 했다는 것은 J기자의 오랜 신학적 사고의 결론으로 얻은 것이라 볼 수 있을 것이다. 문제의 본문은 이와 같다.

"가인의 땅의 소산으로 제물(min'hāh)을 삼아 야웨께 드렸고 아벨은 자기도 양의 첫 새끼와 그 기름으로 드렸더니 야웨께서 아벨과 그 제물은 열납하셨으나 가인과 그 제물은 열납치 아니하신지라"(4:3b-5a)

이 본문은 아무런 이유나 해명도 첨가하지 않은 단도직입적이고도 단언적인 표현이다. 더욱이 땅의 소산과 양의 첫 새끼와 그 기름이라는 제물의 상이한 내용에도 불구하고 그 두 가지 제물을 모두 꼭같이 〈미느카〉(מִנְחָה)[5]라는 말로만 불렀을 뿐 다른 아무런 설명도 붙이고 있지 않다. 그렇다고 한다면 J기자가 여기서 시도한 신학적 의도는 무엇이 있겠는가?

제물 때문에?

이 경우 무엇보다 우선적으로 관찰해 볼 점은 제물의 내용에 관한 문제일 수밖에 없다. 분명히 가인의 제물과 아벨의 제물 사이에는 내용상의 차이가 명백히 구별될 수 있으며, 서로 다른 문화사적 배경이 뚜렷이 나타나고 있음은 확실하다. 일반적으로 우리는 가인의 제물을 생각할 때 정착민의 농경문화와 유랑민의 유목문화 사이의 대립이라는 관점에서 생각해 볼 수 있을 것이다. 즉 농경문화와 반문화적 사막문화 사이의 충돌은 가나안에 정착한 유랑민의 야웨종교와 가나안

---

5) מִנְחָה(min'hāh)라는 말과 그리고 제물에 대한 또 다른 표현인 זֶבַח(zevah)(창 31:54; 46:1 등)와 עֹלָה('olah)(창 22:2, 3, 6, 7, 8, 13 등) 사이에는 성격상의 명백한 구별을 보여 주지 않고 있다. 비록 min'hāh가 주로 P와 후기문서에서는 곡물 제물에만 적용했었다 하더라도 여기서는 아벨의 제물에도 적용시킴으로 그런 구별은 무시하고 있다. 그러므로 קָרְבָּן(qorbān)(레 40, 민 38등)이나 terûmah(출 16회, 레 6회, 겔 20회, 특히 말 3:8 등)와 함께 min'hāh는 제단에 관한 언급이 전혀 없는 것 등을 보면 제물에 관한 일반적 관념을 표시하는 것 이상의 다른 의미는 없다 하겠다.

정착민들의 바알종교 사이의 팽팽한 긴장관계의 역사 속에 뚜렷이 내재되어 있었다는 것은 부인할 수 없는 이스라엘의 역사 현실이었다. 따라서 양떼를 따라 유랑하던 유목민의 동물희생제만이 야웨 하느님께서 기뻐 받으시는 제물이며, 동시에 유목종교의 동물희생제사가 가나안 바알종교의 곡물제사보다는 월등한 것이라는 관념은 가나안 정착 이후 그 땅의 원주민과의 긴박한 대결 속에 살아온 히브리인들에게 있어서는 결코 지워질 수 없는 불변의 관념이 되었음이 분명하다.

그러나 우리는 결코 곡물제사에 대한 히브리인의 이러한 배타적 관념이 곧 〈가인설화〉에 나타난 사상의 중심이라고는 생각지 말아야 할 것이다. 왜냐하면 가인설화가 노리는 목표는 결코 제물의 내용과 제사에 대한 히브리적 관념을 설명하려는 데 있지 않기 때문이다. 무엇보다 J기자를 움직이고 있는 주요 관심점은 제의적 관심에 있다기보다는 오히려 인류 최초의 제사에서 발생한 한 사건을 보도하려는 데 있었음이 분명하기 때문이다. 특히 4장 설화자는 어떤 종류의 제사가 진행되었으며 그 제사가 어떠한 제의적 제도에 근거하고 이행되었는지, 그리고 어떠한 형태로 제사에 대한 신의 열납과 무응답이 표시되었느냐[6] 하는 것에 대해서는 전혀 침묵하고 있는 반면에, 이 인류 최초의 제사에서 발생하였던 타락한 인간의 죄의 현실을 묘사하는 데는 참으로 놀라울만큼 열렬한 관심을 보이고 있다는 사실을 우리는 주시해 보아야 할 것이다. 따라서 모든 문화는 그 자신의 특유한 제의를 탄생시킨다는 보편적 현실에 비추어 볼 때[7] 농부가 그 땅의 소산으로 제사를 드린다는 것과 목양자가 그 양의 소산으로 제사를 드린다

---

6) 신의 응답과 불응답의 표현은 하늘에서 불이 내려와서 제물을 살라가고 살라가지 않는 현상에 의해서 표현되었다고 하는 학자들(Rashi, A. I. Ezra, Delitzsch 등)도 있고, 제단에서 연기가 솟아오르는 방법으로 표현된 것이라는 학자도 있으나(Ewald, Strack, 참고. Dillmann, Gunkel) 이 모두는 하나의 의인법적 표현에 불과하다 하겠다.

7) von Rad는 "제의는 밀접하게 문화에 속해 있다"라고 말하였다. *Genesis*, p. 100-101.

는 것은 누구나가 당연히 기대할 만한 것이 아니겠는가? 그러므로 여기에서 우리가 제물의 내용 즉 제사의 식물(食物) 때문에 그 제사에 대한 신의 반응을 다르게 결과지었다고 관찰한다는 것은 J의 신학적 의도를 지나치게 약화시키는 결과를 가져오게 되는 것이라 생각된다. 그러나 왕왕 인류는 그 제사의 제물로 신의 환심을 사려는 노력을 수없이 감행하여 왔었던 것을 우리는 기억하고 있다. 아모스나 호세아 같은 예언자들은 이러한 제사종교의 현실을 가차없이 신랄하게 통박한 바도 있다.

> "내가 너희 절기를 미워하여 멸시하며, 너희 성회들을 기뻐하지 아니하나니, 너희가 내게 번제나 소제를 드릴지라도 내가 받지 아니할 것이요 너희 살진 희생의 화목제도 내가 돌아보지 아니하리라. 네 노래소리를 내 앞에서 그칠지어다. 네 비파 소리도 내가 듣지 아니 하나라. 오직 공법을 물 같이, 정의를 하수 같이 흘릴지로다"(암 5:21-24)

제사의 제물보다는 공법과 정의가 하느님이 원하시는 바임을 역설하고 있는 아모스는, 모든 제의의 의식이란 논리성이 결여될 때는 아예 야웨 하느님의 호의는 커녕 하느님의 증오과 멸시의 대상이 된다고 주장한다.

> "이스라엘아, 너는 행음하여도 유다는 죄를 범치 말아야 할 것이라. 너희는 길갈로 가지 말며 벤아웬으로 올라가지 말며 야웨의 사심을 가리켜 맹세하지 말지어다…. 나는 인애를 원하고 제사를 원하지 아니하며 번제보다 하느님을 아는 것을 원하노라…. 내가 그 모든 희락과 절기와 월삭과 안식일과 모든 명절을 폐하겠고"(호 4:15; 6:6; 2:11).

제사장 계열이 아니면서도 제사직에 익숙하고 예민한 예언자로 알려진 호세아도 야웨의 제사종교가 바알화되어 가는 경향에 신랄한 비판을 가함으로 제사드리기 위하여 길갈로도 벤아웬으로도 아예 올라가지 말 것을 경고한다.

"일찍이 위대하던 것들은 이제 부패하였다. 사제는 토끼사냥에 바쁘고 사교는 회개와 순례를 팔아 별장을 샀다"(김성한의 "바비도"에서).

진실로 종교란 하느님의 뜻보다 그 제물 자체에 더 관심할 때는 반드시 부패하게 되며, 그 종교의 부패와 함께 신앙인들도 함께 부패하는 것이다. 그러나 어느 때부터인가 우리들의 종교세계는 그 드리는 젯밥과 제주에 미혹되고 만취되므로 돌이킬 수 없는 종교적 부패를 우리의 현실로 만들어 버렸었다. 예언자 호세아가 직면하였던 현실과 마찬가지로[8] 떡, 물, 양털, 삼, 기름, 술이 하느님의 뜻보다 더 우리의 주요 관심사가 되어 버렸던 것이 우리의 종교세계였었다. 그러나 분명히 창세기 4장의 J기자는 매우 의도적으로(?) 그 제물의 내용 자체에 대해서는 침묵하고 있다 하겠다. 이것이야 말로 하느님의 뜻을 살피는 J의 놀라운 관찰과 예리한 신학적 반성의 결과가 아니고 무엇이겠는가? 그렇다면 제물의 내용과 그 가치 비중에 대하여 J기자가 침묵하고 있는 그 의도의 깊이는 무엇이겠는가?

예배자의 인격이 선결문제다!

우리는 이미 제사의 제물에 대해서 침묵하고 있는 J의 태도에 대해서 언급한 바 있다. 이러한 J기자의 침묵은 여러 가지 해석의 가능성을 낳았다. 그러나 우리는 그 두 제물의 성격이 가진 각자의 문화사적 배경은 단지 편집자의 손에 〈우연히〉 들려진 논술상의 도구로서 이용된 것 이상의 더 다른 신학적 의미를 부여할 필요가 없다는 것[9]을 이미 지적하였었다. 뿐만 아니라 본문을 살펴 볼 때도 제사에

---

8) 비교 호 2:5. 예언자 호세아는 젯밥과 제주에 미혹된 이스라엘의 이러한 종교현상을 계약에 대한 정절의 상실이라고 보고 이 미혹된 이스라엘을 음녀라고 혹평하였다.

9) 야웨에 대한 신앙을 이스라엘보다 먼저 지녔던 것으로 보이는 겐족의 신비스

대한 가인과 아벨의 그 임하는 태도나 의도에 있어서도 가인의 제물만이 열납되지 못할 뚜렷한 증거와 단서가 잡히지 않는다. 그러므로 이 사건을 전혀 인간이 알 수 없는 하느님의 섭리의 과정 속에 있는 것으로 처리해 버리려는 경향도 생겨났다(비교:칼빈). 그리하여 폰 라트 같은 학자는 하느님께서 제사를 받으시고 받지 않으시는 것은 인간의 제사행위에 의해서 결정되는 것이 아니라 전혀 하느님의 자유로운 뜻에 의해서 되는 것임을 나타내려는 데 J기자의 의도가 있었다고 판단하기까지 하였었다.[10] 말하자면 하느님의 호의를 얻는다는 것은 인간의 예배행위 또는 제사행위에 의해서 좌우될 수 있는 것은 아니라는 것을 나타내려는 데 설화자의 의도가 있었다는 것이다. 그러나 가인의 제사에 대한 하느님의 불응답을 하느님에 대한 가인의 태도보다는 전혀 하느님 자신의 자유로운 의사에 의해서 결정된 것이라고 보기에는 텍스트의 분위기가 가인의 범죄행위를 너무 지나치리만큼 관심하고 있는 것으로 보인다. 말하자면 본문의 분위기에는 인류의 첫 범죄가 얼마나 악랄한 결과로 발전되었는가 하는 것에 열렬한 관심을 보이고 있다는 말이다. 이러한 분위기는 라멕의 노래(4:23-24)에서 그 절정에 다다른다.

"그리고 라멕이 그의 아내들에게 말하였다.[11]
〈아다와/씰라여〉[12]/들으라/나의 소리에/라멕의/아내들이여/귀기울이라/나의 말에 … (4:4)

럽고도 수수께끼 같은 삶의 모습(주4 참조)은 아마도 J가 가인설화를 구성하는 데 매우 훌륭한 촉매작용하였을 것으로 보인다.

10) 참고, von Rad, *Genesis*, p. 101. 폰 라트는 이러한 주장의 유일한 단서로서 피의 제사가 야웨를 더 기쁘게 해 드렸다는 사실에서 찾을 수 있다고 보았다.
11) 주(註)가 노래되어 불리워지기 전에 singer가 말하는 산문체의 서언이다.
12) 〈아다와 씰라여〉가 위의 산문체 서언에 붙어서 "그리고 라멕이 그 아내들인 아다와 씰라에게 말하였다"가 될 것인지, 아니면 우리의 사역에서 처럼 〈노래〉(시)에 속한 것인지는 히브리 본문이 분명하게 밝혀지지는 않고 있다. 그러나 Kittel의 H. B.

한 사나이를¹³ᵃ⁾/죽였었노라!¹⁴⁾/내가 받은 조금만 한 가지 상해로 인해//
한 소년을¹³ᵇ⁾/(죽였었노라!)¹⁵⁾/내가 받은 조그만 한가지 상처로 인해 …
3+2 가인이/일곱 배의/복수를 받는다면//라멕은/일흔 일곱 배의/(복수를
받으리라)¹⁵⁾… 3+2

    라멕은 여기서 자기 부족(혈친)들을 향하여 자신의 잔인한 범죄 행위를 교만스레 자랑하고 있다. 실로 이와같이 아담으로부터 가인, 그리고 라멕에 이르는 범죄의 발전상은 인간 타락의 비극이 얼마나 심각한 것인가를 우리에게 밝히 보여 준다. 아마도 가인설화를 구성한 J기자나 편집자의 의도가 바로 여기에 있었던 것으로 보인다. 즉 타락한 인간 현실이 얼마나 가공할만한 것인가 하는 것을 기술하려는데 J기자의 의도가 있었던 것으로 보인다. 그러므로 가인의 제사가 열납되지 못한 이유도 이러한 각도에서 찾아 보아야 할 것이다. 말하자면 가인이 이미 그의 제사가 열납받을 수 없는 요인을 자기 자신의 인격 속에 가지고 있었던 것이라는 가정을 용납하지 않는다면, 하느님은 바알처럼 예배자의 제물을 탐하는 신이 되거나 아니면 예배자의 정성과 태도를 도외시하고 전혀 자기의 뜻대로만 모든 사건을 처리해 버리는 폭군형의 신이 되든지 하고 말 것이기 때문이다. 그렇다면 가인 설화의 첫번째 교훈은 전혀 우리의 가설과 전제에 의해서만 풀어 나가야 하는 성격의 것이란 말인가? 아니다! 우선 먼저 우리는 가인설

(Biblia Hebraica)는 Vulgate 역본을 따라 전자를 지적하였고 Holzinger도 이에 동의했다. 그러나 시의 <리듬>을 조화시킨다는 점에서 시 속에 넣는 것이 오히려 더 나은 번역으로 생각된다.

    13a-b) 이 두 말은(한 사나이, 한 소년) 피해받는 한 개인이라기보다는 피해자가 속한 혈친이나 부족을 가리킬 가능성이 더 많다. 그것은 라멕의 오만한 모습에서 뚜렷이 나타난다.

    14) 완료태로 쓰여진 것은 그 행동이 완전하고 명백한 경험적 행동임을 나타내 준다.

    15) 본문에서는 생략된 부분이다. 뜻을 살리기 위하여 ( )안에 넣었다.

화의 전체 분위기가 가인의 악행과 그 결과에 대한 관심으로 가득차 있음을 유의할 필요가 있다. 아마도 가인설화의 이러한 분위기와 직결되면서 동시에 가인의 제물이 열납되지 못한 이유를 밝혀 줄 수 있는 본문이 지적되어야 하는데, 그것은 아마도 4장 4b-5a절일 것이다.

"야웨께서 〈아벨〉과 그리고 〈그 제물〉은 열납하셨으나 〈가인〉과 그리고 〈그 제물〉은 열납하지 아니하신지라."

즉 제물보다는—그것이 땅의 소출이든 양의 첫 새끼와 기름이든—〈가인〉이라는 인격과 아벨이라는 인격이 먼저 문제되고 있다. 바로 이것이 설화자가 시도한 신학적 의도가 아니었겠는가?[16] 물론 우리는 제물의 응답결과에 대한 가인의 반응(4:5b)을 제하고서는 가인이나 아벨의 인격에 관한 어떠한 설명도 들을 수 없다는 점을 인정해야 한다. 그러나 두 제사자의 인격을 달리 어떻게 설명해야 가인 설화를 보다 적절하게 묘사를 할 수 있었겠는가? 그러나 비록 해석의 가능성만을 제시했다 하더라도 우리의 본문이 단지 제물보다는 그 드리는 자의 인격이 먼저 문제가 되었다는 사실만을 지적하였다는 바로 그 사실이 오히려 가인설화를 구성하는 데 있어서 필요한 가장 적절한 처사가 아니겠는가? 실로 제물보다는 드리는 자의 인격이 더 문제된다는 것은 예수의 산상설교에서도 설파한 바 있는 명명백백한 진리라 하겠다.

"그러므로 네가 제단에 제물을 드리려 할 때에 형제가 네게 원한을 품은 것이 생각나거든 너는 그 제물을 제단 앞에 두고 나가서 먼저 형제와 화해하라. 그리고 나서 제물을 드리라"(마태 5:23-24).

---

16) 창 22:1에 나타난 "하느님이 아브라함을 시험하시려 …"라는 구절을 (E) 22:1-19의 대단원을 해석하는 결정적 요소로 본 von Rad가 4:4b-5a의 신학적 의미는 지나치게 약화시키고 있는 것은 이해하기 어렵다.

가인의 표가 가지는 의미

인류 최초의 살인자인 가인이 어찌하여 그 형제 살해의 범죄에도 불구하고, 그리고 하느님으로부터 그 인격이 부정당하였음에도 불구하고, 감히 하느님의 은총의 표를 받고 있는 것이며 혈친보복의 위협을 면할 수 있는 은총의 표를 받게 된 것일까?

"가인이 야웨에게 고하되, 내 죄벌이 너무 중하여 견딜 수 없나이다. 주께서 오늘 이 지면에서 나를 쫓아 내시온즉 내가 주의 낯을 뵈옵지 못하리니 내가 땅에서 피하며 유리하는 자가 될찌라. 무릇 나를 만나는 자가 나를 죽이겠나이다. 야웨께서 그에게 이르시되, 그렇지 않다. [17] 가인을 죽이는 자는 벌을 칠배나 받으리라 하시고 가인에게 〈표〉를 주사 만나는 누구에게든지 죽임을 면케 하시니라"(4:13-15).

이상의 본문은 가인의 고백과 야웨 하느님의 응답 사이에 현저한 비약이 있음을 나타내 주고 있다. 왜냐하면 가인의 고백 속에 담긴 그가 정죄받은 현실을 참으로 가혹하기 이를 데 없는 것인 반면에, 이에 대한 하느님의 응답은 그의 이전의 정죄와 심판선언과는 지나칠 정도로 다른 엄청난 은총의 비약으로 나타나고 있기 때문이다. 지면에서의 추방과 땅에서 피하며 유리하는 삶은 인간이 마땅히 가져야 할 그 삶의 근본을 상실한 가장 비참한 삶의 모습이라 할 수 있다. 왜냐하면 인간은 땅에서 왔고 땅으로 돌아가야 하는, 땅을 그의 본향으로 하는 존재이기 때문에(창 3:19) 그 근본된 땅을 피하며 유리하는 유랑의 삶을 산다는 것은 가장 비극적인 삶이요, 땅으로부터의 추방은 곧 흙으로 된 인간이 받을 수 있는 저주 중 가장 잔혹한 저주라 할 수 있

---

17) H. B.에서는 〈그러므로 *lā khēn*〉라고 썼으나 Sept., Syr., Σim., Θ, Vulg., 등에서는 〈그렇지 않다 *lō'khēn*〉로 고쳐 썼다. 문장의 전후관계로 보아 *lō'khēn*으로 고치는 것이 더 적절하다고 본다.

을 것이기 때문이다. 그러므로 살인자 가인에 대한 하느님의 징책은 잔혹하고도 철저한 심판의 형태로 나타났다 할 수 있다. 우리는 결코 여기서 인간의 죄를 가볍게 취급하시는 하느님을 기대해서는 안 될 것이다. 더욱이 죄에 대한 하느님의 심판의 철저성은 〈땅에서의 유랑〉을 선언하는 곳에서 만이 아니라 〈야웨의 낯을 뵙지 못하는 곳으로의 추방〉을 최상의 두려움으로 고백하는 가인의 모습에서 더욱 명백하게 찾아볼 수 있다. 실로 〈야웨의 낯을 뵙지 못하는 지역〉은 곧 피살자의 혈친에 의한 무차별 피의 복수가 난무하는 지역이다. 물론 혈친복수법이 고대사회의 질서를 유지하는 최선의 법이었다 하더라도, 고의로 범하지 않은 인간의 실수를 면책 받을 수 있는 길이 없는 곳은 보복의 위협 때문에 불안에 떨 수밖에 없을 것이다. 그러나 이스라엘 사회에서는 무차별 혈친복수를 피할 수 있는 〈도피성 제도〉가 법제화되어 있었다.[18] 실로 이 도피성 법제는 인간 생명에 대한 하느님의 긍휼의 표징이라 할 수 있으며, 그 성을 제사직분을 맡은 〈레위인들의 성〉이라고 한 것 (민 35:6ff.)이나 그 살인자가 그 성의 대제사장이 죽을 때까지 그 성에서 그 대제사장과 함께 거할 수 있도록 한 것(민 35:25ff.) 등은 모두 하느님의 거룩이 있는 성역을 특수한 치외법권(extraterritoriality)으로 삼았음을 시사하고 있다 하겠다. 그러므로 이러한 성역, 즉 하느님의 면전의 영역을 벗어난다는 것, "주의 낯을 뵙지 못할"(4:14) 장소로 쫓겨난다는 것은 생명 보호의 마지막 보루를 상실한, 이른바 생명의 위해를 심각히 의식하는 장소로 쫓겨난다는 것을 의미한다 하겠다.[19] 따라서 가인이 하느님으로부터 받은 저주 심판은 죄에 대한 가차 없는 잔혹한 심판이라 할 수 있다. "네가 밭 갈아도 땅이 다시는 그 효

---

18) 비교. 신 19:1-9; 민 35:6ff.; 수 20:2; 대상 6:57f., 요단강 북중, 남에 각각 2개 즉 게데스, 세겜, 헤브론, 기럇아르바, 베셀, 라못, 바산의 골란.

19) 비교. 민 35:27, "피를 보수하는 자가 도피성 지경 밖에서 그 살인자를 만나 죽일지라도 위하여 피흘린 죄가 없나니 …."

력을 네게 주지 아니할 것이요, 너는 땅에서 피하며 유리하는 자가 되리라"(4:12). 그러나 하느님은 가인의 생명을 살인자의 생명이라 해서 결코 가볍게 다루신 것은 아니었다! "그렇지 않다"(lō 'khēn!)라는 선언으로 시작되는 4장 15절에 나타난 하느님의 선언은 실로 지금까지의 분위기를 180도로 방향전환시키고 있음을 볼 수 있다.

"그렇지 않다! 가인을 죽이는 자는 벌을 칠배나 받으리라 하시고 가인에게 표를 주사 만나는 누구에게든지 죽임을 면케 하시니라."

가인을 죽이는 자에게는 벌을 칠배나 받는다는 것이다! 놀라웁지 않은가! 살인자의 생명이 이토록 하느님에 의하여 방어될 수 있다니 놀라웁지 않은가! 혈친에 의한 피의 보복이 셈계 유목민들에게 일반화된 관습이라 하더라도 칠배의 보복을 허락한 것은 결코 아니었다. 현대 아랍인들 중에서도 피의 복수는 극단적인 환경 아래서가 아니면 두배의 복수도 허락되지 않고 있으며, 구약의 모세의 법에서도 "생명은 생명으로, 눈은 눈으로, 이는 이로, 손은 손으로, 발은 발로"(신 19:21)로 한정하였지 칠배의 보복을 허락하지는 않았다. 따라서 우리는 여기서 가인에 대한 하느님의 은총의 배려의 극치와 그 신비를 볼 수 있어야 겠다. [20] 이와같은 야웨 하느님의 깊은 은총의 배려는 가인에게 하나의 〈표〉('ôth)를 주시므로 구체적으로 확증되었다. 이 〈표〉[21]는 구

---

20) 때로는 여기서 가인을 시조로 하는 한 낮고 비천한 단명의 부족, 그러면서도 극렬한 피의 보복을 용납하는 흉폭한 관습을 가진 부족을 상상한다.

21) 〈표〉를 표시하는 히브리어 אות('ôth)는 구약 전체에서 78회 가량 사용되었는데 이 말의 우리말 번역은 〈징조〉, 〈증거〉, 〈표징〉, 〈표〉, 〈예표〉, 〈이적〉, 〈표적〉 등으로 나타나 있다. 대체로 그 의미는 몸에 구체적 표식 또는 상처를 내는 표시(예컨대 할례, 창 17:11)와 같은 의미에서부터 시작해서 하느님의 약속이 진실할 것이라고 증거하는 표시로서(창 9:12, 13, 17 등), 또는 하느님께서 함께 하신다는 증거로서 기적을 행하는 일조의 기적행위(예:출 4:8, 9, 17, 28, 30; 10:1, 2) 또는 다른 것과의 혼동을 피하고 다른 것과 구별하기 위한 표(출 13:9, 16; 31:13, 17 등) 그리고 예언적 예표(사 20:3 등) 등으로 나타나 있다.

체적으로 볼 수 있는 어떤 한 부족을 표시하는 tribal sign 일종의 문신(tatoo)으로 생각할 수도 있겠으나[22], 오히려 여기서는 하느님의 창조사적 내지는 구속사적 섭리에 대한 야비스트의 신학적 해석으로 이해하는 것이 본문의 콘텍스트를 이해하는 데 더 낫지 않을까 생각한다. 비록 이 〈표〉에 대한 인종학적 해석이나 원인론적 해석을 용납한다 하더라도 이 텍스트에 나타난 야비스트의 신학적 의도가 전체 콘텍스트의 주도적 역할을 하고 있음이 분명하다. 그렇다면 살인자 가인의 생명에 대한 야웨 하느님의 놀라운 변호와 배려를 우리는 어떻게 이해하고 해석하여야 할 것인가? 이러한 질문 속에서 우리는 야비스트의 신학적 의도를 추구해 보아야 할 것이다.

가인의 인간성에 대한 신의 호의?

야비스트의 신학적 의도 속에는 가인의 인간성에 대한 신의 호의를 역설하려는 의도가 있었던 것일까? 이러한 물음에 대해서 가인의 후예들인 현대인들은 긍정적인 입장을 취하려는 경향을 많이 시사해 왔었다. 말하자면 정죄받고 추방받고 가슴의 상처를 안고 쓸쓸히 돌아서는 살인자의 고독한 뒷 모습에 신이 그 무슨 연민의 정을 느꼈다고 생각하기보다는, 살인자 가인이 가진 그 무슨 휴머니티에서 풍겨나는 멋과 매력에 끌렸다고 하는 생각을 현대인들은 가져 왔었다. 이러한 생각을 우리는 20세기 독일 문학의 총아인 헤르만 헤세의 장편 『데미안』 안에서도 읽을 수 있다.

> "한 사나이가 있었는데 그 사나이의 얼굴에는 다른 사람이 두려워하는 무엇인가가 있었어. 사람들은 그 사나이한테 감히 손을 대려고도 하지 않았어. 그 사나이의 얼굴에는 무엇인가 신비한 힘이 숨어 있었어. 예컨대, 그 사나이의 눈에는 세상에서 흔히 볼 수 있는 것보다는 좀 더

---

22) 참고. von Rad, *Genesis*(영역), p. 104.

많은 지성과 용기가 번득이고 있었던 거야. 그 사나이는 권력을 쥐고 있고, 사람들은 이 사나이 앞에서 겁을 집어 먹고 쩔쩔 맸지. 많은 사람들이 이처럼 가인의 후예들을 두려워하고 있었던 것은 신이 주신 바 이런 신비한 은총의 〈표〉를 갖고 있었기 때문이었어 ….”

가인의 얼굴에는 범할 수 없는 어떤 용기와 지성과 매력이 빛나고 있었다는 것이다. 물론 우리는 우리가 신앙하는 하느님의 얌전만 빼는 종교인을 결코 두려워하거나 원하지 않으시는 분이라는 것은 성서를 통하여 익히 읽어 온 경험이 있다. 헤르만 헤세의 표현대로 종교적 형식과 규범 안에 얌전하게 들어 앉아 있는 소위 점잔빼는 종교인들보다는 불의를 향해 칼을 뽑아야 할 때는 권력의 위협 앞에서도 대담히 칼을 뽑는 기강과 그리고 헌 누더기의 허리춤에 깡통을 꿰어매고 다니는 곤욕쯤이야 장차 올 영광을 위해서는 웃으며 치를 수 있는 그런 호탕한 기품을 가진 인간에게 오히려 하느님은 더 매력을 느끼시는 것이라는 것은 성서가 줄기차게 주장해 온 인간 이해이기도 하다. 이와 같은 가인의 후예들에 대한 변호는 『에덴의 동쪽』[23]이라는 영화에서도 시도된 바 있지만, 그러나 우리가 신앙하는 하느님, 성서가 지시하는 하느님이 살인자가 가진 매력에 이끌린다고 믿는다는 것은 너무 지나친 비약이 아니겠는가? 우리는 하느님의 그 어떠한 구속적 행위 안에서도 하느님과 악과의 타협을 결코 찾을 수 없다. 우리의 본문도 가인의 범죄에 대한 야웨 하느님의 가차없는 심판선언을 소개한 바 있는데, 진실로 살인자 가인의 매력쯤으로서 하느님의 마음을

---

23) 가인이 범죄한 후 에덴의 동편 〈놋〉 땅으로 유랑하였다는 기록(4:16)에 착안했던 이 영화는, 가인의 범죄란 자신을 종교적 경건 속에 위장하여 자식을 편애하고 아내를 정죄한 한 아버지의 고루한 신앙관 내지는 그의 왜곡된 인간 이해로부터 비롯되었다고 말하므로 가인과 그의 후예들이 가진 휴머니티를 극진히 변호하고 있다. 여기 〈놋〉이라는 지명은 지리학적으로 불명확하다. 단지 〈유리방황한다〉는 동사 *nādh*라는 말에서 추리해 볼 때, 〈놋〉이라는 지명을 여기서 사용하는 것은 가인의 역사와 인류 타락사를 연결시키려는 야비스트의 신학적 의도의 산물이라 할 수 있을 것이다.

움직일 수 있었다고 보는 것은 너무나 인위적인 해석을 붙이는 것이라 할 수 있을 것이다. 여기에는 어떤 영원 불변한 하느님의 뜻이 심어져 있는 것이 분명하다 하겠다. 어떠한 종류의 인간적 사변으로서도 결코 그 뜻을 약화시키거나 변경시킬 수 없는 하느님의 절대적인 어떤 신념이 스스로 저 흉물의 살인자 가인에게 은총의 〈표〉를 내리시게 한 것이 분명하다 하겠다. 그렇다면 하느님의 마음을 사로잡고 있는 가인을 향한 절대적 신념은 무엇이었겠는가? 야비스트의 절대적 확신을 무엇이겠는가?

야웨로 말미암은 득남(4:1)

가인에게 은총의 〈표〉를 주시는 야웨 하느님의 절대적 신념을 우리의 본문 안에서 찾는다는 것은 결코 어려운 일은 아니다. 사실, 여기서 우리는 성서 저자의 깊은 신앙의 한 단면을 발견할 수 있다. 적어도 가인에 대한 하느님의 이러한 파격적 행위의 근거를 우리는 다음의 성구에서 얻을 수 있을 것이다.

"아담이 그 아내 하와와 동침하며[24] 하와가 잉태하여 가인을 낳고 이르되 내가[25] 야웨로 말미암아 득남하였다 하니라(4:1).

이 파격적인 주장을 하고 있는 본문은 하와가 가인을 득남한 것이 야웨로 말미암았다고 선언하고 있다. 〈야웨로 말미암은 득남〉이라는 진술! 이 진술이야말로 가인에 대한 하느님의 파격적 행동의 근거를 제시하고 있는 것임에 분명하다. 그렇다면 이 본문이 의미하는 바

---

[24] <동침하다>로 번역될 히브리말은 <안다>는 동사에서 왔는데, 경험적인 성격의 히브리적 지식의 개념이 뚜렷이 나타나 있다.
[25] 4:26; 5:29; 25:25; 출 2:22 등과 같은 구절은 우리의 본문보다는 비교적 후대의 것으로서 출생한 아들의 이름은 아버지에 의해서 붙여지고 있으나 여기서는 어머니에 의해서 이름이 불리워지고 있는데 이는 여가장제도 matriarchate의 관습에서 온 것이라 할 수 있다.

는 무엇일까? 때로는 이 본문의 〈말미암아〉라는 말의 히브리어 〈에드〉('eth)를 〈함께〉라는 말로 번역하므로 바벨론 신화와 연결시키기도 한다. 바벨론 신화에 의하면[26] 바벨론의 여선조 아루루(Aruru)가 마르둑과 〈함께〉 인류의 후손을 창조하셨다는 것이다. 이 경우 하와는 인간 창조 활동의 참여자로 등장한다. 그러나 창세기의 창조설화는 인간의 철저 피조성[27]을 강조하고 있어서 하와를 생명창조의 능력을 가진 존재로 신격화하는 것은 불가능하다. 인간은 어느 누구도 창조 활동의 주체자일 수 없다. 때로는 창세기 3장 15절에서 하느님께서 여인에게 후손을 주시겠다는 그 약속의 성취로 해석하기도 했다(루터). 이 경우는 아마도 지나치게 교리주의적인 해석의 결과를 가져왔다고 생각된다. 혹은 문제의 〈말미암아〉를 〈그의 도움으로〉로 번역하여(딜만) 어떠한 종류의 아날로지도 배척해 버리기도 한다. 심지어는 비록 남녀 간의 육체관계가 낙원 안에 수립하신 하느님의 창조질서였다 하더라도, 설화자가 여기서 노린 것은 실제적인 성관계의 행위는 낙원추방 이후(낙원 밖에서) 시행되었다는 것을 지시하려는 데 있었다고 보기도 한다(폰 라트).[28] 그러나 이 모든 경우에 있어서 어느 경우도 가인설화가 가진 신학적 깊이를 묘파하지 못하였다고 생각한다. 실로 야비스트의 신학적 의도는 인간 생명의 존엄성을 밝히고 이 존엄한 인간 생명에 대한 하느님의 절대적 관심을 나타내려는 데 있었다 하겠다. 즉 인간 생명은 비록 살인자가인의 생명이라 할지라도 〈야웨로 말미암아〉 탄생된 것이므로 가볍게 다루어질 수도 없고, 또 인간에 의해서 침해받아서는 안 된다는 것이다. 야비스트의 창조설화에 의하면, 인간 생명은 하느님의 입김(느쇠마)을 통해서 인간에게 부여된 것(2:7)으로 인간 생명의 주인은 철저히 하느님이다. 육은 흙으로 돌아가도 생명은

---

26) 참고. Eb. Sohrader, ed., *Keilinschriftliche Bibliothek*, vi. 1. 40f.
27) 본서 1부의 "1. 창조행위의 주체와 대상" 참조.
28) 참고. von Rad, *Genesis*, p. 100.

하느님이 주시기도 하고 취하여 가시기도 한다. 생명의 주인은 하느님 자신 이외의 어느 누구도 아니기 때문에 인간에 의한 인간의 생명 침해는 하느님의 절대 금령이다. 일곱 배의 보복(4:15)에 의해서라도 사수되어야 하는 것이다. 인간 생명의 탄생은 한 남자와 한 여자의 성의 유희에서 결정되는 것이 아니라 그것은 전혀 〈야웨로 말미암아〉서만 가능하다는 것이다. 그렇기 때문에 인간 생명은 설령 죄없는 아우를 무고히 살해한 극악의 살인자의 생명이라 할지라도 인간에 의해서 침해되어서는 안 된다. 〈야웨로 말미암아〉없이는 어떠한 인간 생명도 탄생되거나 죽음을 당할 수 없다. 인간의 생명은 하느님의 관할 영역이다. 진실로 야비스트의 이 신념이야말로 위대하지 않은가? 실로 이것은 창세기 기자의 혁명적인 신앙의 결론이라 할 수 있을 것이다.

왜 기독교 복음의 정점에는 그리스도의 십자가가 서 있는 것인가 하는 물음에 대한 명백한 답변을 우리는 여기서 얻을 수 있다. 인간 생명을 존중한다는 것, 인간 생명이 모든 삶의 중심에 와야 한다는 것, 종교관습이나 종교제도의 중심에도 인간 생명에 대한 관심이 있어야 하고, 교육이념이나 정치이념이나 경제원리의 중심에도 반드시 인간 생명에 대한 관심이 와야 한다는 것, 사회정의를 위한 혁명의 깃발 속에도 조국 근대화를 위한 산업건설의 햄머 소리 속에도 세계평화를 위한 그 어떠한 국제적 평화 협상 속에도 반드시 인간 생명에 대한 관심이 그 중심에 와야 한다는 것, 지극히 적은 소자 한 사람의 생명조차도 진실로 그것이 고귀한 인간 생명이며, 하느님이 허락하셔서만, 〈야웨로 말미암아서만〉 비로소 우리가 얻게 된 바로 그 인간 생명이기에, 그 생명을 사랑해 주는 그 마음이 곧 하느님의 마음임을 아는 것, 이것이 우리의 텍스트가 증거한 복음이요, 가인의 표가 가진 신비한 뜻이며, 야비스트의 주요 신앙고백이며, 기독교 복음의 핵심인 것이다.

가인의 후예들과 그들의 문화

가인설화가 단일 자료로 구성된 것이 아니라는 것은 우리의 본문과 그리고 이미 논술해 온 4장 1-16절에 나타난 가인의 범죄에 관한 자료 사이의 비교를 통하여 명백하게 입증될 수 있다. 즉 이 둘 사이에는 그 형식상의 차이가 뚜렷하게 나타나 있는데, 우리의 본문에 나타난 가인은 4장 1-16절에 나타난 유랑하는 도피자 또는 농경문화의 시조로는 나타나지 아니하고 이와는 달리 도시문화 창시자들의 시조로 나타나고 있다.[29] 뿐만 아니라, 인간이 세상에 출현하자마자 곧 도시가 세워지고 도시 문화가 이룩되었다는 것도 또한 전혀 그럴듯하지 않다. 따라서 우리는 이 두 전승은 각각 그 기원을 달리하고 있는 서로 다른 전승들임을 주장할 수 있다.[30] 그런 의미에서 볼 때 가인 족보의 첫 사람은 가인은 형제 살해자 가인과도 일치되지 않을 뿐 아니라 농경문화의 창시자인 가인이나 그 농경지에서 추방당한 유목민 가인과도 일치되지 않는다. 그럼에도 불구하고 이 두 전승은 가장 초기의 인류고대사를 기술하는 큰 덩어리의 야비스트 설화구조 속에 들어와서 하나의 큰 주제를 따라 한 개의 덩어리로 결합 조화되고 있음을 볼 수 있다. 뿐만 아니라 범죄한 인간 역사의 발전(the development of human crime)과 인간 문화의 발전(the development of human civilization)

---

[29] 창 4:17 하반절은 히브리 본문에 의하면, 우리말 성서에서처럼, "가인이 성을 쌓고 …"로 되어 있지 아니하고, "그리고 그는 성을 쌓는 자가 되었고"라고 되어 있다. 그러므로 여기서의 <그는> 가인이냐 에녹이냐 하는 주석상의 문제간 생긴다. 많은 번역 성서가 이 <그는>을 가인이라고 번역한 것은 그 다음의 말, "그 아들의 이름으로 *keshem beno*"라는 말 때문인 것으로 보인다. 그러나 도시를 창건한 자가 가인이든 라멕이든 4:1-16, 사이에는 그 문화적 배경이 다르다 할 수 있다. 즉 전자의 경우는 유목문화가 그 배경이고, 후자의 경우는 도시문화가 그 배경이기 때문이다. 참고. 4:7-24; Skinner, *Genesis* (I. C. C.), pp. 100, 116.

[30] 참고. von Rad, *Genesis*(영역), 1970, p. 60f.

은 또한 이 설화 속에서 긴밀한 상호 작용을 하며 평행되어 움직여 가고 있음을 볼 수 있다. 여기에서 우리는 진실로 야비스트의 신학이 가지는 그 〈깊이〉 같은 것을 읽을 수 있을 것이다. 신학적 깊이라는 점에서 볼 때, 우리의 본문이 가지고 있는 그 신학적 깊이는 결코 간과될 수 없는 성격의 것이라 하겠다. 무엇보다 우리의 본문은 5장에서 P가 기술해 준 〈셋 족보〉와는 그 성격을 근본적으로 달리하는 〈가인 족보〉[31]라는 특이한 성격의 기사를 통하여 인간 문화의 유래와 그 발전을 우리에게 소개해 주면서, 그 인간 문화사의 배후에 깔려 있는 명과 암을 신학적으로 해명하고 있음을 볼 수 있다.

가인문화의 명암

가인을 시조로 하는 인간 문화와 그 명암은 라멕의 세대에서 명료하게 설명되었다. 따라서 4장 18절에 나오는 〈에녹→이랏→므후야엘→므드사엘〉이라는 계보는 가인 족보에 있어서는 5장의 셋 족보와의 관계를 규명해 보는 의의 이외에는 단지 괄호 안에 들어갈 공백과도 같은 부분으로 볼 수 있다.[32] 왜냐하면 가인 족보(4:17-18)는 그 성격상 셋 족보(5:1-2)처럼 설명구 없이 계보만을 나열하지는 않기 때문이다. 즉 가인 족보의 명배한 특징은 족보의 나열보다는 문화의 기원을 밝히는 데 더 관심하고 있기 때문이다. 이 점에 있어서 가인 족보(4:17-24)와 셋 족보(5:1-2) 사이에는 그 성격상 뚜렷한 차이점을 갖고 있다. 이와같이 그 문화사적 배경을 뚜렷하게 갖고 있는 가인 족보에 의하면, 문화의 시작은 〈한 도시〉의 창건으로부터 시작되었다고 말하고 있다. 이러한 주장은 분명히 시대착오적(anachronistic) 성격을 갖고

---

31) 가인족보(4:17ff.)와 셋 족보(5:1ff.) 사이의 구별점은 J와 P 사이처럼 명백하다. 즉 가인족보(J)는 연대기적 족보에 대한 관심 보다는 문화의 기원을 기술하는데 관심하였다는 점과 셋 족보는 홍수 이전의 조상들을 십대로 한정하므로 바벨론의 대홍수전의 왕대수 와 일치시키지만 가인 족보는 그런 의도가 없다.

32) 참고. Skinner, *Genesis*, p. 117.

있긴 하지만[33], 그러나 그것은 전혀 편집과정에서 생겨난 착오이거나, 아니면 고대인의 계보가 가지는 일반적인 특징이거나 하기 때문에, 우리는 여기서 〈도시〉를 창건함으로 시작된 인류 문화사의 그 내적 의미를 찾는 데 관심하는 것으로 만족할 수 있을 것이다. 이와같이 하여 가인으로부터 시작된 도시문화는 〈에녹→이랏→므후야엘→므드사엘〉이라는 세속 계보의 소개를 연결고리로 하여 〈라멕〉의 세대에로 아무런 수식구나 설명구를 붙임이 없이 넘어와 버린다. 이러한 〈세속적 가인 계보〉의 소개는 5장의 〈셋 족보〉와 비교할 때 소위 말하는 〈세속화〉의 흔적을 뚜렷히 가지는 것으로 보인다. 즉 5장의 셋 족보는 〈에녹〉을 〈하느님과 함께 동행한〉 사람으로 묘사하고 있는 반면에 우리의 가인 족보에서는 종교적 흔적이란 전적으로 배제되어 있음을 볼 수 있다. 즉 가인 족보의 〈에녹〉[34]은 가인으로부터 시작된 〈세속 도시 사회〉(urban society)를 대변하는 인물로만 묘사되어 있을 뿐임을 볼 수 있다. 그런 의미에서 볼 때, 가인 족보에 나타나는 므후야엘과 므드사엘이 비록 〈엘〉(하느님)이라는 끝자를 달고 있다 하더라도 이 부분이 가지는 세속성은 분명하다 하겠다. 만일 세속화라는 것을 종교적 세계관을 〈상대화〉 내지는 〈비종교화〉시키는 것이라고 정의할 수 있다면, 셋 족보와 비교할 때 가인 족보는 명백한 세속화의 과정을 나타내는 것으로 보인다. 이러한 현상은 종교적 문제를 결코 묻는 일이 없이 전혀 인간 세속문화의 기원만을 설명하는 가인 족보 전체가 더 잘 말하고 있는 것이라 하겠다. 이는 실로 창세기 1장 1절-4장 16절의 분

---

33) 참고. *ibid*. 야발을 그 시조로 하는 유목문화보다 가인을 시조로 하는 도시문화가 더 고대의 것이라는 기록은 하나의 anachronism이라 할 수 있다.

34) 가인 족보의 에녹은 셋 족보의 에녹(5:18)과도 구별되어야 하며, 아브라함의 후처 그두라의 네번 째 아들인 미디안의 셋째 아들 <하녹>(에녹)과도 구별되어야 하고 (창 25:4; 참고. 대상 1:32), 또 르우벤 지파의 한 인물인 에녹(창 46:6; 출 6:14; 민 26:5; 대상 5:3)과도 구별되어야 한다. <에녹>이라는 말의 히브리어 어원 *hānak*는 <헌납한다> 또는 <개관한다>는 의미를 갖고 있으며 또한 <가르친다>는 의미로도 쓰인다.

위기와는 근본적으로 달라진 면이라 하겠다. 이제부터 역사는 전적으로 인간의 이성과 재능에 의하여 지배되고 개발되고 또 미래에로 이어진다. 말하자면 인간의 세속 문화가 역사 속에 그 모습을 드러낸 것이라 하겠다. 그러나 인간의 세속 문화사 속에는 그 비장한 출범에도 불구하고 그 배후에는 명암의 교차가 뚜렷이 암시되어 있다. 그것은 라멕이 취한 두 아내—라멕이 두 아내를 취하였다는 것은 창세기 2장 24절에 명시된 일부일처제라는 하느님의 결혼 질서에 대한 명백한 파괴행위이다!—즉, 아다(ādhād)와 씰라(tsillāh)의 몸에서 태어난 자식들에 의하여 밝혀지고 있다. 즉 〈아다〉의 몸에서는 목축업의 시조인 〈야발〉과 음악예술의 시조인 〈유발〉이 태어나고 〈씰라〉의 몸에서는 기계 문화의 시조인 〈두발가인〉이 태어났는데, 이 두 여인의 후손 사이에는 그 문화적 성격에 있어서 명백한 대립을 나타내 주는 것이라 하겠다. 그러한 차이에 대한 암시는 아다와 씰라라는 이름이 갖고 있는 그 어의에서도 밝혀진다 하겠다. 즉 아다는 〈새벽의 여명〉을 의미하고 씰라는 〈어두움의 그늘〉을 의미한다.[35] 말하자면 아다를 통하여 인간 문화사의 여명을 볼 수 있다고 한다면 또 한편 우리는 씰라를 통하여는 그 암영을 볼 수 있다는 말이다. 비록 우리가 이러한 어원상의 의미를 지나치게 과대 평가하거나 거기에 지나치게 의미를 부여하려 하여서는 안 된다는 절대적 전제를 갖고 있다 하더라도, 아다의 후손들이 이룩한 문화와 씰라의 후손들이 이룩한 문화 사이에는 명백한 명암의 대립이 있다는 것을 부인할 수는 없을 것이다.[36] 즉 초원과 양떼, 목양자들과 그들 손에 들리운 수금과 퉁소는 분명히 〈인간 실존의 밝은

---

35) 참고. Ewald, *Jahrbücher der biblischen Wissenschaft*, 1849-65, vi. 7. Skinner, *Genesis*, p. 118에서 중인.

36) 이와는 달리 von Rad에 의하면, 이 족보는 결코 일반적으로 알고 있는 소위 인간 문화사를 제시하는 데 관심한 것이 아니고, 문화 세계와 사막 사이의 지경에서 흔히 볼 수 있는 서로 밀접한 관련을 가졌던 직업들의 사회적 그룹에 관심했던 것이라고 보았다. von Rad, *Genesis*, p. 107.

면〉(the bright side of human existence)을 표현하고 있다면, 구리와 철로된 각양 각색의 날카로운 기계의 생산은 또한 명백한 〈인간 실존의 어두운 면〉을 표현하고 있는 것이다. 물론 우리의 본문이 말하고 있는 〈동철로 된 각양 날카로운 기계〉가 곧 전쟁용의 무기로는 볼 수 없다[37] 하더라도 동철의 금속품을 제조하는 동철기계의 문화란 반문화적 사막전통을 가진 히브리인에게 있어서는 분명히 역사의 어두운 면으로 이해되었을 것임은 분명하다. 뿐만 아니라 기계기술의 문명과 그것을 운영하는 정치제도와의 불균형 때문에 미래 역사에 드리우게 될 그 불가피한 암영을 생각 할 때—특히 오늘의 반문화운동을 보면서—가인 문화의 그 어두운 이면을 의식하지 않을 수 없다. 더욱 가인 문화는 그 밝은 면보다는 오히려 그 어두운 면이 더 짙은 색갈로 묘사되고 있음은 유의할 만하다. 그러나 그 암영이 가장 짙게 드리운 곳은 라멕의 노래에서 찾을 수 있겠지만, 가인 문화가 가진 이러한 어두운 이면에 대한 편집자의 신학적 해명은 사막 전통과 도시문화 사이의 문화사적 갈등에서 찾기보다는 오히려 가인 설화 전체의 콘텍스트에 찾아야 옳을 것이다. 왜냐하면 가인설화가 가진 그 문화사적 배경은 매우 무질서하게 얽혀 있기 때문이다.[38] 예컨대 역사 최초의 형제 살해자 가인은 농경문화의 창시자로 기술되는가 하면, 또한 그는 돌연히 그의 농경지에서 추방을 받아 유랑하는 유목민이 된다. 또한 연속되는 또다른 설화에서는 〈가인〉이라는 동일한 이름을 가진 자가 도시문화의 창시자로 등장한다. 뿐만 아니라 이미 보아 온 대로 가인족보 속에는 문화의 기원이 비합리적으로 배열되어 있음도 그런 이유 중의 하나라 할 수 있을 것이다. 따라서 우리는 가인 문화의 그 현실을 살

---

37) 참고. Skinner, *Genesis*, p. 119. 특히 그의 주를 참조.
38) von Rad는 말하기를 "이러한 현실을 가인 족보에 적용할 때면 가인의 모습이 서로 다르게 나타난다는 사실이 우리를 당황하게 만들지는 않을 것이다"라고 했다. von Rad, *Genesis*, p. 107.

펴봄으로 설화자의 메시지가 무엇인가를 찾아 보는 것이 좋으리라 생각한다.

가인 문화의 현실

가인 문화의 현실은 가인설화 전체의 컨텍스트에 살펴보는 것이 가인 설화 편집자의 신학적 의도를 밝히는 데 있어서 더 나은 방법이리라 생각된다. 가인설화는 대체로 여러 전승들이 복잡하게 얽혀져 하나로 결합된 것이기 때문에 개개의 전승들을 따로따로 그 특징을 탐색해 본다는 것도 중요하겠지만, 그 개개의 전승들이 어떻게 전체로 결합되고 있느냐 하는 것을 관찰하므로 거기에 나타난 주요 사상(the chief idea)을 살피는 것은 더 중요한 과제라고 생각된다. 그러한 관점에서 볼 때 우선 우리는 가인설회란 창세기 3장의 인류 타락에 관한 설화와 긴밀한 연관을 지음으로 비로소 그 가지고 있는 케리그마를 명료하게 드러내고 있음을 볼 수 있다. 말하자면 가인 문화는 인류 타락의 자명한 결과로 나타났는데, 이러한 가인 문화의 현실은 이미 형제 살해자 가인의 모습에서 예고되고 있었다 하겠는데, 이를 개관한다면, 타락한 인간 역사는 낙원상실로부터 시작해서 무고히[39] 형제를 죽이는 혈친 살해사건으로 엄청난 발전을 하고, 이러한 살인행위의 인간 악은 〈일흔 일곱 배의 복수〉를 자청하리 만큼의 더 큰 악(때때로 여기서 우리는 구조악으로의 발전 가능성을 볼 수 있다)으로 발전해갔다는 것이다. 라멕의 노래는 이러한 가인 문화의 현실을 사실적으로 설명해 준다 하겠다.

---

39) 가인의 제물과 아벨의 제물이 그 제물의 내용에 있어서는 근본적인 차이가 없으면서도 그 제물에 대한 하느님의 응답이 달랐다고 하는 기록이나 <죽임>을 당할 만한 하등의 이유도 없으면서 아벨이 가인의 손에 죽임을 당했다는 것 등은 모두 범죄의 결과가 얼마나 무서운 결과로 발전해 가느냐 하는 것을 우리에게 설명해 주는 좋은 자료가 될 수 있다.

"그리고 라멕이 그의 아내들에게 말하였다.
아다와 씰라여, 나의 소리를 들으라! 라멕의 아내들이여,
나의 말에 귀기울이라.
나는 내가 받은 '조그만 상해' 때문에 한 사나이를 죽였다.
나는 내가 받은 '조그만 상처' 때문에 한 소년를 죽였다.
만일 가인으로 인하여 일곱 배의 복수를 받는다면
라멕으로 인하여는 일흔 일곱 배의 복수를 받을 것이다"(창 4:23-24)

인간의 범죄행위가 얼마나 놀라웁도록 성장하였는가 하는 것은 이 라멕의 노래가 웅변하지 않는가! 자신의 살인행위를 자기의 혈친들을 향하여 교만스럽게 자랑하는 라멕의 모습 속에서—범죄를 자랑하는 그의 모습 속에서—야웨 앞에서 낯을 들지 못하며 죄의식에 몸부림치던 가인의 모습과는 비교도 안 되는 악의 성장을 볼 수 있다. 더욱이 라멕의 노래가 말하고 있는 〈한 사나이〉 또는 〈한 소년〉이 단순한 한 〈개인〉이 아니라 하나의 〈부족〉을 지칭하는 것이라고 볼 때[40], 그리고 일흔 일곱 배의 복수가 가인에게서와 같이 하느님의 보호의 〈표〉와 관련된 성격의 것이 아니라 전혀 하나의 〈비꼼〉이라고 한다면 〈악의 성장〉은 더욱 뚜렷하다. 이와 같은 〈악의 증대〉를 라멕의 노래에서 정리해낸다면 〈무절제한 보복〉과 〈범죄한 인간의 오만으로〉 요약할 수 있을 것이다. 동해복수법(lex talionis)은 이미 구약에서도 모세를 통하여 계시된 율법[41]이며, 이러한 복수법은 고대 사회의 안정을 지켜주는 기본법이다. 〈피가 복수한다〉는 사상도 구약에는 일반화된 관념이었다.[42] 그러나 구약성서 기자들에게서 들을 수 있는 바로는, 결코 고대사회의 〈피의 복수법〉을 그대로 히브리 사회가 채용한 것은 아니었다. 오히려 거기에는 생명 침해를 최대한 방지하려는 인도주의

---

40) 본서 201-202쪽 참조.
41) 출 21:24-25; 레 24:18-21; 신 19:21을 참조하라.
42) 왕하 9:7, 26; 사 26:21; 겔 24:7-8.

적 성격의 율법에 의해서 이 복수법은 점차 정화되어 가는 것을 볼 수 있다. 그 대표적 예를 우리는 도피성 제도[43]에서 찾을 수 있으며 뿐만 아니라 〈복수〉라는 말이 구약에서 사용된 그 문맥을 조사해 보면 〈복수행위의 주체〉는 철저히 하느님으로 규정하고 있다는 사실[44] 등을 지적할 수 있다. 즉 이사야, 예레미야, 에스겔, 미가, 나훔 등의 예언서에서는 현저하게 복수행위의 주체를 전혀 하느님으로 한정하고 있으며[45] 오경에서도 그 경향은 현저하다.[46] 이러한 사상은 바울과 히브리서 저자에게도 계승되어 있음을 볼 수 있다.[47] 이런 점에서 볼 때 구약에 나타난 복수법은 원수에게 피의 복수를 시행하게 하는 데 그 목적이 있지 않고 전혀 피의 보복으로부터 인간 생명을 지킨다는 데 그 목적이 있으며, 더 나아가서는 복수행위의 주체를 하느님에게로 돌리므로 복수행위를 인간에게서 금지하려는 의도를 포함하고 있다 하겠다. 그러나 라멕의 노래에 나타난 분위기로는 〈동해복수〉를 엄청나게 넘어가 버리는 〈무제한 복수〉를 구가하고 있는 것이 분명하다. 조그만 상해와 조그만 상처에 대한 보복이 살인행위로 비약되어 있다. 그 표현을 문자적으로 따라간다 하더라도 이는 일흔 일곱 배의 보복행위에 해당한다 하겠다. 이러한 철저히 무제한적인 보복행위가 씨니칼하게도 일흔 일곱 배의 보복을 자청하는 〈오만스런 자찬〉(A boasting Praise of ones' own self-affirmation)으로 표현되고 있음은 인간의 악이 얼마나 대담해졌느냐 하는 것을 명확하게 표현하고 있다. 이러한 가인 문화의 현실은 분명히 타락 시의 초기 인류가 가진 현실의 심화 및

---

43) 민 35:1f. ; 신 19:1-9; 대상 6:57f. 를 참조하라.

44) םקנ이라는 말이 구약에서 사용된 횟수는 거의 60회 이상되는데, 이들은 거의 그 행동의 주체를 하느님에게로 돌리고 있다. 참조. G. Lisowsky, *Konrordanz zum hebraischen AT*.

45) 사 1:24; 34:8; 35:4; 47:3; 59:17; 61:2; 63:4; 렘 5:9; 11:20; 15:15; 20:10, 12; 46:10; 50:15, 28; 51:6, 11, 36; 겔 24:8; 25:12, 14, 15, 17; 미 5:14; 창 1:2.

46) 창 4:15, 24; 출 21:20; 레 19:18; 26:25; 민 31:2, 3; 신 32:35, 41, 43.

47) 롬 12:19; 히 10:30.

증대라 할 수 있다. 타락 시의 초기 인류가 빚은 현실을 우리는 〈관계의 파괴〉라는 말로 표현하였다.[48] 라멕의 노래도 인간관계의 불화가 급격히 증강되어 간다는 것은 오늘의 현실에서 인류가 공동으로 체험하는 바의 진리요 성서의 일반적 주장이기도 하다. 가인 문화도 그런 의미에서 비록 〈아다〉을 통하여 밝게 열려지기는 했지만 〈씰라〉를 통하여 어둠 속으로 닫혀지고 있음이 분명하다.

끝맺는 말

가인설화의 결론은 우리에게 "인류 문화의 발전이라 결코 인간을 더 인간적으로 만들어 주지는 못한다"[49]는 사실을 입증하고 있다. 이 점이 우리가 〈세속문화〉(secular civilization)라는 이름하는 것에 대한 성서의 태도라 하겠다. 인간화의 과제가 곧 하느님의 구원사를 지배하는 과제임에도 불구하고 세속문화는 언제나 인간을 더욱 비인간화한다. 비록 예술과 기계문명 속에서 출범하기는 하였지만 언제나 그 결과는 비인간화의 현실을 초래하고 만다.

---

48) 본서 2부 "2. 인간아, 네가 어디 있느냐?" 참조.
49) A. Richardson, *Genesis*, p. 87.

2

네피림 설화의 교훈

창세기 6:1-4

머리말

네피림 설화는 분명히 성서적 관점과는 결코 조화될 수 없는 고대 이교석 신화의 난편으로 보인다. 난편적 설화는 마치 가인설화의 경우처럼 또 하나의 새로운 〈타락설화〉의 형태를 띠고서 타락한 인간 악의 현실을 원인론적으로 해석하기 위한 한 서장으로 등장하였다가, 성서 설화자의 손에서 비신화화의 손질을 받자마자 곧 그 자취를 감추어 버리고 만다.[1] 그렇다면 이 네피림 설화가 우리의 성서 안에서 가지고 있는 그 설화적 의미는 무엇이겠는가? 예컨대 우리의 네피림 기사는 전혀 거인족인 아낙부족의 기원을 설명해 주려는 데 그 목적이 있는 것일까?[2] 사실 고대의 여러 이교적 신화들은 우리의 텍스트가 말하고 있는 내용과 매우 유사한 언급들을 하고 있는데[3], 즉 지상에서

---

1) von Rad는 이 설화를 J의 고대사(원역사)가 완전히 새롭게 시작하는 새 단원으로서 앞서 나온 것과는 특별한 연결이 없는 부분이라고 보았다(von Rad, *Genesis*, pp. 109-110). 그리고 그는 이 부분에 대한 주석을 마무리하면서 "고대신화의 특수한 원인론적 관심은 (비신화화) 이후에는 더 이상 진전될 수 없는 것이 분명하다"(*Ibid.*, p. 112)라고 말하였다.

2) 네피림에 관한 기사로서는 이곳 밖에서는 단지 한 곳 민수기 13:33(E?)에서만 나타나는데, 여기서 말하는 바에 의하면 이스라엘 사람들을 메뚜기에 비교하리만큼 "신장이 장대한"(민 13:32) 아낙자손들이 곧 네피림의 후손들이라고 말하고 있다.

3) 희랍의 Titan(Uranus와 Gaea 사이의 아들) 전설과 Sanchuniathon에 관한 페니키아 전설은 창 6:1-4과 놀랍도록 비슷하다. 참고. Skinner, *Genesis*, pp. 140-141.

등장한 초기의 인간들은 거인의 모습을 갖고 있었으며, 그리고 그러한 거인족들 또는 고대 영웅들의 시대에서는 신들과 가사적인 존재들 사이에 결혼이 보편화되어 있었다고 말하고 있다. 이러한 신념은 히브리인의 세계에서도 현저하게 나타나 있음을 볼 수 있다.[4] 그러나 우리의 네피림 설화자(J)가 창조 설화의 정신과는 반대되게 고대의 영웅들을 신인결혼에 의한 소산(offspring)이라고 보는 따위의 신화적 우주 소생설을 주장한다고 보는 것은 야비스트(J)의 신학을 지나치게 과소 평가 또는 간과하는 소이라고 보아야 할 것이다. 독자들은 반드시 신인결혼에 의한 용사들의 출산이라는 신화적 표현이란 이 짧은 텍스트의 범위를 결코 벗어나지 않고 있으며, 여기서는 단지 하나의 보조적 서장 역할을 하고 있다는 사실을 관찰할 수 있어야 할 것이다. 또한 우리는 비록 그것이 신화적 형태를 띠고 있다 하더라도, 또는 유사 이전의 전설에 근거를 두고 있다 하더라도, 야비스트의 설화들은 문학적 의미를 초월하는 그 특유한 성서적 진리를 가르치고 있다는 사실을 반드시 기억해야 할 것이다. 그렇다면 이 짧은 설화 속에 담겨져 있는 야비스트의 중심적 교훈은 무엇이겠는가?

구조악의 출현과 범우주적 타락

"하느님의 아들들이 사람의 딸들의 아름다움을 보고 자기들이 좋아하는 모든 자로 아내를 삼는지라"(창 6:2).

"당시에 땅에 네피림이 있었고 그 후에도 하느님의 아들들이 사람의 딸들을 취하여 자식을 낳았으니 그들은 거인이라. 고대에 유명한 사람이었더라"(창 6:4).

이 난해한 구절이 우리에게 가르치려는 교훈은 무엇이겠는가?

---

4) 참고. 신 1:28; 2:10, 11, 20f. ; 3:11; 9:2; 수 15:14; 겔 32 :21, 27; 암 2:9 등.

2. 네피림 설화의 교훈 / 223

우리는 이미 창세기 3장의 타락설화는 악의 기원을 하느님 자신이나 인간의 본성 자체로부터 찾지 아니하고, 〈관계의 파괴〉라는 인간의 이기주의(selfishness)에서 찾았다는 사실을 지적한 바 있다.[5] 그러나 창세기 3장과 동일한 J자료에 속하는[6] 우리의 네피림 설화에서는 오히려 〈하느님의 아들들〉이 〈인간의 딸들〉과 성적 결합(야합)을 함으로써 인간 사회 속에 네피림이라는 거구의 악이 형성되고 조직된 것이라고 말하고 있다. 특히 여기서 말하는 〈하느님의 아들들〉(베네 하 엘로힘)은 신화론적인 의미로서가 아니라 하느님(엘로힘)의 세계에 속한 자들로서 전혀 신적인 존재들을 나타내고 있음[7]을 주시할 필요가 있다. 말하자면 신적인 것(베네 하 엘로힘)과 인간적인 것의 야합을 통하여 〈악마적〉(demonic)인 존재인 〈거인들〉이 땅 위에 출현했다는 것이다. 선한 것과 악한 것의 피할 수 없는 결속, 선과 악의 결혼, 이것이 악마적인 것을 산출하였다는 것이다. 이른바 이데올로기(선)와 비인간성(악)의 결혼을 통하여 신성 로마제국이나 소련 제국주의 또는 자본주의나 관료주의 등의 구조적 악(네피림)이 출현한 것 등은 그 좋은 예라 하겠다.[8] 실로 오늘의 우리는 신적인 것의 부패, 이데올로기의 부패가 우리의 현실 속에 조직적인 악—악마적 존재를—가져다 주고 있는 현상을 피부로 체험하고 있다. 또한 이 구조적 악이 사람의 딸들로 하여금 범우주적 타락으로 몰고가는 중추적 역할을 하고 있음도 목격하고 있다. 즉 신적인 것의 타락이 주는 영향은 하나의 국부적 파국만을

---

5) 본서 2부 "2. 인간아, 네가 어디 있느냐" 참조. 창 3장이 말하는 인간의 근본 악은 하나님-인간, 인간-인간, 인간-동물 및 땅과의 관계를 파괴시킨 인간의 이기주의와 오만에서 찾았다.
6) Skinner는 이 네피림 설화가 J라는 것은 논란의 여지가 없다고 보았다 (*Genesis*, p. 140). Fohrer는 이 설화를 N(Nomadic Sourceductum:Eissfeldt의 L)자료층에 속하는 것이라고 보았다(*Introduction to the OT*, p. 160).
7) 참고. 창 28:12; 왕상 22:19-32; 욥 1:6; 2:1; 38:7 등.
8) 참고. Alan Richardson, *Genesis 1-11*, p. 94.

몰고 오지를 않고 우주 전체, 즉 사람의 딸들에게서 난 피조물 전체로 페스트처럼 확장되고 있음을 볼 수 있다. 모든 피조물 전체로 페스트처럼 확장되고 있음을 볼 수 있다. 모든 피조물이 함께 탄식하며 함께 해산의 진통을 겪게 된 것이다(롬 8:22). 이와같이 모든 피조물이 함께 탄식하는 것은 전혀 신적인 것의 타락 때문이라는 것이다. 그러므로 "악마적 악은 전적으로 신적인 것들의 편에서 온다."[9] 신적인 것들이 그들의 위치를 격하시켜서 음란해질 때 비로소 악은 본격적으로 구조화된다. 모든 악마적 구조화의 그 구성 요소는 신적인 것으로 위장되어 있다. 법의 존엄성, 질서의 당위성, 평화의 숭고성, 다수 의견의 존중이라는 원칙, 이 모두는 본래 신적인 것이었다. 법이 존엄성을 잃고, 질서가 배척당하고, 평화가 위협을 받고, 다수 의견이 무시당하는 세계는 어느 누구도 원치 않는다. 그러므로 어떠한 사회체제, 그리고 정치체제이든 간에 이상과 같은 신적인 요소를 정면으로 거부하지 못한다. 그러나 그 신적인 것들이 비인도적 윤리(inhumanity)에 의하여 스스로 부패할 때, 그것들은 전적으로 타락한 천사들의 역할을 한다. 타락한 천사의 역할[10], 그것은 신적인 것이 그 본래적 자리를 떠나가는 것을 상징하며, 동시에 선과 악의 피할 수 없는 결속과 연대관계─결혼관계─를 형성시켜줌으로써 그 구조와 그 틀을 벗어나지 못하게 하고, 그 운명을 함께 하는 역할은 한다. 이데올로기의 허망함을 통열하게 탄핵하였던 『수용소군도』의 저자 솔제니친은 선과 악의 불가분리적 영합(결혼)이 이룩한 상황을 평하여 이르기를, "이데올로기의 덕택으로 20세기는 몇 백만이라는 사람들을 살해하는 사악한 짓을 체험

---

9) Skinner, *Genesis*, op. cit., p. 143.
10) 네피림 *nepirîm*이라는 말을 *naphal*(떨어진다)이라는 동사와 관련시켜서, 하늘로부터 떨어진 타락한 천사에 관한 전설과 관련시키려는 사람도 있으나(Jerome, Rashi), 대부분의 학자들은(Schwally, Skinner, A. Richardson, von rad 등) 이와같은 관련을 부인한다. 오히려 여기서는 야비스트의 사상에 상응하여 <상징적 의의>(A. Richardson, *Genesis 1-11*, p. 91)를 찾는 것이 옳을 것이다.

하지 않으면 안 되었다"[11]라고 하였다. 이런 의미에서 볼 때 이 네피림 설화는 홍수 심판 설화의 훌륭한 서장 역할을 한다 하겠다. 즉 구조적 악이 만든 세계는 인간에 의해서가 아니라 전혀 하느님에 의해서 조만간 심판받게 될 것이라는 것이 야비스트의 신념이었다.

구조악의 무력화와 야웨 하느님의 섭리

네피림의 출현은 지상에 있는 사람의 딸들의 후예에게는 위협이요 두려움이다. 거인족의 출현, 구조화한 거인의 출현, 예컨대 알렉산더대제, 나폴레온, 레닌 같은 거인들의 출현과 그들의 타락은 우리에게는 괴로움이요, 또한 공포였다. 그것은 곧 세계가 악마화할 위기 신호이다. "그들이 좋아하는 모든 자로 아내를 삼는지라"(창 6:26). 이야말로 무서운 적신호가 아니냐! 그러나 이로 말미암은 야웨 하느님의 간섭과 경고, 그것은 실로 현실에 대한 깊이 있는 통찰과 역사에 민감한 의식을 갖고 있는 야비스트의 깊은 신앙을 신학화한 것이라 생각된다.

> "야웨께서 가라사대 나의 영이 영원히 사람과 함께 있지 아니하리니 이는 그가 육체이기 때문이다. 그러나 그의 날은 120년이 되리라"(창 6:3). [12]

우선 우리는 여기서 〈신의 아들들〉과 결혼이라는 이교설화에 대한 야비스트의 도전적 무력화 내지는 비신화화의 작업을 볼 수 있을 것이다. 왜냐하면 신인합일의 이교적 의식은 히브리인의 종교에서는

---

11) 조선일보, 1975. 2. 4, "솔제니친 추방 1년 … 「작가와 언어의 힘」"참조.
12) 히브리 본문에 의하면 우리말 번역성서와는 달리 "그들이 육체이기 때문이다" 또는 "그들의 날은 120년 …"이 아니라 "그는 …" 또는 "그의 날은 …" 등의 단수로 되어 있어서 이 온 네피림 족에 대한 정죄라기보다는 네피림에 영합된 아담과 그 후예들에 대한 야웨의 간섭으로 표현되어 있다.

신의 대한 하나의 모독이었기 때문이다. 이와같은 이교신화의 무력화 내지는 비신화화란 곧 네피림의 대표되는 구조악의 무력화 내지는 비종교화를 상징한다. 즉 신의 아들들의 개입과 결탁에도 불구하고 사람의 딸들의 후예는 여전히 가사적인 육일 뿐이다! 말하자면 어떠한 악마적 조직으로서도 하느님의 창조적 섭리와 그 역사 경륜을 조금이라도 변경시킬 수가 없다. 즉 하느님의 아들들의 중재에도 불구하고 육은 여전히 육일 뿐이라는 것이다. 뿐만 아니라 야웨의 영(rûah)은 네피림뿐만 아니라 인간에게도 내재한다(창 6:3). 실로 야비스트는 여기서 하느님의 아들들의 중재란 우리의 인간 삶과 우리의 신앙적 삶에 있어서는 얼마나 무익한 것이냐 하는 것을 웅변하고 있다 하겠다.

악마적 힘(demonic power)의 도움에도 불구하고―구조적 악과의 제휴에도 불구하고―이 세계는 결코 더 안정되거나 개선되지는 않는다. 악마의 도움을 빌어서 우리 사회의 안보를 도모해 보자는 제의란 언제나 메시야 왕국 건설을 시도하려는 자에게 있어서는 이겨내기 어려운 유혹으로 등장한다(마태 4:9). 그러나 그리스도의 답변은 늘 그러한 불륜의 제휴를 불경한 것으로 보고 단호히 거부한다(마태 4:10). 우리 사회는 분명히 이러한 유혹과 더불어 투쟁하고 있는 상태라 생각된다.

실로 하나님의 아들들과의 결혼에도 불구하고, 신적인 것과 가사적인 것, 사이의 감관적인 합일의 영교에도 불구하고 인간의 육은 결코 영화되지 않는다. 단지 육은 육 그대로 있을 뿐 오히려 슈퍼휴먼(초인간)의 악마적 거인과 그의 폭력만을 탄생시킬 뿐이다. 이스라엘 제의사는 이교의 감관적 합일의식과의 부단한 투쟁 속에 있었다.[13] 야

---

[13] 신인합일의 감관적 종교의식은 반 유목적 삶을 산 히브리들에게 있어서는 언제나 비판과 도전의 대상이었다. 농경문화의 바알종교나 도시 문화의 바알종교나 간에 그들은 모두 감관적 신인합일의 종교의식으로 이스라엘을 유혹해 왔다.

웨의 영은 결코 인간의 육과 감관적 합일에 참여하지 않는다. 이것이 야웨종교의 특성이다. 여기서 말하는 야웨의 영(*ruhî*)을 우리가 무엇이라고 해석하든지 간에, 그것이 인간의 타락을 심판하는 하나의 〈윤리적 원리〉이든(Symmachus, Targum, Luther), 인간의 죄에 자극을 받은 하나님의 감정이든(Klostermann, Rashi), 창조 때 인간 육체 안에 심겨진 신의 생명원리(the divine principle of life)이든(Dillmann, von Rad, A. Richardson), 또는 인간 육체(*baśar*)와 대조되는 신 또는 천사들이 공동으로 갖고 있는 신적 본질(the divine substance)이든(Wellhausen, Gunkel, Holzinger, Skinner) 간에[14] 야웨의 영[15]은 결코 인간과 형이하학적 타협을 시도하지는 않는다. 인간과의 물리적 타협과 제휴를 요청하는 영은 언제나 야웨의 영이 아니라 악마의 영이다. 그러므로 악마적 영의 도움으로 역사의 새 방향을 개척해 보려는 시도는 언제나 실패할 수밖에 없다. 뿐만이 아니다! 야웨 하느님은 이러한 이 세계에 대한 악마적 영향을 상대화시킬 뿐만 아니라 오히려 그 구조적힘 아래 있게 된 인류 전체에 대해서까지도 징벌하신다. (우리가 이러한 악마적 구조와 필사적 투쟁을 감행하는 이유도 바로 여기에 있다!). 즉 야웨의 영이 영원히 〈사람과 함께〉(*ba'adhām*)하지 않을 것이라는 것이다. 야웨의 징벌이 네피림에게 국한되지 아니하고 "전 인류에게 미친다."[16] 즉 인간 수명의 한계선이 대폭 하강한다. 말하자면 악마적 힘과의 제휴에도 불구하고—세계 인민의 해방과 사회안보의 구축이라는 그 아름다운 구호에도 불구하고—인간 수명의 한계선은 오히려 120년이라는 지극히 낮은 수치로 떨어진다. 대체로 이 120년이라는 수명의 한

---

14) 참고. Skinner, *Genesis*, pp. 144-5: von Rad, *Genesis*, p. 110ff.

15) von Rad는 말하기를, "Elohim의 영이라고 말하는 것은 전혀 맞지 않는다"라고 하였다(*Genesis*, p. 111). 즉 그는 여기서 〈야웨의 영〉이라는 말을 〈엘로힘의 영〉(더 저급한 영개념)과 구별하여 신학화한다.

16) 참고. von Rad, *Ibid*.

계선은 그 기원을 알 길이 없으나[17], 셈 또는 가인 족보에 나타나는 고대 영웅들의 향수의 년수는 물론, 이스라엘 삼대 족장의 향수 년수[18]에 비하여서도 매우 낮아진 것이라 하겠다. 그러나 이와같이 인간 생명의 한계선이 하느님의 아들들과의 결혼에도 불구하고 오히려 더 낮아졌다고 말하고 있는 야비스트의 신학적 의도는 무엇이겠는가? 비록 120년이라는 수가 인간 생명의 자연적인 한계선이라는 지식이 당시에 보편화되었다 하더라도 편집자의 손에 의하여 여기 이 네피림 설화와 관련된 데는 아마도 성서 편집자의 명백한 의도에서 온 것이라 생각된다. 그러한 신학적 의도는 물론 이미 우리가 밝힌 대로 이러한 불륜의 신인야합에 대한 〈야웨의 징벌〉[19]을 표현하자는 데 있다. 이러한 야웨의 징벌선언은 아마도 다음과 같은 역설적인 해석이 가능하리라 생각된다. 즉 인간의 수명 한계선은 120년으로 규제하므로 모든 인류를 포함한 네피림 같은 거인족들도—현대판 초인들도—모두 "적절한 시기에는 소멸될 것"[20]이라는 신념의 한 역설적 표현일 수 있지 않겠는가! (아마, 바벨탑의 교훈도 이러한 역설이 포함되었을 것이다!). 인간의 구조적 악이 가진 그 지식의 힘과 그 지구력의 한계가 엄격히 제정된 것이다. 이것은 야웨의 섭리였다. 홍수 시대 이래 인간은 그 년수가 칠십이요 강건하면 팔십(시 90:10)일 뿐이다. 누가 이 섭리를 부인할 수 있을 것이랴!

---

17) 이 120년을 야웨의 징벌이후로부터 홍수때까지의 기간이라고 보므로 네피림족의 존속 기간과 관련시키기도 한다(Jerome, Rashi, Ezra, Calvin; 참고. Skinner, *Genesis*, p144). 그러나 히브리 본문은 "그들의 날은 …"으로 되어 있지 않고 "그의 날은 …"으로 되어 오히려 여기서는 인간 수명의 자연적 한계선을 지시하는 것 같다.
18) 아브라함은 175세, 이삭은 180세, 야곱은 147세를 향유한 것으로 되어 있다.
19) 참고. von Rad, *Genesis*, p. 140.
20) Skinner, *Genesis*, p. 145.

끝맺는 말

야웨 하느님의 섭리는 초인적 거인들의 세력을 약화시키고 그 불륜을 징벌하실 뿐만 아니라, 그의 구원사적 섭리도 이와 병립해서 계속시키신다. 인간 수명을 120년으로 허용하셨다는 것도 심판보다는 구원이 야웨의 궁극적 관심임을 시사하는 것이라 하겠다. 결코 야웨는 그의 신적 본질을 인간과 야합시킴으로 역사를 이끄시려고 하시지는 않는다. 오히려 그리스도의 화육은 하느님의 아들들의 불경과는 근본적인 차이를 나타낸다 하겠다. 성서의 하느님은 결코 신의 자기 비화 또는 속화를 단행시키지는 않는다.

그리스도의 화육은 이교신화의 신인힙일과 근본적으로 대립된다. 즉 그것은 인간의 욕망과의 영합이 아니다. 그리스도의 화육은 결혼, 영합, 타협이 아니라 자기를 내어줌이요, 희생이요, 봉사로써 인간 해방과 세계 구원을 추구한다.

그러므로 거기에서는 악마적 초인의 탄생은 기대될 수 없고 헤롯에게 쫓기며 구유로 몰리는 한 미천한 종의 아들이 있을 뿐이다. 또한 여기서는 악마적 세력과 영합하는 "용사나 유명한 자"(창 6:4)를 찾을 수는 없고 "권세있는 자를 그 위에서 내리치시고 비천한 자를 높이시며 주린 자를 좋은 것으로 배불리시며 부자를 공수로 내 보내는"(눅 1:52-53) 이스라엘의 위로자인 한 종을 찾을 수 있을 뿐이다.

3

노아 홍수설화의 교훈

창세기 6:5-9,17

서론

　　네피림의 출현―거인족의 출현―에 관한 기술은 홍수심판 기사를 축조할 기초석으로서의 중요한 기능을 담당하고 있다. 비록 문서비평학적 견지에서 볼 때, 네피림기사(6:1-4)는 "홍수에 관한 지식이 없는 J의 자료층에 속한다"[1] 할지라도, 또는 폰 라트가 말한 것처럼[2] 이 부분은 이전에 나온 설화들―첫 인간의타락, 가인의 형제 살해, 라멕의 광태―과는 연결이 없는, 이른바 마치 대기권으로 날아든 혹성이나 고대의 빙하가 실어다 준 〈깨어진 표석〉[3]과 같은 것이라 할지라도 이 단편(네피림 설화, 6:1-4)이 편집자(R^{JP})의 손에 의하여 이 곳에 자리잡게 된 것은 편집자의 특수한 신학적 의도의 결과로 해석될 수 있을 것이다. 그런 점에서 볼 때, 즉 편집자의 신학이라는 관점에서 볼 때, 이 독립된 고대의 원인론적 사화들의 한 단편[4]은, 편집자에 의하여 홍수심판을 밑받침하는 초석으로서 가장 적절한 자료라고 평가되었을 것임이 분명하다. 즉 네피림이라는 초자연적 악마의 세력과

---

1) John Skinner, *Genesis* (I. C. C.), p. 141.
2) G. von Rad, *Genesis*, pp. 109-110.
3) von Rad, *ibid*. p. 110.
4) J. Skinner, *op. cit.*, p. 140.

인간의 영합을 편집자는 〈죄로 인하여 야기된 더 발전된 혼란〉[5]의 한 대표적 예로서 채택하였음이 분명하다. 실로 이 단편적 네피림 설화는 첫 인간의 타락, 가인과 라멕의 범죄, 바벨탑 설화 등의 고대 인류의 범죄사를 구성하는 설화들 중에서도 즉 "하느님과 인간 사이의 간격을 넓히며 하느님과 인간 사이의 경계선을 침범하는 범죄의 표본"[6]들 중에서 죄의 깊이를 가장잘 묘사한 설화로서, 홍수 설화를 버티는 초석으로서의 충분한 자격을 갖춘 설화라 할 수 있을 것이다. 네피림의 출현, 그것은 "악마적 침입의 일종"[7]으로서 이 악마와 제휴한 인간의 악은, 그러므로 이제는 〈더 나은 교육〉에 의해서 치유될 수 있는 단순한 인간 본성의 결함의 문제가 아니라 이미 그것은 〈오직 악마적〉이라고만 설명될 수 있는 이른바, 〈인간 본성의 문제를 넘어가는〉 성격의 것이 되었다.[8] 실로 이 부분은 〈하느님의 후회와 근심〉(J) 또는 〈창조질서에 대한 인간의 고의적 파괴〉(P)라는 새로운 주제로 시작되는 〈노아 홍수 설화의 기초석〉으로서 부족함이 없다. 홍수 심판의 설화는, 그러므로 고대 인류의 범죄사를 구성하는 자료들 중 인간 타락을 가장 심화한 인간 악의 악마적 구조 형성에 관한 네피림 설화를 초석으로 하고 건축되었다 하겠는데, 일반적으로 이 홍수 설화는 두 가지 자료로 (J와 P) 구성으로 있음이 주지되어 있다.

홍수설화의 서론: 하느님의 후회(J)와 창조질서의 붕괴(P)

홍수 설화가 두 문서의 복합 편집이라는 것은 성서 문서비평학

---

5) von Rad, *op. cit.*, p. 112.
6) C. Westermann, *Handbook to the OT*, p. 25.
7) von Rad, *op. cit.*, p. 112.
8) 참고. A. Richardson, *Genesis 1-11*, pp. 93-94.

의 도움을 빌리지 않는다 하더라도 성서를 자세히 읽는 독자들이면 누구나 손쉽게 발견해낼 수 있다. 즉 야웨라는 신명과 엘로힘(하느님)이라는 신명이 서로 뒤바뀌고 있는 점[9]과 명백한 이중기사[10] 및 상치되는 모순 기사들[11]을 통하여 우리는 손쉽게 이 홍수 설화가 두 문서의 복합으로 구성되었음을 알 수 있다.[12] 이 문서들은 모두 "야웨(또는 하느님)께서 노아에게 이르시되 …"(6:13과 7:1)라는 형식으로 그의 홍수 설화를 시작하는데, 동시에 이 두 문서는 모두 각각 그들 홍수설화 앞에 서론[13]을 갖고 있다. 그런데 이 두 개의 서론(6:5-8[J], 6:9-12[P])은 비록 표현하는 그 문학양식에 있어서는 차이가 있다 하더라도, 동일한 사상적 구조를 갖고 있으며 또한 공통된 신학적 의도가 개재되어 있음을 볼 수 있다. 즉 이 두 개의 서론은 각자의 신학(J의 신학과 P의 신학)을 엄격히 따라가고 있으면서도 공통된 케리그마

---

9) 야웨라는 신명이 사용된 곳: 6:5, 8; 7:1, 5, 16; 8:20, 21. 엘로힘이 사용된 곳: 6:9, 11, 12, 13, 22(7:9); 8:1, 15; 9:1, 6, 8, 12, 16.

10) "방주로 들어가라"는 신의 명령이 엘로힘이 주어로 된 6:13과 야웨가 주어로 된 7:1 두 곳에 중복되게 나타난다.

11) 방주로 데리고 들어간 짐승들로서 6:19-20;7:15(P)에서는 암수 한 쌍씩으로 지정되었으나 7:2-3(J)에서는 정결한 짐승은 7쌍, 부정한 짐승은 2쌍씩으로 지정되었다. 그리고 홍수 기간에 대한 기사도 7:4, 12(J)d서는 40주야라고 기록되어 있으나 7:24;8:13-14(P)에서는 1년 10일 동안이라고 기록되어 있다.

12) 두 문서가 홍수 설화 속에 들어와 조직되어진 그 구성을 분해하면 다음과 같다.

J → 6:5-8;7:1-5, 7-10(8, 9)12, 16b, 17b, 22-23; 8:2b, 3a, 6(7)(von Rad는 이를 P로 돌린다) 8-12, 13b, 20, 21-22.

P → 6:9-12, 13-22; 7:6, 11, 13-15, 16a, 17a, 18-21, 24; 8:1, 2a, 3b-5, 13a, 14-19; 9:1-17.

13) von Rad는 6:9-12을 P창조설화의 <서론>이라고 보지 않고, 6:9-10은 P설화의 본래적인 골격인 <계보의 책>이 홍수 전승과 이상하게 결합되어 간 것으로서 거의 그 본래적 의미를 상실해 버렸다고 이해하였다. 그리고 P의 창조설화는 6:11에서부터 새롭게 시작되는 것이라고 보았다. 그러나 홍수설화를 시작하는 그 문학양식상의 비교를 통해서 볼 때 von Rad와는 달리 오히려 6:5-8(J)과 6:9-12(P)을 각각 하나의 <서론>으로 이해하는 것이 무난하리라고 생각된다.

3. 노아 홍수설화의 교훈 / 233

를 제공하고 있다. 야비스트(J)는 색깔 짙은 〈의인법〉[14]을 사용함으로 인간 역사 속에서의 그의 인격적 활동(personal agency)을 비관적 역사철학에 따라 인간 타락을 절실하게 묘사하는 데 연결시킨다. 즉 인간의 범죄에 대한 비관주의적 표현을 오히려 역설적으로 하느님의 후회 וַיִּנָּחֶם 와 근심 וַיִּתְעַצֵּב 이라는 양식으로 표현하고, 대신에 제사문서 기자(P)의 경우와 같이 노아의 의에 대한 적극적 개념 같은 것은 쓰지 않는다. 즉 야비스트는 독자로 하여금 하느님의 후회와 근심을 보게 하므로 범죄에 대한 심각한 〈반성〉을 촉구한다. 이와같은 인간의 본질에 대한 비관주의적 평가는 인간 악의 증대와 깊이에 대한 다음과 같은 표현 속에 잘 나타나 있다.

"사람의 악이 땅에 번창한 것과 그의 마음에 생각하는 모든 계획이 항상 악하기만 한 것을 야웨께서 보셨다. 그리고 야웨께서는 땅에 사람 지으신 것을 후회하시고 그의 마음에 근심하셨다"(창 6:5-6).

악의 증대에 대한 표현은 〈땅의 번창〉($nābhāh \cdots bā'ārets$)이라는 표현과 〈항상 악하기만 한 것〉($rak\ ra^c\ kŏl\text{-}hăyyôm$)이라는 표현 속에 잘 나타나 있다. 야비스트로서는 악의 번창이라는 표현을 결정적으로 여기서 처음으로 쓰고 있으며, 그 악의 증대가 〈끝없이 오직 계속되기만 하는 것〉이라는 선언은 인간 악에 대한 하느님의 심판의 예리성을 묘사한 것이라 생각된다. P의 표현법은 이와는 매우 대조적이다. P는 여기서 전혀 신학적인 데 관심을 집중시킨다.[15] 즉 J가 땅 위의 악을 역설적이면서도 꾸밈없이 리얼하게 표현하였다면 P는 매우 신학화 내지는 교리화하였다.

---

14) "구약의 의인법은 하느님의 인간화 Humanization가 아니라 오히려 하느님을 인간과 쉽게 접근할 수 있는 분으로 만든다. 하느님을 하나의 인격으로 표현한다. 즉 하느님을 고정화되어 있고 세상에 무관심한 추상적 관념, 또는 고착된 원리로 만들지는 않는다."(L. Kohler, *Theologie des AT.*; von Rad, *op. cit.*, p. 114).

15) von Rad, *Ibid.*, p. 123.

"그 땅이 하느님 앞에 패괴하고 강포가 땅에 충만하였다"(창 6:11).

즉, 〈하느님 앞에〉(lîphenê hā 'elōhîm)라는 표현은 세계를 하느님 중심적으로 배열하는 P의 도그마라 하겠으며, 〈땅의 패괴〉는 곧 P의 창조설화에서 표현된 이른바 하느님이 보시기에 좋았던 〈땅의 질서〉가 붕괴된 것을 가리킨다 하겠다. 하느님 중심으로 구성한 창조의 질서가 〈강포〉(hāmās)로 인하여 깨어졌다는 P의 선언은 제사문서 기자의 신학으로 미루어 보아, 하느님의 왕국(Theocracy)에 대하여 도전하는 인간 악을 강하게 비난하고 정죄한 것이라 할 수 있을 것이다. 즉 P는 〈강포〉라는 말 속에 하느님왕국의 법 질서를 고의적으로 파괴하는 인간의 악행을 함축적으로 묘사하였던 것이다. 그러나 이러한 J와 P의 신학적 색깔의 차이에도 불구하고 두 성서기자는 공통된 케리그마를 제시하고 있음을 보고 우리는 놀란다. 즉 이 두 성서 기자는 그들 홍수설화의 서문에서, 인간 악의 역사 속에서도 결코 소멸되지 않는 소수의 의인이 존속하고 있음과 그리고 경건하게 사는 이 소수를 통하여 야웨 하느님의 심판 역사와 구원사가 단절되지 않고 서로 연결되는 것이라는 사실을 증언하고 있다. J의 경우에서도 야웨의 후회와 근심하심이 노아에게 은혜를 베푸심[16]과 연결되고 있으며, P의 경우에서도 노아의 〈외로움〉과 〈완전함〉이[17] 그의 시대의〈패괴〉와 〈강포〉에 반립 대조[18]되고 있는 것은 그 좋은 예라 하겠다. 야웨 하느님의 심판선언 속에 역설적으로 함유되어 있는 구원의 희망을 알려주는 고동소리를

---

16) "그러나 노아는 야웨의 은혜를 입었다"는 표현은 비록 절대적으로 J에 제한된 것은 아니라 하더라도 J의 특징적인 표현이다. 예. 19:19; 32:6; 33:8, 15; 34:11; 39:4; 47:25 등(Holzinger, *Einleitung in den Hexateuch*, 1893 p. 97f.). Skinner, *Genesis*, p. 151에서 중인.

17) tsdk와 tmm은 사법상의 용어가 아니라(Skinner) 신학적 용어로서 예배에 순응하여 하느님을 기쁘게 해 드리는 인간의 상태를 의미하는 말이라고 von Rad는 주장한다. 참고. von Rad, *op.cit.*, p. 116, 122.

18) 참고. Skinner, *op.cit.*, p. 159.

듣게 된다는 것은 놀라운 일이 아니겠는가! 이 증언이 바로 야비스트와 제사문서 기자의 공통된 케리그마가 하겠다. 이러한 케리그마는 홍수 심판의 극렬한 과정 속에서도 면면히 들을 수 있다는 것은 진실로 하나의 복음이라 하겠다.

하느님의 심판과 새 창조를 위한 준비

야비스트와 제사문서 기자는 모두 동일하게 물로써 세상의 악을 심판하시겠다는 야웨 하느님의 비장한 결의를 보도함과 동시에 새 창조를 위한 비장한 준비 작업을 함께 보도하고 있다. 성서 증언의 신비는 바로 이러한 역설 속에서 발견된다. 여기서 우리는 인간의 악과 하느님의 선이 무한대의 반립 속에(in incomprehensible opposition) 있음과 동시에 이 둘은 불가해의 역학적 관계를 갖고 있음을 보게 된다.[19] 여기서 우리는 동시적으로 야웨 하느님의 두 속성, 즉 공의와 사랑의 두 속성이 역학적 관계를 갖고 있음을 또한 볼 수 있다. 분명히 야웨 하느님의 심판은 J나 P 모두에게서 철저한 성격의 것으로 나타났다. 그러나 심판의 철저성은 P에게서 더 현저하게 발견된다. P에게 있어서 홍수심판은 철저히 〈전 우주를 포함하는 파멸〉(a catastrophe involving the entire cosmos)이어서 J와는 달리 "노아의 신앙조차도 관심의 중심이 되지 못한다."[20] 지면에 살아 있어서 호흡하는 모든 육체가 깡그리 멸절된다. 이 모든 신의 심판 행위는 신의 권능을 논증하고도 남음이 있다. 이러한 격렬하고도 철저한 신의 심판은 인간에게만 국한하지 않고 그 인간이 살아 갈 모든 삶의 터전 전체를 포함해 버린다. 그러나 그럼에도 불구하고 하느님은 역사 심판을 그것으로 완결지어 버리시

---

19) C. Westermann, *op. cit.*, p. 27.
20) von Rad, *op. cit.*, p. 124.

지 않는다. 즉 P(6:17, 그러나 나는 홍수를 땅에 일으켜 바다홍수[21]를 땅으로 몰고와서 생명이 있어 호흡하는 모든 육체를 천하에서 멸절시키니 땅에 있는 모든 자가 소멸[22]되리라)의 심판선언과, J(7:4, 왜냐하면 지금부터 7일이며 내가 40주야[23] 비를 내려 내가 지은 모든 존재하는 것들[24]을 쓸어버리리라)의 심판 선언은 〈와우반어 문장〉(waw adversative)과 직결되어 새 창조를 통한 구원 작업이 심판 활동과 동시적으로 진행되고 있음을 지적해 주고 있다.

"(심판선언) '그러나 나는' 너와 함께 나의 언약을 세울 것이다וַהֲקִמֹתִי … 방주로 들어가라 … 방주로 이끌어 들여라 …그 생명을 보존케 하라" (6:18f. , P).
"(심판선언) '그러나 노아' 는 야웨께서 그에게 명하신 대로 다 행하였다' וַיַּעַשׂ חֹ"(7:5, J).

계약בְּרִית을 세우실 계획을 홍수 심판의 계획과 동시적으로 수립하였다는 것[25]은 P의 신학의 깊이를 우리에게 밝히 보여 주는 것이라 하겠다. 여기서 우리는 하느님의 심판이 가지는 뜻의 깊이를 체험케 된다. 그의 진노와 심판은 결코 직선적인 것은 아니라 하겠다. 그것은 새 창조를 위한 계약, 세계의 재창조를 위한 도약의 과정이라 하겠다.

---

21) הַמַּבּוּל מַיִם(hammabbûl mayim)이라는 표현은 P의 특수표현이라고 말할 수는 없다. 오히려 מֵי הַמַּבּוּל라는 J의 구절들(7:7, 10)과 같이 9:11a(P)에서도 מִמֵּי הַמַּבּוּל이라고 표현한다. 참고. Skinner, *op. cit.*, p. 162.
22) 육경에 나타나는 P의 특수용어이다. *Ibid*.
23) J는 대홍수의 물리적 이유로서 40일의 비 이외에는 아무것도 알지 못한다. P와는 대조된다(참고. P의 6:22). *Ibid*, p. 153.
24) הַיְקוּם이라는 용어는 드문 용어로서 קוּם이라는 동사에서 유래된 표현인데 창세기에서는 7:23(J)에만 한번 더 나타나는 J의 용어이다. 참고. *ibid*.
25) 9:9, 10과 9:12, 17의 홍수의 계약 이행 과정은 홍수 전에 이미 예견되고 있는데, 이 계약 예고 때의 계약 내용을 Delitzsch나 Gunkel처럼 홍수 후의 계약예고(9:9, 10) 및 이행(9:12, 17)에서 볼 수 있는 계약 내용과 구별한다는 것은 Skinner의 주장대로(*I. C. C.*, p. 162-3) P의 어법과는 반대된다.

3. 노아 홍수설화의 교훈

이러한 하느님의 계약 수립의 계획은 결코 추상적인 언어로 표현된 것이 아니라 노아와 그 가족, 그리고 지상에 그 생명을 유전시킬 혈육들을 방주로 들어가게 명령하시므로 그 작업을 구체화시키고 있다. 이러한 기본 주제는 그 표현의 상이와 기록상의 상치점들에도 불구하고 야비스트(J)의 글[26]에서도 동일하게 나타난다. 즉 야비스트도 노아와 그의 집, 그리고 지면에 생명을 유전시킬 〈씨זרע〉는 예언자 예레미야의 예언에서처럼(렘 31:27-28) 미래에 나타날 구원의 씨앗이었다. 야웨 하느님의 심판 속에는 진실로 악을 뿌리채 뽑아 청결시키는 격렬성이 포함되어 있음과 동시에 새 세계 건설을 위한 계획이 동시적으로 포함된다는 증언은 우리로 하여금 우리의 역사를 희망적으로 전망할 수 있게 한다. 하느님의 의의 심판과 자비의 구원, 이 둘 사이의 역학작용과 역설적 조화는 P에 의해서 더욱 인상적으로 묘사되었다.

> "하느님이 노아와 그와 함께 방주에 있는 모든 … 을 〈기억하사〉 하느님께서 〈바람〉(영)으로 땅 위에 지나가게 하시매 물이 물러갔고 깊음의 샘과 하늘의 창이 닫히고 하늘로부터 비가 그쳤다"(창 8:1-2).

하느님이 노아를 〈기억하셨다זכר〉는 것은 단순한 관념 작용이 아니라 인간 구원을 위한 구체적인 행동을 유발케 했다. 즉 하느님의 바람(영)이 땅 위를 통과יעבר하시었고 물은 물러가 버렸던 것이다. 이 구절은 전적으로 인간 구원의 행위가 하느님의 자유로운 행동(God's freedom)에 의해서 되어졌음을 시사하고 있다.[27] 마치 그것은 P의 창조기사에서 모든 창조가 하느님의 자유로운 그리고 자발적인 뜻의 표현으로 이루어졌다고 하였던 것과 같다 하겠다. 홍수가 처음으로 퇴진한 것은 전혀 〈하느님의 기억하심〉으로부터 비롯되었던 것이다. 〈하

---

26) J의 선언은 모두 5절로 구성되어 있어서 10절로 구성된 더 광범위한 P의 진술(6:13-22)에 희생당하고 있다. von Rad, *op. cit.*, p. 116.

27) von Rad, *ibid*. pp. 124-5.

느님의 기억하심〉(참으로 의미 심장한 표현이 아닌가!), 그의 기억 작용이 일어나는가 하였더니 순식간에 홀연히 하느님의 영이 홍수에 침몰된 땅을 휩쓸어 홍수의 마력을 졸지에 추방시키고 만다. 누가 감히 이 일을 할 수 있으랴! 인간은 여기서 과연 무엇을 할 수 있을 것인가? 야비스트는 즉시 비둘기를 내 보내어 접촉점을 찾으려는 노아의 끈질긴 인내를 제시한다. 〈그리고 그가 기다렸다ויהל〉라는 말이 8장 10, 12절에서 연속 반복되고 있는 것은 좋은 예라 하겠다.[28] 세 차례에 걸쳐 비둘기를 내 보내어 땅과의 접촉점을 찾는 끈질긴 노력과 인내, 이것이 곧 다음 세대를 약속받은 인류가 가져야 할 기본적인 신앙 자세였다. 처음 내 보낸 비둘기(사자)의 노력은 실패한다. 그래서 노아는 7일을 〈기다린다〉. (실로 〈기다림〉은 신앙 없이는 불가능하다.) 그리고 두 번째 내 보낸 비둘기는 감람나무의 잎사귀를 물고 돌아온다. 비둘기와 감람나무 잎은 모두 평화를 상징할 수 있다. 이와같이 홍수와의 대결을 끈질긴 평화의 추구와 인내로 대결한다는 것은 실로 힘든 과제 중의 하나로 할 수 있을 것이다. 평화의 사자가 땅에 정착하여 방주로 돌아오지 않기까지는 아직도 7일은 더 〈기다려야〉 하는 것이다.

홍수설화의 결론: 하느님이 세우신 언약과 새 율법

J와 P는 비록 그 표현 양식과 그 표현의 자료를 달리하고 있다 하더라도 모두 그들 창조설화의 결론을 하느님의 은혜의 비장한 언약으로 구성하고 있다. 즉 언약의 내용은 철저하게 일치하고 있는데 그것은 "다시는 … 하지 아니하리라עוד … לא"라는 형식의 야웨와 엘로힘의 결의 표현이었다(7:21〔J〕, 8:11, 15〔P〕).

---

28) Skinner는 "8:7의 까마귀를 내보내는 기사가 만일 후대의 삽입이라고 한다면 그 자리에는 ויהל이라는 말이 보충되어야 한다"고 주장했다. Skinner, *op. cit.*, p. 156.

"내가 다시는 사람으로 인하여 땅을 저주하지 아니하리라."(8:21〔J〕)

"내가 다시는 모든 생물을 홍수로 멸하지 아니하리라."(9:11〔P〕)

이로써 야웨 하느님과 인간, 그리고 세계 사이에 짙은 안개처럼 끼었던 불투명한 장막이 벗겨지게 된 셈이다. 사실 언약의 진정한 의미는 둘 사이의 얼키고 설킨 몽롱한 관계를 명료하게 하는 데 있다.[29] 비로소 우리는 새 역사의 시작을 보게 된다. 이러한 새 역사를 출발시키는 언약의 구체적 표시로서 J는 자연질서의 보존을 제시하고 P는 무지개를 제시한다.

"땅이 있을 동안에는 심음과 거둠과 추위와 더위와 여름과 겨울과 낮과 밤이 쉬지 아니하리라"(8:22〔J〕).

"내가 내 무지개를 구름 속에 걸어 두었나니 이것이 나의 세상과 맺은 언약의 증거니라, 내가 구름으로 땅을 덮을 때 무지개가 구름 속에 나타나면 … 내 언약을 기억하리니 다시는 물이 … 멸망의 홍수가 되지 아니하리라"(9:13-15〔P〕)

〈자연 질서의 보존〉이라는 야비스트의 주제는 분명히 야웨와 세계와의 화해를 지시하고 있음이 분명하다. 그 문학적 구조는 창세기 3장과 4장의 구조(J)와 서로 상응하고 있는데, 즉 3장의 타락한 아담으로 인한 야웨와 인간 및 그 삶의 터전인 땅과의 관계 균열과 4장의 살인자 가인으로 인한 야웨와 가인 및 그 삶의 터전인 땅과의 관계 균열이 여기 8장 22절에서 회복되는 것을 볼 수 있다.

"땅은 너로 인하여 저주를 받고 … 땅이 너로 인하여 가시덤불과 엉경퀴를 낼 것이라 …"(창 3:17, 18〔J〕).

"네가 땅에서 저주를 받으리니 땅이 다시는 그 효력을 네게 주지 아니

---

29) 참고. von Rad, *op. cit.*, p. 130.

할 것이요 너는 땅에서 피하며 유리하는 자가 되리라"(창 4:11, 12 [J]).

그러나 P는 이러한 회복과 화해[30]의 구체적 증거로서 무지개를 제시한다. 그러나 이 무지개תשׁק는 여기와 다른 한 곳을 제외하고는[31] 구약에서 언제난 무기용 활을 가리킨다. 아마 여기서도 구름에 걸어 두신 〈하느님의 활〉을 계약의 표로 삼았을는지도 모른다. 그 경우 무지개는 홍수 이전의 인간의 강포(violence)에 대한 하느님의 심판의 활로 이해되었을 것이다. 구름 위에 걸어 둘 〈활〉에 낭자하게 흩어진 붉은 핏발은 분명히 홍수 전의 인류에 대한 심판의 자취로 이해되었을 것이다. 그러나 그 핏발이 곧 햇살을 받아 원색의 찬란한 색조를 나타낼 때 성서 기자는 분명히 하느님의 은총의 색깔을 느꼈을 것이다. "심판의 활이 곧 구원의 은총을 상징하고 약속하는 무지개이다"는 주장은 심판과 구원의 역사적 관계를 입증해 주는 것이라고 생각된다. 그러나 P는 J와는 달리 이러한 장엄한 언약의 상징을 제시하기 전에 그의 창조 신앙의 교리를 다시 강조한다.[32]

"그러나 고기를 그 생명되는 피채 먹지 말 것이니라. 내가 반드시 너희 피 곧 너희 생명의 피를 찾으리라 … 무릇 사람의 피를 흘리면 사람이 그 피를 흘릴 것이니 이는 하느님이 자기 형상대로 사람을 지었음이니라"(창 9:4-6).

실로 이는 새 역사의 출발점에서 반드시 밝혀 두어야 할 제사적 율법의 핵이요, 구약 전 율법의 집대성이라 할 만하다. 이 율법이 제시하는 케리그마는 명백하다. 첫째는 인간 생명의 존엄성과 거룩성을

---

30) 9:1-17(P)의 후반부는 분명히 J의 결론과 동일한 주제를 갖고 있다고 보아야 할 것이다.
31) 무지개에 관한 언급은 OT에서는 겔 1:28에서만 단 한 번 더 나타날 뿐이다.
32) 창 9:1-17의 문학구조는 창 1장의 것과 일치하는 것으로서 P의 신학적 반성이라고 할 수 있을 것이다.

하느님의 형상론으로 변증하고 있고, 둘째는 인간 생명을 존중하는 인간의 책임적 삶을 요구하고 있다. 생명의 존엄성은 하느님의 형상에 근거한 것이기 때문에 〈복수의 법〉에 의해서도 파괴될 수 없는 것이다.[33] 생명은 그것이 동물의 것이라 하더라도(분명히 우리는 이 구절을 강조적 표현으로 읽을 수 있다) 전혀 하느님의 소유요 하느님의 감시 아래 있다. 그러므로 여기서 우리는 또한 인간 생명에 대한 하느님의 단념할 수 없는 〈통치권 주장〉을 읽을 수 있다. 즉 어느 누구도 이러한 하느님의 통치권을 침해할 수 없으며 하느님의 소유권을 침해할 수 없다. 생명 존중은 인간의 기본적 사명이요, 동시에 기본 권리이며, 생명 통활은 하느님의 절대적 권한이라 하겠다.

결론

홍수설화는 결코 인간 악에 대한 하느님의 심판 행위만을 증거하려는 데 목적이 있는 것은 아니다. 홍수 설화의 교훈은 명백한 양면성을 갖고 있다. 즉 홍수 설화는 인류의 범죄에 대한 하느님의 분노와 후회가 얼마나 무서운 우주적 파국의 심판을 가져오게 되느냐 하는 것을 드라마틱하게 보여 줄 뿐만 아니라, 그 죄악성에도 불구하고 우리의 세계가 보존되고 유지되는 것은 전혀 하느님의 선하심이 낳은 기적이요 은총이라는 것을 보여 준다.[34] 동시에 홍수 설화는 하느님의 심판은 그의 분노로 일관된 성격의 것이 아니라 새 창조를 향한 도약적 준비가 병행되는 성격의 것이라는 것을 교훈하고 있다.

---

33) von Rad, *ibid.*, p.128. 여기서 von Rad는 4:23에서 읽을 수 있는 〈피의 복수에 대한 제한명령〉을 듣는다.

34) 참고. C. Westermann, *op. cit.*, pp.26-27.

4

아브라함 계약설화의 교훈

창세기 15장, 17장

서론

성서는 그 중심적 종교 개념을 〈계약〉(covenant)이라는 개념으로 표현하는 특징이 있다. 그러므로 노아, 아브라함, 모세, 그리고 다윗 등과 수립된 계약 사건들은—비록 그 사건들이 특히 P(사제) 신학자의 손을 통하여 구약 역사를 계시의 새 시대에 따라 구획지어 주는 특징이 있다 하더라도—결코 〈계약〉이라는 말이 함유하고 있는 광범위한 의미들을 그 몇몇 사건들 자체 안에만 제한하고 있지는 않다고 보는 것이 옳을 것이다. 즉 계약 개념은 역사문학이나 예언문학 및 시문학과 지혜문학 등이 성서문학 전반에 걸쳐서 그 사상적 기조 속에 광범위하게 뿌리박고 있다고 볼 수 있다. 물론 우리는 현대 구약성서 학자들의 일각에서 권위있게 논증해 준 바와 같이, 시내산 계약(모세계약)과 아브라함-다윗 계약 사이의 양식사적 또는 전승사적 기원의 차이점과 P신학자의 손에서 이루어진 계약사상의 신학적 발전 등을 어느 정도 인지할 수 있다. 뿐만 아니라 우리의 텍스트가 제시하는 아브라함 계약설화에 있어서도 고대 전승자료(JE: 15장)와 P신학자의 자료(17장) 사이의 차이점이 드러나기도 한다. 그러나 여기서의 우리의 주요 관심은 어디까지나 아브라함 계약기사가 전해 주는 케리그마적 주제가 무엇인지를 살펴보는 일이며, 그리고 창세기 15장과 17장의 그 서로 상이한 전승사적 배경에도 불구하고 그 기저에 흐르고 있는 중심적 신앙고백이 무엇인지를 규명하고, 거기서부터 듣고자 하는 교훈을 들으려는 데 있다.

분명히 창세기 15장과 17장 사이에는 비록 동일한 주제, 즉 아브라함 계약이라는 동일 주제를 다루고 있음에도 불구하고 양식사적·전승사적 차이점을 역시 발견할 수 있다. 쉽사리 눈에 들어오는 것을 지적해 본다면, 15장은 고대인들에게 잘 알려져 있었던 것으로 보이는 계약의식, 즉 동물들을 반으로 쪼개어 서로 마주보게 배열한 후 계약 당사자들이 그 사이로 지나가면서 "계약 위반 시에는 그 쪼개진 짐승처럼 찢겨지는 저주를 받게 될 것이다"는 말을 함으로 계약을 체결하는 고대 계약의식을 아브라함 계약과 연결시켜 소개하고 있는 반면에, 17장도 역시 고대로부터 줄곧 셈족들 사이에서 널리 시행되어 왔던 할례의식을 아브라함 계약과 연결시켜 소개하고 있는 점, 또한 15장은 그러한 계약의식 이행을 묘사함에 있어서 신인동형론적 묘사법을 구사하고 있는 데 반하여 17장은 의인법적 묘사를 철저히 배제하고 있는 점, 그리고 15장에서는 아브라함 소명 사건을 아브라함의 인간적 상황(아브라함의 불안과 두려움 및 하느님의 약속에 대한 회의 등) 가운데 두지만, 17장에서는 아브라함의 소명사건을 순수한 신학적인 것으로 돌려 아브라함에 대해서는 한 마디의 말도 없이 오직 하느님의 연설만을 소개한다. 즉 17장은 계약과 소명사건을 15장보다 훨씬 신학화하여 그것의 신학적 본질을 정의하는 길고도 지루한 하느님의 연설을 반복하고 있다.

그러나 놀라운 것은 15장과 17장은 그 구조를 구성·배열하는 점에 있어서 이상스러울 정도로 비슷하게 구성하고 있을 뿐만 아니라, 그 신학에 있어서도 이스라엘 신학의 특성을 공통적으로 반영해주고 있다는 점이다. 그 구성 구조를 볼 때, 15장은 계약선포 1(1-6

절)―계약선포 2(7-8절)―계약의식 집행(9-12절)(계약선포 1의 신학적 발전〔후대 첨가: 13-16절〕―〔17-18a절〕)―계약선포 3(계약선포 2를 보충하는 후대첨가18b-21절)으로 구성되어 있는데, 17장 역시 하나님의 명령(1절)―계약선포 1(2-3a절)―계약선포 1의 신학적 확장(3b-6절)―계약선포 2(7-8절)―계약이행 요구 1(9-14절)―계약이행 요구 2(15-22절)-계약의식 집행(23-27절)으로 구성되어 있다. 즉 15장과17장의 구성 구조는 〈계약선포―계약선포의 신학적 의의에 대한 보충 설명―계약의식 집행〉으로 집약해서 설명할 수 있다. 이와같은 구조상의 유사점은 물론 15장과 고대 전승자료를 기초한 신학화라는 인상을 풍겨 준다. 즉 신의 자기 소개(15:7-17:1), 계약(15:9fff.; 17:23ff.), 수많은 후손 약속(15:5-17:4), 땅 약속(15:18-17:8), 아들 약속(15:4-17:19, 21), 아브라함의 회의(15:3, 8; 17:17) 등은 비록 그 기원이 서로 다르다고 할지라도 그 두 전승 사이의 독립보다는 의존이라는 인상을 더 강하게 풍겨주며, 특히 P신학자의 신학적 정련(精練)을 읽을 수 있다. 이제 우리는 두 아브라함 계약설화가 공통적으로 증언해 주는 중심적 교훈이 무엇인지를 살펴 보려고 한다.

계약의 기초 : 의

계약을 〈관계개념〉으로 읽어야 한다는 것은 이미 〈계약〉에 관한 어원학적 연구의 결과가 우리에게 잘 말해주고 있다. 비록 계약을 표시하는 히브리어 b⁽rîth에 대한 어원학적 연구가 분명한 결론에 도달한 것은 아니라 하더라도, 아카드어 *birit*(사이), *biritu*(꽉잡다, 죄다) 혹은 *barû*(선택하다?)로부터의 추론들은 계약을 어디까지나 관계개념으로 읽을 수 있음을 암시해 주고 있다 하겠으며, 구약의 현실도 계약을 관계개념으로 이해하고 있음을 볼 수 있다. 그러나 이 〈관계

〈개념〉은 구약에서는 결코 동등한 자격을 가진 두 사람 사이의 대등한 관계라는 의미로는 사용되지 않았다는 점이다. 오히려 이 말을 사용하는 구약의 현실은 결코 계약을 동등한 자격과 권리를 가진 두 사람 사이의 합의나 화해 또는 통속적 의미의 〈조약〉을 의미하지 않고, 오히려 강자가 약자에게 부과하는 〈의무〉 즉 〈법률〉이나 〈계명〉과 동의어의 기능을 담당하고 있다(비교 신 4:13; 33:9; 사 24:5; 시 50:16; 103:18). 구약에 나타나는 계약의 이러한 성격(비교, 왕하 11:4)을 규명해 주는 데 결정적인 공헌을 한 것은 역시 알트(A. Alt)의 60회 탄신 기념논문집에 헌정했던 베그리히(J. Begrich)의 논문이나, 고대 헷제국의 종주조약 의식과 시내산 계약의 계약조문 사이의 양식사적 비교연구를 통하여 공헌한 멘델홀(Mendenhall)의 기념비적 논문 등이라 할 수 있을 것이다.[1] 즉 구약이 말하는 계약은 신이 인간에게 부여하는 하나의 의무 부여 사건이라고 할 수 있다. 특히 이러한 의미는 헷제국의 종주조약에서 읽을 수 있듯이, 시내산 계약조문을 통하여 잘 읽을 수 있다. 그러나 이 의무부여는 통속적인 의미와 계율 부과와는 근본적인 차이가 있다. 즉 그것은 동시에 〈히브리인의 신앙고백〉을 통함으로써 전적으로 하나의 〈은총부여〉와 동일한 의미를 갖게 되었다. 예컨대 출애굽기 19장 5-6절의 시내산 계약 선언문("너희가 내 계약을 지키면 …너희는 나의 제사장 나라가 되며 성민이 되리라")은 신명기 7:7-8에서 이미 하나의 은총의 사건으로 고백되어 있고 (" … 너희를 택하심은 … 연고가 아니라 … 다만 너희를 사랑하심을 인하여 … "), 그 은총의 사건은 곧 또 다시 엄격한 계약이행의 계율 부과와 책임부여 ("그런즉 … 하라 …. 하는 자에게는 천 대까지 그 계약을 이행하

---

1) 참고 J. Begrich, "Berit", *Ein Beitrag zur Erfassung einer alttestamentlichen Denkform, Albrecht Alt zum 60. Geburtstage*, 1944; *Gesammelte studien zum Alten Testament*, 1964, pp. 55-66; Mendenhall, "Law and Covenant in Israel and the Ancient near East", *The Biblical Archaeologist*, vol. 17 (1954), No. 1, 2, 1955년엔 단행본 출판.

시며 사랑을 베푸시되 … 하는 자에게는 당장에 보응하여 … 하시느니라."비교, 신 7:9ff.)로서 마무리지어지는 것을 볼 수 있다. 즉 계명이 곧 은총이라는 말이다. 이러한 역설적 관계를 우리는 아브라함 계약 사건에서도 추리할 수 있다. 즉 창세기 15장의 아브라함 소명과 계약은 명백한 은총의 사건이요 전제조건이 없는 사건이지만, 그 계약은 아브라함의 의(창 15:6)를 고려 내지는 기대한 사건이며—창세기 15장 6절을 그 시대에 있어서는 전혀 혁명적인 독립된 교의로서 독립시킬 수 있다 하더라도 그렇다—또한 창세기 17장(P)의 아브라함 계약은 그것이 〈영원한 계약〉(창 17:7, 비교 17:19)으로 정의되었다 하더라도 1절과 9절의 계명이행 요구와 14절의 계약 위반자에 대한 징벌 위협과 관련없이 이해할 수는 결코 없다. 이러한 관점에서 볼 때, 시내산 계약과 아브라함 계약 사이를 엄격히 독립 내지는 대립시키는 것, 즉 전자는 역사 서론("나는 너를 애굽 땅 종 되었던 집에서 인도하여 낸 너의 하느님 야웨이니라"와 같은 서두 말)을 갖춘 비약속적인 데 반하여 후자는 역사 서론이 없는 순수한 약속적인 것이고, 전자는 한 민족과 더불어 맺은 것이지만 후자는 개인들과 맺은 것이며, 또 전자는 조건적인 것으로서 쌍방에게 책임을 지우는 성격의 것인 데 반하여 후자는 무조건인 것으로서 하느님 편에만 일방적인 책임이 부여되고, 동시에 결코 소멸되지 않는 영원한 효과를 주는 성격의 것으로서 대립시키는 것에도 역시 좀 더 세심히 논구되어야 할 점이 있다고 생각된다. 예컨대 시내산 계약도 약속의 형태로 표현될 수 있으며(출 34:10), 아브라함 계약 속에도 역사 서론을 발견할 수 있고(창 15:7, 비교: 다윗계약 삼하 7:8-9), 시내산 계약의 상대자도 이스라엘만이 아니라 모세 개인으로도(출 24:1-2, 9-11) 표현되고 있으며, 출애굽기 32장 10절에서는 시내산 계약조차도 엄격히 조건적이라고 보기 어렵게 표현되어 있는가 하면, 창세기 15장 9절이나 17장 1, 9, 14절 등에서는 아브라함 계약도 무조건적인 것으로 볼 수 없게 해 주고 있는 것 등은 그것을 말해 주고 있다 하겠다. 즉 이스라엘의 계약은 상자(上者)가 하자(下者)에게 주는 〈은혜〉의 수여임과 동시에 거기에는 은사 수납자의 〈의무〉 이행에 대한 절대적이고도 항구적인 기대가 전제되어 있는 그런 성격의 것이라 하겠다. 그런 의미에서 볼 때 〈영원한 계약(17:7, 19)〉을 〈무조건적 계약〉과 정확히 일치시킬 수는 없을 것이다. 즉 하느님의 계약의 영원성은 인간의 모든 계약의무의 전적인 해방을 의미하는 것은 아니며, 동시에 인간의 계약의무에 대한 요청도 역시 하느님의 계약의 비영원성을 암시하는 것은 결코 아니다.

우리의 본문인 창세기 15장과 17장은 그런 의미에서 볼 때, 아브라함 계약에는 아브라함의 의에 대한 기대가 전제되어 있음을 암시해 주고 있다고 하겠다. 즉 창세기 15장 2-5절과 15장 7절 이하 사이에 있는, 창세기 15장 6절은 그것이 편집자(R^D?)에 의하여 전자의 결론부로 생각되었든(폰 라트는 그렇게 본다) 아니면 후자의 서론부로 생각되었든 아브라함 계약의 기초는 아브라함의 의라는 것을 암시해 주고 있으며, 창세기 17장 1b절은 17장의 서론이고, 아브라함의 의(=하느님 앞에서 행하는 것)가 그 계약의 기초임을 단언한다고 하겠다.

구약이 말하는 의는 일반적으로 계약의 경우에서와 같이 어디까지나 관계개념이며, 계약공동체 내에서 지켜져야 할 공동관계에서의 적절한 적응행위로서 이해되었다. 그리하여 이스라엘이 말하는 의로운 자는 언제나 그의 공동체와 함께 서 있는 자였다. 그런 점에서 이스라엘이 그의 하느님 야웨를 의로우신 분이라고 고백할 때도 역시 그 의는 계약관계와 관련되어 있었으며, 계약을 성실히 지키시는 분이라는 점에서만 야웨를 의로우시다고 고백할 수 있었다. 그런 점에서 의는 계약 공동체를 붙들어 주는 유일한 근거요 질서였다. 그리하여 야웨 하느님은 그의 의를 가지고 그의 계약 공동체에로 들어오시는 것이며 인간은 그가 주시는 의에 성실히 응답하므로서 〈의롭다〉는 여김을 받는다(*hashav*). 인간의 이러한 〈의인〉은 일반적으로 법정이나 제의에서 사제를 통하여 선포되었으나, 그러나 제의의 영역 밖에서라 할지라도 하느님과의 그리고 그의 공동체와의 성실한 인격적 관계와 그리고 그 적응을 의로서 인정하였다. 그러므로 구약이 말하는 의는 결코 그 어떤 이념적인 것은 아니었다. 그것은 언제나 공간적인 관계 개념으로서만 파악되었다. 즉 관계가 요청하는 바를 충족시켜 주는 것이 의였다. 이러한 관점에서만 하느님의 의 또는 인간의 의라는 말을 이해할 수 있다.

하느님의 의

구약성서가 그의 하느님을 의로우신 분이라고 고백할 때는 늘 그것은 이념적으로 파악된 것이 아니라 거의 공간적인 의미에서 인간에게 유익을 주는 어떤 힘의 수여라는 관점에서 파악되고 이해되었다. 그 가장 고대의 예증을 우리는 〈드보라의 노래〉에서 찾을 수 있다. 즉 드보라가 "야웨의 의를 증거하라. 이스라엘을 다스리는 그의 의를 증거하라"(삿 5:11)라고 했을 때, 그것은 결코 그 어떤 이념적 규범을 말한 것이 아니라 역사에서의 그의 구원행위들, 구원의 증명들을 생각한 것이다. 야웨의 의는 곧 이스라엘에게 제시된 구원의 은사였다. 고대로부터 이스라엘은 야웨를 그의 백성에게 그의 의를, 그의 구원의 은사를 제공해 주시는 자로서 인식되었다. 즉 그의 의는 전적으로 그의 구원의 은사들 안에서 인식되었다.

이러한 고대의 관념은 제이 이사야 안에서 그 절정에 도달했는데, 제이 이사야에서는 〈의〉와 〈구원〉이 거의 결정적으로 동의어가 되었다(삿 45:11). 그러므로 그의 의의 행위와 은사들은 의로운 자들의 공동체를 돕는 야웨의 구원의 능력과 구원의지의 결단을 의미했다. 그리하여 야웨의 의는 제의에서 찬양의 대상 또는 기원의 대상이 되었다.

"(후손이)와서 그 의를 장차 날 백성에게 전파함이여, 주께서 이를 행하셨다 할 것이로다"(시 22:31).

"당신의 의로 나를 건지시며 나를 풀어 주시며 주의 귀를 내게 기울이사 나를 구원하소서"(시 72:2).

"야웨여, 나의 기도를 들으시며 내 간구에 귀를 기울이시고 당신의 진실과 의로 내게 응답하소서"(시 143:1).

이러한 제의적 신앙고백은 의의 근원을 야웨에게 두었고 야웨에게서부터 모든 의가 나오는 것으로서 이해하였다. 신현현(theophany)에 관한 묘사에서 의에 관한 표현이 자주 나타나는것은 바로 이러한 신앙의 결과라고 할 수 있을 것이다. 즉 "의가 당신 앞에 앞서 행하오니 주의 종적으로 길을 삼겠나이다"(시 85:13. 비교, 시 50:6; 97:6; 호 10:12)라는 표현에서처럼 의에 관한 진술들이 신현현 묘사들 중에 깊이 뿌리 박혀 있다는 것은, 모든 의는 야웨께서 주시는 은사요, 동시에 모든 의는 야웨로부터 비롯된다는 그들의 신앙고백을 단적으로 지적해 준다고 하겠다. 그러므로 계약공동체의 공동생활을 위한 생활질서의 법으로서 주어진 야웨의 계명들이나 자연의 은택들도 모두 야웨의 의로서 표현되었다. 야웨는 언제나 의를 가지고 그의 백성들에게 나타나시는 분이셨다. 따라서 야웨의 의의 제수를 받은 이스라엘의 왕은 어디까지나 전적으로 야웨의 법 의지를 구현하는 의의 중재자요 의의 충복이어야 했다. 그러므로 그의 의는 그의 계약공동체를 위한 그의 사랑, 긍휼, 평화, 심판, 그리고 구원과 동의적 표현이 되었다. 실로 구약이 증언하는 야웨는 늘 인류를 위하여 〈행동하시는 분〉이시고, 또한 그의 의는 그의 행동을 통해서 증거되었고 또 증명되어야 했다. 즉 인류 공동체를 위하여 행동하실 때만 그는 의롭고 동시에 제의를 통하여 "그는 의로우시다"는 찬양을 받으셨다. 인간과 그의 공동체에게 유익을 주는 어떤 능력 안에서만 그의 의가 입증되었다. 야웨는 결코 역사 초월적이고 초자연적인 의미의 영원 자존자가 아니었다. 그러므로 그의 의도 결코 역사 초월적이고 초자연적인 성격의 그 어떤 영원한 이념이 아니었다. 그의 역사와 자연 안에서 구체적으로 "~을 위하여 행동하시는 분"이시었고, 그의 의는 단지 이러한 행동들을 통해서 증명되었다. 이러한 의미에서만 인간의 의도 파악되어야 한다.

인간의 의

구약성서에 의하면, 인간의 의도 전적으로 관계개념 안에서만 파악되고 이해되었다. 고대 이스라엘에 있어서는 인간의 행동이란 이념적 규범에 의하여 측정되거나 판단되지 아니하고, 어디까지나 공동체적 관계성에 의해서 판단되었다. 즉 공동체의 관계가 요구하는 바에 바르게 대응하는 것, 그것이 곧 의였다. 그러므로 의는 고유한 도덕적 성격이나 어떤 주관적 성격의 경건을 의미하지 않고 공동체적 관계에의 성실을 의미했다. 예컨대 가난한 자를 돕는 긍휼행위가 의로 간주되기도 했다(잠 12:10; 21:26; 29:7). 그러나 보다 더 구체적 예는 사울에 대한 다윗의 태도와 유다의 며느리인 다말의 태도에 대한 구약성서의 평가에서 찾을 수 있다. 즉 다윗은 그를 학대하는 사울'을 선대했다는 〈관계에의 성실〉때문에 의롭다고 평가되었으며(삼상 24:17), 다말은 그의 시아버지를 유인하여 그의 시아버지의 아이를 임신하고서도 오히려 죽은 남편의 가족 공동체에 성실했다는 것 때문에 시아버지보다 더 의롭다고 평가되었다(창 38:26). 물론 이것은 하나의 극단적인 예라고 할 수 있다. 그러나 그것은 인간의 의란 어디까지나 관계에의 성실에서 입증되어야 한다는 구약적 표현의 가장 좋은 예라고 할 수 있다.

이러한 공동체에 대한 성실로서의 인간의 의는 하느님의 의로부터 나오는 하느님의 계명들을 승인하고 준수함으로써 증명되어야 했다. 여기에는 계약적 의미가 들어 있다. 즉 야웨와의 관계에 대한 성실은 그의 계명들에 대한 승인과 준수에서 입증되며, 동시에 공동체의 공동관계에 대한 성실은 그 공동체의 관계를 바르게 유지하게 하는 하느님의 계명에 대한 성실을 의미하기 때문이다. 아브라함의 의는 바로 이러한 컨텍스트에서 이해되어야 할 것이다. 창세기 15장 6절, "아브람이 야웨를 믿으니 야웨께서 이를 그의 의로 여기셨다"는 말은 그 컨텍스트를 통해서 볼 때 아브라함의 의가 곧 관계개념을 기초한 것이라는 것을 말해 주고 있다. 물론 본문 그 자체로서는 아브라함의 의인은 그의 믿음을 통해서 이루어졌다는 것을 말한다. 그러나 이 믿음은 하느님의 약속을 받아들임으로써 하느님과의 관계에로 들어가는 길을 채택한 그 행위를 가리킨다. 즉 여기서 말하는 아브라함의 의는 복종의 행위에 의하여 성취된 그 어떤 공적의 결과로서 온 것이 아니고, 하느님의 약속을 받아들이고 하느님과의 관계 속으로 들어가기를 확고히 수락한 그 믿음 자체가 곧 의로 여겨졌을 뿐이다. 좀 더 신학화한 창세기 17장 1절은 그것을 더 잘 설명해 준다 하겠는데, "하느님 앞에서 행하는 것", 즉 "하느님 앞에서 늘 하느님을 의식하며 하느님과의 관계에 자신을 붙들어 매어 두는 것"이 곧 아브라함의 의였다.

그러나, "하느님 앞에서 행한다는 것" 또는 "하느님과의 관계에 자신을 맡기는 것" 그것이 의라는 말은 무엇을 의미하는 것일까? 그것은 의의 개념을 탈이념화시키는 의미를 갖는다. 즉 의는 구체적인 공간적 관계 현실 안에서 행동으로 구현되는 것이지 인간이 추구하는 이상이나 최고의 가치와 같은 그 어떤 정적인 개념은 아니다. 신명기 기자는 단정적으로 말하기를 "우리가 그 명하신 대로 이 모든 명령을 우리 하느님 여호와 앞에서 삼가 지키면 그것이 곧 우리의 의로움이니라 할지니라"(신 6:25)라고 했다(비교, 신 24:13; 시 24:5; 106:31). 말하자면 계명은 하느님의 의의 은사인데, 우리는 그 의 안에서만, 즉 그 계명을 승인하고 실천함으로써만 비로소 의로와질 수 있다. 이 사실은 율법주의에 대한 맹목적 비판과 값싼 신앙의 교리로서 인간의 삶을 변호하려는 교조주의의 모순에 대한 날카로운 비판이 될 수 있다. 의인은 값싼 은총으로 사들일 수 있다는 생각이나 또는 의는 인간이 도달할 수 없는 하나의 높은 이상이나 관념처럼 생각하는 것은 모두 현대의 기독교 신앙을 무력하게 만드는 독소라 할 수 있다. 비록 지나치게 소박한 주장이긴 해도 〈관계에의 성실〉이라는 이 평범한 구체적 삶 안에서 인간의 의가 구현된다는 것을 기독교 신학은 너무 쉽게 간과해 왔다고 생각된다.

그러나 인간의 의인(義認)은—의롭다고 간주되는 것은—우리의 소박한 관계에의 성실에 대한 보상으로서 오는 것은 결코 아니다. 의롭다는 간주는 본래 사제에 의하여 선포된 법정적, 제의적 사건이었다(출 23:7; 신 25:1; 왕상 8:32). 그러나 이것은 의인의 근거가 전적으로 야웨에게만 있다는 것, 야웨만이 의가 무엇이며 누가 의로운가를 결정한다는 것을 말하는 이상 다른 의미는 없다. 의롭다는 것을 승인하는 일은 오직 야웨만이 하신다. 즉 인간의 의는 전적으로 야웨에게서 부터만 이루어질 수 있다(사 51:5; 58:5; 62:1; 시 17:2; 37:6; 욥 33:26; 렘 51:10; 합 1:4a; 말 3:20). 오직 야웨만이 의롭다는 칭호를 줄 수 있다는 것, 그리고 그 사실을 받아들여 자신을 야웨의 의에 결속시키는 자만이 의롭다는 인정을 받는다는 것, 이것은 이스라엘 제의가 수세기를 걸쳐서 증언해 온 내용이다. 이것은 또한 의의 개념을 탈종교화시키는 의미가 있다. 즉 인간의 의인은 그 어떠한 교리나 인간의 종교적 공적에 의해서 이루어지는 것이 아니라 의의 하느님 야웨 안에 있을 때만 이루어질 수 있다. 하느님과의 관계를 떠나서는 의의 간주가 이루어지지 않는다.

계약은 이러한 의미에서 볼 때 야웨의 의와 인간의 의의 만남이다. 먼저는 야웨의 의(야웨의 자기소개)가 선포되고, 다음은 그 야웨의 의의 은사를 인간이 받아들이므로 비로소 계약이 성립된다. 계약은 늘 야웨의 의의 출현과 더불어 일어나는 영원한 계약이다. 그러나 그 계약은 그 야웨의 의가 인간의 의와 해후되기를 기대한다. 계약을 성립시키고 계약공동체를 수립하시는 분은 야웨요, 그의 의이다. 그러나 거기에는 늘 그의 의의 은사를 받아 준수하는 인간의 의의 응답이 기대된다. 계약의 기초는 의이다.

아브라함 계약설화의 케리그마적 증언

두 개의 상이한 형태를 띤 아브라함 계약들(창 15, 17장)은 사실 두 가지 상이한 사실을 각기 다른 입장 위에서 증언하고 있는 것은 아니다. 거기에는 그 양식의 차이에도 불구하고 오히려 공동의 소리가 있다. 물론 이러한 말은 서로 다른 소리를 어떤 도그마나 신학 이념에 묶어서 획일화하겠다는 것은 아니다. 그러나 만일 우리가 분석주의의 미로에 빠지는 경우에는 우리는 서로 상이한 사화(Saga)들을 모아서 거기에 신학을 붙이는 편집인의 케리그마적 신학은 상실해 버릴 위험에 빠질 수 있다는 것을 염두에 둘 필요가 있다. 그러므로 우리는 설혹 지나친 양극론 사이의 불협화음을 불가피하게 느낄 수밖에 없는 곳에서도(가령 N과 J, 또는 J와 P의 불협화음이 울려오는 곳에서도), 우리는 모노토니(monotony)가 아닌 협화음을 듣는 자세를 가질 필요가 있다. 그런 점에서 우리는 야비스트(J)나 신명기 학파의 계약사상과 사제신학자(P)의 계약사상 사이를(가령 15장과 17장 사이를) 지나치게 이분화하려 하지 않는다. 모세 계약과 그리고 아브라함이나 노아 또는 다윗 계약 사이에는 비록 그 강조하는 곳이 다른 점이 있다 해도, 율법이 인간에게 요구하는 의미에 대해서는 서로 대립되지 않는다. 예컨대 우리는 노아의 계약(창 9:8-17)을 노아가 홍수 후에

받은 율법(창 9:1-7)으로부터 혹 분리할 수 있다 하더라도, 그러나 우리는 노아의 계약을 그 앞에 나오는 규례와는 아무런 상관이 없는 신의 무조건적 약속(unconditional Promise)으로서만 그 의미를 제한할 수는 없다고 본다. 오히려 우리는 거기서부터 사제 신학자의 신학화를 볼 수 있을 뿐이다. 오히려 우리는 〈영원한 계약〉(berith ôlam)의 선포와 동반된 다윗 왕의 〈위〉(kissé /삼하 7:13), 〈무지개〉(qesheth/창 9:13), 〈할례〉(mûlôth/창 17:10)를 모두 하느님께서 자신의 계약을 기억하시는 하나의 〈표〉('ôth / 표징 또는 증거, 창 9:12, 13; 17:11)로서만 생각한다. 비록 다윗 왕위를 구체적으로 〈표〉라고 하지는 않았지만 그 〈위〉는—그 위는 결코 영원히 견고하지는 않았다—인간의 죄 때문으로서는 결코 중단될 수 없는(비록 〈사람 막대기〉와 〈인생 채찍〉으로서 부단히 징치하실지언정 결코 포기할 수는 없는) 하느님의 역사적 목적의 불변성에 대한 한 표징('ôth)으로만 볼 수 있을 것이다. 그러므로 우리는 아브라함의 계약을 통해서 또 관계개념으로서의 인간의 의가 고려되지 않는, 그리고 인간의 의무와 복종이 제외된 신의 일방적 계약선포로서, 즉 하느님께만 의무가 부과되는 하나의 편무(片務)계약으로서만 읽어가기는 어려울 것이다. 또한 우리는 시내산 계약의 조건들이 이스라엘에 의하여 여지없이 무너지고 그것에 대한 징벌로서 역사적 고난을 받는 이스라엘의 불행과 재난을 계약파괴에 대한 하느님의 진노의 심판으로서 해석하는 신명기적 사관이 결코 다윗 계약 신학에 나타난 사가의 사관과 대립된다고는 보지 않는다(삼하 7장은 P가 아니라 D라고 보아야 할 것이다!). 사실 모세 계약의 경우에서도 계약의 영원성은 무시되지 않았으며, 아브라함의 계약에서도 피계약자의 의무가 무시된 것은 아니라고 볼 수 있을 것이다(창 17:14은 계약 위반자에 대한 신의 징벌을 말하고 있다!). 오히려 우리는 아브라함 계약의 영원성(특히 P)은 하느님의 계약의 불변성과 계약의 주권자에 대한 강조요, 그것에 대한 하나의 표징으로서 읽을 수 있을 것이다. 그러나 우리의 관심은 이 두 계약 설화가 증언하는 케리그마적 증언에 있다. 대체로 그 증언은 다음 몇가지 주제들 중에서 들을 수 있을 것 같다.

계약의 주권자는 야웨 하느님

아브라함 계약에 관한 두 보도는 모두 야웨 하느님이 계약의 유일한 주권자라고 증언한다는 점에서 그 공통된 특징을 가진다. 창세기 15장의 경우를 볼 때, 계약의식에 따라 마주 대하여 놓은 쪼갠 고기 사이로 지나가시며 계약을 맺으시는 분은 다름 아니라 전적으로 야웨 하느님이시고 아브라함은 여기서는 단지 〈깊은 잠〉(*tardema*)을 자고 있을 뿐이다. 이것은 계약의 〈이니시어티브〉가 전적으로 야웨 하느님에게 있고 아브라함은 전적으로 피동자라는것을 지시해 준다고 하겠다. 그러나 여기서도 우리는 이것이 곧 아브라함 편에는 계약에 대한 아무런 의무가 지워지지 않았다는 것을 말해 주는 것이라고 단정할 수는 없다. 왜냐하면 〈깊은 잠〉(*tardema*/Sept. 에서는 *ekstasis*로 번역)은 의무로부터의 자유를 표현하려는 데 있는 것이 아니고, 환상이나 계시를 받기에 가장 좋은 상태를 표현하려는 목적으로 쓰여졌기 때문이다(참고, 욥 4:13; 33:15). 여기서의 초점은 계약에 있어서의 주권이란 전혀 야웨 하느님이시고 아브라함은 전혀 피동적이라는 것을 강조하는 데 있다. 사실 이스라엘 계약은, 그것이 시내산 계약의 경우라할 지라도 엄밀한 의미의 쌍무계약은 아니다. 즉 이스라엘 계약은 본래 〈동등한 두 편 사이〉에서 체결되는 성격의 것이 아니라 강자가 약자에게 약속을 〈주고〉의무를 〈부과하는〉성격의 것이었다(참고, Begrich). 그러므로 창세기 15장의 경우는, 창세기 17장에서와 같은(창 17:9, 14) 계명이행의 요구가 뒤따르지는 않는다 해도, 그것은 결코 계약 상대자의 계약 의무를 제외하고 있는 것이라기보다는 계약의 주권이 야웨 하느님임을 밝히는 성격의 것으로 나타나고 있다 하겠다. 즉 아브라함 계약은 다른 모든 이스라엘적 계약의 경우처럼 계약의 주권자는 오직 야웨 하느님임을 강조하는 특징을 나타내고 있다. 특히 창세기 17장은 이 점에 있어서는 더 분명하다. 여기서의 아브라함은 하느님의 약속과 명령을 일방적으로 듣고만 있을 뿐, 이곳에서 처음부터 끝까지 말씀하시는 분은 오직 하느님이실 뿐이다. 즉 창세기 17장의 기사들은 신의 약속과 명령으로 일관되어 있고, 계약의 성립과 그 성립의 표징을 세우는 일도 신의 일방적 행동으로 되어 있으며, 아브라함은 단지 그 명령을 수행할 뿐이다. 그러나 놀랍게도 여기서도 우리는, 창세기 15장의 경우보다는 훨씬 분명하게, 아브라함 편의 의무가 창조되고 있음을 볼 수 있다(창 17:9-14). 물론 창세기 17장 9-14절의 명령은 시내산 계약의 경우처럼 금지 명령은 아니다. 그러나 그것이 금지 명령이든 아니든 계약 당사자에게 명령을 내린다는 것은 계약 당사자에 대한 의무부과로 보아야 할 것이다.

왜냐하면 이스라엘 계약이란 그 본질성 계약의 주체와 대상 사이의 주종(*suzerain* and *vassal*) 관계를 명확히한다는 특징(참고. Mendenhall, Beyerlin 등)이 있고, 종(*vassal*)은 주(*suzerain*)의 계명에 복종할 의무가 있다는 전제를 갖는 특징이 있기 때문이다. 그런 점에서 볼 때, 아브라함 계약은 하느님에게만 계약 의무가 부과된 편무 계약, 또는 무조건적 계약이라고 결론 내리기가 어려울 것이다. 즉 아브라함 계약의 영원성(영원한 계약)은 그 계약의 무조건성과 결부 또는 평행되는 것이 아니라, 계약의 주권에 대한 강조와 결부 또는 연결된다고 볼 수 있겠다. 이러한 주장의 타당성은 창조의 주와 역사의 주에 대한 히브리적 신앙고백의 일반적 분위기와도 일치된다. 사실 이것은 구약적 신이해의 근간이다.

그러나 야웨의 주권에 대한 히브리적 신앙고백의 이러한 특성이 고대 헷(Hittite)의 종주권조약 양식의 영향을 받았는지의 여부는 버려두더라도, 히브리인 신학의 기초는 바로 이러한 신의 절대주권에 대한 이해로 구성되어 있다는 점은 분명하다 하겠다. 어쨌든 계약의 주권을 전적으로 야웨에게 돌리고 있는 아브라함 계약설화는 신인 관계의 기본 자세에 대한 신학적 해명을 제시해 주고 있다고 하겠다. 신은 역사 안에서 자신의 뜻―이것은 히브리인에게 있어서는 역사와 인간 삶의 기반이다―을 제시하시고 또 인간에게 그 뜻에의 복종을 요구하시는 반면 인간은 결코 신과의 동등한 자리에서가 아니라 그의 계시와 명령을 받고 듣는 자의 자리에서 그것을 준수하는 자일 뿐이다. 인간 삶의 주권은 전혀 하느님에게 있고 인간은 그 주권자의 명령 앞에 서 있을 뿐이다.

그러므로 인간은 그의 인격관계의 주권자인 신의 뜻에 복종하는 삶을 살도록 되어 있다. 또한 인간은 그러므로 늘 역사 안에서 신의 뜻을 물어야 한다. 그 신의 뜻은 계약의 기초이며 계약의 기초는 또한 〈의〉이다(창 15:6; 17:1). 이러한 사실의 각성은 히브리적 신앙의 위대한 승리라고 할 수 있을 것이다. 야웨 하느님은 계약의 주이시며 그러므로 인간 공동체의 그 법적 기초를 주시는 분이시다. 인간은 이 의의 법 아래에 있다. 그것은 일방적이다. 그것은 우리의 생의 기반이요, 우리가 도피할 수 없는 〈삶의 깊이〉다. 이 법 앞에서 인간에게는 〈예〉만 있고 〈아니오〉는 없다. 그 〈아니오〉는 자기의 삶에 대한 배신이며 "백성 중에서 끊어짐"(창 17:14)이다.

계약의 기초는 신의 약속이다

계약은 신율의 선포임과 동시에 신의 약속이기도 하다. 신의 약속이 동반되지 않는 신의 계약이란 없다. 창세기 15장과 17장의 두 아브라함 계약은 물론이고 시내산 계약이나 다윗 계약에서도 신과의 계약을 구성하는 구성 본질은 어디까지나 신의 약속이다. 즉 〈계약 민족〉이라는 것은 신의 약속을 지니고 사는 민족이라는 뜻이다. 그러므로 계약 민족으로서의 존재 의의가 가장 위협을 받았을 때는 배고

품과 목마름의 유랑시절도 아니고, 애굽의 노예살이 시절도 아니며, 오히려 그것은 약속에 대한 신앙이 흐려져있던 왕조기였고, 마침내 그 왕조가 붕괴되어 포로의 삶으로 들어갔던 시절이었다. 신의 약속에 대한 희망이 없는 민족이란 계약 민족으로서의 의의를 잃고 있다는 신학적 자각은, 그러므로 신명기 시대와 예레미야의 때, 즉 이스라엘의 가나안 보유가 불안해지기 시작하던 무렵에 발전되었다는 것은 결코 우연은 아니다. 그러나 히브리 민족이 받은 신의 약속은 결코 뿌리가 튼튼한 약속어음과 같은 것도 아니지만 그러나 그것은 또한 환상적 허구도 물론 아니었다. 그것은 전혀 역사적 희망이라는 특성을 갖고 있다. 족장들이 받은 신의 약속, 특히 우리의 본문 속에 나타나고 있는 신의 약속은 〈후손〉에 대한 약속과 〈땅〉에 대한 약속으로 구성되어 있다. 그러나 그 약속이 확실하고도 합리적인 약속어음과 같은 것이 아닌 것은, 실로 우연이라고 보기에는 너무도 뚜렷하게 아브라함, 이삭, 야곱을 향한 신의 후손 약속이 일관되게 생산 능력이 없는 여인들(사라, 리브가, 라헬)을 통해서 주어졌다는 사실에서 증명된다. 실로 전혀 합리적 타산에 맞지 않는 약속이다. 이 점을 특히 강조하여 설명한 곳이 바로 아브라함 설화이다(창 15:2; 17:17, 그리고 18장). 남편의 나이 100세요 아내의 나이는 90세인 부부에게 주어진 '약속이 열국의 조상, 열왕의 조상이 될 것이라고 하는 축복 약속이라는 것은 아무래도 비합리적이다(창 17:16-17). 이것은 믿음의 선조로부터도 〈웃음〉을 자아내게 하는 요소가 되기에 충분하다(창 17:17; 18:12). 그러나 신은 "아니다! 네 아내가 정녕 … 아들을 낳으리라, 그것이 곧 네 후손에게 주는 〈영원한 계약〉이다"(창 17:19)라고 대답하신다. 〈아니다!〉라는 신의 부정, 그것은 인간 생의 희망성에 대한 적극적인 긍정이며, 동시에 인간의 유한성과 자기 폐쇄성을 근거한 운명론적 비희망성에 대한 완강한 부정이다. 그것은 신의 약속이 갖고 있는 희망성에 대한 계시이기도 하다. 그러나 이러한 신의 약속의 희망성이 또한 역시 허구도 아닌 것은 그 약속이 〈후손〉과 〈땅〉이라는 구체적 역사성을 지닌 것을 대상으로 하고 있기 때문이다. 물론 그 후손과 땅 약속도 역시, 본래는 아주 직접적이고 임박한 것이었겠지만 —창세기 15장 13-16절의 삽입문이 말해 주듯이—깊은 역사적 반성의 대상으로 신학화되고 사제신학자에게서는 〈영원한 계약〉으로 신학화되어야 했던 것이다. 그리하여 여기서 우리는 이 신의 약속을 〈차안 속의 피안〉과 같은 것으로 볼 수 있게 된다. 신의 약속은 늘 차안 속에 주어지며 동시에 그것은 항상 희망의 피안을 향하고 있다. 그러므로 신의 약속은 고정적 개념이나 어떤 운명론적 원리 안에 칩거되어 있지는 않다. 그것은 창조적 희망성을 지닌 성격의 것으로서 신학화되어야 하는 것이다. 계약 민족은 바로 이러한 신의 약속의 창조적 희망성을 믿는 민족이다. 생산 능력이 없는 여인으로부터도 감히 하늘의 별과 같이 번성한(창 15:5) 민족의 탄생을 희망할 수 있는 신앙을 가진 민족, 신의 약속은 자기 폐쇄적 고정주의나 배타적이고 교리주의적인 선민의식을 초월해 버리고 역사적 희망을 보게 하는 성격의 것이라는 확신을 가진 민족, 이 민족이 곧 계약의 민족이다. 이와 같이 세속적 역사과정 속에서 감히 신의 약속이 갖는 창조적 희망성을 읽는다는 것은 위대한 신앙에 속한다 하겠다. 역으로, 신의 약속을 역사적 희망으로 역사화한다는 것 역시 위대한 신학의 산물이라 아니할 수 없을 것이다.

신의 약속 그것은 결코 이교제의의 신탁과 같이 비역사적 신화 안에 머물러 있을 수는 없는 것이었다. 오히려 그것은 역사적 희망을 창조해 냄으로써, 그리고 신의 약속의 성취를 가로막는 세상의 모든 악한 징조인 〈솔개〉를 몰아냄으로써(창 15:11) 두려움의 어둠 가운데 희망의 빛을 밝히는(창 15:12f.) 역할을 한다. 실로 차안 속에서 피안을 발견한다는 것은 신앙의 눈을 통하지 않으면 불가능하다. 이 신앙을 소유한 민족이 곧 계약 민족이다. 계약 민족은 〈역사 안에서〉 신의 약속을 들으며, 신의 임재를 체험하며, 그와의 인격적 관계를 의식하는 민족일 뿐 그 어떤 선민이라는 특권을 가진 민족이라고만 볼 수는 없는 것이다. 왜냐하면 신의 약속은 어떤 강인하고 지구력 있는 민족에 대한 표상과 같은 것은 결코 아니기 때문이다. 그것은 어디까지나 신의 은총의 행위이다(참고, 7:7). 그러나 그 신의 은총의 약속은 교리주의적 은혜 안에 있는 것은 결코 아니다. 역사적 공간 안에서 이루어질 〈성취〉를 향한 구원사적 지표를 갖고 있다. 그러므로 이러한 신의 약속과 성취를 연결하는 역사의 창조적 희망성과 구원사적 희망성은 진실로 인간으로 하여금 무시간적인 데로 도피하려는 것과 역사 속에서의 현존을 신화적으로만 이해하려는 오류를 막아 준다. 피안을 차안 안에서 보게 한다. 그러므로 신의 약속을 받은 계약 민족은 역사의 긴장성과 차단을 인식하면서도 그럼에도 거기서부터 새로운 희망을 추구하며, 그 약속의 성취를 기다릴 줄 아는 민족이다. 그렇기 때문에 불가시의 그 목표를 향해 걸을 줄 아는 민족이다. 이것이 계약 민족의 마땅한 길이다.

아브라함 계약의 역사신학적 의의

아브라함 계약 사건 속에 내포되어 있는 이른바 야웨의 주권에 대한 강한 긍정과 야웨의 약속의 창조적 희망성에 대한 증언은, 이른바 새로운 역사신학을 창조해 갔다고 할 수 있을 것이다. 그 첫 번째의 예를 우리는 명백한 삽입문으로 알려진 창세기 15장 13-16절에서 찾을 수 있을 것이다. 즉 이 본문은 계약 백성, 신의 약속을 받은 민족이 그 약속이 성취되기 이전에 장차 어떤 역사적 고난을 겪을 것인가 하는 것을 예견하고 있는 구절인데, 이것은 곧 계약 백성이 앞으로 겪을 역사의 암영(暗影)이란 특히 애굽의 속박과 같은 역사의 암영생활이란 그 계약 주체자의 능력 부족으로부터 기인되는 것이 아니라, 오히려 그분 자신의 섭리에 의해서 이루어지는 것에 불과하다는 것을 암시한다. 말하자면 〈약속〉을 받은 계약 민족이 역사 속에서 갖는 의미란 무엇인가 하는 것을 알려 주고 있다. 즉 야웨 하느님은 그의 계약 백성을 통하여 이 역사 속에서 특수 계획을 통하여 이 역사 속에서 특수 계획을 펴가신다는 것이다. 이른바 계약의 백성은 마땅히 역사의 좌절과 절망을 경험하게 될 것이며, "그 후에야"(창 15:14) 약속의 성취를 경험하게 될 것이라는 것이다. 이러한 종류의 역사적 사유는 물론 풀기 어려운 수수께끼다. 그러나 약속을 받은 계약의 민족은 결코 그것을 수수께끼로서가 아니라 믿음으로서 이해한다. 왜냐하면 야웨의 주권에 대한 믿음은 곧 이스라엘의 불멸의 희망이기 때문이다. 그러므로 계약의 의미는 신학적으로 매우 발전되어 갔다고 할 수 있는데, 이러한 계약 속의 신의 약속은 두 가지 점에서 이스라엘 역사신학에 큰 공헌을 했다고 할 수 있을 것이다. 그 하나는 계약민족이 역사 속에서 겪는 수난의 의미는 무엇이냐 하는 것을 밝혀 준다는 점에서이고, 다른 하나는 그 수단의 섭리를 통해서 밝혀지는 야웨의 역사적 주권을 재확인하게 해 준다는 점에서이다. 즉 야웨의 계약을 통하여 신의 약속을 받은 민족은 역사의 그 어떠한 암영 속에서도 신의 약속이 갖는 희망성을 바라보고 용기를 잃지 않는다는 것이다. 그러므로 그들이 역사 속에서 겪는 수난이란 이스라엘을 위한 하느님의 특수한 역사섭리에 지나지 않는다는 것이다. 신의 약속을 받은 민족, 성취의 가능성이 보이지 않는 환경 속에서도 성취의 가능성을 희망하게 하는 그런 〈신의 약속〉을 받은 민족이라는 자각은, 이스라엘로 하여금 역사의 혼돈과 어둠 속에서도 빛을 창조해내고 희망을 발견해내게 하는 중심 요인이 되었다 하겠다.

둘째의 예는, 신의 약속을 받은 계약민족이라는 〈표〉를 사제신학자가 〈할례〉라는 의식에 연결시켰다는 점에서 찾을 수 있다. 물론 이 〈할례〉라는 의식은 본래 아주 고대의 원시종교가 행하던 종교의식이었는데, 아마도 히브리인에게 전수된 것은 석기시대까지(출 4:24f.

미디안?; 수 5:3ff. 애굽?) 거슬러 올라갈 수 있는 그런 고대의 관습으로서, 처음에는 결혼 자격을 받는 의식, 종교적 시민의 자격을 얻는 의식으로서 이행되었다. 그러다가 그것은 유아 할례제도의 등장과 더불어 원래의 관념은 사라지고 야웨에 대한 충성의 표로서 인식되게 되었던 것이다. 즉 계약은 할례와 결부됨으로써 그것은 곧 야웨에 대한 충성의 표가 되었는데, 그리하여 이스라엘은 이 의식을 통해서 이교인들과 자신을 분리하는 표를 갖게 되었다. 특히 이러한 할례의식은 바벨론인들은 행하지 않았기 때문에 다른 모든 히브리적 종교제의가 모두 폐지당한 바벨론 포로 생활 속에서 자신의 불굴의 신앙고백을 나타내는 표지, 이른바 바벨론인들과 구별하는 계약 백성의 아이덴티티를 나타내 보여 주는 좋은 표지가 될 수 있었다. 그러므로 이러한 사실은 또한 역시 어떠한 역사적 어두움 속에서도 창조적인 희망의 힘을 하느님과의 계약관계 안에서 찾으려는 그들의 신앙을 증거해 준다고도 하겠다. 즉 육체의 할례, 계약 백성의 표지, 그것을 받아들임으로써 바벨론 포로의 역사적 시련을 현재 경험하고 있고, 또 경험한 바 있는 이스라엘인들은 놀랍게도 이스라엘 신앙을 붙들어 주는 창조적 희망의 근거를 재발견하여 그것을 다시 확보하게 된 셈이라 하겠다. 본래는 단순한 성년의식의 일종이었던 한 관습을 이젠 유아에게까지 시행하며, 계약 공동체의 일원이 되었다는 것을 나타내는 표로서 신학화되었고, 동시에 역사적 그루터기를 점점 잃어가고 있는 민족에게 신의 약속을 받은 민족이라는, 그리고 저들이 신의 약속과 성취로 이어지는 구속사의 중심이라는, 역사적 자각을 깨우치게 해주었던 것이다. 이와 같이 계약사건이란 이스라엘이 이스라엘 되게 하는 기본요소였다 하겠다.

    더욱이 우리는 아브라함의 계약설화 속에서 민족역사의 미래를 내다보는 히브리인 역사의식의 창조적 희망성을 보았다. 그 계약은 계약의 주로서의 이스라엘의 하느님을 동시에 역사의 주로서 인식하게 해주었는데, 15장에서든 17장에서든 아브라함 계약은 창조적 희망성을 지닌 신의 약속을 구성 본질로 함으로써 이미 경험한, 또 현재 경험하고 있는 역사를 희망적으로 창조해 가게 해 주는 역할을 하고 있다. 그리하여 차안 속의 피안과 같은 이러한 신의 약속은 이미 이스라엘의 가시적 역사 안에서 만나는 불가시의 하느님 자신이라고 하겠다. 포로 말기와 후기 이스라엘 공동체가 갖고 있는 이른바 할례받은 계약 민족이라는 확신과 긍지는 이러한 야웨의 약속에 대한 신앙을 근간으로 하고 있다. 만일 이 신앙이 무너지면 그 할례나 그 계약은 존재 의의를 상실하게 될 것이며, 동시에 신명기 기자나 예레미야로부터 이루어졌던 계약 관념의 새로운 신학적 발전 같은 것을 다시 기대하게 되지않으면 안 되게 될 것이다.

결론

계약 그 자체는 하느님의 의와 인간의 응답하는 의를 그 초석으로 하고 이루어져 있다. 야웨의 구원의 의에 대한 인간의 성실한 응답 없이 계약은 성립될 수 없다. 그러나 계약 속에 담긴 하느님의 진정한 의는 그의 약속 안에 포괄되어 있다. 신의 약속 그것은 역사 안에서 신의 성취를 향해가는 이른바 인류의 역사적 희망의 기반이다. 출애굽의 혁명적 결단도 이 약속에 대한 신뢰에 근거되었고, 왕조에 대한 희망이나 왕조 대한 예언자적 비판, 그리고 포로기의 극복까지도 바로 이 약속의 희망성에 근거되었다고 할 수 있을 것이다. 그러므로 계약은 스스로 존재하는 것이 아니라 신의 약속과 더불어 있어야 비로소 참 계약 관계 안에 있는 것이라 하겠다. 그러므로 신의 약속의 창조적 희망성에 대한 자각 없이는 계약은 늘 고정적 교리가 되기 쉽고, 예언자의 지탄을 받을 수밖에 없을 것이다.

5

소돔성 멸망설화의 교훈

창세기 13:2-17; 18:1-33; 19:1-29

서론

한때 번영과 부귀를 누렸을 것으로 보이는 도시문화 또는 농경문화의 참혹한 몰락과 그 폐허의 잔해는 고대인에게 있어서는 언제나 깊은 종교적 물음의 요인이 되어왔다. 말하자면 지상 유토피아의 가시적 현실로서 역사지평 위로 나타났던 많은 찬란한 문화 세계들이 그토록 전율할 만한 붕괴의 상흔을 남겨 놓고 있는 것은 무엇 때문일까라는 물음의 배후에는 늘 명백한 종교적 해명이 기대되고 있었던 것이라 하겠다. 특히 역사적 사고에 민감했던 이스라엘 신앙인들에게 있어서는 더욱 그러했다 할 수 있을 것이다. 구약성서가 포함하고 있는 바, 우리의 역사적 자각을 촉구하는 많은 예들 중에서 소돔성 멸망에 관한 성서의 보도가 바로 그 중의 하나라 하겠다. 즉 오늘날까지도 아스팔트와 유황이 많이 저장되어 있는 사해 해변영역의 불가사의한 지형상의 현상, 즉 "황폐된 폐허, 그 위에 드리운 증기 낀 구름, 괴이한 모양을 한 (여인입상을 닮은) 소금기둥들, 발화의 위험이 있는 유황과 아스팔트의 하천 바닥"[1] 등은 창조적 예지를 가지고 있는 히브리 역사가들로서는 놓칠 수 없는 역사 해석의 중요한 자료였을 것이다. 물론 우리는 여기

---

1) J. Skinner, *Genesis* (I. C. C.), p. 312.

서 이러한 유형의 〈원인론적 성서해석〉(aetiological interpretation)이 가지는 한계점을 전제해 두어야 할 것은 물론이다. 그러나 우리의 텍스트의 경우에 있어서는 그 성서해석을 원인론적으로 이끌어가든 역사적 객관성을 논증하는 형식으로 이끌어가든 간에 우리의 영을 깨우치는 히브리 설화자의 신학적 의도가 주는 교훈은 결코 삭감되지 않을 것이다.

우리의 텍스트의 편집자는 이미 그의 설화자료들을 구원사적 족장사를 위하여 배열하고 있음이 분명하고, 소돔성 멸망설화도 이 대단원 속에 들어와 있음이 분명하다. 그러므로 우리는 아브라함 설화, 롯 설화, 그리고 소돔성 멸망설화 등이 편집자가 의도적으로 구성하고 있는 구원사적 틀 속에 들어와 있음을 볼 수 있다. 그리하여 창세기 13장 2-17절에 나타나고 있는 아브라함과 롯 사이에 있었던 사건 보도는 소돔성 멸망설화의 서장[2]으로서의 기능을 담당하고 있을 뿐만 아니라, 소돔성 멸망설화를 구원사적 족장사 안에서 보게 하는 역할도 담당하고 있다 할 수 있을 것이다. 폰 라트가 이미 간파한 바와 같이, 이 부분의 설화는 분명히 "아브라함을 최선의 빛 안에서 보여 주고"[3] 있다고 하겠다. 그리하여 아브라함은 그가 비록 예언자적 통찰을 가지고 소돔 문화의 종말을 예견한 것은 분명히 아니었다 할지라도, 그의 신앙적 행동의 결과는 이 세상의 모든 지혜자나 모든 점술가의 예지를 당황하게 할 만한 것을 낳았던 것이다. 우선 아브라함은 평화를 추구하는 유랑하는 반유목민[4]의 전통에 따라, 미디안인들이나 아말렉인들과 같이 낙타를 타고 다니는 유목민인 순수한 베두인들과는 달리 동족 사이의 다툼—거주지 확보를 위한 다툼이란 고대인의 생존

---

2) *Ibid.*, p. 253. 창 13:13은 창 19장에 대한 하나의 예견이다.
3) von Rad, *Genesis*(영문), p. 166.
4) 참고. *ibid.* 아브라함과 그의 일행의 움직임은 초원지와 경작지 사이를 왕래하는 비전투적인 반유목민의 움직임으로서, 소위 말하는 〈초원 변경의 법칙 the law of the change of pasture〉을 따랐다.

권을 위한 투쟁의 전부였다 하겠는데—을 가장 무가치하고 비신앙적인 행동으로서 배척해 버렸다. 그리하여 그는 연장자가 가질 토지선택의 기득권을 조카에게 미련없이 양도한다. 즉 "네가 좌하면/나는 우, / 네가 우하면/나는 좌를(선택하리라)"(임핫스몰/웨에미나/웨임하이야민/웨아스메일라)라는 짧은 네 마디의 말 속에는(창 13:9) 이스라엘 선친 아브라함의 폭넓은 예절이 매혹적이리만큼 인상적으로 묘사되어 있다. 이러한 아브라함의 결단은 우리로 하여금 〈땅〉, 〈혈친〉, 〈아비의 집〉을 감히 버리고 야웨의 약속을 따라 떠나가는 그의 숭엄한 소명기사(창 12;1-3)를 생각나게 한다. 우리의 설화자는 이를 인상적으로 묘사하기 위하여 롯이 선택한 장소가 사막 유목민에게 있어서는 얼마나 유혹적인 곳이었는가 하는 것을 다음과 같이 설명한다. 즉 롯의 눈길을 끌어간 그 곳을 설화자는 〈야웨의 동산〉과도 같고, 〈이집트의 땅〉과도 같았다고 말한다(창 13:10) 팔레스틴 황무지 속의 "야웨의 동산 같은 오아시스의 초원!" 실로 롯이 그의 양도받은 선택권을 그리도 신속히 발휘한 데는 그만한 이유가 있었던 것이 아닐까! 그러나 설화자의 관심은 롯의 성급한 선택보다는 아브라함의 위대한 신앙적 결단을 증언하는 데 있었던 것이다. 그 구체적 예증은 창세기 13장 13절과 13장 14-17절의 증언에서 찾을 수 있다. 창세기 13장 13절은 롯이 선택한 그 전대미문의 비옥한 땅이 곧 전대미문의 악의 본산지인 소돔성이 섰던 곳이라고 말한다. 전대미문의 미와 전대미문의 악! 이러한 대조법이 우리에게 말하려는 것은 무엇일까? 롯의 선택에 잘못이 있는 것일까? 그러나 우리의 설화자는 결코 롯의 선택을 비난하지 않는다. 중요한 것은 기득권을 버린 아브라함에게 야웨의 축복이 내려졌다는 것이다. 즉 창세기 13장 14-17절[5]은 말하기를, 그 최선

---

5) 이 부분을 Wellhausen과 그의 추종자들은 후대의 첨가라고 보지만 von Rad는 13:1-16을 기록한 동일 저자에 의한 고대 전승자 묘만의 확대라고 보았다. 참고. *Ibid.*, pp. 167-168.

의 땅을 선택한 자는 롯이었으나, "내가 그 땅을 네게 주리라"는 신의 약속을 받는 자는 기득권을 양도한 아브라함이었다고 말한다. 말하자면 〈이웃환대의 예절〉이 히브리적 모랄의 중심을 차지하고 있다고 하겠다. 여기서 우리는 비로소 창세기 13장 2-17절이 소돔성 멸망설화의 서론으로서 갖는 그 의의를 분명하게 인식하게 된다. 즉 소돔성 도시문화의 찬란한 모습이 처참한 잿더미로 바뀌게 된 그 이유를 밝히려는 설화자의 의도가 이미 알려지기 시작했다고 하겠다.

소돔성은 왜 멸망했나

"훗날 너희의 후손이 '이 돌들이 무엇을 의미하느냐'라고 묻거든, '이스라엘이 이 요단강을 발을 적시지 않고 건넌 일을 기념하는 것이다'라고 일러 주리라"(수 4:21-22)라는 형식의 문구는 동반하고 있지 않다 하더라도, 우리의 본문은 "소돔성 멸망은 무엇을 의미하느냐"라는 이스라엘적 질문을 내포하고 있다고 할 수 있다. 우리의 본문은 이 물음에 대해서 다음과 같은 대답을 암시해 준다. 즉 (1) 그 성으로부터 야웨에게 들려 오는(하늘에 상달하는) 〈아우성〉(체이카) 때문에(창 18:20-21; 19:13), (2) 이웃 환대의 법을 깨뜨리는 죄 때문에(창 19:4-9), (3) 그리고 의인(죄 없는 사람)의 수가 열 사람도 안 된다는 것 때문에(창 18:23-32) 내려진 야웨의 심판이었다는 것이다.

성민으로부터 야웨의 보좌로 이어지는 〈아우성〉은 그 성에 대한 야웨의 개입의 충분한 이유라는 것은 육경이나 신명기 사가의 역사설화 속에 담긴 구원사적 역사신학의 중심 주제이기도 하다. 즉 야웨의 출애굽 구원 사건도 이스라엘 백성의 〈아우성〉(출 3:7 그리고 출 2:24의 네아카)에 대한 야웨의 응답 행위였고, 사사들의 출현을 통한 야웨의 구원사들도 도움을 청하는 백성의 절규[6]에 대한 야웨의 응답 행위들이었다. 폰 라트에 의하면, 이 〈아우성〉은 전문적인 법적 용어로서 큰 부정의를 경험하는 사람이 절규하는 〈도움을 비는 외침〉을 의미한다.[7] 그러므로 이 외침은 법적 공동체의 방어를 비는 하나의 〈호소〉라고 할 수 있다.

이스라엘의 야웨는 본래부터 이러한 〈사람 살리라!〉는 아우성치는 호소에 민감하게 반응하시는 분이셨다. 인류 역사의 첫 페이지에서부터 야웨는 아벨의 피가 부르짖는 〈아우성〉을 듣고 역사 활동을 시작하셨던 것이다. 본래부터 이스라엘의 신 〈야웨〉는 출애굽기 3장 14절의 야웨 신명계시의 문장, 〈에호예 아쉘 에호예〉에 대한 폰 라트의 해석이 말해 주듯이,[8] 철학적, 존재론적 진술로서 설명될 수 있는 절대 자존자라는 개념과는 아무런 상관도 없는, 이른바 "나는 너희를 위하여 여기 있다"라는 의미에서만 이해될 수 있는 분, 말하자면 영원한 역사 초월자로서가 아니라 역사 안에서 들려오는 아우성 소리에 민감하게 응답하시는 그런 분이셨다. 처음부터 이 〈야웨〉라는 신명은 〈구원의 상징〉[9]이었다. 그러므로 〈소돔의 아우성〉은 소돔 심판의 직접적인 동기였다고 할 수 있다. 그렇다면 소돔 성의 아우성은 무엇에서부터 기인된 것일까? 그러나 우리의 본문은 창세기 19장에 들어가기까지는—그리고 창세기 19장의 예견으로서의 창세기 13장 13절을 제외하고는—이 〈체아카〉(아우성)의 직접적인 원인을 밝히고 있지는 않다. 창세기 13장 13절의 경우도, "소돔 사람은 야웨에게 대하여 악하고 심히 죄 있는 자들이었다"라는 매우 추상적인 화법으로 표현되었을 뿐이다. 만일 우리가 이 관계를 조금 더 분명하게 이해하려고 한다

---

6) 신명기적 사사기의 서론에서는(삿 2:18) 〈네아카〉를 썼으나 삼손을 제외한 카리스마적 대사사들의 출현에는 모두 〈체아카〉가 나타난다(삿 3:9, 15; 6:6; 10:10; 그러나 4:3에서는 〈네아카〉).

7) von Rad, *Genesis*, p. 206.

8) 참고. von Rad, *O. T. Theol.*, I, p. 180.

9) C. A. Briggs, *Psams* (ICC), vol. II, p. 17

면 창세기 19장과 18장의 컨텍스트 안에서 이해하는 것이 바람직할 것이다.

　　분명히 창세기 19장의 상황은 사사기 19장의 상황과 현저하게 유사하다. 이 둘 사이의 의존관계는 분명하게 말할 수는 없다 하더라도[10], 이 두 고대설화에 나타난 공통된 주장은 "이웃 환대의 법을 잔혹히 파괴한 행위"를 전대미문의 악행이라고 보는 점이다(삿 19:30, 이렇게 끔찍한 일은 이스라엘 백성이 애굽에서 나온 날부터 이 날까지 일찌기 없었고 또 본 적도 없는 일이다!). 즉, 이러한 악행은 유목전통을 이어갔던 족장들의 관습에서는 상상도 할 수 없는, 이른바 고대종교가 가져온 성적 탈선과 연루되어 있었다. 즉 족장전통에서 볼 때, 육욕적이고 디오니소스적인 풍요의 신 바알과 아스타롯과의 육체관계 의례를 중심으로 하는 가나안 세의관습이란 언제나 음탕한 악, 영원한 저주거리인 〈악의 본보기〉였다. 그러나 소돔 성을 방문한 이 사자들(창 19장에 의하면 두 분이나 18장의 서두에서는 세 분이다)이 악한 욕망을 자극하기에 충분한 성적 충동을 일으키는 용모를 지니고 있었는지는(Gunkel) 분명하게 알 수 없으나(천사들은 남성이다. 참고, 레 18:22-23; 20:13-23), 한 가지 분명한 것은 소돔 성 주민들의 악행이란(기브아의 베냐민인들이 자행한 악행까지도) 어디까지나 "이웃 환대의 법을 잔혹하게 파괴한 행위"라는 특성을 갖고 있다는 점이다. 이러한 묘사법은 "네 이웃을 네 몸과 같이 사랑하라"(레 19:18)는 율법의 핵심을 완곡(婉曲)하게 표현한 가장 예리하고도 혁명적인 표현법이라 할 수 있다. 즉 이 소돔의 죄를 〈야웨에게 대한 악과 죄〉라고 설명한(창 13:13) 설화자의 표현법이 노리고 있는 바 대로, 〈부자연스러운 성 범죄〉가 소돔의 죄악을 대표한다기보다는 오히려 소돔의 죄악은 〈신

---

10) 참고. von Rad, *Genesis*, p. 213. 폰 라트는 4절의 "소돔 시민이 …"라는 구절을 하나의 첨가문으로서 설명했다. 따라서 창 19장 소돔설화의 연결은 이차적인 것이라고 보았다.

적인 것에 대한 모독〉(비교, 창 6:1-4 네피림설화: 본서 3부 "2. 네피림설화" 참조)에 있었으며—하느님의 아들들과 사람의 딸들의 결합이 거대한 구조악을 창조하듯이—그리고 또한 그 독신행위가 곧 〈이웃 환대의 법 파괴〉와 연결되고 있다는 점이 신학적으로 중요하다고 하겠다. 이미 이러한 관념은 히브리서 13장 2절에서 신학적 해석의 발전이 이루어졌고, 마태복음 25장 31-46절에서 더욱 본격적인 신학적 발전을 이룩했다고 할 수 있다. 물론 이러한 천사들의 소돔방문 설화는 제우스와 헤르메스를 환대한 프리지아인 부부에 관한 고대 민속설화의 히브리적 적응일 수 있다.[11] 오히려 이러한 고대 민속설화의 신학화는 히브리 신앙의 위대함을 보여 주는 한 구체적 예라고 할 수 있다. 이러한 신학적 발전이라는 측면에서 볼 때, 우리는 소돔 성 멸망의 신학적 교훈을 "가증스러운 악과 부자연스러운 욕망에 대한 신의 무서운 보복의 한 예로서 세계의 양심을 깨우치는" 것으로서만 이해할 것이 아니라, 히브리서나 마태복음의 증언에까지 발전시켜 이해하는 것이 더 바람직할 것이다. 즉 이웃 환대는 〈이 역사 안에서의〉 야웨 또는 그리스도 환대와 동일시될 수 있다는 증언에까지 이른다 하겠다. 말하자면 이웃 환대의 의무를 무시하고 파괴하는 행위는 곧 야웨에 대한 가장 불경된 독신행위라는 것이다. 여기서 우리는 부버(M. Buber)의 다음과 같은 말을 함께 음미해 볼 필요가 있다. "나와 너의 관계를 무한히 늘려가 보면 나는 영원자 너와 만나게 된다. 모든 **낱낱의 너**는 영원자, 너를 들여다보게 해 주는 창이라고나 할까, 이러한 **낱낱의 너**를 통하여 나는 영원자 너를 부르고 있는 것이다. … 그러나 여기 하느님의 이름을 두려워하는 나머지 〈하느님은 없다〉라고 믿기에 이른 사람이 있다고 할지라도, 그가 만일 어떠한 너로서도 한정할 수 없는 너에게 충심으로 호소할 때는 이 사람도 결국은 하느님을 향해서 외

---

11) 참고. Skinner, *Genesis*, pp. 311-312.

치고 있는 것이 된다."[12] 사실 여기서 우리는 구약 율법의 핵심이 왜 이웃 사랑과 하느님 사랑인지, 왜 그 둘이 율법의 대강령으로서 하나로 조화되고 있는지를 분명하게 알게 된다. 그러므로 이웃 환대의 법을 짓밟는 것, 그것은 가장 무서운 독신행위이다. 그것이 율법의 최대의 내용이라는 것을 창세기 19장과 사사기 19장은 모두 다같이—현대인의 윤리로서는 상상도 할 수 없는![13]—손님 환대를 위해서 감히 출가 전의 자기 딸 자식들을 비류(匪類)들에게 내어 놓는 극한의 희생도 스스로 감수하는 모습을 그려 주고 있다. 즉 그 두 설화들의 주인공 등은 이웃 환대법의 신성성을 어떠한 극한의 상황 속에서도 보존하려는 히브리적 신앙전통의 사수자에 대한 영원한 표상으로 제시되어 있다. 이러한 히브리인의 정신세계는 "모트 유마트"(반드시 죽여라!) 형식의 다음과 같은 계약율법에서 잘 요약되어 있다. 즉 "사람을 쳐죽인 자는 반드시 죽여라"(출 21:12), "사람이 그 이웃을 고의적으로 모의하여 죽였다면 너는 그를 〈나의 제단에서라도!〉[14] 끌어내려 죽여라"(출 21:14), "자기 아버지나 어머니를 치는 자는 반드시 죽여라"(출 21:15) 등의 율법이 그것을 말해 준다. 이러한 율법의 핵심은 더 이상 논의할 여지없이 〈이웃 사랑〉이다. 그러므로 〈이웃 환대의 법을 잔혹히 짓밟는 것〉은 〈야웨에 대한〉(창 13:13) 반역의 전부이다. 소돔의 부패는 이러한 부패의 영원한 표상이며 소돔 성 멸망은 이웃 환대의 법(hospitality)을 파괴하는 인간문화에 대한 신의 심판의 구원한 예표이다. 그러나 우리는 또 다시 다음과 같은 질문 앞에 서게 된다. 즉 이웃 환대 율법의

---

12) 마틴 부버, 『나와 너』 (김천배 역), pp. 103-104.

13) 폰 라트는 말하기를, 롯의 제안은 "우리의 서양적 관념에 의해서 판단하지 말아야 한다"고 주장하고 고대 동방인들의 관념의 빛에서 이해하기를 촉구하고 있다. 참고. *Genesis*, p. 213.

14) 이스라엘의 법(특히 도피성 제도)에서의 범죄한 인간이 피할 수 있는 최후의 도피처는 야웨의 제단이다. 야웨의 제단도 피난처가 될 수 없다는 것은 가장 절망적인 상태이다(비교. 암 9:1-4).

파괴가 거의 보편화되다시피 한 부패한 인류사의 일반이 과연 어떻게 이 역사 안에서 살아 남을 수 있겠는가 하는 문제가 생긴다. 사실 창세기 18장 16-33절은 이미 이 물음을 예상하고 있었고, 그 물음에 대한 신학적 대답을 제시하고 있다. 이 논문은 우리의 새 텍스트 중에서 신학적으로 가장 심오한 해석학적 단서를 가지고 있는 야비스트의 삽입문이다.15) 이 부분(창 18:16-33)은 논의할 여지없이, "〈많은 사람들〉에게 구원과 화해를 가져다 주는 〈한 사람〉에 대한 메시지의 특이성과 경이성"16)을 가지고 있는 부분이다. 분명히 여기에 나타나고 있는 〈많은 사람〉과 〈소수〉의 관계, 공동체와 소수의 개체와의 관계는 결코 고대의 연대적 관념에 항거하는 개인주의화의 경향을 암시하고 있지는 않다. 오히려 낡은 연대적 관념을 새로운 것으로 대치하려는 신학적 노력이 들어있다. 여기서는 소수의 무죄한 자가 전체 공동체의 운영에 결정적인 역할을 할 수 있다는 것을 지시한다. 그러므로 소돔 성 멸망의 결정적 요인은 무죄한 자의 수가 적다는 데 있다. 즉 의의 결핍이 소돔 성 멸망의 원인이라는 것이며, 무죄한 자의 수가 적다는 것이 심판자 야웨 앞에서 결정적으로 중대한 사실이라는 것을 말하고 있다. 설화자는 이 사실을 극적으로 묘사하고 있다. 즉 〈대담하고도 넉살 좋게〉 가상적 무죄자의 수를 50으로부터 45→40→30→20→10에까지 끌어내리고 있다. 이를 통하여 독자들은 야웨의 용서의 수용능력이 얼마나 무한한가 하는 것을 보는 동시에, 그러한 무한대의 용서에도 불구하고 심판을 받게 된 소돔 성 멸망이야말로 동정의 여지나 야웨의 의에 대한 어떠한 회의적 논란의 여지도 찾을 수 없는 것, 즉 그 야웨의 심판(소돔 성 멸망)이란 참으로 당연하다고 하는 것을 읽게 된다. 그러므로 그 심판의 궁극적 이유란 결정적으로 그 성의 멸망을 가로막고 나설 무죄자의 수가 적다는 데, 즉 그 성의 죄를 속량할

---

15) 참고. von Rad, *Genesis*, pp. 209-210.
16) Ibid., p. 209.

의의 결핍에 그 원인이 있게 된다. 여기서 우리는 개인과 공동체의 긴밀한 관계성 즉 개인의 사회성에 대한 구약성서의 깊이 있는 증언[17]을 듣게 되는 셈이다. 사실 이러한 개인의 사회성에 대한 성서적 증언에 얼마나 민감하냐 하지 못하냐 하는 것이 기독교적 삶의 가장 근원적인 척도가 된다는 사실을 우리는 자주 잊어 왔었다. 이것이 가장 절실한 기독교적 자기반성의 한 요소라 할 수 있을 것이다. 우리는 이 사회, 이 세계의 빛과 소금으로 부름을 받았기 때문이다. 이 사회(이 도성)의 어둠과 부패는 빛을 내지 못하는 빛, 부패를 방지 못하는 소금, 즉 그 성을 속량할 의의 결핍에 그 책임이 있다. 여기서는 〈빛〉과 〈소금〉이 바로 그 성의 멸망을 속량할 수 있는 의의 개념으로 나타나고 있다. 실로 부름받은 아브라함은 이러한 현실 세계를 통하여 가고 있다고 하겠다. 따라서 이제 우리는 이 도성— 소돔과 같은 이 사회—의 멸망을 막을 수 있는 그 의의 개념을 정리해 볼 단계에 왔다.

소돔 성을 속량할 수 있는 의

소돔 성을 속량할 수 있는 〈의〉는 무엇인가? 그러나 우리의 텍스트는 결코 의의 개념에 관한 논리를 펴지는 않았다. 바로 이것이 구약성서의 표현이 갖는 하나의 일반적 현실이다. 그러므로 그 논리 구성은 어디까지나 성서 해석가의 책임에 속한다고 하겠다. 물론 이 경우에 있어서, 우리는 소돔 성에 대한 〈심판〉과 〈구원〉 행위의 주체자는 어디까지나 야웨 한 분뿐이라는 것을 전제해야 한다. 결코 아브라함이나 롯이 그 주체자가 될 수는 없다. 아브라함과 롯은 이 설화 속

---

17) 참고. H. H. Rowely, "Individual and Community in the OT," *Theology Today*, Jan. 1956.

에서 소돔 성의 현실에 대한 신의 개입을 증언하는 증언자 또는 목격자에 불과할 뿐이다. 심판이나 구원은 언제나 야웨만의 일일 뿐이다.[18] 즉 아브라함은 단지 멸망받은 소돔의 잔해를 굽어 볼 뿐이며(창 19:28), 롯은 단지 그 멸망받은 도성에서부터 탈출할 뿐(창 19:22)이다. 폰 라트가 주장하고 있듯이, 창세기 18장의 경우에 있어서도 아브라함의 관심은 롯의 구출이나 소돔의 구원에 있지를 않았고, 오히려 소돔 성의 멸망과 속량에 대한 신학적 관심을 논증하는 데 있었을 뿐이다.[19] 즉 소돔은 야웨께서 심판하시기 위하여 눈을 돌리고 있는 인간 공동체의 한 모형이며, 소돔 심판의 주체자는 오직 야웨일 뿐이다. 그런 의미에서 볼 때, 소돔의 심판이나 속량은 전적으로 야웨의 의에 속할 뿐이다. 이러한 야웨의 의는 창세기 18장 16-33절에 나타난 야웨와 아브라함 사이의 대화에서 볼 수 있듯이 야웨의 심판 의지도, 그의 속량 의지도 논란의 여지없는 야웨의 의에 속한다. "소돔 성에 죄없는 사람이 50명만 있으면, 그 죄없는 사람을 보아서라도 다 용서해 줄 수 있다"(창 18:26). 그러나 여기서 50이라는 수가 독자들도 상상할 수 없으리만큼 뻔뻔스럽게 다섯 번이나 변경되면서 줄어진다. 이러한 모습 속에서 설화자는 야웨의 심판 의지와 속량 의지를 모두 야웨의 의에 종합하고 있는 것이다. 즉 50이라는 수를 다섯 번이나 번의하였음에도 속량받을 수 없는 소돔의 부패에 대한 야웨의 심판의 당연성과 그리고 그의 공의에 대한 독자들의 절대적 수긍을 제시함과 동시에 뻔뻔스런 아브라함의 제의를 끝까지 받아들이시는 〈야웨의 무한한 속량 의지〉속에 나타난 의를 함께 제시하고 있다 하겠다.

그러나 그의 의는, 우리의 본문들이 증언하고 있듯이(구약성서 전체의 증언도 여기에 포함된다), 역사 초월적인 것이 아니라는 데 문

---

18) 참고. von Rad, *Genesis*, p. 209(K. Galling, *Deutsche Theologie*, 1939, 86ff.).

19) 참고. *Ibid.*, p. 207.

제가 있다. 이것을 단적으로 지적하고 있는 곳이 창세기 18장 21절 (19:13)이다. 즉 야웨는 소돔으로부터 들려오는 〈체아카〉(〈사람 살리라〉는 아우성)가—소돔을 고발하는 부르짖음이—과연 그 성의 상황과 일치하는지를 보시려고 내려오셨다고 말하고 있다. 말하자면 불의에 항거하는 모든 합법적 호소(Zetterruf)가 받아들여지지 않고 무시되어 버리는 상황이 계속되면, 그 호소들은 하늘을 향한 직접적인 호소로서 즉 〈체아카〉(사람 살리라는 절규와 비명소리)로서 하늘에로 향해진다(참고. 창 4:10). 여기서의 야웨는 땅이 외면해 버린 〈모든 정의의 수호자〉[20]로서 나타난다. 그리하여 야웨는 직접 땅을 심판하시려고 〈내려오신다.〉 그러나 창세기 18장 21절의 경우는 창세기 19장 13절의 경우와는 달리 직접적인 징벌보다는 심각하고도 예리한 〈현장조사〉라는 특징을 갖는다. 그러므로 절대적으로 유일한 심판자 또는 속량자인 야웨의 심판과 속량조차도 땅의 현실에 대한 절실한 파악과 조사 없이는 진행되지 않는다! 이러한 조사 과정 속에는 즉 창세기 18장 22절로부터 창세기 19장 23절까지의 사이에는 〈매우 기묘하게도〉 야웨로 향한 아브라함의 중재기사(창 18:22-32)와 자기 딸의 약혼자들을 향한 롯의 예언자적인 권면(창 19:14)이 포함되어 있다. 그러므로 신의 현장조사는—이것은 이 세계의 현실 자체이기도 한데—늘 인간에게 있어서는 신의 경고적 성격을 갖고 있다. 소돔은 이러한 신의 경고—그의 현장조사—를 비웃었다(창 19:14b). 그러나 이러한 불신앙은 인간의 현실 자체이다(사라의 웃음! 창 18:12). 즉 이것만이 소돔 성 멸망의 본질적 이유라고 말하기는 어려울 것이다! 따라서 우리는 보다 결정적인 것이란 앞에서 보았듯이 나그네 환대법을 파괴하는 소돔 성의 현실이라 할 수 있을 것이다. 비록 나그네 환대법의 파괴에 대한 설화가 모든 죄의 온상으로서의 소돔과 관련된 것은 단지 일차적 연

---

20) *Ibid.* p. 206.

결에 불과했다[21]고 하더라도, 설화 편집자의 중심적 증언은 바로 여기에 있었다 하겠다.[22] 그러므로 소돔 성을 속량할 수 있는 〈인간의 의〉는 〈이웃 환대〉(hospitality)에 있다. 이 이웃 환대가 곧 한 공동체를 신의 심판으로부터 건질 수 있는 유일한 인간의 의라는 것이 본문 증언의 핵심이다. 이것을 증언하기 위하여 설화 편집자는 롯이 이러한 이웃 환대의 법 파괴를 어떠한 경우에 있어서도 막으려고 하고 있는 것을 극적으로 묘사해 주고 있다. 즉 자기 딸들을 비적(匪敵)들에게 내어 놓기까지 함으로써 이 〈이웃〉(나그네)은 자기의 딸보다 더 손댈 수 없는 〈신성한 것〉이라는 사실을 증언하고 있다. 이러한 히브리적 표현은 제우스와 헤르메스에 관한 신화[23]에서도 발견하기 어려운 히브리적 특성이라고나 할까! 히브리인 설화자는 매우 혁명적이게도, "히브리인이 도덕에서는 혐오를 느끼게 하는 롯의 제안(딸을 내놓겠다는 제안)을 오히려 극한의 상황 속에서도 이웃 환대의 의무를 잘 해낸 용기 있는 챔피언의 행위로 나타내 보여 주고 있다."[24] 나그네, 이웃, 그리고 개인의 사회성에 관한 이토록 절실한 이해를 우리는 성서 밖 어디에서 찾을 수 있을 것인가! 더욱 흥미있는 것은 이러한 증언이 갖고 있는 비종교성이다. 즉 야웨와 그의 사자들이 정체모를 〈나그네〉로서 기술되어 있다는 점이다. 〈나그네〉는 히브리인 조상의 삶의 원형이었다.

> "타국인이 너희 땅에 우거(寓居)하여 함께 있거든 너희는 그를 학대하지 말고 너희와 함께 있는 타국인을 너희 중에서 낳은 자 같이 여기며 〈자기 같이 사랑하라〉. 〈너희도 애굽 땅에서 나그네가 되었었다.〉 나는 너희의 신 야웨이다"(레 19:33-34).

그러나 우리로 하여금 더욱 놀라게 하는 것은 배타적 민족주의

---

21) *Ibid.* p. 213.
22) *Ibid.* p. 200. (참고 Gunkel).
23) Skinner, *Genesis*, p. 312; von Rad, *Genesis*, p. 200.
24) Skinner, *Genesis*, p. 307.

가 철저히 극복되어 있다는 점이며(우리의 텍스트에서는 자료가 나타나지 않는다!), 이 〈나그네〉가 곧 다름아닌 이 역사 안에서 만나는 야웨 자신이었다는 고백이다. 감히 히브리인 설화자가 야웨를 어떻게 그냥 〈아나쉼〉(사람들) 속에 포함할 수 있었는가 하는 것은 참으로 풀 수 없는 수수께끼라 하겠다. 창세기 18장 1-21절에 의하면, 이 〈세 사람〉과 야웨는 분명히 일치를 이루거나 혼동되고 있다.[25] 그러나 창세기 18장 22절 이하와 창세기 19장 1절 이하에서는 그 셋 중 한 분은 야웨이고 나머지 둘은 야웨의 사자들로 구별되어 있다. 여기서 우리가 이 〈셋〉을 삼위일체의 개념과 연결시킬 수 있는지는 의문스러우나,[26] 창세기 18장 1-21절에 나타난 야웨와 세 사람의 혼동 또는 일치는 편집상의 문제 또는 신화론적 기원 등으로 인해서 가볍게 처리될 수 있는 문제는 아니다. 이는 이웃 환대법의 신성성에 대한 히브리 신앙의 적극적이고도 열렬한 변호로 보아야 할 것이다! 여기서 우리는 정체모를 나그네들, 우리의 이웃들 속에 나타나시는 야웨의 현현(theophany)을 암시하는 히브리 신학의 위대성을 본다. 마태복음 25장 40, 45절의 발전적 증언에서와 같이 히브리 설화자는 소돔 성, 아니 한 인류 공동체를 건질 수 있는 인간의 의는 단지 이 〈이웃 환대의 삶〉 이외에는 없다는 것을 단정적으로 증언한다. 인간을 향한 야웨의 궁극적 기대는 〈이웃과의 진정한 공존〉이다(창 2:18). 히브리인의 유목적 전통은 〈화평〉(창 13:8-9)이었다. 동시에 이 화평은 메시야 왕국에 대한 이스라엘 종말 신앙의 중심 주제(사 9:6; 11:6-9; 미 4:3, 4)이기도 하다. 그것은 야웨 구원사의 궁극적 목표이다. 그러나 우리는 여기서 이러한 야웨의 기대가 인간들에 의해서 무너지고 있는 것을 본다. 이 경

---

[25] 창 18:1에서는 야웨의 현현을 말하고 있으나 18:2는 "세 사람"의 출현을 말한다. 18:9에서 아브라함에게 던진 대화는 "그들"로 되어 있으나 18:13, 15, 20에서는 "야웨"로 되어 있다.

[26] von Rad, *Genesis*, p. 201.

우 신은 무엇을 구상할 것인가? 창세기 18장 17절은 "야웨께서는 속으로 이런 생각을 하셨다"(야웨의 독백!)라고 말함으로써 이에 대해서 대답한다. 즉 소돔의 부패에도 불구하고—인간 사회의 이 극악한 부패에도 불구하고—〈장차〉하실 인류 구속의 프로그램 즉 구속사적 섭리를 마침내는 이루시겠다는 신의 약속을 소개하고있다. 물론 이 부분(창 18:17-19)이 고대의 설화자에게는 생소한 일종 〈후대의 편집〉으로 볼 수[27]도 있다. 그러나 이 부분은 "모든 후대인을 위하여 특별히 훈계적인 의의"[28]를 가지고 있는데, 야웨의 구속적 섭리 의지의 계시와 "그의 구속사에의 아브라함과 그의 후손의 참여"(창 18:19!!)[29]를 지시하고 있다. 그러나 이것은 베드로후서 2장 6절의 경우처럼, "후세에 경건치 아니한 자들에게 본을 삼으신" 사건으로만 끝나지 않고, 아브라함과 그의 후손의 참여를 요구하는 사건으로서 제시되어 있다. (아브라함의 후손은 새 이스라엘로서의 기독교 공동체를 포함하고 있다!) 이토록 처참한 소돔 성 심판 가운데서 새로운 구원의 약속을 듣는다는 것은 참으로 경이적인 일이 아니겠는가. 이러한 컨텍스트 속에서 우리는 비로소 〈의인 10인〉이라는, 이른바 〈소수의 의인〉이 왜 야웨의 구속사에 있어서 그리도 큰 문제가 되는가 하는 물음에 대한 분명한 대답을 듣게 된다고 하겠다. 그것은 야웨의 깊은 뜻이였다(창 18:17). 인류 구원이라는 대구원사 경륜을 성취시키는 데 있어서, 즉 하느님 나라를 이 역사 안에서 완성시키는 데 있어서, 〈소수의 의인〉은 결정적인 역할을 할 수 있다. 이러한 야웨의 구원 의지가 가장 구체적으로 나타난 사건이 바로 예수 그리스도의 십자가 사건이었다. 요한복음 기자는 이를 묘사하기를, "당신들은 아무것도 모르오. 〈한

---

27) 참고. Wellhausen, Skinner, Gunkel, Noth, von Rad (Skinner, *Genesis*, p. 303; von Rad, *Genesis*, p. 204).

28) von Rad, *ibid.*, p. 205.

29) *Ibid.*, "The reason for God's amazing intention is given particularly in V. 19."

사람〉이 백성을 위하여 죽어서 〈민족 전체〉가 망하지 않는 것이 당신들에게 유익하다는 것을 생각하지 못하고 있소?"(요한 11:49-50)라고 그 해의 대제사장 가야바의 입을 빌어서 말하고 있다. 소수의 의인이 야웨의 인류 구원사에 있어서 결정적인 역할을 한다는 사상, 한 공동체의 속량을 위한 의인의 피의 희생이 요구된다는 주장은 예수 그리스도의 사건에 이르기까지 오랜 세월 동안 구약 예언종교와 제사종교의 중심 주제가 되기도 했었다. 예레미야 6장 1절, 에스겔 22장 29-31절 등은 그러한 중심 주제를 극적으로 표현한 예라 할 수 있을 것이며, 이사야 53장[30]은 그러한 신학의 한 절정을 이루고 있다고 하겠다. 따라서 자기를 따르는 제자들을 향한 예수의 말씀, "너희는 세상의 빛이요 소금이다"는 선언은 바로 이러한 컨텍스트에서 읽어야 할 것이다. 물론 이것은 오직 야웨 자신만의 깊은 비의(秘義)이다(창 18:17; 11:8-9). 왜냐하면 구속사의 주권은 전혀 야웨 자신만이기 때문이다.[31] 그런 점에서 볼 때, 야웨의 분노는 그의 마지막 말은 아니다. 그의 심판도 또한 그의 마지막 행동은 아니다. 그러므로 세계사는 어디까지나 야웨의 구원사이지 정해진 심판의 때를 향한 크로노스(χρονος)의 연장은 아니다. 이러한 야웨의 구원사 안에서 볼 때, 소돔 성의 멸망은 인류에 대한 야웨의 구원의지의 다른 한 표현이라 할 수 있다. 따라서 우리는 소돔 성, 즉 한 공동체 또는 한 사회를 구원하는 의는 곧 야웨의 구원 의지라 할 수 있으며, 동시에 이러한 야웨의 구원 활동에 동참하는 것으로서의 〈인간의 의〉라 할 수 있다는 것을 인식하게 된다. 그리고 야웨의 이러한 구원 활동에 동참하는 것으로서의 〈인간의 의〉란 곧 이웃 환대의 법에 충실하는 것이라는 것도 인식케 된다.

---

30) *Ibid.*, p. 209.

31) J. L. Mays, *Hosea*, SCM. 1969, p. 159. "But the return is not their achievement; it is the action of Yahwh. Once again he is the subject of Israel's history and once again by his act they are brought to their homes".

결론

우리의 역사 안에서 끊임없이 성장하고 있는, 또는 우리의 역사를 꿰뚫고 나아가는 불단절(不斷絶)의 야웨의 구원의지, 그 의지는 소돔과 같은 도성의 비극적 종말을 내다보면서도 중단되지 않는다. 오히려 야웨는 그 비극적 현장을 바로 눈앞에 대면하면서 새로운 구원 설계를 그의 종에게 계시해 보이신다. 그의 종에 대한 야웨의 계시 내용은 양면성을 갖고 있다. 그 한 면은 야웨의 심판 의지요 그 다른 한 면은 야웨의 구원의지다. 그러나 이 양면은 〈야웨의 의〉 안에서 종합되고 조화된다. 야웨의 의는 소돔 성의 죄를 용납하지 않으신다. 그러나 야웨의 구원의지는 소돔 성의 죄로서도 꺾어질 수 없는 것이다. 소돔 성 멸망은 야웨께서 죄를 심판하시기 위하여 그의 눈을 향하고 있는 인간 공동체의 한 모형이다. 또한 동시에 소돔 성의 멸망은 이 세상에 대한 단념할 수 없는 그의 구원 의지를 보여 주는 하나의 거울이기도 하다. 이러한 야웨의 의에 대한 증언이 소돔 성 멸망설화의 중심적 증언이다. 동시에 이 증언과 더불어 우리를 깨우치는 교훈이 여기에 덧붙여 제시되고 있는데 그것은 한 공동체의 멸망과 또한 한 공동체의 속량을 유도하는 결정적 요소는 이웃 환대법의 파괴 또는 충실이라는 증언이며, 그리고 인류 구원을 궁극적으로 지향하고 있는 성서의 중심적 교훈도 바로 이러한 이웃 환대법의 존중을 추구하는 데로 집중되고 있다는 것이다. 그런데 그 이웃이, 놀랍게도, 이 역사 안에서 일어나는 신의 현현 그 자체라고 우리의 본문은 주장하고 있다. 물론 우리는 이 본문의 신화적 배경을 말할 수도 있다. 그러나 구약성서는 그것을 결코 신화적으로 말하지 않고 야웨의 현현을 철저히(!) 〈아나쉼〉[32](에노쉬의 남성 복수) 즉 〈허약한 인간 또는 죽을 인간〉[33] 속에 구현시키고 있다. 말하자면 야웨 또는 야웨의 사자들은 신적 존재로서가 아니라 어디까지나 〈아나쉼〉으로서만 현현하고 있다는 점이다. 이를 어찌 단순한 신인동형론적 표현으로만 취급해 버릴 수 있겠는가!

---

32) 창 18:2, 16, 22; 그리고 19:5, 8, 10, 12, 16.
33) 서인석, "위대한 인간", 『성서신학과 선교』(만수 김정준 박사 회갑기념 논문집), 1974, 한국신학대학 출판부, p. 202.

6

요셉 설화의 교훈

창세기 45:5-8; 50:19-20

아브라함, 야곱을 중심한 족장설화와 출애굽 설화 사이를 연결시켜 주는 교량적 기능을 하고 있는 요셉 설화는—이스라엘 선친들이 어떤 경로를 거쳐서 애굽으로 내려갔는가라는 물음에 대한 답변을 제시하는 기능을 하고 있는 이 설화는—욥기나 잠언 그리고 전도서 등과 함께 구약의 지혜문학에 속한다. 지혜문학은 역사문학이나 예언문학 그리고 시문학과는 그 형식과 성격에 있어서 다른 점을 갖고 있다. 물론 이스라엘 지혜문학도 고대 오리엔트 지역의 지혜문학의 한 부분이다. 거기에는 어떤 신학적, 교리적 관심과 같은 것은 별로 나타나지 아니하고, 이와는 달리 가장 이상적인 인간교육, 이상적 인간상 묘사에 대한 인간학적 관심이 현저하게 나타난다. 여기서는 주로 우리의 세속 인간들이 갖고 있는 그 잠재력과 한계성, 그 심리적인 복합성과 심오성을 포함하는 인간 현상 전반에 대한 적극적인 긍정과 지구력 있는 탐구를 전제하고, 인간이 하나님과 대면할 때 생기는 문제들을 해결하게 하는 〈지혜〉와 〈지식〉을 제공한다. 그리하여 이 〈지혜〉(히브리 말 〈하캄〉)는 인간을 우주의 주인으로 만들고, 인간으로 하여금 현존하는 우주의 〈질서〉와 〈법칙〉을 잘 알아서 거기에 잘 적응하도록 해 주는 것이었다. 이 〈지혜〉가 가리키고 있는 이상적인 인간상은 정숙, 겸손, 지식, 자기 절제 등을 통하여 그의 인격을 닦은 폭넓고 사려 깊으며, 분별력과 침착성을 가진 사람(silent man)이다. 반면에 지혜자들이 경고하는 것은 성급하고 쉽게 분노하는 사람(hot-man)이다. 그러므로 지혜문학은 단순한 잠언들의 집대성만이 아니라, 오히려 그것은 이 기원부터 매우 폭넓은 정신세계를 갖고 있는 하나의 문학적 현상이다. 이스라엘 안에서 이러한 지혜문학의 활동이 활발해지고 지혜교육이 본격화되기 시작한 때는 솔로몬 통치기간이라 할 수 있는데, 지혜가 신학적 체계를 갖추기 시작한 것은 매우 후대인 포로후기에서 이루어졌다. 요셉설화에 나타나고 있는 요셉은 바로 이러한 이상적인 인간상을 가장 잘 갖춘 인물이며 따라서 요셉설화는 가히 지혜문학의 진수라고 해도 과언이 아니다. 자기 제어력을 잃은 여인 보디발의 아내의 열화같은 유혹과 요셉의 냉엄한 자제력 사이의 비교(창 39장)는 우리로 하여금 지혜자가 추구하는 이상적 인간이 어떤 인간인지를 잘 알게 해 준다. 이 이외에도 그 모든 역경 속에서도 끝내 침묵하는 모습, 원수에 대한 폭넓은 아량 등을 통해서도 지혜자가 그리는 이상적 인간의 모습을 엿볼 수 있다. 그러나 우리의 관심은 이 설화를 저술한 지혜자의 신학이다. 물론 여기서도 고대의 일반 지혜문학에서처럼 직접적인 신학적 진술은 하지 않는다. 단지 신학화의 대목이라고 할 만한 곳은 상당한 부피를 지니고 있는 이 문학작품—요셉설화는 분명히 연속성 있는 하나의 소설문학에 속하는데—에서 우리가 제시한, 단지 이 두 곳밖에 없다. 그러나 하나의 완결된 작품으로 정리된 이 단편문학은, 비록 매우 간접적인 신학사상과의 연결이라 할지라도 그것을 매우 효과적으로 작용시키고 있으며, 매우 심오한 신학적 사상을 제시한다. 또한 여기서부터 우리는 매우 훌륭한 케리그마도 이끌어낼 수 있다.

역사섭리의 주: 하느님

인간의 구원에 대한 열정적인 동경 같은 것—구원사신학 같은 것—에 대해서는 아무것도 알지 못하는 것이 지혜문학의 일반적 특징이며 요셉설화도 여기서는 예외가 아니다. 그러나 요셉설화는 이스라엘 지혜문학이 그 후기에 와서 신학적 체계를 갖추기 시작한 그 길을 그도 역시 따라갔으며—비록 지극히 적은 부분을 통해서이지만(37장—50장까지의 내적 통일성을 갖춘 큰 부피의 이 작품 속에 나타난 신학화의 모습은 우리의 두 본문에서만 나타난다)—그것은 구원사적 또는 심지어는 기독론적 해석에까지 이를 수 있는 길에 다달았다. 대체로 일반 지혜문학의 이스라엘적 신학화는 주로 보상사상과 하느님에 대한 경외를 지혜의 근본으로 주장하는 하느님 경외(Gottesfurcht) 사상에서 가장 구체적으로 나타났다. 잠언은 세속의 격언들을 모은 단순한 격언집이지만 후대에 신학화하면서 모든 잠언들의 결론을 〈하느님 경외〉 사상에 초점을 맞춘 그 대표적 예이며, 저항문학의 결정판인 전도서와 욥기도 이 범주를 벗어나지 못한다. 우리의 텍스트 요셉설화도 이러한 보상사상을 좀더 발전적으로 신학화했고, 또 하느님 경외 신앙을 기초로 한 일종의 구원사적 신앙에 해당하는 신학을 전개하기에까지 이르렀다. 이는 놀라운 변화요, 경이스러운 신학적 업적이라 아니할 수 없다.

"당신들이 나를 이곳에 팔았으므로 근심하지 마소서.
하느님이 생명을 구원하시려고 나를 당신들 앞서 보내셨나이다.
하느님이 큰 구원으로 당신들의 생명을 보존하고 당신들의 후손을 세상에 두시려고 나를 당신들 앞서 보내셨나니,
그런즉 나를 이리로 보낸 자는 당신들이 아니오 하느님이십니다"(창 45:5-8a).

"두려워마소서 내가 하느님을 대신 하리이까? 당신들은 나를 해하려 하였으나 하느님은 그것을 선으로 바꾸사 오늘과 같이 만민의 생명을 구원하게 하시려 하셨습니다"(창 50:19-20).

이러한 엄청난 말을 진정으로 할 수 있는 자는 과연 누구일까? 실로 "요셉을 보내셨다"는 이 표현은 하느님께서 그리스도를 인류에게 구세주로 보내셨다는 신약성서 메시지의 선구자가 아니고 무엇일까? 요셉은 그리스도 도래의 한 전조요 준비라 할 수 있을 것이다. 아브라함의 소명으로부터 시작된 구원사의 드라마가 여기서 한번—막간극(intermezzo)처럼—요셉설화에 의해서 구원사의 윤곽이 더욱 명료하게 정리되어 나타났다고 하겠다. 그러나 여기서 강조하는 설화의 초점은 역시 "역사 섭리의 주는 하느님이다"는 증언에 있다. 이것은 이미 창세기 설화 전체를 중심적으로 지배하는 역사신학의 모티프였다. 즉 요셉을 애굽으로 보내시고 그를 인도하시므로 요셉가를 지키사 그 하느님은 이미 대홍수로부터 노아를 건져내신 분이며, 하란의 혈연과 지연공동체에서부터 아브라함을 불러내셔서 열국의 조상으로서 삶을 살게 하신 분이고, 소돔 성 멸망으로부터 롯을 건져 내신 그분, 구원사의 주이시다. "나를 이리로 보낸 자는 너희(인간)가 아니고 하느님이시다"는 역사의 주에 대한 증언은 우리의 본문이 증언하는 케리그마의 기초라 할 만하다. 실로 폰 라트가 웅변해 주고 있듯이 그렇게도 많은 말들이 인간들의 행동에 관해서만 배타적으로 말해버린 후 요셉이 단지 두 개의 진술을 통하여 지나온 전 사건의 진정한 주체를 하느님으로 언급해 버리고 있는 것은, 즉 요셉을 이 곳으로 보낸 것은 형들이 아니라 전혀 하느님이라고 말하고 있는 것은 놀라운 일[1]이라 아니할 수 없다. 여기서 동방의 현인 요셉은, 지금까지 전개되어온 수수께끼(enigma), 즉 지금까지 독자들의 증오를 받으며 저렇게도 거칠게 묘사되어 온 저 〈형〉들과 하느님의 역사섭리를 과연 어떻게 연관될 것인가 하는 독자들의 뿌리 깊은 호기심을 한꺼번에 풀어버리고 있는 것이다. 말하자면 그 모든 세속사—형제의 갈등, 살인과 투옥,

---

1) von Rad, *Genesis*, p. 393

여인의 유혹과 권력의 위협, 혹심한 기근과 보복의 불안 등으로 엮어지고 있는 세속 사건들—모두를 지배하는 것은 단지 하나님의 섭리요 〈하느님의 손〉이며, 요셉의 추방과 형들의 간계는 전혀 하느님의 섭리의 도구일 뿐이라고 증언하고 있다. 요셉설화의 기자로부터 우리는, 비록 기독교적 교리에 대한 아무런 예비지식이 없이도, 역사의 주이신 하느님을 효과적으로 배울 수 있다. 세속화 신학, *missio Dei* 신학을 과연 우리는 어디서 배울 수 있을 것인가? 실로 요셉설화는 모든 인간 운명의 실(Faden)을 쥐고, 역사 배후에서 조종하고 계시는 하느님의 역사 섭리를 가장 효과적으로 설명해 주는 최선의 교본이라 하겠다. 그런 점에서 볼 때 "단순히 신의 기적적 간섭행위를 통하여서만이 아니라 인간 대리인과 그리고 우리가 제이의 원인이라고 부르는 그것을 통하여 성취되는 신의 목적을 통하여서 오히려 하느님의 손을 인식하는 깊은 종교적 확신은, 창세기 전설들 중에서도 특히 요셉설화가 가지고 있는 특징이다"[2]라고 말한 스킨너(Skinner)의 표현은 요셉설화에 대한 매우 적절한 평가라 하겠다.

인간의 계획 위에 있는 하느님의 섭리

하느님의 역사 섭리에 대한 요셉설화의 신학적 증언(이제 우리는 이러한 표현을 감히 쓸 수 있다)은 인간의 목적과 하느님의 섭리 사이의 신비스러운 관계에 대한 날카로운 강조에서 그 절정에 이른다. 인간의 목적에는 〈악〉이 피와 살이 되어 있다고 이 지혜자는 증언한다. 악은 곧 인간 자신일 수 있다. 그러나 이 지혜자는 "당신들은 나를 해하려 하였으나 하느님은 그것을 선으로 바꾸셨습니다"라고 말

---

2) Skinner, *Genesis*, p. 486.

한다. 인간 실존에 대한 고대 지혜자들의 근원적인 회의가—전혀 예상치 못했던 곳에서(특히 전도서를 보라)—창조주의 찬양과 그의 역사 섭리에 대한 확신으로 바뀔 수 있다는 것은 야웨이즘이 세속 지혜문학에 끼친 신학적 공헌이라 할 수 있을 것이다. 인간의 목표는 많은 악한 계획을 갖고 있다. 가인과 라멕의 후예들 답게 형제를 노예로 팔고 그의 죽음을 가장한다. 감쪽같은 완전범죄를 시도한 것이다. 그러나 그러한 인간 악의 간계가 하느님의 눈을 속이거나 하느님의 계획을 바꾸어 놓을 수는 없다. 야웨의 계획은 인간의 목적 위에 있다. 즉 "인간의 마음 속에는 많은 계획이 있지만 오직 야웨의 뜻이 완전하게 설 것이다"(잠 9:21)라고 하는 하느님의 섭리와 인간의 모사(謀事) 사이의 대조가 지혜문학의 문학적 양식의 특징이요(잠언서의 반의적 평행법을 참조하라) 신학적 중심이다. 애굽의 『아멘엠오페』(Amenomope)도 이를 말해 준다. 사실 지혜자들의 예리한 인간 실존에 대한 통찰은 (잠 22:17-23:11와 비교) 인간에 대하여 회의주의적이 되게 한다(전도서). 그러나 인간은 이러한 회의주의로 스스로 소멸될 수는 없다. 인간은 악을 가져오고 그 악으로 자연의 질서를 파괴하지만 하느님은 그 악을 오히려 선으로 바꾸어 버린다. 물론 이것은 악을 선화 또는 찬양함으로써 필요악을 인간 현실로 합법화하려는 것은 결코 아니다. 이것은 지혜자의 탁월한 반립적 대조법에 의해서 신학적으로 승화되어 버린다. "당신들은 나를 해하려 하였지만 하느님은 그것을 선으로 바꾸신다"는 것이다. 하느님의 계획을 막을 인간의 지혜란 없다는 것이다. 사도 바울의 다음과 같은 확신도 이에 비교될 만하다. 즉 "내가 확신하노니 사망이나 생명이나 천사들이나 권세자들이나 현재 일이나 장래 일이나 능력이나 높음이나 깊음이나 다른 아무 피조물이라도 우리를 우리 주 그리스도 예수 안에 있는 하느님의 사랑에서 끊을 수 없으리라"(롬 8:38-39). 이와 같이 인간이 그의 유한성과 비극적 현실 속에서 결코 단절되지 않는 신의 섭리를 읽는다는 것은 위대한 신앙에 속한다 하겠다. 특히 이 요셉설화는 그 극적 묘사법에 의하여 〈악〉에 대한 인간의 기본 자세를 지시한다. 그리하여 형제나 이웃 사이의 보복의 악순환이란 인간 현실을 아슬아슬한 무대 위로 올려 놓은 설화자는—저 천벌을 받을 형들에 대한 통쾌한 보복을 희망하는 인간적 희구에 단호히 역행하고서—돌연 "하느님은 인간의 악을 선으로 바꾸시는 분이다"라고 선언해 버리고 만다. 요셉의 아량과 관용에 대한 지혜자의 묘사는 그의 신학적 체계화에 쉽게 공헌할 수 있었다. 즉 역사에 대한 판단은 인간이 하는 것이 아니고 하느님이 하신다는 것이다. 잠언의 지혜자도 이렇게 말했다. 즉 "인간의 지혜, 명철, 모략은 결코 야웨를 당해내지 못한다. 인간은 비록 싸울 날을 위하여 마병을 예비하지만 승리는 전혀 야웨에게 있다"(잠 21:30-31)는 것이다. 실로 하느님의 섭리는 인간의 계획 위에 있다 하겠다.

    그렇다면 우리의 요셉설화는 이 모든 말을 한 후 우리에게 무엇을 요구하고 있는 것일까? 하느님을 주인으로 하는 이 역사무대에서 인간이 할 수 있는 것은 무엇일까? 이에 대한 이 현인의 답변은 자신 있게 〈요셉의 침묵〉을 제시한다. 요셉설화를 통하여 우리는 그 모든 섬뜩한 고난의 역경들 속에서도 줄기차게 항변없는 침묵을 계속하고 있음을 보고 놀란다. 그는 애굽에 노예로 팔려갈 때도 억울한 투옥을 당할 때도 〈성급하게〉 그의 분노를 표현한 바 전혀 없다. 그의 침묵은 지리하고 답답할 정도다. 요셉은 실로 침묵을 지키는 사람의 본보기였다(잠 10:19 참조). 이 요셉의 침묵을 통하여 우리는 하느님의 역사 섭리에 대한 절대 신뢰를 배운다. 인간은 단지 묵묵히 자기 할 일을 준비하고 행동할 뿐만 아니라 또한 동시에 인간은 그 꿈꾸는 모든 계획의 절대 한계성을 알고서 인간의 그 어떠한 지모(智謀)로서도 야웨 하느님의 섭리에는 맞설 수 없다는 것을 인식해야 한다. 모든 세속 사건들은 인간의 이해범위를 초월해 있다. 우리의 생명의 근거는 오직 하느님 안에 있을 뿐이다. 하느님이 일하시고 요셉은 침묵한다. 오직 그는 믿음의 삶을 살 뿐이다.

    그리스도의 전주자(forerunner) 요셉은 역사의 한 지평에서 사라져 갔다. 그러나 그의 해골은 향료에 싸여 새로운 미래를 향해 출애굽한다(창 50:24-26). "나는 비록 죽으나 하느님이 너희를 권고하시고 너희를 이 땅에서 인도하여 내사 아브라함, 이삭, 야곱에게 맹세하신 땅에 이르게 하시리라"는 말을 남긴 채.

제4부

예언자의 역사의식

1

예언자와 오늘
예언자의 역사적 기능

I

구약 세계에 있어서 예언자들의 예언 활동이란 〈역사〉에 대한 바른 인식과 이해에의 문을 열어 주고, 그 〈역사〉를 오늘의 상황과 관련해서 해석해 주는 하느님의 영의 활동, 바로 그것이었다. 물론 그 역사는 어디까지나 이 하느님이 그 주체로 되어 있는 하느님의 역사임은 물론이다. 그러므로 예언자들의 메시지는 과거와 현재 그리고 미래를 통하여 일하시는 하느님의 역사활동에 그 초점을 맞추고 있었다 하겠다. 즉 역사 안에서, 그리고 역사를 통하여 행동하시는 하느님의 행동들을, —분명히 이러한 하느님의 행동들은 예언자적 신앙의 눈을 통하지 않으면 단순한 하나의 세속 사건들에 불과한 그런 것들인데, 바로 이 세속 사건들 속에서 그들 예언자들은 능히 하느님의 행동을 볼 수 있었지만—이러한 세속 역사의 형태를 띠고 이 세속 역사 안에서 전개되고 있는 하느님의 행동을 전적으로 관심하고 있었던 것이 예언자들의 활동의 특징이었다 하겠다.

그러므로 구약 예언자들의 〈예언기능〉이라는 것은 결코 통속적인 개념의 〈예언〉 즉 〈미리 말한다〉는 개념, 좀더 구체적으로 말한다면 어떤 정해진 우주의 원리를 한두 발 앞서서 알아내고 그 되어질 일을 〈미리〉 말해 준다는 의미의 그런 예언기능과는 결코 일치되지 않는 성격의 것이었다. 왜냐하면 인류의 역사 안에서 나타내시는 〈하느님의 행동〉들은 어떤 정해진 우주의 원리와 그 원리의 도식에 매여 있는 그런 것은 결코 아니었기 때문이다. 진실로 하느님의 역사 활동은 역동적인 것이며, 때로는 인간의 응답 여하에 따라 이미 작정하신 뜻을 얼마든지 변경시키기도 하기 때문에 그렇다. 사실 이것은 매우 중대한 차이점이다.

항간에 떠돌고 있는 점쟁이들은 감추어진 우주 원리의 신비를 풀어내는 그 어떤 마술적 기능을 담당한다는 것이 그 주요 기능이지만, 구약 예언자들의 기능이란 결코 그 어떤 천리안적 눈을 가지고 신들의 세계 속에 비장되어 있는 그 어떤 태세(太歲)나 일진(日辰)을 푸는 점술풀이적 기능과 같은 것은 아니라 하겠다. 그런 의미의 예언적 기능이라면 구약 예언자들은 참으로 자주 잘 맞지 않는 예언을 했고, 그 예언은 성취에 있어서는 많은 실패를 거듭했다 할 수 있다. 말하자면 구약의 예언자들이 행한 예언은 참으로 자주, 당장은 이루어지지 못했던 것이었다. 그런 점을 아주 명료하게 묘사해 주고 있는 텍스트를 우리는 요나서에서 잘 읽을 수 있다. 예언자 요나에게 임했던 앗수르의 수도인 니느웨 성 멸망에 관한 예언은, 통속적인 의미의 〈예언〉이라는 관점에서 볼 때는 결코 성공하지 못했었다. 왜냐하면 예언자의 경고를 들었던 그 성의 백성들이 진정한 회개와 참회를 했을 때, 니느웨에 대한 하느님의 심판은 철회되고 말았기 때문이다.

그러므로 예언자들에게 있어서는 미래에 일어날 그 어떤 미래적 사건에 대한 관심이 문제가 아니라 현재, 오늘의 이 상황이 불가피하게 초래할 〈하느님의 역사 개입〉이 그 관심의 초점이었다. 〈오늘〉에 대한 해석, 〈오늘〉의 역사 현실에 대한 〈해석〉이 문제였다. 그래서 폰 라트 같은 구약학의 대석학도 이 〈예언자〉라는 명칭 자체가 이미 〈진부한 이름〉이라고 보고 매우 못마땅하게 생각하기까지 했다.

사실 그렇다. 구약 예언자들은 〈오늘의 역사 현실〉이 반드시 초래하게 될 하느님의 심판과 구원의 사건이 관심의 초점이었고 동시에 그 사건 도래에 관한 예언자적 경고에 대하여 그 경고를 듣고 있는 청중들이 어떤 반응을 나타내느냐 하는 데 관심의 초점이 있었지, 미래적 사건 그 자체가 관심의 대상은 결코 아니었다. 예컨대 "때가 찼다, 회개하라, 천국이 가까이 왔다"라는 세례 요한과 예수의 말씀을 예언자적 경고로 듣지 않고, 그것을 묵시적 점술로서만 들었던 자들은 하느님의 나라의 도래가 지연될 때 그들은 크게 실망할 수밖에 없었다. 3000년 전이거나 2000년 전이거나 간에 또는 오늘날이거나 간에 예언자적 경고는 그러므로 동일한 의미를 가지는 것이고, 그 결과도 동일한 것이라 할 수 있다. 진실로 예언자적 경고란 오늘의 역사적 상황을 향한 경고 또는 복음이라는 성격을 갖고 있으며, 그 경고에 대한 듣는 자의 반응이 문제의 초점으로 되어 있는 그런 성격의 것이라 할 수 있다.

　　이러한 구약 예언자들의 전통이란 이스라엘이 처음으로 정착 농경 생활을 시작했던 땅, 약속의 땅, 가나안의 토착적 예언종교전통과는 근본적으로 달랐던 것이었음을 기억할 필요가 있다. 가나안의 토착적 예언종교라고 하면 우리는 그것이 바알 종교의 예언운동이라고 하는 것을 잘 알고 있다. 바알 종교의 예언운동과 이스라엘 구약 종교의 예언운동 사이에는 현저한 차이점이 있다. 그러나 이러한 가나안의 바알 종교와 이스라엘의 여호와 종교의 예언운동 사이에 나타나는 차이점은 주로 그들이 갖고 있는 그 역사적, 문화적 배경의 차이 때문에 생겨나는 현상이라 할 수 있다. 즉 바알 종교는 내 땅을 갖고 그 내 땅에 씨를 뿌리고 밭갈아서 농작물을 거둬들이는 농경생활을 삶의 유일한 방식으로 삼고 있는 농경문화의 종교였다면, 이스라엘의 여호와 종교는 유일한 재산인 양떼들을 이끌고 사막 주변의 초원지대를 찾아다니며 반유랑생활을 하던, 때로는 유랑하고 때로는 머물며 다니던 반유목민들의 유목문화를 배경으로 하고 있었던 종교였다. 그러므로 가나안 농경문화의 종교였던 바알 종교는 농경지의 출산력을 관장하는 출산의 신 바알(Baal)을 섬겼으며, 이 바알은 땅의 주인이며, 땅의 출산을 관장하는 신으로서, 농경민들에게 밀과 포도를 제공하는 신으로서 예배를 받았다. 그러나 문제는 이러한 밀이나 보리 또는 포도의 출산은 육과 육이 부딪혀서 성적 합일을 체험할 때 비로소 가능한 일이라는 데 있었다. 즉 바알 종교의 예배자들은 땅의 풍성한 수확을 거두어 들이기 위하여서 바알 신과 예배자 사이의 성적 합일의 체험을 하는 것을 주요한 종교의식으로 채용하고 지켰다. 그러므로 바알의 제단 옆에는 정식으로 자리를 깔고 바알의 대리자인 거룩한 남창과 거룩한 창녀가 바알을 예배하러 오는 자들과 더불어 성행위를 하는 것을 하나의 종교의식화하였던 것이다. 그러나 아무리 저급 종교라 할지라도 이러한 육의 합을 뚜렷한 윤리의식을 가지고서는 진행시킬 수가 없었던 모양이다. 그러므로 그들은 이성과 윤리적 자각을 망각의 경지로 몰고 가는 소위 몰아의 반윤리적 흥분상태인 엑스타시의 경험을 매개로 해서 신과의 육적 합일의 입신 경험을 시도했던 것이다. 이러한 몰아의 입신 상태 속에서 바알 예언자들은 신의 계시를 기다렸던 것이다.

    이러한 입신 상태에 들어간 자는 입에서 거품을 토하며 하루종일 벌거벗은 알몸으로 드러누워서 알아들을 수 없는 주문 같은 것을 중얼거리거나, 자기 몸을 찢고 또는 상해하는 행동을 하거나, 제단 주변을 뛰노는 동작을 하기도 했다. 이러한 바알 종교의 예언행위에는 냉철한 판단력과 윤리적 자각 그리고 역사의식이 없다는 것이 그 특징으로 되어 있다. 이것이 이스라엘의 야웨 종교와 다른 근본적인 차이점이라 할 수 있다. 즉 이스라엘의 야웨 종교는 사막 변두리로 떠돌아 다니며 남의 초원지대로 평화적으로 침투해 들어가서 양떼에게 꼴을 뜯어 먹이는 유랑 역사 속에서 자란, 이른바 문화와 등진 역사 현실 속에서 성장한 종교였다. 그러므로 현실을 보는 직관력과 역사의식이 없이는 살아 남을 수 없는 떠돌이 무리들인 이스라엘 선조 예언자로서는 정착문화의 유산인 바알 종교와는 달리 역사 현실을 직관하는 능력, 즉 〈보는 힘〉, 통찰력을 갖고 있었고, 역사 안에서 울려 오는 역사의 소리를 〈듣는 능력〉, 곧 청력을 갖고 있어야 했다. 즉 〈보고〉〈듣는 것〉이 이스라엘의 야웨 종교가 가지고 있는 예언 운동의 주요 특성이었다.

그러므로 사무엘서(삼상 9:9b)가 말하고 있듯이, 구약에서 말하는 〈예언자〉라고 하는 말은 본래는 〈선견자〉(先見者)라고 불리웠는데, 〈예언자〉(나비)라는 용어와 〈선견자〉(로에 또는 호쩨)라는 용어 중 어느 것이 먼저 사용되었는지는 불분명하지만(삼상 9:9b는 두 가지 이름의 "하나님의 사람" 그룹이 "초기에는" 서로 독립적으로 구별되어 있었으나, 시간이 지나면서 어느 하나가 다른 어느 하나로 그 특성이 전이되었다는 것과 후대의 고전적 예언자들은 그 두 그룹 모두의 성격을 다 이어받았을 것이라고 추론을 가능하게 한다), 히브리 언어적 전통에서 볼 때 〈선견자〉라는 히브리말 〈로에〉 또는 〈호쩨〉는 그저 〈보는 자〉 즉 〈seer〉라는 말이다. 즉 그들은 그저 〈보는 자〉에 불과했다. 그렇다면 그들은 무엇을 〈보는 자〉였을까? 그것은 매우 분명하고 뚜렷했다. 즉 그들이 본 것은 예외없이 〈하느님의 역사 개입〉이었다. 이 인간 역사 속에 침투해 들어오시는 하느님의 역사 개입을 그들은 보았던 것이다. 이 인간 역사 현실이 불가피하게 초래할 하느님의 역사 개입을 그들은 보았던 것이다.

그리고 그들은 또한 듣는 사람이기도 했다. 아니, 그들은 〈들을 수 없는 사람〉들이었다. 예컨대 성서에 기록된 예언자들의 예언문체들이 대부분 〈신탁〉의 문체, 즉 하느님께서 예언자들의 귀에 담아두신 그 말씀을 그들이 받아서 백성들에게 전달하는 전달문체로서 구성되어 있다는 것은, 바로 그들이야말로 다른 사람들이 듣지 못하는 것을 들을 수 있었던 사람이었음을 가리켜 주고 있다 하겠다. 즉 그들 예언자들은 이 역사 안에서 능히 하느님의 음성을 들을 수 있는 사람들이었다. 말하자면 하느님이 그의 백성과 열국 백성들을 향하여 말씀하시는 그 말씀을 그들은 능히 들을 수가 있었다. 그러나 그들은 또한 하느님의 말씀뿐만 아니라 하늘을 향해 부르짖는 땅의 소리도 능히 들을 수 있는 자들이었다. 땅이 하늘을 향해 부르짖는 땅의 소리도 능히 들을 수 있는 자들이었다. 땅이 하늘을 향해 부르짖는다는 표현은 매우 의인법적인 표현이긴 하지만, 성서의 예언자들은 늘 하느님을 향한 땅의 소리, 즉 땅 위에 있는 인간의 소리, 자연의 탄식 소리, 자연의 찬양 소리를 능히 들을 수 있는 자들이었다. 말하자면 그들은 대단한 청력을 갖고 있었다 할 수 있다. 그들은 백성들의 신음 소리, 울부짖음, 항변, 애곡 소리를 들을 수 있었다. 또한 그들은 이러한 땅의 소리에 대하여 하느님은 어떻게 응답하고 계시는가 하는 것도 역시 들을 수 있었던 것이다. 즉 그들은 하늘과 땅, 땅과 하늘의 교창 소리를, 하늘과 땅이 피차 주고 받는 소리를 능히 들을 수 있는 자들이었다. 이것이, 즉 〈보는 일〉과 〈듣는 일〉, 이것이 이른바 구약 예언자들의 기능 중 가장 중요한 기능에 해당한다 하겠다. 그러나 그들은, 둘째로, 보는 기능과 듣는 기능 이외에도 〈역사를 해석〉하는 기능도 담당했다. 예언자들은 비록 독자적이고도 창의적인 말을 외치기도 했지만, 그러나 그들은 철저히 과거의 역사전승을 기초로 하고 그 역사전승들을 〈해석하는 일〉을 담당했었다. 과거 역사를 바르게 해석하여 그것이 오늘의 역사 상황과 관련된 역사적 의미가 무엇인지를 찾아 주는 일, 이것은 〈보는 일〉과 〈듣는 일〉에 못지 않는 중요한 예언자적 기능이었다. 비록 그들 예언자들은 모두 각각 서로 다른 역사 전승들을 빌어오기는 했지만 그들은 철저히 과거의 역사 전승들을 근거로 하고 그 역사 전승에 대한 해석에서부터 그들의 메시지 선포의 포문을 열었던 것이다. 〈역사에 대한 해석과 새로운 평가부여〉, 이것은 참으로 중요한 예언자적 기능이었다. 그들은 결코 과거, 현재, 미래를 통하는 역사 현실에 대하여 방관적 태도를 취한 자들은 아니었다. 그들은 어디까지나 충실한 역사 해석가들이었다. 과거를 통해서 현재를 보고, 그 현재를 통해서 또한 미래를 보았던 자들이 구약의 예언자들이었다. 예언자들이 보고 들었던 천계의 음성들, 하늘의 계시와 환상, 그리고 그 소리들은 초역사적인 것, 탈세상적인 것은 결코 아니었다.

그러므로 그들은 수천, 수만 년 뒤에 일어날 미래적, 묵시적 사건에 대한 천리안적 눈을 가진 자들이라기보다는 오히려 현재의 역사 현실에 대한 깊은 통찰력, 즉 〈오늘〉에 대한 올바른 판단력을 가진 자들이었고, 오늘의 역사가 가진 그 역사적 의미가 무엇인지를 꿰뚫어 볼 수 있는 통찰의 능력을 가진 자들이었다. 과거의 역사 전승들도 예언자들에게 와서는 〈오늘〉을 위하여 이용되고 오늘을 위하여 해석되었던 것이다. 그러나 이 〈오늘〉은 과거와 미래를 연결하는 〈오늘〉이지 결코 초시간적 시간 개념을 가진 것은 아니었다. 그들은 언제나 〈시간〉 안에서 말하고 〈시간〉 안에서 행동했으며, 이 〈오늘〉, 구체적 시간 안에 있는 이 〈오늘〉의 운명이 관심의 중심이 되어 있었다.

그 다음 예언자의 중요한 그 세번째 기능을 선포하는 기능, 외치는 기능이었다. 그들은 외치는 자들이었다. 외칠 수 없는 상황 속에서도 외치는 자들이었다. 이 외치는 일, 말을 토하는 일, 이것은 예언자들에게 있어서는 져야 할 하나의 짐이었고, 반드시 이행해야 할 하나의 과제였다. 예언자 아모스는 "주 여호와께서 말씀하신즉 누가 예언하지 않겠느냐?"라고 외친 적이 있다. 예언자는 그러므로 말씀이 임할 때 외치지 않을 수 없었다. 왜냐하면 예언자의 기능은 그가 그에게 임하신 하느님의 말씀을 입 밖으로 외칠 때 비로소 그 예언자의 기능을 완수할 수 있기 때문이었다. 그러므로 말할 줄 모른다는 변명이나 사양이나 또는 겸양의 미덕이란 예언자에게 있어서는 금물이다. 하느님의 부르심에 항거했던 모세나 예레미야의 경우가 그 경우라 할 수 있다.

하느님의 부르심을 받았던 모세는 그를 부르신 여호와께 이렇게 항변했다. "주여, 나는 본래 말에 능치 못한 자라, 나는 입이 뻣뻣하고 혀가 둔한 자니이다." 그러나 여호와는 오히려 "누가 사람의 입을 지었느뇨, 누가 벙어리나 귀머거리나 눈밝은 자나 소경이 되게 하였느뇨, 나 여호와가 아니뇨?"라고 반문하시며 그의 소명에 복종할 것을 요구했다. "이제 가라, 내가 네 입과 함께 있어서 할말을 가르치리라"라고 했다. 또한 예레미야가 예언자로서 소명받던 장면도 이와 매우 비슷한 것을 볼 수 있다. 예레미야 예언자도 여호와의 부르심을 받자마자 이렇게 항변했다. "슬프도소이다, 주 여호와여, 보소서, 나는 아이라 말할 줄을 알지 못하나이다." 그러나 그를 예언자로 부르셨던 야웨께서는 이렇게 말씀하셨다. "너는 아이라 하지 말고 내가 너를 누구에게 보내든지 너는 가며 내가 네게 무엇을 명하든지 너는 말할지니라." 진실로 그렇다. 예언자는 그의 모든 인격과 사람됨이 모두 "말씀을 외쳐야 한다"는 과제 앞에 가리워졌고 숨기어졌던 사람이었다. 특히 아모스로부터 시작되는 개혁 예언자들에게 있어서 이러한 기능은 너무도 분명하게 나타나 있는 것을 우리는 볼 수 있다. 즉 아모스나 호세아, 이사야, 미가, 예레미야, 에스겔, 스바냐, 하박국 등. 특히 제이 이사야, 제이 스가랴 같은 자들의 경우에 있어서 이러한 현상은 너무도 분명하게 나타나고 있는데, 즉 그들은 자신의 인격과 자신의 자서전적. 전기적 배경에 관해서는 거의 관심하지 않고 있음을 볼 수 있다. 특히 아모스의 경우, 그는 드고아의 목자들 중의 한 사람, 하나의 평범한 목양자에 지나지 않는다는 언급, 그리고 뽕나무 배양을 부업으로 하여 생계를 유지할 수밖에 없었던 사람이라는 것 이외에는 아무 것도 자기 자신에 관해서는 소개한 바가 없었던 사람이었다. 더욱이 제이 이사야나 제이 스가랴의 경유에 있어서는 아예 자기 자신의 이름조차도 밝히지를 않고 오직 메시지 전달에만 몰두했기 때문에, 그들의 예언이 오늘날은 남의 예언집 속에 즉 제이 이사야의 것은 제일 이사야의 예언집 속에 덧붙여져서 익명으로, 무명으로 전달되고 있을 뿐임을 우리는 보고 있다. 이 모든 현상이 우리에게 말하고 있는 것은, 그들 예언자들은 오직 그들이 하나님으로부터 위탁받은 바의 말씀을 대언하는 직능, 외치며 선포하여 하나님의 말씀을 백성들의 귀에 들리도록 하는 기능에만 충실했던 자들임을 단적으로 지시해 주고 있다 할 수 있을 것이다. 통속적으로 표현해서 말한다면, 그들 예언자들은 하나님의 나팔, 하나님의 대변인에 불과했다 할 수 있다. 위탁받은 말을 announce하지 않는 대변자란 있으나마나 한 것이라 하겠다. 하나님의 나팔로서의 기능, 어디까지나 하나님의 〈대변자〉로서의 기능, 오직 거기에만 충실하고, 오직 그것을 위하여서만 역사의 지평 위로 나타났다가. 오직 그것 때문으로 인하여 역사의 지평 저 너머로 사라져 갔던 자들이 곧 이스라엘의 예언자들이었다. 이스라엘 예언운동의 역사에 있어서 찬란하고 빛난 업적을 남겨놓아 명실공히 이스라엘 예언의 금자탑을 이룩했던 저 대예언자 엘리야의 예언활동들도, 그것들을 주의 깊게 관찰하는 사람이면 누구나, 그 모두가 오직 〈하나님의 말씀의 증언자〉로서의 삶 이외의 다른 아무것도 아니었다는 것을 깨닫게 될 것이다. 특히 호렙 산에서 하나님의 나타나심을 직접 체험했던 엘리야의 호렙 산 신 계시의 경험에 관한 성서의 기록을 보면, 크고 강한 바람, 땅을 뒤흔드는 지진, 모든 것을 삼켜버리는 불, 그 어느 것에서도, 그 어떠한 경이스럽고도 놀라운 종교현상 속에서도 야웨 하느님이 현존하시지 않고 오직 그 모든 것 후에 들려오는 가느다란 하느님의 음성에서만 하느님이 현존하시고 계심을 엘리야가 체험했노라고 증거하고 있음을 볼 수 있다. 아마도 구약의 예언자들 만큼, 이렇게도 철저하게 어떠한 종교현상보다 하느님의 말씀에 최고의 권위를 부여한 자들은 결코 없을 것이라 할 수 있다. 물론 이러한 예언운동의 빛나는 전통을 수립하는 데 혁혁한 공헌을 세운 자는 말할 나위도 없이 사무엘이라 할 수 있다.

사무엘은 이스라엘 역사형성의 초기에 나타난 민족 지도자요 동시에 하나님의 대언자였다. 그는 그 당시를 전염병처럼 휩쓸고 있던 열광적 예언운동, 벌거벗은 알몸으로 하루 종일 드러누워서 거품을 토하며 예언을 하던 내용 없는 예언자의 무리들로 하여금 야웨 종교의 핵심인 말씀의 종교 위에 확고히 서도록 규합하고 선도하는 일을 했던 예언운동의 선구자였다. 하나님의 말씀에 대한 신학 없이 어떤 신비한 종교적 현상에만 도취되어 날뛰며 흥분한다는 것 만큼 위험한 것은 없다 하겠으며, 신학 없는 종교적 열정만을 강조하는 것 만큼 위험한 일도 또한 없다 하겠다. 그런 점에서 볼 때 야웨 종교의 기틀은 전혀 〈말씀〉의 신학 위에 정립하는 이스라엘 예언운동의 효시를 우리는 사무엘에게서 찾을 수 있다 하겠으며, 다윗과 솔로몬 시대의 나단이나 솔로몬과 여로보암 시대의 아히야, 아합 시대의 엘리야 같은 예언자들은 이러한 사무엘의 영향 아래 있었다 하겠으며, 아모스로부터 시작하는 소위경전 예언자들도 이러할 전통 위에 서 있었다 하겠다.

II

　우리는 위에서 구약 예언자들의 주요한 삼대 기능, 즉 보고 듣는 기능과 역사 전승을 해석하는 기능, 그리고 선포하는 기능들을 살펴보았다.
　이제 우리는 이 삼대기능을 좀 더 구체적으로 살펴보면서 그 기능 속에 전개되는 예언자 상을 오늘의 우리 시대와 연결시켜서 한번 고찰해 보아야 할 줄로 생각한다. 물론 여기서 세 번째의 기능에 해당하는 선포의 기능은 첫째와 둘째의 기능, 즉 보고 듣는 기능 그리고 역사해석의 기능과 동시적으로 나타나는 데 그 특징이 있다는 것, 즉 예언자는 보고 듣고 해석한 바는 즉시 선포할 수밖에 없었다는 것은 두말할 필요도 없다. 첫째로, 이스라엘 예언자들은 무엇을 보았으며 또 무엇을 들었는가? 그리고 그 보고 들은 바를 어떻게 해석하고 판단함으로써 말씀 선포의 기능을 담당하였겠는가?

　이미 우리가 위에서 살펴본대로, 이스라엘 예언자들은 심판과 구원사건이라는 형태로서 나타나는 하느님의 역사 개입 현상들을 보았고, 이러한 하느님의 역사 개입을 요청하는 또는 불러들이는 땅의 소리와 하늘의 응답을 들었던 자들이었다. 그러나 우리가 여기서 한 가지 언급하고 지나갈 주요한 사항은, 예언자들이 보았던 바 하느님의 역사 개입의 사건들이나 그들이 들었던 바 땅의 소리와 하늘의 소리는 결코 신비한 종교 영역 안에서 종교라는 신비의 보자기를 쓰고 나타난 것이 아니라, 너무도 평범한 일반적인 세속 사건의 형태로 나타났을 뿐이라는 사실이다. 말하자면 평범한 일반적 세속 사건들 안에서 하느님의 역사 개입을 통찰할 수 있고, 평범한 세속적 소리들 속에서 하늘을 향한 소리와 하늘의 응답 소리를 들을 수 있다는 것, 여기에 예언자의 특성이 나타난다 하겠다. 예언자 아모스는 사마리아 성읍 안에 우뚝우뚝 서 있는 겨울 궁, 여름 궁, 상아 궁 등의 호화롭고 사치스러운 궁들을 보았고, 안식일이나 월삭일 같은 성회에 참석하기 위하여 앞을 다투며 벧엘 성소로, 길갈 성소로, 브엘세바의 성소로, 마치 오늘날 맘모스 교회당을 향해 줄지어 나아가듯이 성소로 올라가는 의기양양한 순례자들의 발걸음과 얼굴 모습들을 보았다. 그리고 거기, 호화로운 궁들에서부터 들려오는 떠돌며 재잘거리는 소리, 가장에게 술을 따라 달라고 보채는 사마리아 여인들의 교태어린 술 노래의 소리와 술 따르는 소리, 그러나 한편으로는 이와는 정반대로 광장 어귀 어귀에 모여 앉아 소리 높혀 우는 울음꾼들의 곡하는 소리, 가난한 농부들이 거리 거리에 모여 앉아 호곡하는 탄식 소리를 아울러 들었던 것이다. 또한 거기 이름난 벧엘 성소, 길갈 성소, 브엘세바의 성소 등으로 올라가 예배를 드리는 이스라엘 자손들의 야웨를 찬양하는 노래 소리, 비파 소리, 그리고 아침마다 희생제를, 삼일마다 십일조를 드리며 수은제, 낙헌제를 소리 높혀 광포하는 소리 소리들을 들었다. 그러나 그는 이러한 외형적인 노래 소리, 찬양 함성들 속 깊숙한 곳에서 들려오는 또하나의 소리, "월삭이 언제나 지나가서 우리로 곡식을 팔게 하며, 안식일이 언제나 지나가서 우리로 밀을 내게 할꼬"라고 중얼거리는 소리들도 아울러 들을 수가 있었다. 즉 거룩한 예배의식을 소리 내어 집행하는 저들의 속 마음 속에서부터 울려오는 또 하나의 다른 소리 "에바를 작게 하며 세겔을 크게 함으로써 거짓 저울로 저들을 속이자, 은으로 가난한 자를 사며, 신 한 켤레로 궁핍한 자를 사며, 재가 섞인 밀을 팔자"라고 말하는 그들의 깊은 마음의 술책을 아모스는 능히 들을 수가 있었던 것이다. 그러나 또한 아모스는 이 모든 보고 들은 바를 통하여 그 사건들이야말로 바로 하느님의 심판을 불가피하게 초래할 이스라엘의 가공할만한 죄악이라는 것을 능히 볼 수 있었다. 말하자면 그는 이러한 현상 속에 깊이 자리잡고 있는 사회와 종교의 내면적 부패를 볼 수 있었던 것이다. 사회적 부패, 그것은 빈부의 차이가 나타났다는 사회현상 그 자체에 있는 것은 결코 아니었다. 아모스의 통찰은 전혀 다른 곳에 있었다. 즉 가난한 자를 착취하고 억압하는 부유한 자의 부의한 횡포, 부당한 세와 불의한 뇌물, 저울을 속인 부당한 임금으로써 자기 배를 채우고, 그리고서는 오히려 가난한 자를 학대하며, 의로운 자나 정직하게 말하는 자를 미워하고 축출하며 학대했다는 오직 그들의 사회윤리의 부패에 집중되고 있었다. 그는 결코 당시의 사회경제체제나 그 무슨 자본주의 체제를 비판한 자는 아니었다. 오직 불의한 이득으로 부를 쌓고, 의롭게 살려는 자들은 학대하고 억압하는 현실 그 자체가 그의 비판의 초점이 되어 있었다. 또한 종교인들도 조금도 다를 바 없이 이러한 부패한 사회윤리를 그대로 따라가고 있다는 데 그의 고민은 극에 달해 있었다.

이러한 시대는, 아모스가 말했듯이(5:13), 지혜로운 자는 입을 다물고 잠잠하는 시대였다. 이스라엘 현자들은 이러한 시대에서는 아무런 말을 하지 않았다. 불의와 강포가 땅을 뒤덮고 지혜자는 오직 침묵만을 지키던 시대, 바로 이러한 시대의 파수군은 오직 지혜자의 철학을 역행하는 예언자들 뿐이었다. 예언자들은 지혜자들처럼 악한 시대에 대하여 침묵할 수 있는 슬기는 없었다. 예언자 아모스는 이렇게 말한다. "사자가 부르짖은즉 누가 두려워하지 아니하겠느냐. 주 야웨께서 말씀하신즉 누가 예언하지않겠느냐?" "주 야웨께서 가라사대 이 땅 사면에 대적이 있어네 힘을 쇠하게 하며 네 궁궐을 약탈하리라. 내가 이스라엘의 모든 죄를 보응하는 날에 벧엘의 단들을 벌하여 그의 뿔들을 꺾어 땅에 떨어뜨리고 겨울 궁과 여름 궁을 치리니 상아 궁들이 파멸되며 큰 궁들이 절단나리라. 이는 야웨의 말씀이니라"라고 했다.

진실로 아모스의 이 모든 예언은 벧엘의 제사장 아마샤가 고백했듯이 그 땅이 견딜 수 없는, 그 땅이 감당할 수 없는 예언이었다. 이 경우는 이사야나 예레미야의 경우도 마찬가지였다. 그러나 아모스는 또한 이 모든 현상 속에서 하느님의 심판, 더 이상 도피할 길이 막혀버린 하느님의 심판, 음부로 피한다 해도, 하늘로 도망친다 해도, 바다 속 깊은 곳으로 몸을 숨긴다 할지라도 결코 피할 수 없는 하느님의 저 잔혹한 심판. 그러나! 그 심판이 오히려 알곡은 한 알갱이도 허무하게 땅에 떨어지지 않게 하기 위한 〈하느님의 체질 작업〉에 불과하다는 것을 아모스는 보았던 것이다. 〈심판을 통한 하느님의 구원섭리〉라고 하는 이러한 역설적 진리를 이해하지 못하는 자는 아모스의 예언을 심판을 위한 심판, 부정을 위한 부정, 비판을 위한 비판으로 만들을지 모른다. 그러나 아모스의 모든 예언의 마지막 결론인 아모스 9장 15절은 "내가 저회를 그 본토에 심으리니 저회가 나의 준 땅에서 다시 뽑히지 아니하리라"하고 끝맺어지고 있다. 말하자면 다시는 뽑히지 않을 뿌리깊은 나무가 되게 하려는 것, 그것이 하느님의 심판의 목적이었다. 그러나 비록 구원의 섭리를 위한 전단계적 과정으로서의 심판을 말한다 하더라도 죄를 떨어버리려는, 즉 죄악을 도 말하시려는 하느님의 공의의 심판은 결코 늦추어지거나 보류되거나 할 수는 없다는 것이 아모스가 끝가지 견지한 확신이기도 했다. 문제의 초점은 죄악과 부정의의 제거에 있는 것이지 사람에 대한 증오와 미움은 아니었다.

이러한 점에 있어서는 예언자 호세아의 경우가 더욱 절실한 모습으로 나타난다. 호세아, 그는 하느님의 사랑을 싸구려로 팔아넘기는 〈하느님의 사랑의 도매꾼〉은 결코 아니었다. 호세아의 논조는 오히려 아모스보다 더 격렬하고 더 비정한 데가 있었다.

호세아의 신랄한 예언은 오직 하느님의 사랑을 배신한 이스라엘의 부정절(不貞節)에 대한 고발과 회유에 있었다. 하느님의 뜻을 저버리고 이교의 반인도적인 윤리와 야합함으로써 야웨의 법을 버렸다는 것, 이것은 이스라엘의 배신이요 하느님에 대한 간음행위였다. 이교의 신들은 떡과 물과 양털과 삼과 기름과 그리고 포도주로써 이스라엘을 유혹하였고, 저주와 증오와 살인과 투절과 간음과 강포를 공모하자고 회유했다. 그리하여 이스라엘은 어렵고 좁은 야웨의 공도(公道)의 길을 내어버리고 바알로부터 떡과 양털과 포도주를 몸 값으로 받고는 야웨에 대한 정절을 헌신짝처럼 내어 버리고 바알을 따라갔던 것이다. 이에 대한 호세아의 비판과 심판 선언은 아모스보다는 더 비정한 데가 있었다. "너희 어미와 쟁론하고 쟁론하라. 저는 내 아내가 아니요, 나는 저의 남편이 아니라. 저로 그 얼굴에서 음란을 제하게 하고 그 유방 사이에서 음행을 제하게 하라. 그렇지 아니하면 내가 저를 벌 거벗겨서 그 나던 날과 같게 할 것이요, 저로 광야 같이 되게 하매 마른 땅 같이 되게 하여 목말라 죽게 할 것이며, 내가 그 자녀를 긍휼히 여기지 아니하리니 이는 저희가 음란한 자식들임이니라."

그러나 호세아는 이스라엘의 음란에 대한 비난과 힐책과 심판만으로 일관하지는 않았다. 오히려 그는 이스라엘의 음란한 죄보다 더

붉고 더 깊고 더 진한 하느님의 사랑을 보았던 것이다. 즉 이스라엘이 악을 따라서 야웨로부터 멀어져 가면 멀어져 갈수록 이스라엘에 대한 하느님의 사랑의 연민은 더욱 더 강열하게 불붙고 있었던 것이라고 보았던 것이다. 마침내 하느님은 찔리면 아픔을 주는, 찔리면 좀처럼 그 독이 빠지지 않는 독한 가시를 준비하시고 그 가시를 이용하여 이스라엘의 음란한 길을 가로막고 차단함으로써 마침내는 죄악의 독과 허무성이라는 것이 도대체 어떠한 것인지를 절실하게 깨달은 후 하느님에게로 돌아서도록 그렇게 경륜하셨던 것이다. 호세아는 야웨의 말씀을 이렇게 전하고 있다. "내가 가시로 그 길을 막으며 담을 쌓아 저로 그 길을 찾지 못하게 하리니, 저가 그 연애하는 자를 따라 갈지라도 미치지 못하며, 저회를 찾을지라도 만나지 못할 것이라. 그제야 저가 이르기를 내가 본 남편에게로 돌아가리라. 그때의 내 형편이 지금보다 나았음이라 하리라."

여기서 우리는 비로소 하느님의 사랑의 역설적 깊이를 발견하게 된다. 호세아에게 있어서 하느님의 사랑은 곧 가시를 통한 사랑, 아픔을 통한 사랑이었다. 즉 아픔을 통해서 비로소 깨닫게 되는 사랑, 죄악의 허무성을 깊이 체험케 함으로써 그 죄악으로부터 돌아서게 하는 하느님의 사랑, 진실로 예언자 호세아는 하느님의 사랑의 이러한 이중적 성격을 볼 수가 있었다. 호세아가 본 바, 하느님의 사랑 속에 개재된 〈가시〉는 아모스나 이사야, 예레미야가 본 바, 하느님의 〈심판의 채찍〉과 동일한 의미를 가진다 하겠다. 말하자면 하느님의 사랑은 하느님의 심판을 통해서 더욱 확고한 터를 닦고 있다 할 수 있겠다. 이 〈가시〉는 이스라엘로 하여금 하느님 앞으로 돌아오게 하시려는 하느님의 사랑, 의, 하느님의 구원의지의 다른 한 표현으로 읽어야 할 것이다. 그러므로 포로기 이전의 이스라엘 예언자들, 아모스, 호세아, 이사야, 미가, 예레미야, 스바냐 같은 예언자들의 심판 예언은 이러한 관점에서부터 이해하여야 할 것이다. 그것은 그들 예언자들로부터 심판 선언을 받아야 했던 이스라엘 죄목이 어디까지나 야웨 하느님과의 관계의 파괴, 야웨의 하느님의 율법을 떠나간 죄에 집중되고 있다는 점에서도 뚜렷하게 나타난다 하겠다. 즉 이스라엘 그의 주인 되신, 그의 남편 되신, 그의 아버지 되신 야웨 하느님의 뜻을 거스리고 음란하게 다른 길로 갔기 때문에, 이스라엘이 다른 길로부터 돌이켜서 야웨에게로 돌아오도록 회개를 촉구하는 행동이 곧 예언자들의 심판 선언이라는 형태로 나타 났던 것이다,

하느님의 심판은 이스라엘의 완전한 회복을 위한 하느님의 훈계의 채찍이요 훈도의 매였다. 이스라엘로 하여금 참 이스라엘 되게 하시려고 깎고 다듬는 하느님의 사랑의 매질과 채찍질이었다. 이것을 볼 수 있는 눈을 가진 자가 곧 신앙인이라 할 수 있다. 구약 예언자들이야 말로 바로 이러한 신앙의 눈을 가진 이른바 〈보는 자〉, 〈로에〉였다. 예언자 이사야는 이렇게 외치고 있다. "소는 그 임자를 알고 나귀는 주인의 구유를 알건마는 이스라엘은 알지 못하고 나의 백성은 깨닫지 못하는도다. 슬프다, 이스라엘은 그 행위가 부패한 자식이로다. 그들이 야웨를 버리며 이스라엘의 거룩한 자를 만홀히 여겨 멀리하고 물러갔도다. 너희가 어찌하여 매를 더 맞으려고 더욱 더욱 패역하느냐?" "내가 나의 손을 들어 너를 쳐서 너의 찌기를 온전히 청결케 하고 너의 혼잡물을 다 제하여 버린 후에야 비로소 네가 의의 성읍이라 신실한 고을이라 칭함을 받으리라"고 외쳤다. 즉 이스라엘이 받을 심판은 곧 이스라엘을 정련시키는 풀무불이며, 이스라엘을 연단하시는 용광로였다. 그러므로 매를 맞는 자가 불행한 것이 아니라 매를 맞아도 깨닫지 못하는 자가 불행한 것이다. 그래서 예언자 호세아는 "내 백성이 지식이 없으므로 근심하는도다"라고 절규했던 것이다.

하느님의 역사 개입, 이것을 볼 수 있고 이것을 들 수 있는 눈과 귀가 필요한 것이다. 예언자들이 이스라엘을 깨우치고자 한 것은 바로 이러한 역사를 보는 눈과 귀를 열어주려는 데 있었다. 백성의 죄

는 이러한 예언자들의 소리에 귀를 막아버린 데 있었다. 예레미야의 저 유명한 성전설교는 이 점을 분명히 하고 있다. "너희는 내가 처음으로 내 이름을 둔 처소 실로에 가서 내 백성 이스라엘의 악을 인하여 내가 어떻게 행한 것을 보라. 나 야웨가 말하노라. 이제 너희가 그 모든 일을 행하였으며 내가 너희에게 말하되 새벽부터 부지런히 말하여도 듣지 아니하였고, 너희를 불러도 대답하지 아니하였느니라. 그러므로 내가 실로에 게 행한 것 같이 이 성 예루살렘에도 행하리라." 말하자면 〈실로 성소〉의 참혹한 멸망을 경험하고서도 깨닫지 못한 백성을 경고하고 있는 것이다. 〈실로 성소〉의 멸망, 그것은 이스라엘을 깨우치려는 하느님의 사랑의 가시였다.

그런 점에서 볼 때, 이스라엘이 역사 안에서 겪은 모든 고난경험이 모두 이스라엘을 깨우치려는 하느님의 가시였다. 이 가시의 의미를 바르게 깨달을 수 있도록 과거 역사 전승들을 현재의 삶과 결부시켜 역사를 해석해 주고, 그것을 오늘의 백성에게 전달한 자들이 바로 다름 아닌 예언자들이었다. 그런 점에서 볼 때, 예언자들은 또한 역사 해석가로서의 기능을 담당했던 자들이라 할 수 있는데, 그같은 〈오늘〉의 역사적 상황을 깨우치기 위하여 과거 역사 전승들을 자유자재로 사용하고 이용하여 그 역사 전승들에 대한 해석을 기초로 하여 오늘의 역사를 해석해 주었던 것이다. 이러한 예언자들의 역사 해석이 가지는 특수한 면 몇 가지만을 소개하는 것으로 결론을 대신해 보기로 한다.

III

첫째로는, 저 유명한 출애굽 전승에 대한 예언자들의 역사 해석과 그 해석을 오늘의 시대에 적응하는 모습을 지적하여야 하리라 생각한다. 출애굽 사건 그것은 결코 콕스(Harvey Cox)가 해석한 것과 같이, 애굽의 바로 왕의 왕권에 도전한 초기 이스라엘의 민권운동이었거나 또는 바로 왕조와 같은 세속 왕권의 비신격화 또는 비신성화라는 의미를 가지는 것은 결코 아니었다. 거기에는 오직 하느님이 역사의 주권자임을 지시해 주는 의미가 있을 뿐이다. 하느님은 역사를 지배하시는 분, 하느님은 구원의 유일한 주체라는 것을 가리켜 주는 의미가 있을 뿐이다. 애굽의 군대를 홍해에 빠뜨리신 분, 이스라엘의 군대로 하여금 홍해를 건너게 하신 분, 즉 역사 속에서의 이스라엘의 구원, 이것이 출애굽 사건을 보도하는 성서의 첫째되는 의미였다.

　　이러한 기본적인 구원사적 출애굽 전승은 예언자들의 손에 들어와서는 여러 가지 각도에서 다양한 형태로 〈재해석〉이 되었다. 예컨대 아모스는 이스라엘의 선민의 의무, 즉 택한 백성으로서의 의무를 강조하기 위하여 이 출애굽의 전승을 이용했다. 즉 야웨께서 이스라엘을 애굽에서부터 인도하여 올리신 것은 이스라엘의 특권의식을 조장하기 위한 것이거나 애굽 왕조나 이스라엘 유랑민의 정치적 갈등의 중재를 위한 행동이 아니라, 그것은 전혀 하느님의 대인류 구원사 속에서 택한 백성 이스라엘이 지켜야 할 의무, 모든 열국들의 사표와 등대로서 살아야 할 의무, 정의를 수행하고 선을 행함으로써 열국들이 우러러 그 통치을 본받음으로 모두 하느님 앞으로 돌아와 이 지상에 〈하나〉의, 오직 하나의 하느님 왕국이 건설되도록 하시려는 야웨 하느님의 뜻이 구체화된 사건에 불과했다.

　　그러므로 출애굽의 경험은 이스라엘의 오만과 자만의 요소가 아니라 정의를 수행하고 공의를 세움으로써 택한 백성으로서 서야 할 자리에 서게 하는 신의 교육적 행위였다. 구원의 경험이 신앙적 오만과 택함을 받았다는 자만의 동기가 되어서는 안 되며, 빛과 소금의 사명을 받아 감당하는 선택받은 자의 과제와 의무의 동기로서 받아야 한다는 말이다. 그러나 이러한 택함 받은 자의 과제가 여지없이 훼손되고, 선택 받는 백성이 이방 백성보다 다르지 않게 또는 더욱 불의를 행하고, 더욱 악을 쌓으며, 불순한 동기와 목적을 가지고 예배를 드릴 때, 그 때 거기에 내려지는 심판은 더욱 격렬해질 수밖에 없는 것이다.

예언자 호세아에게 있어서도 출애굽 사건은 역시 하느님의 교육적 행위였다. 그러나 호세아의 경우는 하느님의 의의 속성을 교육시키는 데 있다기보다는 오히려 하느님의 사랑의 속성을 깨닫게 하려는 교육적 동기에 그 목적이 있었다. 즉 출애굽 사건은 이스라엘에 대한 하느님의 사랑의 행위였다. 호세아 11장 1-4절은 그것을 드라마틱하게 묘사해 주고 있다. "이스라엘이 어렸을 때에 내가 〈사랑하여〉 내 〈아들〉을 애굽에서 불러내었거늘 저희가 점점 나를 멀리하고 우상 앞에서 분향하였느니라. 내가 그에게 걸음을 가르치고 내 팔로 안을지라도 내가 저희를 고치는 줄을 저희가 알지 못하였도다." "에브라임이여, 내가 어찌 너를 놓겠느냐? 이스라엘이여, 내가 어찌 너를 버리겠느냐? 너에 대한 나의 긍휼이 내 마음에서 온전히 불붙는 듯 하도다."

진실로 예언자 호세아에게 있어서 출애굽 사건은 이스라엘에 대한 하느님의 사랑의 행위에 불과했다. 마침내 예언자 호세아는 이 출애굽 사건을 광야전승과 결부시켜서 해석하는 매우 특이한 역사해석으로 발전해 나가버린다. 즉 호세아 2장 14-15절은 그것을 가장 잘 설명해 주고 있다. "그러므로 내가 저희 이스라엘을 애굽으로부터 꾀어내어 광야로 데리고 가서 말로 위로 하며 거기 광야에서 비로소 저희에게 저희 포도원을 되돌려 주며 아골 골짜기와 같은 그 광야로 하여금 소망의 문이 되도록 하겠다"라고 말한다. 참으로 놀랍고도 대담한 역사해석이라 아니할 수 없다.

출애굽의 사건은 이제는 결코 이스라엘의 탈출사건이 아니다. 이스라엘의 민족해방 사건도 아니다. 바로 왕권에 대한 정치적 쿠테타는 더욱 아니다. 그것은 왕왕 오해되었듯이 애굽 땅에서 일으켰던 이스라엘의 종교혁명도 물론 아니다. 호세아에 의하면 출애굽 사건은 오직 이스라엘에 대한 하느님의 꾀임수였다는 것이다. 이스라엘을 광야로 이끌어 내려는 하느님의 한 속임수였다는 것이다. 말하자면 출애굽 사건을 일으키신 하느님의 의도와 목적은 전혀 이스라엘을 광야로 이끌어 내시려는 목적 아래 진행된 사건이었다고 호세아는 해석하고 있다. 이러한 해석은 참으로 놀라웁고도 비약적인 해석같이 보이지만, 사실 이스라엘 역사가들 전체가 증언하는 주장과 가장 공통성 있는 해석이라 할 수 있다. 즉 출애굽의 참 뜻은 전혀 이스라엘로 하여금 참 이스라엘이 되게 하시려는 어떤 원대한 목적에 따라 경륜되었다는 데 있다는 것이다. 그렇다면 이스라엘을 광야로 이끌어 내신 하느님의 역사 경륜은 무엇이겠는가?

　호세아는 이 물음에 대해서 "광야만이 이스라엘을 소망으로 인도하는 관문이 되기 때문이다"라고 말하고 있고, 예레미야는 "광야만이 야웨 하느님과 이스라엘이 첫 사랑의 계약을 체결했던 장소이며, 야웨 하느님의 첫 사랑을 회상하고 기억할 수 있는 유일한 장소이기 때문이다"라고 대답하고 있다. 이 두 예언자의 출애굽 전승에 대한 해석은 모두 계약사상이라는 공동된 기초 위에 서 있다 할 수 있다. 즉 두 예언자 모두 출애굽의 의미를 광야의 고난을 통한 이스라엘의 훈련, 교육, 연단이라는 의미로 해석하고 있고, 이러한 고달픈 고난의 연단을 거친 후에라야 비로소 이스라엘은 참 이스라엘로 성장할 수 있기 때문에, 이 고난의 골짜기인 광야야말로 이스라엘이 희망으로 가는 문이요 마땅히 통과해야 할 하나의 관문이었다고 이해를 하고 또 해석하고 있다.

　출애굽의 의미는 이렇게 되면 매우 심화되고 매우 고차원적 이해에로 인도되고 있다 하겠는데, 사실 예언자들의 이러한 출애굽 해석은 고난을 되풀이하여 경험하는 이스라엘 역사 해석에 깊은 신학적 기초를 제공해 주었으며, 이스라엘 전체 역사를 해석하는 역사가들의 역사 해석에 지대한 영향을 주었던 깊이 있는 역사 해석이었다. 즉 출애굽의 영광과 기쁨 그것은 광야의 뼈아픈 고난을 통하여 정련되지 않고는 하나의 허구로 끝나고 만다는 것이 이러한 해석의 기조였다. 광야의 고난이 없는 출애굽은 하나의 망상이요 환영에 불과하다는 것, 약속된 땅 가나안으로 들어가기 위해서는 반드시 광야의 고난을 통과해야 한다는 것, 하느님의 약속의 나라로 가기 위해서는 광야를 거쳐야 한다는 것, 부활의 영광에로 나아가려고 한다면 십자가의 광야를 경험해야 한다는 것, 이것은 이스라엘 종교의 대전제요 그리스도교 신앙의 대전제라 할 수 있다. 그러므로 하느님은 순수 이스라엘의 손을 잡고 그의 귀에 아름다운 말로 속삭이며, 애굽의 찬란한 문화세계로부터 이스라엘을 끌어내어 떡 없고 물도 없는, 문화와는 아주 등진 세계인 황량한 열사(熱砂)로 인도하시고, 그 곳 광야에서 이스라엘을 연단하셨다는 것이다. 여기에 출애굽의 진정한 의미가 있다는 것, 이것을 예언자 호세아, 예레미야 등이 가르치고 있는 것이다.

  하느님의 처음 사랑은 결코 물질문명의 찬란한 문화 속에서 경험한 것은 아니라는 것, 하느님의 처음 사랑은 문화의 때, 우상종교의 때가 묻지 않는 순수한 비문화 지역인 광야에서 경험한 것이며, 전혀 떡이나 물이나 양털이나 포도주를 올려 놓은 젯상을 사이에 두고 맺어진 사랑은 아니라는 것, 거기에는 순수하고 소박한 인간애의 윤리, 다른 신을 섬기거나 우상을 만들거나 하느님의 이름을 망령되이 일컫는 일 없이, 부모를 공경하며 살인과 도둑질과 간음과 거짓 증거와 탐심이 배제된 이웃을 내 몸같이 사랑하며 원수까지도 미워하지 않는 철저한 사랑의 윤리를 사이에 두고—오직 사랑의 고백만을 사이에 두고—계약관계를 체결한 것이 야웨 하느님과 더불어 맺은 계약이고, 출애굽의 역사도 이를 위해서 진행되었던 것이라는 것이다. 그러므로 출애굽의 영광에만 도취되어 광야의 의미는 까마득히 잊어버린 이스라엘, 끝없는 반역과 배신을 다시금 다시금 되풀이 하였던 이스라엘, 그들은 분명히 다시 광야로 끌려나가야 할 자들, 가나안 문화의 찬란한 의상들을 깡그리 이방인들의 말발굽 아래 내던지고 광야로 추방당해야 할 이스라엘, 이것이 호세아와 예레미야가 보았던 이스라엘의 모습이었다.

오늘의 그리스도교도 마찬가지다. 부활의 기쁨만을 꿈꾸듯 되새기고 십자가의 의미를 상실해버릴 때, 십자가의 고난은 우리의 세계에서 끝없이 되풀이 될 수밖에 없다. 십자가 없는 부활 소망은 늘 환상이 되기 쉽고, 자신을 파괴시키는 철저한 회개가 없는 값싼 은총에 의한 구원, 오직 신앙 고백으로써만 구원, 생명과를 따먹어보겠다는 심산, 이 모두는 종교적 허구요 그리스도교 순례의 대열을 지리멸렬의 혼돈 속으로 끌고가는 20세기 현대판 신기루라 하겠다. 이것은 호세아와 예레미야 확신만은 아니었다. 그것은 바벨론 포로 말기의 예언자 제2이사야의 영을 깨우 친 확신이기도 했다.

예언자 제이 이사야는 출애굽의 옛 경험을 옛 것, 이전 일이라 고주장했고, 그 옛 것, 그 이전 일은 더 이상 기억하지도 말아야 할일이라고 외쳤다. 이사야 43장 1-91절에서 그는 이렇게 외치고 있다. "너희는 이전 일은 기억하지 말며 옛적 일을 생각하지 말라. 보라 내가 새 일을 행하리니 이제 나타낼 것이라. 너희가 그것을 알지 못하겠느냐"라고 회치고 있다. 이 말씀은 과거에 출애굽을 통해서 나타내셨던 하느님 역사 개입에 관한 전승, 거기에만 빠져서 새로운 미래에 대한 희망을 상실하고 있던 바벨론 포로민들을 향한 제이 이사야의 경고요 훈계다. 첫 출애굽의 하느님은 이제 어디 갔느냐라고 부르짖으며 첫 출애굽의 영광만을 동경하고 현재의 고달픈 포로 생활의 의미, 광야의 고난이 가지는 의미를 망각하여 과거지향적 회의주의에 사로잡힌 자들에게 이 광야같은 포로생활은 범죄한 이스라엘이 복역해야 할 바로 그 고난이요, 이스라엘이 받아야 할 심판이며, 이 심판이 끝나서야 비로소 새로운 출애굽이 기대될 수 있다고 제이 이사야는 외치고 있는것이다.

이렇듯 예언자들은 출애굽의 영광만을 꿈꾸며 현재의 삶에 대한 역사적 자각을 망각한 당시대의 국민들을 깨우치며, 그리고 역사에 대한 새로운 인식을 하도록 촉구했던 자들이었다. 그러므로 예언자들에게 있어서 출애굽 전승의 의미는 광야를 통한 가나안 입주, 광야의 고난을 통한 영광의 약속된 땅으로 들어감이라는 성경의 하나의 영적 순례를 의미하는 것이며, 그리고 현재의 삶에 대한 역사적 자각을 촉구하는 의미를 가진다 하겠다. 그러므로 예언자들에게 있어서 과거의 역사 전승은 어디까지나 현재의 삶에 대한 역사적 자각을 깨우치는 데 그 의미를 가진다 하겠다. 즉 〈오늘〉이 중요하다 하겠다.

IV

이러한 점에 있어서라면 우리는 또한 〈야웨의 날〉 전승에 관한 예언자들의 해석을 반드시 문제 삼아야 할 것이다. 이 야웨의 날에 관한 이스라엘의 신앙은 그 기원을 매우 고대로 잡을 수 있는 이스라엘인의 통속적인 종말론적 신앙이라 할 수 있다. 즉 〈야웨의 날〉, 〈야웨께서 역사 속에 개입해 오시는 날〉, 그날은 역사의 절정에서 일어날 하느님의 날인데, 그날은 야웨께서 이스라엘을 구원과 승리로 이끄시고 열국들을 멸망과 패배로 이끄시는 〈이스라엘을 위한 날〉이라는 이스라엘의 통속적 신념이라고 할 수 있다. 이러한 신앙은 역사를 거듭할수록 민족주의적인 배타적 신앙으로 교조화되고 도그마화되어 버렸다. 그리고 이러한 신앙이 택한 백성의 배타주의적 오만과 결탁될 때 야웨의 날 신앙은 이스라엘 역사 앞에서 하나의 〈뻔뻔스럽고도 자기기만적인 교리〉로 변질되어 버렸던 것이다. 말하자면 택한 백성 이스라엘 사람들은 이스라엘만을 위해서 준비된 날이라는 야웨의 날 관념과 독단적인 야웨의 날 교리 때문에 현재적 삶에 대한, 오늘의 삶에 대한 역사적 자각이 여지없이 둔화되어 있고 역사를 보는 그 눈이 흐려져 있었다. 그것은 마치 예수 재림의 날을 기다리고 있는 그리스도교인들이, 그 예수 재림의 날(parusia)은 우리 그리스도인들이 최후의 승리를 거두고 저 믿지 않는 자들은 멸망을 받는 날이라는 관념과 신념 속에 안주함으로써 현재적 삶에 대한 역사적 자각은 없이 전혀 이원론적 반역사적 삶을 살고 있는 것이 이른바 역사적 자각을 갖고 있는 지도자들에게는 큰 병폐로 보이듯이, 야웨의 날에 대한 민족주의적이고도 교조주의적인 도그마 속에 사로잡혀 있는 이스라엘인들의 반역사적 삶이 예언자들에게 있어서는 큰 죄악으로 인식되었던 것이다.

그리하여 아모스 예언자는, "화있을진저 야웨의 날을 사모하는 자여, 너희가 어찌하여 야웨의 날을 사모하느뇨? 그날은 어두움이요 빛이 아니라, 야웨의 날이 어찌 아니 어두우며 어찌 아니 캄캄하겠느냐?"라고 부르짖었다. 즉 야웨의 날은 이스라엘을 위한 승리의 날이라는 관념이란 이스라엘인이 가지고 있는 종교적 미망이요 종교적 환상에 불과하다고 아모스는 깨우쳐 주고 있다. 〈그날〉은 오히려 택한 백성 이스라엘을 심판하는 날이요, 이스라엘을 향해서 야웨께서 분노하시는 날이라고 주장하고 있다. 예언자 이사야도 꼭같은 논조로써, 그리고 예언자 스바냐도 꼭같은 화법으로써 야웨의 날에 대한 택한 백성의 종교적 환상을 분쇄하면서, 그들을 향하여 종교적 환각에서부터 잠을 깨고 현재의 삶을 역사적 자각을 가지고 바라 보라고 경고하고 있다.

이것은 예언자의 사명이었다. 즉 파수꾼으로서, 그리고 역사해석가로서의 예언자의 사명이었다. 진실로 이러한 야웨의 날 관념을 심판 주제와 연결시키는 예언자들의 의도 속에는 paradoxical하게도, 또한 심판을 통한 구원이라는 새롭고도 역설적인 희망이 도사려 있다는 것도 우리는 잊지 말아야겠다. 왜냐하면 야웨의 날은 미래적 희망 안에만 안주하는 것을 적극 부정하고 있으면서도 또한 동시에 심판으로만 모든 것이 끝나기로 작정된 날도 역시 아니기 때문에 그렇다. 오히려 심판을 통하여 구원에 이르는 길을 여는 날이 곧 야웨의 날이라고 보는 것이 옳을 것이기 때문이다. 따라서 우리는 야웨의 날에 대한 예언자들의 이러한 해석은 또한 출애굽 전승에 대한 예언자들의 역사해석과 거의 동일한 논조로 구성되어 있음을 볼 수 있을 것이다.

끝으로 나는 이상에서 피력한 바 이스라엘 예언자들의 예언자적 기능들 즉 보고 듣는 기능, 역사해석의 기능 등은 모두 세속 역사에 대한 범세계적이고도 초민족주의적이며 탈시오니즘적 구원사적 역사 이해 위에 근거되어 있다는 것을 말함으로써 끝맺으려고 한다. 예언자들이 오늘의 역사 현실, 오늘의 삶의 상황을 보는 관점이란 철저히 이러한 하느님의 세계 구원사적 역사 이해 위에 서 있다는 것, 그러므로 거기엔 **통속적인 민족주의**가 전적으로 극복되어 있다는 것은 지성을 갖춘 그리스도인이면 누구도 세심한 관심을 가지고 관찰해야 할 사실이라고 생각한다. 예컨대 앗수르 제국의 침략 행위를 이스라엘을 징치하시는 하느님의 채찍으로 해석하는 이사야, 회오리 바람처럼 일어난 북방의 야만족 스쿠디아인들의 팔레스틴 침략도 역시 이스라엘을 치는 야웨의 진노의 채찍이라고 해석하는 스바냐, 바벨론 제국의 예루살렘 침략을 예루살렘에 대한 하느님의 분노의 심판이라고 해석하는 예레미야가 모두 모든 세속 역사를 하느님의 구원사라는 도식 안에서 이해하는 역사 해석가들이라 할 수 있다 하겠다. 이러한 평범하고도 세속적인 세계사의 사건들 속에서 감히 하느님의 사건을 읽을 수 있는 눈, 이것이야말로 곧 예언자의 눈이다. 더욱이 바벨론 포로 말기의 예언자 제이 이사야는 저 난공불락의 철벽같은 바벨론 제국을 무너뜨리고 바벨론 성으로 무혈입성하는 페르샤 제국의 고레스 왕, 저 할례받지 못한 침략국의 제왕을 가리켜서 감히 야웨의 기름부음 받은 종이라고 부르기까지 하였으니, 이스라엘 예언자들은 실로 배타적 민족주의를 초월한 세계적 지성이요 세계적 엘리트라고 할 수 있다. 사실 그들은 결코 이스라엘의 대변자들은 아니었다. 사실 그들은 오직 야웨의 대변자였을 뿐이었다. 그러므로 예언자들은 자기 민족에 대한 뜨거운 애정과 연민을 가지고 고민하면서도 조국에 대한 하느님의 심판을 외칠 수밖에 없었던 자들이었다.

　　세계사는 곧 하느님의 역사이다. 이 역사의 현장을 파수하는 자가 예언자이다. 세계사는 곧 하느님의 구원사이다.

2

구약성서에 나타난 히브리인의 역사의식

　구약성서 속에 나타난 히브리인의 역사의식이 어떤 성격의 것이냐 하는 것을 안다고 하는 것은 그들의 신앙의 특징이 무엇이냐 하는 것을 안다는 것과 매우 상통한다.

　왜냐하면 이 지상에서 우리가 관찰할 수 있는 민족들 중 구약의 히브리인들 만큼 자신의 역사 현실에 대한 깊은 신앙적인 자각과 반성을 철저히 한 민족은 없다고 볼 수 있기 때문이다. 특히 구약의 역사 문학을 포함한 성서 문학 모두가 그러한 역사적인 반성에 대한 한 응답으로 나타나고 있다.

　그럼에도 불구하고 우리를 놀라게 하는 사실은, 결코 그들은 자신들의 성서 속에서 역사라고 하는 개념 규정을 하려고 한 적은 없었다고 하는 사실이다. 더욱 놀라운 것은, 결코 어떤 역사적인 사건들을 객관화하거나 그것을 객관적으로 보도하는 데는 전혀 관심하지 않았다는 사실이다. 즉 성서에 기록된 어떠한 역사 보고 그것이 현대 역사가의 객관적인 사료로서는 큰 의의를 제공해 주지 못하고 있다. 그렇다고 해서 그들 역사의 바탕에 깔려있는 역사적 사실(fact)을 무시했다는 말은 결코 아니다. 오히려 그들은 그들 역사에 기초를 두고 있는 그 사실에 신앙적인 의미를 부여하고 그것을 통해서 새로운 사실을 창조해 간 민족이었다. 그런 의미에서 볼 때 그들은 관념론자 또는 운명론자와는 영원한 결별 관계에 있는 자들이었다.

그러므로 그들은 우주의 조화에 경탄하고 그 조화의 원리가 무엇이냐 하는 것을 사색하려 하지는 않았다. 우주의 원리나 자연의 조화, 이것이 그들의 궁극적인 관심은 아니었다. 그들의 궁극적인 관심은 역사였고, 역사 안에서 만나는 하느님과 인간의 관계였다. 그렇기 때문에 그들의 역사 기록은 해석된 역사이며, 그 해석된 역사를 통하여 새로운 역사의 창조를 희망하고 추구했던 것이다. 특히 다윗의 임종 직전 그의 왕위 계승을 둘러싼 다윗 왕실의 피나는 골육상쟁의 역사기록으로부터 시작하여 왕국의 분열과 북왕국 이스라엘의 몰락, 그리고 남아있는 남왕국 유다의 몰락까지 약 4세기에 이르는 이스라엘 왕조의 역사를 기록하고 있는 구약성서 열왕기를 보면 그 주관주의적 역사 해석의 특색을 아주 쉽게 발견할 수 있다.

예컨대 열왕기에 기록되어 있는 역사는 그 책명이 말해 주고 있는대로 열왕들의 역사 즉 솔로몬으로부터 유다 왕조의 최후의 왕인 시드기야의 비참한 말년과 여호야김이 바벨론으로부터 의뢰를 받기까지의 이스라엘과 유다 왕들의 역사를 기록해 주고 있는 책이다. 열왕기를 기록한 역사가의 관심은 결코 왕들의 역사가 아니라, 전적으로 그 왕조의 종교 정책에 있었다고 하는 점은 그 좋은 예 중의 하나라고 하겠다.

그러므로 열왕기를 기록한 사가에게 있어서는 왕의 정치적 치적, 경제정책 등은 그리 큰 관심의 대상이 되지는 못했다. 그렇기 때문에 열왕기에는 열왕들의 역사보다는 오히려 그 기존의 왕조와 대결해서 싸운 예언자들의 활동 역사가 더 크게 부각되고 있음을 볼 수 있고, 그들 왕들의 역사라 할지라도 정치적인 업적이 컸던 왕조보다는 그의 종교 정책의 특색이 강하게 나타난 왕들을 중심으로 하고 전개됨을 볼 수 있으며, 왕들의 통치 연대에 관한 기록도 아무런 역사적인 보증을 명확하게 제시해 주지 않음을 우리는 그 책을 통해서 여실히 발견할 수 있다.

이것이 이른바 역사의 주권에 대한 인식과 그 역사의 주권자가 가지고 있는 역사 섭리의 지표에 대한 확신이었다. 바로 이 횃불이 곧 고대의 중동 세계를 비춘 태양이었고, 죽음의 사막을 유랑하는 소수의 셈족 히브리 민족의 앞길을 이끈 구름기둥이요 불기둥이었다. 역사의 주권에 대한 인식 그것은 모든 역사 의식의 기반이요, 고대의 히브리인에게 있어서 그 인식은 곧 야웨 하느님이 바로 역사의 주권자였다. 그렇다면 그 야웨 하느님은 누구냐! 그러나 그 하느님은 그들의 진지하고 인내심 있는 철학적인 사변의 결론으로서 얻은 것은 결코 아니다. 이 사실은 그들의 하느님 야웨께서 자신을 이스라엘에게 계시하실 때는 결코 자기 이름을 밝히지 않으셨다고 하는 사실에서 잘 입증되고 있다. 말하자면 히브리인의 깊은 종교적인 사유의 궁극적인 결론으로서 발견된 분이 야웨는 아니라는 말이다.

모세가 미디안 땅 호렙 산 어느 불꽃떨기 속에 나타나신 야웨 하느님을 뵈었을 때 그분을 향해서 〈당신이 누굽니까?〉 하고 물었던 사실이 있다(출 3:13). 그때 야웨 하느님은 〈나는 곧 나다〉하는 식의 아주 애매모호한 말을 함으로써 자기 이름 알리기를 거부해버렸다. 구약 개역성경이 번역하고 있는 〈나는 스스로 있는 자〉라는 번역은 잘못된 것이라고 본다. 이보다는 더 오래전 이야기나 이스라엘 선조인 야곱이 얍복 강 나루터에서 밤새도록 씨름한 후에 그를 향해서 "당신의 이름이 누구인지 알려주소서 !"하고 요청을 했을 때도 그 하나님은 오히려 "어찌 내 이름을 묻느냐?"하고 반발한 후 거기에 대한 아무런 언급도하지 않은 채 야곱의 곁을 떠나가 버리고 말았다. 또한 구약 율법의 기본 사상도 신의 형상을 인간의 손으로 조각하거나 만들 수 없다고 하는 것을 철저히 지시한 바 있다.

말하자면 히브리인의 하느님 야웨는 인간의 손으로 인간의 머리로 인간의 사유에서 만들어내거나, 추상화하거나 할 수 없다는 말이다. 즉 하느님 야웨는 그 종교가 어떤 것이든 간에 그 종교가 야웨 종교라 할지라도, 이스라엘의 구약종교라 할지라도, 그 어떤 종교의 산물이거나 철학적인 사색의 결론은 아니며, 오직 역사적인 사건들 안에서 그를 찾은 자와 만이 만나시는 분일 뿐이었다. 그러한 역사의 한가운데서, 그 역사적인 사건들의 심층부에서 야웨 하느님을 만났다. 그들은 종교적인 틀 속에서 만난 것이 아니라 역사적인 사건들의 심층, 거기에서 그들의 하느님 야웨를 만났던 것이다. 즉 야웨라는 신의 이름은 언제나 설명이나 규명함이 없이, 늘 어떤 역사적인 구원 행위에 주도적인 행위자로서만 나타날 뿐이다. 그래서 최근에 구약성서학자들은 야웨라는 신의 이름을 그 어원의 암시와 그리고 구약성서 전 문맥의 지시를 근거로 해서 결론지어 설명하기를 야웨란 말은 "내가 당신을 위하여 있을 것이다"라는 뜻을 가진 말이라고 풀이하고 있다. 그분 야웨는 우리가 통속적으로 알고 있듯이 결코 역사를 초월하여서만 계신 그 어떤 영원 자존자가 아니라, 우리의 역사 현장 심층부, 거기에서 우리를 위하여 계셔서 활동하시는 역사 사건들의 기반이요, 우리의 역사적 실존의 기반이었으며, 역사의 주체였다. 역사 인식의 예표였다. 그리고 히브리인들의 위대성은 바로 여기에서만 한정되지는 않는다. 그들의 위대성은 오히려 그 야웨 하느님의 역사와 행동들은 전적으로 구원이라고 하는 궁극적인 목표를 향해서 유일회적이고도 종말론적인 운동을 하고 있다고 하는 깨달음이었다. 역사는 결코 인과율의 물레방아나, 정―반―합의 변증법적인 원리에 따라서 발전해 가는, 어떤 원리에 따라서 발전해 가는 그런 것도 아니었다.

    오직 역사는 야웨 하느님의 구원 의지가 성취되어 가는 구원의 역사일 뿐이었다. 그리하여 그를 히브리인들은 자기들의 역사적 인삶을 역사 신앙에 의해서 재정비하고 반성하여 그들의 역사를 창조해 나갔다. 사실 그들은 가진 것이 없는 떠돌이 무리였으며, 뿌리 없는 방랑객이었다. 힘이 없는 중동의 나그네들이었다. 성서는 히브리인들의 선조들을 나그네들 소위 〈우거자들〉이라고 말하고 있다. 그러나 이러한 무리들이 저 불붙는 중동 세계 속에서 독특한 역사적인 사고를 한 민족으로서 영원히 살아남은 그 이유는 무엇이겠는가? 그것은 바로 이러한 그들의 역사 신앙 때문이었다고 말할 수 있다. 이 사실을 대표적으로 말해주고 있는 텍스트를 우리는 신명기 26장 5-9절과 여호수아 24장 2-13절에서 잘 발견할 수 있다. 이 두 텍스트는 모두 이스라엘 열두 지파의 총회에서 늘 낭송했던 공동신앙 고백으로서 일종의 사도신조와 같은 신조였다고 생각된다. 학자들은 이것을 〈역사신조〉라고 말한다.

이 신조 속에는 긴 이스라엘 민족 형성사가 아주 간략하고 짧게 요약되어 있다. 이것이 창세기에서부터 여호수아까지 이르는 소위 육경이라고 하는 방대한 역사가 된다. 여기는 이스라엘 선조들이 갈대아 우르를 떠나서 양떼를 몰고 중동지역을 배회하던 유사(有史) 이전의 태고 시절로부터 그들의 애굽의 종살이를 하던 역사, 광야를 유랑했던 역사, 그리고 마침내는 가나안 땅에 들어가서 열두 지파가 각각 자기들의 설 땅을 분배받아서 정주하게 된 그 긴 민족 형성의 역사가 기록되어 있다.

그런데 이 긴 역사가 신명기 26장 5-9절의 단지 다섯 절밖에 않되는 짧은 말로 요약되어 있다. 이 요약된 신명기의 역사 보도는 그 어디에서도 찾기 어려운 명료한 필치로서 그들 역사의 주체가 전혀 야웨 하느님이었다고 하는 것을 설명해 주고 있다. 그 표현법에 의하면, 그들 선조들은 본래 떠돌아 다니는 소수의 아람 사람이었는데, 초원의 먹이를 찾아서 애굽 땅으로 내려갔다가 말할 수 없는 곤욕과 학대를 당하게 된 것이다. 그래서 그들은 그 고난의 역사 현장 한 가운데서 야웨를 향해서 부르짖었다. 그랬더니 그 야웨 하느님께서 그 부르짖음을 들으시고 강한 손과 편 팔과 이적과 기사로써, 신의 능력으로써 그들을 애굽으로부터 이끌어내시고 인도하여, 젖과 꿀이 흐르는 가나안 땅을 주셨다는 것이다. 이 짧은 신앙고백의 특징을 눈여겨 살펴 본 사람들은 그 방식이 진실로 놀랄 정도로 야웨 하느님을 중심하고 있는 이른바 신중심적인 데만 몰두하고 있음을 발견하게 된 것이다. 즉 그들의 역사는 그들의 역사 안에서 겪은 신앙적인 경험의 한 표현에 불과한데, 그들의 출애굽의 역사적인 경험이란 전혀 이스라엘 자손들의 혁명적인 결단력이나 영웅적인 정치혁명의 일환이 아니다. 이것은 전혀 야웨 하느님의 구원 행위 즉강한 손과 편 팔과 이적과 기사로써 이스라엘을 애굽에서 이끌어내신 바로 야웨 하느님 그 자신의 사건이었고, 또 죽음의 사막인 광야를 통과한 것도 역시 그들의 탁월한 인내심과 강한 지구력의 힘에 의한 것이 아니라 그들은 전적으로 만나와 메추라기와 구름 기둥과 불기둥의 이적 기사로써 이끄시고 인도하신 하느님에 의해서만 비로소 이루어진 전혀 하느님의 사건이었으며, 그리고 젖과 꿀이 흐르는 가나안 복지를 점령한 것도 소위 6일 전쟁과 같은 탁월한 전쟁 수행의 전략적 능력에 의해서가 아니라 여호수아에서 자세히 읽듯이 하느님이 주도하는 하느님의 거룩한 전쟁, 즉 성전(聖戰)이라 말할 수 있다. 즉 가나안은 전적으로 하느님이 주셔서 비로소 얻은 땅이라는 것이다. 그러기에 땅의 주인은 야웨 하느님이시다. 말하자면 출애굽도 하느님의 사건이요, 광야 통과도 하느님의 사건이며, 가나안의 점령도 하느님의 사건이라는 것이다. 즉 히브리 역사가들의 보도는 결코 객관적이며 연대기적인 역사보도로서만이 아니라, 야웨 중심적인 역사해석이며, 역사 안에서 겪은 신앙적인 경위의 한 표현으로 나타나고 있다. 과거 역사상 하다한 전쟁의 승리자들은 그 전쟁의 승리를 자신의 것으로 생각했다. 그러나 유대인 역사가는 하느님의 행동으로서 생각한다. 그들은 더 나아가 오히려 이러한 하느님의 사건으로서의 역사는 궁극적으로 지표를 오직 구원에 두었다는 것이다. 즉 역사의 미래를 전혀 이 구원의 행위에 열려있는 것으로 본 점이다. 그런 점에서 역사는 현재 구원 경위를 통하여 미래 구원으로 뻗쳐가는 하나의 희망 운동이었다. 바로 이 신앙이 힘없고 뿌리없는 그들, 떠돌이 유랑하는 반유목민의 무리로 하여금 오늘날 세계 이목과 관심을 이르키는 국가로서 불붙는 근동 세계 속에서도 끈질기게 살아 남게 한 그 근원적인 요인이라 하겠다.

이제 그들의 독특한 역사 신앙적 해석에 입각한 민족형성의 역사를 기술하고 있는 책, 창세기로부터 여호수아 그리고 이스라엘 초기의 역사를 반영해 주는 사사기까지에서 어떻게 전개되어 가느냐 하는 것을 점검해 봄으로써, 오늘 우리의 민족역사를 직관하는 역사적 사고 방향의 새로운 정립을 시도해 보고자 한다.

첫째로, 그들은 그들 민족 역사의 시작을 결코 출애굽의 사건에서만 찾지 않았다고 하는 점을 주시할 필요가 있다. 그들은 그 민족 역사의 시작을 선조 아브라함의 소명사건으로부터 시작시키고 있음을 볼 수 있다. 이것은 분명히 그들의 출애굽 구원의 경험으로부터 확대 발전된 역사 신앙이긴 하나, 우리의 관심은 결코 그들의 전승과정에 있지는 않다. 우리의 관심은 그들의 조상의 유랑의 역사, 즉 쫓기고 밀리며, 빼앗기고 축출당하며, 만 가지의 수모를 겪은 삶을 어떻게 그들의 역사 신앙에 이어서 새롭게 재건하고 있으며, 어떻게 이 역사를 그들 민족의 역사적 초석의 이념으로 삼을 수 있었느냐 하는 것이다. 사실 그들 선조들의 역사는 실제 그대로 볼품 없고 매력 없으며, 수치와 수모로 가득찬 역사 같이 보인다.

아마도 창세기 14장에 나타난 아브라함의 영웅적인 전쟁담을 제외해 버린다면 역사의 평면에서 볼 때는 문자 그대로 그들은 상한 갈대와 꺼져가는 등불이었다. 그들 선조들의 인물됨에 있어서도 그 인품이 볼품 없는 낙제생들이었다. 그리고 아브라함을 가리켜 믿음의 조상이라고는 하나 그에게 있어서 신앙적인 실패담은 많이 있다. 자기 아내를 자기 누이동생이라고 두 번씩이나 속이고 큰 망신을 당한 이야기는 기록치 않았으면 좋았을텐데 기록하였다. 또 사라의 하갈에 대한 학대, 이런 이야기들은 아브라함의 생애도 믿음의 선조로서의 절대적인 품위를 갖고 있었다고 보기는 어렵다. 이삭의 경우도 아예 아브라함의 그늘 밑에 가려져 있다.

야곱의 경우는 세상에 둘도 없는 간교성과 비정성을 지닌 매력 없고 볼품 없는 인간으로 그려져 있는 것 등은 모두 선조들의 생애가 그리 자랑스럽지 못함을 반영해 주는 것이다. 그러나 놀랍게도 히브리인 역사가들은 그들 선조들을 가리켜신의 계시를 받은 자라고, 신의 약속을 받은 자라고 보았다. 그래서 애굽의 노예였던 히브리인들을 신의 약속을 받은 자 또는 약속을 받은 민족이라고 본 것이다. 이 말 속에는 무궁무진한 깊이가 들어 있다.

약속이란 본래부터 합리적인 계승을 기초로 하여 이루어지는 것보다 신뢰와 믿음을 기초로 하고 이루어진 것이며, 약속이란 과거에 포착된 고정적인 개념이 아니라 미래를 향해서 열려 있는 개방적인 행위이다. 그러므로 약속이라는 것은 역사적인 공간을 차지하고 있다. 즉 역사적인 공간을 초월한 것은 약속의 범주 속에 들어올 수 없고 그 어느 누구도 그것을 약속으로 받을 수 없다. 이스라엘 선조들이 받았던 약속도 바로 이러한 성격의 것이었다. 그들의 이런 역사 해석이 이루어진 순간, 선조들의 유랑 역사는 돌연히 신의 약속을 받은 자가 그 약속의 성취를 향해서 나아가고 있는 희망찬 순례의 역사가 되었다.

이리하여 이스라엘 민족형성의 역사는 하나님의 약속으로부터 그 성취에 이르는 구원사적인 상징의 역사가 되었다. 즉 이스라엘 형성의 역사는 하느님의 약속이 성취된 역사였다. 이러한 역사신앙 때문에 그들의 역사는 현재는 눈에 보이지 않지만, 그 미래는 분명하고 신뢰할 만한 하느님의 약속 안에 있기 때문에 그 역사는 다가오는 세계를 향해서 늘 열려있는 것이다. 현재를 늘 새롭게 하는 역사가 되었다. 우리는 이를 통해서 비로소 저 이름없는 반유목민 무리들의 비극적인 역사를 딛고 일어선 그 근원적인 힘이 무엇인지를 깨닫게 되는 것이다.

역사는 끝없는 지평 위에 그어진 한 줄의 선과 같은 것이 아니라 하느님의 약속 안에 개방되어 있는 새 역사 창조의 흐름이었다. 그들은 과거 유산에 얽매이질 않았다. 이것은 아브라함이 본토를 떠남과 야곱이 한갓 하란의 재벌로 눌러 있지 않은 데서 증명이 된다. 이 이야기는 지나치게 소박한 생각으로 들릴지 모른다. 그러나 여기에는 과거지양적이고 미래지향적이며 창조적인 역사 이해를 고취시키는 교훈의 깊이가 있다. 역사란 본질적으로 과거의 유산을 아낌없이 삼켜 버리는 밑없는 아가리를 가지고 있는 것이다.

히브리 역사가는 이스라엘 선조들이 역사의 희망의 승리에 대하여 자각하였으며, 역사는 신의 약속의 빛 아래서 보아야 한다는 역사적 반성이 있었다고 말한다.

그러므로 그들 유랑의 역시는 희망을 창조하는 거룩한 일대 순례의 역사였고, 그것은 민족의 기반이 될 수 있었다고 자주 강조한다(창 12-16장). 그들이 어떤 분깃점에 섰을 때, 야웨 하느님께 나타나셔서 그들에게 주셨던 말씀이 바로 약속이었다. 이 약속은 그들 삶의 기반이었으며, 현재의 고난을 딛고 일어서서 새로운 미래를 창조하게 하는 원동력이었다.

그러므로 히브리 역사가는 자신있게 그리고 아주 대담하게 그들 선조들이 가나안에 들어가서 그 땅을 정복한 후 그 땅을 열두 지파가 다 나누어 가지게 된 그 길고 긴 역사의 대단원의 결론을 짓는 말미 부분에 "야웨께서 이스라엘 열조에게 맹세하자, 주리라고 약속하신 온 땅을 이와 같이 이스라엘에게 다 주셨으므로 그들이 그것을 얻어서 거기 거하였다. 그리하여 야웨께서 이스라엘 백성에게 말씀하신 선한 일이 또는 선한 약속이 하나도 남음이 없이 다 응하였더라"(수 21:43-45)라는 말을 붙여서 이스라엘 민족의 형성 역사의 대단원을 맺는 일에 주저하지 않았던 것이다. 즉 이스라엘 민족의 형성 역사는 하느님의 약속으로 시작해서 그 약속의 성취로 끝났던 것이다.

예언자들도 이스라엘 역사의 운명 방향을 철저히 신의 약속을 성취해가는 운동으로 증언해 왔다. 예언자들의 중심 사상은 극히 종말론적인 희망이다. 그리고 이 희망의 중심에는 결정적으로 야웨 하느님의 주권 선포와 그의 나라의 실현이라고 하는 것이 있다. 이것의 성취는 다름 아닌 야웨 하느님의 약속의 성취였다고 보았다.

그러므로 이스라엘 예언자들의 예언은 야웨 하느님의 나라에로 휩쓸려가는 약속의 메시지라고 볼 수 있다. 그들의 예언은 때로 매우 격렬했다. 그 이유는 그 약속이 현재적인 개념이 아니라 미래를 향해서 열려있는 개방적인 개념이었기 때문이었다. 이러한 역사의 희망성에 대한 히브리인들의 자각과 신학적인 반성은 위대한 것이다.

역사는 신의 약속으로 시작해서 그 성취를 향해서 나가고 있는 하나의 전진운동이라고 하는 신앙적 파악으로서, 현재의 고난을 딛고 일어서서 미래의 신앙을 창조하게 하는 힘이 그들의 역사 안에서 겪고 있는 모든 종류의 고난을 희망으로 바꾸는 원동력이 되었다.

둘째로, 이 위대한 히브리 역사가들은 이 신의 약속은 합리적 계산에 기초한 것이 아니라 신앙에 기초를 둔 것이며, 과거에 고착된 고정적 개념이 아니라 미래를 향하여 열려있는 개방적 개념이라는 신념에 의거해서 또 하나의 위대한 역사신앙을 창조해내었다. 그것은 약속 성취의 지연으로 인하여 역사 안에 발생하는 〈고난〉의 문제를 해석하는 그들의 독특한 신앙에 의해서 이루어진 것이었다. 이 점에 있어서는 이스라엘의 상황과 오늘의 우리의 상황 사이에는 대단한 평행과 유비가 일어난다. 사실, 오늘의 우리도 하느님의 약속이 완전히 성취된 상황 안에 살고 있는 것은 분명히 아니다. 우리는 아직도 세상의 질곡 때문에 찢기고 있고 육체적, 정신적 고뇌 때문에 괴로운 순례의 삶을 살고 있다. 우선 우리는 우리의 눈을 히브리인들의 역사 속으로 돌려보자.

히브리인 역사가들이 꾸밈없이 신앙고백한 바에 의하면, 신의 약속을 받은 자들이라고 해서, 신의 부르심을 받은 선택의 무리라고 해서 특별히 축복을 받는 삶을 사는 것이 아니라 오히려 신의 약속을 성취시키는 일, 그 일에의 참여로 인하여 오는 역사적 고난들을 받아들이고 감내하지 않으면 안 되는 번뇌의 삶을 살고있는 것이라는 것을 가르쳐 주고 있다.

그들의 역사 기술을 일별해 보자. 그들 선조들은 신으로부터 희망의 약속을 받고 과거의 유산을 과감히 청산한 후 신의 부르심에 쫓아서 그 약속의 성취를 향한 희망의 문제를 시작했다. 그러나 그들 앞에 놓이는 것이라고는 〈영광〉보다는 〈수모〉가 더 많았다. 성서 편집자는 참으로 과감하게도 특별한 선택과 신의 약속을 받은 믿음의 선조들의 생애가 수난의 생, 수치의 생, 갈등의 생이었다는 것을 보이기 위하여 아브라함의 소명기사 바로 다음에 아브라함이 그의 아내를 남의 남자의 품에 빼앗기는 수모의 이야기를 연결시켰고, 야곱의 생의 대부분을 착취와 수모를 당한 치욕의 생애로 그림으로써 소명받은 자의 삶이란 결코 행복하고 영광스러운 환상적 삶이 아니라, 그 받은 소명에 부응한다는 것 때문에 그리고 소명받은 자에게 주어진 약속성취의 과제 때문에 겪어야 할 수난을 감당하는 역사적 고난에 참여하는 삶이라는 것을 강하게 주장하고 있다.

창세기 12장으로부터 50장에 이르는 이스라엘 족장들의 생애는 문자 그대로 고난의 순례로 일관되어 있다. 문제는 이 고난의 순례를 숨기거나 은폐하지 않고 그대로 역사 속에 투여하는 그들의 역사적 사유가 갖고 있는 역사신학이 무엇이냐 하는 것이다. 그것은 아주 단적으로 말해서 이런 것이었다. 즉 신의 소명을 받은 자, 신의 선교의 장으로 불러냄을 받은 자는, 즉 *missio Dei*의 사역자들은 〈고난〉이라는 특유한 역사적 교훈을 통해서 역사 안에서 〈신의 시험〉을 받아야 한다는 신앙적 반성이다. 그 극적인 대표적 묘사를 우리는 창세기 22장의 아브라함의 시련 기사와 창세기 32장의 야곱의 시련 기사에서 읽을 수 있다.

　창세기 22장은 100세에 얻은 아들 이삭을 신의 제물로 내놓으라는 신의 요구 앞에서 겪은 아브라함의 시련을 신의 특수한 시험 사건으로서 기록하고 있다. 그러나 이 창세기 22장을 기록하고 있는 역사가의 역사신학은 100세의 노경에 얻은 외아들도 신의 한마디 명령 앞에서는 선선히 내어놓는 그 용단을 통해서 믿음의 조상 아브라함의 이미지를 부각시키려는 데 결코 그 목적이 있는 것은 아니었다. 오히려 본문의 깊이를 좀더 세심히 살펴보면, 이 본문 속에서 히브리인 역사가의 역사신학이 노리는 목적은 믿음의 조상 아브라함이 그의 역사 안에서 현실적으로 겪고 있는 그 〈고난〉이 갖고 있는 역사신학적 의미가 무엇인지를 규명하려는 데 있다는 것을 발견할 수 있다. 즉 창세기 22장은 그 고난을 전혀 〈신의 시험〉이라고 증거하고 있다. 즉 우리의 본문의 본론을 앞 뒤로 싸고 있는 서론과 결론의 틀이, "그 일 후에 하느님이 아브라함을 시험하시려고 그를 부르셨다"라는 말로 시작해서 "내가 이제야 네가 하느님을 경외하는 줄을 아노라"라는 말로 끝이 나고 있는 것은 곧 아브라함의 그 기막힌 고난은 전혀 〈하느님의 시험〉 사건이었다는 것을 말해 주고 있다. 이것은 놀라운 역사신학적인 반성의 산물이다. 즉 선조의 고난은 곧 다름 아닌 전혀 〈신의 시험〉에 불과했다는 것이다. 여기에는 실로 역사의 희망성에 대한 깊은 신학적 자각이 포함되어 있다. 〈시험〉은 어떤 목표를 향한 하나의 불가피한 과정이다. 그러나 그 과정에는 〈희망〉이 포함되어 있다. 즉 그들은 〈고난〉을 〈시험〉이라는 말로 바꿈으로써 그들 선조들이 겪어왔던 그 많은 수난의 순례를 전격적으로 새 희망을 창조하기 위한 하나의 〈디딤돌〉로 삼았던 것이다.

　역사적 고난, 그것은 새로운 미래를 창조하기 위한 〈하느님의 시험〉이라는 것이다. 이 〈고난〉은 우리를 좌절하게 하는 어떤 마력적 세력은 아니었다. 〈고난〉은 우리의 역사를 가로막는 〈장애물〉은 결코 아니었다. 그것은 우리를 새롭게 하기 위하여 우리 앞에 두신 하느님의 시금석이라는 것이다. 그들은 그들의 고난을 결코 지난 날에 있었던 뼈아픈 추억으로 보지 않았다. 또한 그들은 그들의 고난을 감추어 두어야 할 그 어떤 수치로서도 결코 보지 않았다. 오히려 그들의 수치, 좌절, 비극, 그 모두를 그들은 하느님으로부터 온 하나의 은총의 시험으로 해석했던 것이며, 역사의 희망을 향한 하나의 디딤돌로 생각했던 것이다. 이러한 역사해석이 바로 그들의 신앙적 승리의 기초였다.

이와 같이 고난의 역사를 역사의 희망 속으로 흡입해 들이는 그들의 놀라운 역사적 자각은 창세기 32장과 35장에 나타나고 있는 야곱의 브니엘 경험과 그 결과에 관한 역사보도 속에서 오히려 더 잘 발견할 수 있을 것이다. 즉 야곱은 하란에서의 고난의 유랑생활을 끝내고 가나안으로 돌아오는 길에, 즉 가나안 땅 마루턱과 같은 얍복 강 나룻터에 이르러서는, 하느님과 더불어 밤을 새우는 씨름을 한 바 있다. 하느님과의 힘 겨루기, 그것은 역사의 하느님에 대한 이스라엘의 궁극적 질문이다. 즉 이 역사 안에서 겪고 있는 이스라엘의 고난이 의미하는 바가 과연 무엇이냐 하는 물음이다. 여기서도 우리는 이스라엘 역사신앙의 놀라운 승리를 발견할 수 있다. 즉 야곱은 이 하느님과의 결전에서 마침내 환도뼈가 부러지는 고난의 경험을 체험한다. 허리가 부서진다는 것, 남자의 힘의 근원이 무너진다는 것은 곧 실존의 기반이 무너진다는 것과 같은 의미를 가진다. 진실로 이스라엘은 그 실존의 기반이 무너지는 것과 같은 고난의 깊이를 체험한 민족이다. 열강들 틈에 끼어서 찢기고 짓밟히는 끝없는 수난을 체험한 민족이다. 그러므로 일명 이스라엘이라고도 부르는 야곱이 얍복 나루터에서 하느님과 밤을 새우는 씨름을 했다는 것은 곧 허리가 부서지는 것과 같은 고난의 깊이를 이 역사 안에서 체험한 민족이 그가 겪고 있는 역사적 고난의 의미가 무엇이냐는 물음을 안고 하느님과 더불어 씨름을 했다는 의미로 읽을 수 있을 것이다.

그들은 이 물음에서부터 놀라운 해답을 얻어낸다. 그것은 곧 부서진 허리 때문에 다리를 절며 그곳을 떠나는 야곱 앞에 태양이 떠올랐다고 말하는 성서의 보도나(창 32:31), 가나안 문턱을 넘어선 야곱을 향해서 주신 말씀, "나는 전능한 하느님이니라, 너는 생육하며 번성하라, 국민과 많은 국민이 네게서 나고 왕들이 네 허리에서 나오리라"(창 35:11)는 말씀 속에 잘 나타나 있다. 태양이 떠올랐다는 표현, 즉 해가 돋았다는 표현은 희망에 대한 상징이다. 여기 야곱이 하느님과의 격전의 씨름을 치룬 후 그곳을 떠날 때 그 앞에서 해가 돋았다는 표현은 야곱의 환도뼈가 부러지는 그 결정적 고난이 곧 역설적으로는 하나의 희망이 된다는 것을 상징하는 말이라 할 수 있다.

이러한 해석의 타당성을 창세기 35장 11절이 지지해 준다 하겠다. 말하자면 야곱이 장차 받을 축복이 바로 이 허리—왜 하필 부서진 허리이겠는가마는—바로 이 부서진 허리로부터 야곱이 장차 받을 모든 축복이 나올 것이라는 것이다. 이것이야 말로 놀라운 역설이라 아니할 수 없다. 즉 이스라엘 역사가들은 허리가 부러지는 이 민족적 고난은 오히려 그 민족에게 미래의 희망을 안겨 주는 하나의 초석이라고 말하고 있다. 이것은 다름아닌 그들의 역사신앙의 위대한 한 산물이라고 보아야 할 것이다. 이러한 그들 신앙의 가장 구체적 표현이 곧 광야 40년에 관한 보도 속에 잘 나타나 있다. 즉 젖과 꿀이 흐르는 가나안 복지, 그것은 반드시 광야 40년을 치룬 후라야 얻을 수 있는 것이라는 것을 히브리 역사가들은 줄기차게 시종일관 가르쳤던 것이다. 말하자면 역사 안에서 일어나는 고난, 그것은 역사의 궁극적 목표에 도달하기 위한 하나의 전단계, 반드시 거쳐야 할 하나의 관념이라고 생각했던 것이다. 고난없는 가나안, 광야 없는 가나안, 그것은 역사가 아니고 환상이며, 역사 초월적 허구라고 그들은 생각했던 것이다. 광야 없는 가나안, 광야의 수난을 전제하지 않은 출애굽, 그 모두는 모두 반역사적 사고라는 깨달음, 이것 없이 어찌 그들이 능히 가나안을 소유할 수 있었겠는가?

　사실 이러한 역사신앙은 예언자들의 혈액 속에도 끊임없이 고동치고 있는 믿음이었다. 즉 예언자 호세아는 이 광야의 고난을 아골 골짜기의 수치에 비유를 한 후 그 아골 골짜기는 곧 소망의 문이 된다고 역설했던 것이다(호 2:14-15). 고난은 곧 희망의 문이라고 주장했다. 그러나 놀라운 것은 이러한 그들의 확신이란 "실패는 곧 성공의 어머니다"라는 식의 어떤 역사의 운명론적 원리를 수긍한 것이거나 거기서부터 추리해낸 어떤 연역법적 결론은 결코 아니었다는 점에 있다. 오히려 그들은 이 고난의 사건 속에서 하느님의 사건을 보았던 것이다. 야곱의 부러진 환도뼈의 고난 속에서 그들은 하느님의 손길을 발견했던 것이다. 야곱의 환도뼈를 부수어뜨린 것은 역사의 우연이나 또는 필연론적 운명이 아니라 하느님 자신이었다. 바로 〈하느님께서〉 친히 야곱의 환도뼈를 쳐서 무너뜨렸던 것이다.

　광야 40년 그것도 결코 역사적 필연이거나 지리적 환경의 소산은 아니었다. 애굽으로부터 가나안까지의 거리는 도보라 할지라도 수십일이면 충분한 거리임에도 40년을 유랑할 수밖에 없었던 것은, 그들의 불신에 대한 하느님의 진노의 매질 때문이라고 그들은 생각했다. 진실로 고난 속에서 하느님의 손길을 볼 수 있는 눈, 그것은 신앙이 아니고는 불가능하다 하겠다. 이와 같이 그들의 역사를 하느님의 약속과 그 성취로 구성된 역사라고 보고 또 성취의 지연으로 인해서 오는 모든 역사적 고난을 이스라엘을 시험하시는 하느님의 특수 경륜으로 해석하는 역사 이해는 바로 다름아닌 역사의 주권에 대한 확신을 기초하고 이루어진 것이라고 아니할 수 없다. 그들은 어디까지나 역사의 주체는 전혀 하느님 한 분 만이라고 보았던 것이다. 이스라엘의 선조들을 열국들 중에서 불러 자기 백성의 선조로 삼으신 것, 그들을 고난이라는 연단과 시험의 채찍으로 가르치고 훈계하신 것, 그들을 애굽인의 손으로부터 건져내신 것, 그들을 광야의 시련을 통과하게 하신 것, 그 모두가 하느님의 주체적, 선수적 행동으로 인하여 이루어진 것이지 결코 그들의 선조나 그들 자신의 힘으로 이루어진 것은 아니라고 그들은 말한다. 여기서 우리는 히브리인들이 갖고 있었던 이른바 역사를 보는 신앙의 눈을 본다. 진실로 이 세속 역사의 세속적 사건들 안에서 하느님의 사건을 볼 수 있다는 것, 이 세속적 사건들 안에서 하느님이 손길을 발견할 수 있는 눈, 이것을 우리는 신앙의 눈이라고 부른다. 히브리 역사가 들은 바로 이러한 신앙의 눈을 가진 자들이었다. 이 신앙의 눈을 통하여 그들은 그들의 역사를 보았고 세계를 보았으며 미래 세계의 역사를 보았던 것이다.

셋째, 히브리 역사가들의 이러한 신앙의 눈은 그러므로 그들로 하여금 다음의 사실을 명백하게 자각하게 해 주었다. 즉 그것은 이 역사 안에서 일어나는 모든 사건들의 기반, 곧 역사의 주체는 하느님이시다는 것과 그리고 하느님을 그 기반으로 하는 역사 즉 하느님의 역사의 궁극적 목표는 구원이다는 것, 그리고 그렇기 때문에 이 모든 역사는 그 자체가 이미 신앙의 눈으로 볼 때는 희망을 갖고 있다는 것, 그것을 자각하였던 것이다.

그들은 그들이 가진 이러한 신앙의 눈을 통하여 그들 민족 역사의 구원사, 즉 선조들의 유량으로부터, 출애굽, 광야유랑, 가나안 정복에 이르는 민족 구원사를 보고 경험했을 때, 그들은 곧 그들 민족 역사뿐만 아니라 이 세계사 전체가, 인류의 역사 그 자체가, 오직 하나님에 의해서만 움직여지고 있다는 확신에 거할 수 있었다. 특히 예언자들의 정신세계는 바로 이러한 범우주적인, 범세계적인 역사의식의 지배를 받고 있었다.

앗수르 제국의 침략적 마수가 북왕국 이스라엘로 뻗혀져서 그 이스라엘을 통채로 삼켜버릴 때, 그들 이스라엘 역사가들은 결코 그 앗수르 제국이 하느님의 백성을 괴롭히는 하느님의 원수로는 인식하지 아니하고 놀라웁게도 그 앗수르 제국을 곧 하느님이 이스라엘의 죄를 징계하시기 위하여 쓰시는 하느님의 도구요, 하느님의 종으로 인식할 수 있었다. 뿐만 아니라 그들은 바벨론 제국이 남왕국 유다를 삼키고 거룩한 성 예루살렘을 이방인의 신전으로 바꾸어 버릴 때도 그들의 저 바벨론 침략 제국주의를 신성모독의 악마로서 인식하지 아니하고 남왕국 유다의 죄를 징계하시기 위하여 불러내신 하느님의 사도로서 이해할 수 있었다. 그러나 그들 이스라엘 역사가들과 예언자들은 결코 친앗수르적, 친바벨론적 사고를 한 것은 아니었다. 즉 저 바벨론 제국이 아무리 황금의 나라로, 초강대국으로 등장하여 중동세계 속에 항구불변의 정복자처럼 나타났다 하더라도, 그들은 결코 바벨론 제국의 영구성을 믿지는 않았다. 단지 그 제국은 하느님 자신의 역사 섭리의 도구로 쓰시는 하나의 도구에 지나지 않았던 것이다. 그들은 또한 저 이방 나라 페르샤 제국의 건국왕인 고레스가 역사의 지평으로 등장할 때 그 이방나라 제국을 감히 하느님이 포로된 이스라엘을 해방시키기 위하여 일으키사 하느님의 기름부음 받은 종, 메시야라고 부를 수가 있었던 것이다. 말하자면 세계 열강이 모두 하느님의 역사경륜의 도구로 쓰이고 있다고 그들은 고백하고 있다.

  예언자 이사야는 이러한 역사신앙을 좀더 발전적으로 정리해서 말하기를, "만군의 야웨께서 가라사대, 나의 백성 애굽이여, 나의 손으로 지은 앗수르여, 나의 산업 이스라엘이여, 복이 있을지어다 하실 것이니라"(사 19:25)라고 하였다. 말하자면 애굽도 하느님의 백성이요 앗수르도 하느님의 손으로 지은 백성이라는 것이다. 즉 세계 역사는 전적으로 하느님이 이끄시는 하느님의 역사라는 것이다. 그러므로 우리는 그것이 어떤 종류의 역사이건 늘 역사 속에서 하느님의 뜻을 물어야 하고, 하느님의 뜻을 찾아야 한다는 것이다. 그렇다면 이 말은 모든 역사적 사건들은 하느님의 뜻에 의거하여 진행됨으로 우리는 더 이상 역사의 참여자가 될 필요가 없지 않느냐라고 하는 물음이 생길 수도 있을 것이다. 즉 히브리인들의 역사관은 "만사는 하나님 뜻대로 되어간다"는 통속적인 신정론에 근거되어 있는 것이 아니냐는 질문이 제기될 수도 있을 것이다. 그러나 히브리 역사가들이나 예언자들은 한번도 이러한 역사사유를 한 적이 없다는 사실이다. 물론 하느님의 역사의 궁극적 목표는 구원이고 그러므로 그 역사에는 희망이 내포되어 있다는 것이 히브리 사가들의 신념이었다. 그러나 그들은 그 구원이란 어디까지나 하느님의 약속 속에 있는 것이지 그 어떤 틀에 짜인 예정론적 도식 속에 들어와 있는 그런 것은 아니라고 믿었다. 그렇지 않다면 그 역사를 희망이 내포된 역사라고 보기는 어려울 것이다.

오히려 구원의 성취를 향해 가는 약속 아래의 삶이란 부름받은 인간들이 하느님의 구원사의 동역자들로서 거기에 참여해야 하는 그런 삶이라고 그들은 믿고 있었다. 특히 이스라엘의 선민이라는 자각은 여기에 집중되고 있었다. 그렇기 때문에 예언자 제이 이사야는 나의 종 이스라엘을 가리켜서 〈이방의 빛〉으로서 〈야웨의 구원〉을 땅위에 성취시키기 위하여 부름받은 자라고 말할 수 있었던 것이다(사 49:6). 즉 그는 〈이스라엘만의 구원〉 그것은 오히려 경(輕)한 일이라고 보았고, 이스라엘을 〈이방의 빛〉으로 삼아 전 세계 인류를 구원하시는 일이 곧 하느님의 구원사의 궁극지표라고 믿게 되었던 것이다. 사실 이러한 예언자적 자각을 우리는 엘리트적 자각이라고 부르고 싶은데, 그것은 결코 먼 후일 바벨론 포로 생활이 끝날 무렵에 등장한 예언자적 천재 제이 이사야가 비로소 터득한 자각은 결코 아니다. 그의 선배 예언자들인 예레미야, 이사야, 호세야, 아모스 등의 예언자들의 정신 세계에서 이미 이룩되었던 것이며, 뿐만 아니라 놀라운 것은 이미 이스라엘 민족 역사의 가장 희미한 시발점으로 보이는 선조 아브라함의 소명에서도 이미 이러한 엘리트적 자각은 나타났고, 이스라엘 역사는 바로 이것을 바탕으로 하고 출발하였던 것이다. 창세기 12장 1-3절은 말하기를, 아브라함과 그의 후손이 열국 중의 〈복의 근원〉으로 부름을 받았다고 말하고 있다. 즉 "너를 축복하는 자에게 내가 복을 내리고 너를 저주하는 자에게 내가 저주하리니 땅의 모든 족속이 너를 인하여 복을 얻을 것이니라"라고 말하고 있다. 여기서 우리는, 이 세계사란 전적으로, 1) 하느님의 역사라는 것과, 2) 그 역사의 궁극 목표는 〈구원〉이라는 것, 그리고 3) 이스라엘과 그의 계승자는 즉 우리 그리스도인들도 새로운 이스라엘 공동체 또는 영적 이스라엘의 한 일원이며, 그 이스라엘과 이스라엘의 계승자는 이 하느님의 구원사를 성취시키기 위해서 역사 속으로 불러냄을 받은 창조적 역사 참여자라는 것과, 4) 그러므로 이 역사는 운명론의 그늘 아래 있는 것이 아니라 희망을 내포하고 있는 것이며, 5) 역사적 자각을 갖고 있는 자는 마땅히 그의 역사 안에서 희망을 창조해 내어야 할 사명이 있는 그런 역사라고 하는 히브리인의 역사적 각성을 비로소 바로 읽을 수 있는 것이다.

그렇다. 이 세계사는 자연법칙의 우연한 산물 또는 운명론적 필연이 아니라, 어디까지나 전혀 그것은 하느님의 역사이다. 야웨의 역사이다. 그러므로 그 역사는 야웨의 구원을 목표로 하는 역사이다. 왜냐하면 야웨는 구원의 하느님이기 때문이다. 예언자 제이 이사야는 말하기를 "나 야웨 이외에는 다른 신이 없나니 나는 공의를 행하며 구원을 베푸는 하느님이라. 나 이외에 다른 이가 없느니라. 땅끝의 모든 백성아 나를 앙망하라. 그리하면 구원을 얻으리라. 나는 하느님이니라. 다른 이가 없음이니라"(사 45:21-22)라고 외쳤다. 그러나 이 역사가 곧 하나님의 구원의 역사요 이스라엘은 그 구원사의 동역자로서 역사 이해를 넘어가는 깊이가 있다. 이 사실을 바르게 파악하는 것이 아마도 오늘의 우리의 과제요 우리의 이야기의 결론이 아닌가 생각한다. 이미 주장해 온 바와 같이 이 세계는 전적으로 하느님의 역사요 그 역사의 목표는 구원이라는 히브리인 역사가의 주장은, 역사의 이론 전개가 아니고 그들의 역사 안에서 경험한 하느님 경험을 기초한 것이라고 할 수 있다. 그런데 그들이 역사 안에서 경험한 그 하느님은 이제까지나 이 역사 안에서 정의를 수립하시는 하느님이었고, 그가 수립하시는 정의는 버림을 받는 소외자들의 부르짖음에 대한 응답 행위 속에서 구현되고 있다.

여기서 우리는 이 강의의 첫 부분에서 밝힌 것처럼, 야웨의 상대성, 관계성을 다시 재확인하게 되는 것이다. 즉 야웨 하느님은 이 역사 안에서 버림을 받고 있고 천대를 받고 있는 자의 부르짖음에 구원의 응답을 행동으로 보여 주심으로써 이 땅에 정의를 수립하시는 분이시었다. "나는 야웨, 나 이외에는 다른 신이 없나니, 나는 공의를 행하며 구원을 베푸는 하느님이라"(사 45:21)는 제이 이사야의 증언은 바로 이것을 말해주고 있다. 이스라엘 역사에 있어서 결정적인 하느님의 구원 사건은 우리가 잘알고 있는대로 출애굽의 해방사건이다. 그러나 출애굽기 3장의 증언에 의하면 이 출애굽의 해방사건, 그 하느님의 구원사건은 전적으로 애굽의 억압 아래서 고통을 겪고 있는 히브리인 무리들의 울부짖음에 대한 하느님의 응답 행위 이상의 다른 아무 것도 아니었다. 억압받는 자의 부르짖음에 대한 신의 응답 행위, 그것이 야웨의 구원사 전체를 요약한 말이다. 사사시대의 역사를 기록한 역사가는 전혀 이런 관점에 의해서만 이스라엘 초기 역사를 기록하고 있다. 야웨의 본질은 버림을 받는 자의 부르짖음에 구원으로 응답하시는 그의 역사적 행동 속에 나타나고 있다. 그런데 중요한 것은 이스라엘 역사는 바로 이러한 야웨 하느님의 역사적 구원행위의 결과로 탄생되었다는 점이다. 즉 이스라엘의 역사적 의미는 전혀 여기에서만 찾을 수 있다는 것이다.

이스라엘이 세계사 속에서 이방의 빛으로서 차지하는 그 의의는 바로 이 역사 안에서 버림을 당하고 있으며 소외를 당하고 있는 자들에게 구원의 가능성을 증언하는 자로서 사는 민족이라는 데 있다. 그들은 역사 안에서 고난을 받는 민족의 대표요 상징이다. 또한 동시에 이 역사 안에서 하느님의 구원을 받고 있는 소외자, 버림받는 자의 한 상징이다. 그가 열방의 빛이요, 열국를 위한 복은 근원이라는 것, 세상의 빛과 소금이라는 것은 이러한 컨텍스트를 통해서만 이해할 수 있다. 이 세상에서 버림을 받고 소외를 당하는 자, 힘없는 무리들이, 저 이스라엘이, 또한 이 역사 안에서 구원을 받고 있다는 증언, 하느님의 세계 역사는 이것을 완성시켜 가고 있다는 것, 이것이 히브리 역사가들의 역사에 대한 증언 전부이다. 그러나 그 구원은 어디까지나 야웨의 약속 안에 있는 것이므로 늘 미래를 향하여 개방되어 있는 희망 안에서 이루어진다는 것, 그러므로 우리는 우리가 살고 있는 이 역사의 고난, 바로 거기서부터 비로소 새로운 희망을 창조해 내어야 할 사명이 있다는 것, 이것이 또한 오늘을 사는 우리가 받아야 할 교훈으로 제시되어 있다고 생각한다. 이 세계 역사는 곧 다름아닌 야웨 하느님의 역사이며, 그 궁극의 목표는 구원이며, 이 역사 안에서 겪고 있는 우리의 고난이라고 하는 것은 바로 그 하느님의 구원을 완성시키기 위한 밑거름이요, 희망을 여는 희망의 문이라고 하는 것, 우리는 이 하느님의 구원사를 완성시키기 위하여 부름받은 자라는 것, 우리의 역사적 삶, 고난을 통해서 희망을 창조하는 삶, 그것이 곧 이 세상을 비추는 빛과 소금의 삶이라고 하는 것, 이것을 깨닫는 자가 크리스천 엘리트라고 할 수 있을 것이다. 역사는, 하느님의 역사는, 구원을 향해 가는 그 역사는 결코 영광의 역사가 아니라 고난을 통해서 희망을 창조하는 역사이다. 히브리 민족의 고난사, 그것은 세계 인류를 구원하기위한 〈이방의 빛〉으로서 겪는 고난사이다.

    오늘 우리도 이 역사 속으로 부름을 받았고 〈이방의 빛〉으로서 부름을 받았다. 우리도 신의 약속을 받았고 신이 주시는 역사적 시련과 고난을 희망으로 창조해 가야 할 자들이라고 하는 것, 우리가 곧 세계 구원을 위한 열국의 빛이라고 하는 것, 희망이 없는 곳에 늘 희망을 심어줄 수 있는 자여야 한다는 것, 이것이 성서적 역사신앙의 가르침이다.

성구색인

창세기

1장	175
1장—11장	13,14
1:1	13,14,15,19,21,112
1:1—4:16	214
1:1—2:4	14
1:1—2:4a	15,129,131,132,219
1:2	19,133,219
1:2a	103
1:26	99,102,103,109,110,112,132
1:26b	107
1:26ff.	112,108,134
1:26-28	91
1:26-30	172
1:27	99,102,114
1:28	43, 92, 107,132
2장	175
2:1	92
2:1-18	50
2:2-3	112
2:4b	142
2:4b-25	14,15
2:7	92,96,97,142,175,210
2:7-8	91
2:7-25	172
2:15	91
2:16-17	126
2:17	136,175
2:18	73, 115,124,127,144,277
2:19	97, 175
2:19-20a	175
2:21	27
2:23	103
2:24	215
3장	26,116,117,132,186,195,217,223
3:1	120,122
3:1-19	117
3:2	120
3:12	127
3:12a	122
3:13	120
3:14	120
3:15	128,210
3:16	218
3:16b	127
3:17	239
3:17-18	38, 239
3:17-19	143
3:19	95,128,142, 176, 180,204
3:22-24	112,176
3:22	91,110
3:23	142
4장	196,198
4:1	24,25,209
4:1-2	160
4:1-16	24, 25,212
4:3b-5a	197
4:4	201
4:4b-5a	203
4:5	32

342 / 성구색인

4:5b	203	6:1-4	221,230,270
4:7-24	212	6:2	222
4:10	12624,275	6:3	105,225,226
4:11-12	38,142,206,240	6:4	222,229
4:13-15	204	6:5	232
4:14	205	6:5-6	233
4:15	115,206,211,219	6:5-8	14,232
4:17	25,38	6:5-9	230
4:17b	212	6:8	232
4:17f.	213	6:9	138,162,232
4:17ff.	213	6:9ff.	132
4:17-24	24,25,31,129,213	6:9-12	232
4:17-26	130	6:9-22	15
4:18	129,213	6:11	132,232,234
4:20	196	6:13	232
4:23	241	6:13-22	232,237
4:23-24	103,201,218	6:17	230,236
4:24	219	6:18	37,236
4:25	24	6:19-20	232
4:25-26	24,25,129	6:22	232,236
4:26	25,63,209	6:26	225
5장	35,45,132,214	7:1	232
5:1	99,134	7:1-5	232
5:1b-2	131	7:1 -10	14
5:1ff.	213	7:2-3	232
5:1-2	213	7:4	232,236
5:1-3	132	7:5	232,236
5:1-5	134	7:6	232
5:1-31	129	7:7	236,259
5:2b	132	7:7-8	245
5:3	103,108	7:7-10	232
5:4	132,134	7:9	232
5:4-32	130,132	7:10	236
5:18	214	7:11	232
5:24	162,190	7:11-24	15
5:28	39	7:12	232
5:29	24,25,38,39,132,209	7:13-15	232
5:32	45,46	7:15	232
6장	129	7:16	232

7:16a	232	9:3-6	98		
7:16b	232	9:4	175		
7:17a	232	9:4-6	240		
7:17b	232	9:6	98,99,108,134,232		
7:18-21	232	9:8	232		
7:21	238	9:8-17	126,253		
7:22-23	232	9:9	236		
7:23	236	9:10	236		
7:24	232	9:11	239		
8:1	232	9:11a	236		
8:1-2	237	9:12	206,232,236,254		
8:1-5	15	9:13	206,254		
8:2a	103,232	9:13-15	239		
8:2b	232	9:16	232		
8:3a	232	9:17	206,236		
8:3b-5	232	9:18	39		
8:6(7)	232	9:18a	38		
8:6-14	14	9:18-29	37		
8:7	238	9:19	37,39		
8:8-12	232	9:20	38,39		
8:10	238	9:20-27	39		
8:11	238	9:22	37		
8:12	238	9:24	37,39		
8:13-14	232	9:25-27	41		
8:13a	232	9:26	105		
8:13b	232	9:27	39		
8:14-19	232	9:28	39		
8:15	232,238	9:28-29	39		
8:15-19	15	10장	35,36,38,43,44,45		
8:20	232	10-11장	42		
8:20-22	15	10:1a	35		
8:21	232,239	10:1b	35		
8:21-22	38,232	10:2-5	35		
8:22	239	10:6f.	35		
9:1	43,108,232	10:8-12	35		
9:1-2	108	10:13f.	35		
9:1-7	134,254	10:15-19	35		
9:1-9	133	10:20	35		
9:1-17	15,240,232	10:21	35,36		

10:21-31	45,46	12:10-13:1	48
10:22f.	35	12:11-16	146
10:25-30	35	12:15	70
10:31-32	35,36	12:17	53
11장		12:18-19	53
11:8-9	279	12:28-29	176
11;10-11	46	13장	63
11:10	45	13:1-16	266
11:10f.	46	13:2-17	264,265,267
11:10ff.	36,46	13:8-9	277
11:10-26	35,46	13:9	266
11:26f.	36	13:10	266
11:27-32	46,141	13:13	265,266,268,269,271
11;27	46	13:14-17	266
11:28	46	13:18	150
11:28-30	36	14장	57,59,60,61,64,65,66,69,325
11:29	46	14:1-11	60,62
11:30	46,70	14:5-7	60
11:31	46	14:11-12	65
11:32	46,47	14:12-24	60
12장	37,46,63,146,336	14:20	64,151
12-16장	327	14:22	64,151
12-50장	36,329	15장	63,242,243,246,253,255,263
12:1	46,48	15:1-6	243
12:1f.	48	15:2	258
12:1-3	41,70,141,266,336	15:2-5	247
12:1-9	50,141,150	15:3	72,244
12:2-3	146	15:4-17:19	244
12:2c-3	147	15:5	147,246,259
12:4	47,49,145,149	15:5-17:4	244
12:4-5	46,70	15:6	246,247,251,257
12:4-9	141	15:7	246
12:5	70,149	15:7f.	247
12:5b	46	15:7-8	244
12:6	46,53,149,150,151	15:7-17:1	244
12:7	149	15:8	244
12:8b	149,151	15:9ff.	244
12:9	46,53,70,149,150,	15:9f.	246
12:10-13:1	48,50,52,53,55	15:9-12	244

15:9-18	126	18:1-33	264
15:11	259	18:1-21	277
15:12f.	259	18:2	277,281
15:13-16	244,259,260	18:9	277
15:14	261	18:11	49
15:17-18a	244	18:12	258,275
15:18-17:8	244	18:13	277
15:18b-21	244	18:15	277
16장	69,73	18:16-33	272,274
16:1	146	18:17-19	278
16:3	70	18:17	278,279
16:5	72	18:20-21	267
16:6	72	18:20	277
16:9	73,115	18:21	275
16:10	76	18:22	275,277
16:11	77	18:22f.	277
16:12	73	18:22-32	275
16:13	63,76	18:23-32	267
17장	129,242,243,246,253,255,263	18:26	274
17:1	63,162,246,247,251,257	19장	265,268,269,271
17:2-3a	244	19:1f.	277
17:3b-6	244	19:1-29	264
17:6	147	19:4-9	267
17:7	246,247	19:5	271
17:7-8	244	19:8	281
17:9	246,255	19:10	281
17:9-14	244,255	19:12	281
17:10	254	19:13	267
17:11	206,254	19:14	275
17:14	246,254,255,257	19:14b	275
17:15-22	244	19:16	281
17:16-17	258	19:19	234
17:17	71,244,258	19:22	274
17:19	246,247,258	19:23	275
17:21	244	19:28	274
17:23ff.	244	20장	146
17:23-27	244	20:1-3	146
18장	258,269	20:1-18	48,55
18:1	277	20:2	70

346 / 성구색인

20:3	53	25:34	158
20:4-5	146	26:1	49
20:8	55	26:1F.	48
20:9-10	53	26:1-3	48,55
21장	69,73	26:1-13	50
21:1-17	72	26:3-5	50
21:5	47	26:4	147
21:9	72	26:6-11	146
21:11	72	26:10	53,54
21:14	72	26:20-22	147
21:16	73	26:34	162
21:17	77	26:35	162
21:25	147	27:1-35:	29,152
21:33	63,76,151	27:44	156
22장	329	27:45	156
22:1	203	27:46	162
22:1-2	28	28:8	162
22:1-16	79	28:10-22	163
22:1-19	203	28:11	151
22:2	197	28:12	223
22:3	30,197	28:13f.	48
22:4	151	28:14	147
22:5	86	29:31	146
22:6	197	30:2	27
22:7	84,197	31:1	166
22:8	85,86,197	31:13	·63
22:12	80	31:41	166
22:12-13	32,	31:43-49	126
22:13	27,197	31:54	197
22:14	86,33	32장	329,330,331
22:17-18	33,86	32:1-2	163
25-35장	152	32:2	163
25:4	214	32:6	234
25:7	47	32:7	166
25:21	146	32:24	167
25:21-34	49,152	32:24-32	163
25:22	155	32:31	168,332
25:25	209	33:4	156
25:32	158	33:8	234

33:10	169	4:30	206
33:15	234	6:2-8	63
34:1-2	147	6:3	33
34:11	234,332	6:6	63
35장	152,331	6:14	214
35:1	151	7:9	120
35:11	63,147,169,332	7:10	120
35:17	63	7:12	120
37-50장	284	7:15	120
38:26	250	10:1	206
39장	283	10:2	206
39:4	234	13:9	206
44:33	27	13:16	206
45:5-8	282,284	16:4	30
46:6	214	19:5-6	245
47:25	234	20:12	157
49:17	120	20:20	30
50:19-20	282,284	20:24	151
50:24-26	289	21:12	271
		21:14	271
출애굽기		21:15	271
1-18장	36	21:17	157
2:22	209	21:20	219
2:23-24	78	21:24-25	218
2:24	267	23:7	252
3:1ff.	101	24:1-2	246
3:5	151	24:9-11	246,266
3:7	78,267	29:30	27
3:8	78	31:13	206
3:13	321	31:17	206
3:13-15	25	32:10	246
3:14	33,63,268	32:31	100
3:15	63	34:10	17, 246
4:3	120		
4:8	206	**레위기**	
4:9	206	16:32	27
4:17	206	18:22f.	269
4:24f.	261	19:14	157
4:28	206	19:18	157,219,269

19:33-34	276	3:11	222		
20:13-23	269	4:12	101		
24:18-21	218	4:13	245		
26:25	219	4:15-19	100		
40장	197	4:15	101		
		4:16	113		
민수기		4:32	17		
3:12	27	5:8	100		
3:41	27	6:25	251		
5:19	27	7:7-8	245		
5:20	27	7:9ff.	246		
5:29	27	8:15	120		
8:16	27	8:16	30		
10-34장	36	9:2	222		
12:8	100	9:6-21	100		
13:32	221	10:6	27		
13:33	221	13:4	30		
16:30	17	14:13	91		
21:6	120	14:14	91		
21:7	120	14:15	91		
21:8	120	14:18	91		
21:9	120	19:1-9	205,219		
26:5	214	19:21	218		
31:2	219	21:23c	143		
31:3	219	24:13	251		
32:14	27	25:1	252		
35:1f.	219	26:5ff.	14		
35:6ff.	205	26:5-9	141,159,323		
35:25ff.	205	30:20	134		
35:27	205	32:35	219		
38장	197	32:39	219		
		32:41	219		
신명기		32:43	219		
1:28	223	33:8	30		
2:10	223	33:9	245		
2:11	222				
2:12	27	여호수아			
2:20-21	222	4:2`1-22	268		
2:21	27	5:3ff.	262		

5:9	27	14:15	100
15:14	222	14:27	27
20:2	205	22:19-32	223
21:43-45	327	22:19f.	110
24:2b-13	141,323		

사사기

열왕기하

		3:27	80
3:9	268	9:7	218
3:15	268	9:26	218
4:3	268	11:4	245
5:11	248	17:24	27
6:6	268	18:4	120
10:10	268		
15:2	27	**역대기상**	
19장	269, 271	1:32	214
19:30	269	5:3	214
45:11	348	6:57f.	205,219
		21:1	120

사무엘상

욥기

2:6	187	1장	110
7:16	151	1:6	120,223
9:9b	297	1:6-12	120
24:17	250	1:7	120
25:25	139	1:8	120
28:3ff.	183	1:9	120
31:10ff.	179	1:12	120
		1:21	82

사무엘상

		2:1	120,223
7:8-9	246	2:1-7	120
7:13	254	2:2	120
12:23	182	2:3	120
16:8	27	2:6	120
17:25	27	2:7	120
		3:1	95

열왕기상

		3:13	184
1:30	27	3:17-19	184
1:35	27	4:13	255
8:32	252	9:13	120
12:30	100		

10:9	180	58:4	120
10:21	182,184	72:2	249
12:12	134	73장	190
14:21	183	73:24	190
14:22	183	74:13	120
16:4	27	74:14	120
19:25	82,167	76장	66
19:25ff.	167,184	76:2	66
19:26	82	85:13	249
26:12	120	87:4	120
26:13	120	88:10ff.	185
31:40	27	88:10	183
33:15	255	89:10	120
33:26	252	89:48	177
34:15	180	90:9f.	177
34:24	27	90:10	228
38:7	223	91:16	134
41:1	120	97:6	249
		100:3	22
시편		103:18	245
8장	109,110	104:26	120
8:4-8	172	104:29	177,180
8:5-8(6-9)	109	106:31	251
16:10-11	190	109:6	120
17:2	252	110편	66
17:15	100	115:17	184
21:4	134	130:1	76
22:1	143	130:6	76
22:31	249	139:8	187
24:5	251	140:3	120
30:9f.	185	143:1	249
32:1a	40	146:4	180
37:5	192		
37:6	252	잠언	
39:7	87	3:2	134
45:16	27	3:16	134
49:14	189	9:21	287
49:15	190	10:19	288
50:16	245,249	12:10	289,250

21:26	250	35:4	219
21:30-31	288	40:1	83
22:17-23:11	287	40:2	83
23:32	120	43:1-91	314
29:7	250	45:1	83
30:19	120	45:21	338
		45:21-22	337
전도서		46:1a	18
3:18-20	180	47:3	219
3:21	180	49:6	336
4:15	27	51:5	252
9:5	183	51:9	120
9:10	183	53장	279
10:8	120	55:13	27
10:11	120	58:5	252
		59:17	219
이사야		61:2	219
1:24	219	62:1	252
3:24	27	63:4	219
4:5	17	65:25	120
6장	110		
7:14	139,162	**예레미야**	
7:14ff.	190	4:1	160
8:8	139	4:2	160
9:6	277	5:9	219
10:5	83	6:1	279
11:1-9	75	7:12	151
11:6-9	127,277	8:17	120
14:10ff.	181,183	11:20	219
14:29	120	15:15	219
19:24-25	75	17:13	219
19:25	335	18:1-7	22
20:3	206	20:10	219
24:5	245	20:12	219
26:19	188,190	27:6	83
26:21	218	31:21	17
27:1	120	31:27f.	237
30:6	120	46:10	219
34:8	219	46:22	120

50:15	219	4:15	199
50:28	219	6:1f.	188
51:6	219	6:6	199
51:10	252	10:12	249
51:11	219	11:1-4	311
51:36	219		

애가
4:21	40

아모스
2:1	179
2:9	222
4:13	17
5:13	305
5:19	120
5;21-24	199
9:1-4	271
9:2	187
9:3	120
9:7	75

에스겔
1:28	240
2:4	27
2:17	27
18:4	97
22:29-31	279
24:7-8	218
24:8	219
25:12	219
25:14	219
25:15	219
25:17	219
32:21	222
32:27	222
37장	188
37:1	188
47:10	91

미가
4:3,4	277
5:14	219
6:8	138
7:17	120

하박국
1:4a	252
2:4	86
2:15	40

다니엘
4:14	110
7:1	110
12:2	188

스가랴
3:1,2	120

말라기
2:6	138
3:8	197
3:20	252

호세아
2:5	200
2:5(7)	151
2:11	199
2:14-15	311
4:6	160

마카비 제2서
7:28	18

마태복음
1:23	190
4:9	226
4:10	226
5:13,14	147
5:23-24	203
12:48-50	150
13:24-30	117
16:24	142,143,144
25:31-46	270
25:40,45	277
27:46	143

마가복음
3:33-35	150
4:9	226
4:10	226
8:34	142,143,144
15:34	143

누가복음
1:52-53	229
2:34	148
8:21	150
9:23	142,143,144
15장	154,156

요한복음
11:49-50	279

로마서
8:22	224
8:38-39	287
9:20-21	22
10:9	144
12:19	219

고린도전서
15:47	95

빌립보
2:6	125

데살로니가전서
5:23	96

히브리서
7장	66
10:30	219
11:1	145
11:5	139
11:8	146
13:2	270
21:9	150

베드로후서
2:6	278